Schriftenreihe
«Führung und Organisation der Unternehmung»

39

Herausgegeben vom
Institut für Betriebswirtschaft
an der Hochschule St. Gallen

Schriftenreihe
«Führung und Organisation der Unternehmung»

39

Karl Dörler

# Reorganisationen in mittleren Unternehmungen

Verlag Paul Haupt Bern und Stuttgart

CIP-Kurztitelaufnahme der Deutschen Bibliothek

*Dörler, Karl:*
Reorganisationen in mittleren Unternehmungen / Karl Dörler.
– Bern; Stuttgart: Haupt, 1988
(Schriftenreihe Führung und Organisation der Unternehmung; 39)
Zugl.: St. Gallen, Hochsch. für Wirtschafts- u. Sozialwiss., Diss.,
1987
ISBN 3-258-03940-2
NE: GT

Alle Rechte vorbehalten
Copyright © by Paul Haupt Berne
Jede Art der Vervielfältigung ohne Genehmigung des Verlages
ist unzulässig
Printed in Switzerland

## VORWORT

Erfahrungen

Die mittelständische Wirtschaft ist für die Schweiz, Oesterreich und die Bundesrepublik Deutschland charakteristisch und wichtig. Die Erfahrung während meiner Tätigkeit als Assistent für das Vertiefungsgebiet "Organisation", dass die organisatorischen Probleme und Lösungen der kleinen und mittleren Unternehmungen in der Organisationslehre verhältnismässig wenig Echo gefunden haben, hat mich deshalb immer wieder erstaunt. So habe ich das Thema "Reorganisationen in mittleren Unternehmungen" für meine Doktorarbeit gewählt, weil ich mehr darüber wissen wollte.

Die Erfahrungen zahlreicher Praktiker - Unternehmer, Führungskräfte und Unternehmungsberater mittlerer Unternehmungen - bildeten den Ausgangspunkt und inhaltlichen Kern dieser Arbeit. Erst anschliessend konnte ich zielstrebig ein auf die Praxis ausgerichtetes Rahmenkonzept für Reorganisationen in mittleren Unternehmungen entwickeln.

Nach mehr als einem Jahr eigener Praxis als Organisator stelle ich freilich fest, dass es leichter ist, berechtigte Forderungen aufzustellen als sie zu erfüllen. Zugleich habe ich mich immer mehr davon überzeugt, dass es richtig ist, sich diese Forderungen immer wieder vor Augen zu führen. Ein guter Organisator braucht aber nicht nur theoretisches Rüstzeug, sondern auch praktische Sachkenntnisse und viel Erfahrung im Umgang mit Menschen. Diese Erkenntnis macht die Aufgabe, die Organisation einer Unternehmung mitzugestalten, trotz auftretender Schwierigkeiten für mich immer wieder aufs Neue reizvoll.

## Dank

Zahlreiche Personen haben zu dieser Dissertation beigetragen. Ich bin ihnen allen dankbar, kann aber viele von ihnen hier nicht persönlich erwähnen. Besonders danke ich:

- Herrn Prof. Dr. Robert Staerkle, meinem menschlich sehr entgegenkommenden Referenten und ehemaligen Chef, der mich selbständig arbeiten liess, aber kritische Fragen und Anregungen beisteuerte

- Herrn Prof. Dr. Hans-Jobst Pleitner, dem zweiten Referenten, vor allem für die zielführenden und anspornenden Gespräche

- den Unternehmern, Führungskräften und Unternehmungsberatern, die mir bereitwillig Auskünfte erteilten

- der Handelskammer Vorarlberg und der Vorarlberger Industriellenvereinigung für die Förderung der schriftlichen Umfrage

- dem Institut für Betriebswirtschaft und dem Verlag Paul Haupt für die Aufnahme dieser Schrift in die Reihe "Führung und Organisation der Unternehmung"

- meinem Freund Stefan Holzmüller für die Erstellung eines Programmes zur statistischen Auswertung der Fragebogen

- meinen Freunden Ulrike Draeger und Willi Sonderegger für kritisch-aufbauende Besprechungen und Armin Greussing für sprachliche Verbesserungen

- meinen lieben Eltern, die mein Studium an der Hochschule St. Gallen ermöglicht und mitgetragen haben

- herzlich meiner lieben Frau Verena, die mich bei den Schreibarbeiten unterstützte und mir half, Durststrecken und Tiefpunkte auszuhalten und zu überwinden

- und meinem Sohn Philipp für die Geduld, die er während der Ausarbeitung der Dissertation aufbringen musste.

Bregenz, im Februar 1988                                      Karl Dörler

# INHALTSVERZEICHNIS

| | | |
|---|---|---|
| 0. | ZIELSETZUNG UND ÜBERBLICK | 1 |
| 1. | GRUNDLEGUNG | 4 |
| 1.1 | EIGENHEITEN UND BEDEUTUNG DER MITTLEREN UNTERNEHMUNGEN | 4 |
| 1.11 | Abgrenzung der "mittleren" Unternehmungen | 4 |
| 1.12 | Die mittleren Unternehmungen in der Gesamtwirtschaft | 7 |
| 1.13 | Innere Merkmale mittlerer Unternehmungen | 10 |
| 1.131 | Der personale Charakter und die Rolle der Eigentümer-Unternehmer | 10 |
| 1.132 | Konzentration der Führungsaufgaben auf wenige Personen | 12 |
| 1.133 | Überschaubarkeit und unmittelbare Beziehungen | 13 |
| 1.134 | "Familiäre" Einflussverhältnisse | 15 |
| 1.2 | WESEN DER ORGANISATION UND DER REORGANISATIONEN | 16 |
| 1.21 | Unternehmungen als zielgerichtete Zweckgebilde | 16 |
| 1.22 | Organisation als Netzwerk der inneren Beziehungen | 18 |
| 1.23 | Reorganisationen als gezielte Organisationsänderungen | 20 |
| 1.231 | Organisationsänderungen | 20 |
| 1.232 | Organisieren als zielgerichtetes Handeln | 21 |
| 1.233 | Reorganisationen als wichtige Änderungen | 23 |
| 2. | REORGANISATIONEN IN MITTLEREN UNTERNEHMUNGEN IM SPIEGELBILD EINER UMFRAGE | 29 |
| 2.1 | ÜBERBLICK ÜBER DIE UMFRAGE | 29 |
| 2.11 | Zielsetzungen und Fragestellungen | 29 |
| 2.12 | Methodik und Ablauf der Untersuchung | 30 |
| 2.121 | Die Gestaltung des Fragebogens | 30 |
| 2.122 | Der Ablauf der Umfrage | 32 |
| 2.123 | Zur Auswertung der Fragebogen | 33 |
| 2.13 | Die antwortenden mittleren Unternehmungen | 35 |
| 2.131 | Die beteiligten Unternehmungen | 35 |
| 2.132 | Die auskunftgebenden Personen | 38 |

| | | |
|---|---|---|
| 2.2 | IN MITTLEREN UNTERNEHMUNGEN ERFOLGTE REORGANISATIONEN | 39 |
| 2.21 | Mittlere Unternehmungen, die Reorganisationen durchführten | 39 |
| 2.22 | Die durchgeführten grösseren Reorganisationen | 41 |
| 2.221 | Die Inhalte der erfolgten Reorganisationen | 41 |
| 2.222 | Querverbindungen zwischen den Reorganisationsinhalten | 46 |
| 2.223 | "Typische Reorganisationen" in mittleren Unternehmungen | 48 |
| 2.23 | Die wichtigsten Reorganisationen mittlerer Unternehmungen | 49 |
| | | |
| 2.3 | HINTERGRÜNDE UND BEGLEITUMSTÄNDE DER REORGANISATIONEN | 52 |
| 2.31 | Gründe und Anlässe für die Reorganisationen | 52 |
| 2.311 | Gründe für die Reorganisationen | 53 |
| 2.312 | Anlässe für Reorganisationen | 57 |
| 2.32 | Fördernisse für Reorganisationen | 59 |
| 2.321 | Arten von Fördernissen | 59 |
| 2.322 | Hervorhebung von Zusammenhängen | 62 |
| 2.33 | Hindernisse für Reorganisationen | 64 |
| 2.331 | Arten von Hindernissen | 64 |
| 2.332 | Anmerkungen und Hervorhebung von Zusammenhängen | 69 |
| 2.333 | Verbindende Betrachtung der Fördernisse und Hindernisse | 73 |
| 2.34 | Der Zeitpunkt der Reorganisationen | 74 |
| | | |
| 2.4 | BETEILIGTE AN REORGANISATIONEN | 77 |
| 2.41 | Arbeitseinsatz und Einfluss | 77 |
| 2.42 | Die Hauptgestalter der Reorganisationen | 83 |
| | | |
| 2.5 | VORGEHENS- UND ARBEITSWEISEN BEIM REORGANISIEREN | 86 |
| 2.51 | Angewendete Vorgehens- und Arbeitsweisen | 86 |
| 2.511 | Die Bedeutung der einzelnen Vorgehens- und Arbeitsweisen | 87 |
| 2.512 | Vorgehensweisen und mitwirkende Personen | 90 |
| 2.513 | Unterschiedliche Anwendung der Vorgehens- und Arbeitsweisen | 91 |
| 2.514 | Zur Effizienz der Vorgehens- und Arbeitsweisen | 94 |
| 2.52 | Begründungen für das Vorgehen | 97 |
| 2.521 | Begründungen für das Vorgehen und ihre Bedeutung | 97 |
| 2.522 | Für und Wider der einzelnen Vorgehensweisen | 103 |
| 2.523 | Unterschiede nach Unternehmungen und Reorganisationsinhalten | 107 |
| 2.524 | Schlussfolgerungen über das Vorgehen | 109 |
| | | |
| 2.6 | ERFOLGE UND ERFOLGSFAKTOREN DER REORGANISATIONEN | 111 |
| 2.61 | Die Erfolge der Reorganisationen | 111 |
| 2.62 | Erfolgsfaktoren für Reorganisationen in mittleren Unternehmungen | 115 |
| 2.621 | Besonders erfolgversprechende Rahmenbedingungen | 115 |
| 2.622 | Zu den beteiligten Personen | 118 |
| 2.623 | Erfolgreiches Vorgehen | 119 |

| | | |
|---|---|---|
| 3. | EIN RAHMENKONZEPT FÜR REORGANISATIONEN IN MITTLEREN UNTERNEHMUNGEN | 125 |
| 3.1 | LEITLINIEN UND AUFBAU DES RAHMENKONZEPTES | 125 |
| 3.11 | Leitsätze des Rahmenkonzeptes | 125 |
| 3.12 | Fragestellungen und Aufbau des Rahmenkonzeptes | 128 |
| 3.2 | DIE ANTRIEBSKRÄFTE FÜR REORGANISATIONEN | 131 |
| 3.21 | Wille zur Reorganisation | 132 |
| 3.211 | Gründe für Reorganisationen | 133 |
| 3.212 | Die Entstehung des Willens zur Reorganisation | 135 |
| 3.213 | Die Bedeutung des Willens für die Reorganisation | 139 |
| 3.22 | Sachkenntnis zur Reorganisation | 141 |
| 3.221 | Wesen und Inhalte der Sachkenntnis beim Reorganisieren | 141 |
| 3.222 | Einsatz der Sachkenntnis beim Reorganisieren | 144 |
| 3.223 | Entstehung, Erweiterung und Vertiefung der Sachkenntnis | 148 |
| 3.23 | Durchsetzungsvermögen für die Reorganisation | 152 |
| 3.231 | Formen und Grundlagen des Einflusses bei Reorganisationen | 152 |
| 3.232 | Widerstand gegen Reorganisationen | 156 |
| 3.233 | Die Durchsetzung der Reorganisation | 160 |
| 3.24 | Die Zusammenfassung der Antriebskräfte | 165 |
| 3.3 | DIE BETEILIGTEN AN REORGANISATIONEN | 167 |
| 3.31 | Beteiligte nach Stellung und Aufgabe in der Unternehmung | 168 |
| 3.311 | Geschäftsführer und Eigentümer | 169 |
| 3.312 | Betroffene Führungskräfte und Führungsstäbe | 173 |
| 3.313 | Betroffene Mitarbeiter und ihre Vertrauenspersonen | 177 |
| 3.314 | Unternehmungsberater | 184 |
| 3.32 | Träger einer Reorganisation und andere Beteiligte | 189 |
| 3.321 | Träger, Gegner und Randbeteiligte einer Reorganisation | 189 |
| 3.322 | Die notwendigen Arten von Trägern (Promotoren) | 195 |
| 3.323 | Einzelträger und Trägergespanne | 200 |
| 3.33 | Die Zusammenstellung der Träger einer Reorganisation | 204 |
| 3.4 | DIE ABWICKLUNG VON REORGANISATIONEN | 208 |
| 3.41 | Phasenweises Vorgehen | 208 |
| 3.411 | Begründung für ein phasenweises Vorgehen | 209 |
| 3.412 | Die einzelnen Phasen | 212 |
| 3.42 | Projektmässige Zusammenarbeit | 229 |
| 3.421 | Grundsätze der Organisationsentwicklung | 229 |
| 3.422 | Organisationsentwicklung für mittlere Unternehmungen | 232 |
| 3.423 | Gruppenorientiertes Arbeiten | 235 |
| 3.43 | Organisationstechniken für mittlere Unternehmungen | 244 |
| 3.44 | Zusammenfassung über die Abwicklung von Reorganisationen | 256 |

| | | |
|---|---|---|
| 4. | ZUSAMMENFASSUNG DER UMFRAGE UND DES RAHMENKONZEPTES | 258 |
| 4.1 | Überblick | 258 |
| 4.2 | Antriebskräfte und Begleitumstände der Reorganisationen | 260 |
| 4.3 | Träger der Reorganisationen | 266 |
| 4.4 | Abwicklung der Reorganisationen | 271 |
| 4.5 | Schlussbemerkungen | 276 |
| ANHANG: | FRAGEBOGEN UND AUSWERTUNGSTABELLEN (eigenes Verzeichnis) | 279 |
| | Fragebogen und Begleitbriefe | 280 |
| | Auswertungstabellen | 286 |
| LITERATURVERZEICHNIS | | 308 |

## 0. ZIELSETZUNG UND ÜBERBLICK

Wenn Unternehmungen "Reorganisationen" planen und vollziehen, investieren sie für die Zukunft. Sie wollen leistungsfähiger und erfolgreicher werden - sie wollen ihre Marktstellung, Ertragslage oder Arbeitsbeziehungen stärken. Daher verändern sie den inneren Aufbau, die Aufgabenverteilung oder wichtige Arbeitsabläufe wesentlich.

Die "mittleren" Unternehmungen nehmen wirtschaftlich und gesellschaftlich eine bedeutsame Stellung ein. Dies hängt daran, dass sie nicht einfach "kleine Grossbetriebe" sind, sondern innere Besonderheiten aufweisen. Doch die betriebswirtschaftliche Organisationslehre beachtet die Eigenart der mittleren Unternehmungen - ebenso wie jene der kleinen - zu wenig, was aber gerade bei Reorganisationen wichtig wäre.

Die vorliegende Arbeit wird sich speziell mit "Reorganisationen in mittleren Unternehmungen" auseinandersetzen und dabei vor allem folgende Fragenbereiche behandeln:

- die Inhalte der für mittlere Unternehmungen wichtigen Reorganisationen

- ihre Gründe sowie wesentlichen Fördernisse und Hindernisse

- ihre notwendigen Träger

- ihre zweckmässige Abwicklung.

Das besondere Ziel der Arbeit ist es, eine breite, möglichst ganzheitliche Sicht und dadurch die erfolgreiche Durchführung von Reorganisationen zu fördern. Daher wird versucht, das Thema zugleich eng praxisverbunden und wissenschaftlich begründet zu bearbeiten.

Die Arbeit gliedert sich deshalb in folgende Teile:

1. Grundlegung

   Hier werden die Besonderheiten "mittlerer" Unternehmungen und das Wesen von "Reorganisationen" dargestellt.

2. Schriftliche Befragung

   Sie dient der Gewinnung eines Überblickes über die Reorganisationen in mittleren Unternehmungen. Gesammelte Informationen und Stellungnahmen von Unternehmern und Führungskräften, die solche Reorganisationen mitgestaltet und miterlebt haben, werden hier verdichtet. Daraus werden allgemeine Aussagen abgeleitet, die Orientierungen und Vergleiche ermöglichen.

3. Rahmenkonzept

   Dieses ist als Zusammenstellung grundlegender Gesichtspunkte angelegt und nicht als allgemeine Musterlösung für Reorganisationen in mittleren Unternehmungen gedacht. Dazu werden die Ergebnisse der Umfrage verarbeitet und mit weiteren Quellen und Überlegungen ergänzt. Mit dem Aufzeigen mehrerer Gesichtspunkte und von Zusammenhängen werden das ganzheitliche Denken angeregt und Hinweise für die Planung und Verwirklichung von Reorganisationen in mittleren Unternehmungen vermittelt.

4. Zusammenfassung

   Die Kernaussagen aus der Umfrage und aus dem Rahmenkonzept werden abschliessend zusammengestellt, gegliedert nach den eingangs genannten Fragenbereichen.

Mit einer schriftlichen Befragung lassen sich verschiedene Gesichtspunkte nur schwer erfassen und klären, zum Beispiel die Gliederung und zeitliche Abwicklung der Reorganisationen. Die Erweiterung der Umfrage durch das Rahmenkonzept erfolgt aber nicht zur rein wissenschaftlichen Abrundung, sondern um eine Leitlinie für das <u>Handeln bei zukünftigen Reorganisationen</u> aufzeigen zu können. Denn die vorliegende Arbeit soll dazu beitragen, solche Reorganisationen leichter und <u>erfolgreicher zu bewältigen</u>. Sie soll ausserdem die weitere Forschung über Führung und Organisation in mittleren Unternehmungen anregen.

## 1. GRUNDLEGUNG

### 1.1 EIGENHEITEN UND BEDEUTUNG DER MITTLEREN UNTERNEHMUNGEN

#### 1.11 ABGRENZUNG DER "MITTLEREN" UNTERNEHMUNGEN

Welche Unternehmungen sind als kleine, mittlere oder grosse anzusprechen? - Die Übergänge sind fliessend, doch die typischen Verhältnisse für jeden dieser Grössenbereiche unterscheiden sich deutlich. Schwer fällt es allerdings, scharfe Grenzen festzulegen, um dann jede Unternehmung eindeutig "richtig" einordnen zu können.

Fundierte wissenschaftliche Aussagen sowie gezielte wirtschaftspolitische Massnahmen können ohne unterscheidende Abgrenzungen nicht auskommen. Wissenschaftlich und politisch wird der Begriff der "mittleren Unternehmungen" daher immer wieder diskutiert und uneinheitlich beantwortet (1). Welche Unternehmungen als gross, mittel oder klein angesehen werden, ist auch zeitbedingt (2). Doch den folgenden vagen Eingrenzungen wird kaum widersprochen:

- Im Gegensatz zu kleinen Unternehmungen gibt es in mittleren Unternehmungen <u>mindestens zwei Führungsebenen</u>, das heisst, ein grosser Teil der Mitarbeiter ist nicht unmittelbar den Unternehmungsleitern unterstellt (3). Diese beteiligen sich ausserdem kaum mehr an ausführenden Routinearbeiten (4).

---

(1) Vgl. z.B. Pramböck (Unternehmermentalität) 40 ff., Woitrin/Stampa (Untersuchung) 13 ff., Langen (Grundlagen) 112 ff., Bundesministerium für Wirtschaft (Unternehmensgrössen) 1 ff., Pleitner (Arbeitszufriedenheit) 23 ff.
(2) 1890 galten z.B. Betriebe schon ab 20 Beschäftigten als gross. Vgl. Scheuch (Geschichte) 69; weiter Langen (Grundlagen) 123 f.
(3) Vgl. Thürbach/Hutter (Organisation) 29 f.
(4) Vgl. z.B. Schmidt (Selbstbestimmung) 68

- Im Gegensatz zu grossen Unternehmungen bleiben die mittleren für die Unternehmungsleiter <u>überschaubar</u> ; diese kennen die Mitarbeiter und die Betriebsabläufe persönlich (1).

Zur eindeutigen Abgrenzung wird versucht, diese Aussagen möglichst getreu auf einen Massstab zu übertragen. Dabei sind zwei Fragen zu entscheiden: das geeignete Grössenmass (2) und die Grenzwerte für "mittlere Unternehmungen". Obwohl gegen alle Definitionen Einwände möglich sind, verbreitet sich die folgende allgemeine Sprachregelung immer mehr (3). Sie wird deshalb im Rahmen dieser Arbeit verwendet:

---

"Mittlere Unternehmungen" sind Unternehmungen mit 50 bis 500 Beschäftigten.

---

Nachdem diese Definition sich auf die gesamte Wirtschaft erstreckt, berücksichtigt sie bei der einzelnen Unternehmung weder Branche noch Marktstellung noch die Frage, wie arbeitsintensiv sie ihre Leistungen erstellt. Beim Grössenmassstab "Umsatz", der auch öfters verwendet wird, gilt dieselbe Einschränkung. Aufgrund der Geldentwertung und Wechselkursschwankungen eignet sich der Umsatz jedoch nur beschränkt für Vergleiche. Das Grössenmass "Beschäftigtenzahl" lässt sich im allgemeinen leichter bestimmen und erfahren, was als grosser Vorteil zu werten ist. Für die vorliegende Arbeit ist es auch deshalb sinnvoll, weil die Unternehmungsorganisation in erster Linie die Beziehungen unter den Unternehmungsmit-

---

(1) Als Obergrenze der "kleinen und mittleren" im allgemeinen akzeptiert. Vgl. Gantzel (Wesen) 281, Bundesministerium für Wirtschaft (Unternehmensgrössen) 1
(2) Für weitere Massgrössen vgl. Busse von Colbe (Betriebsgrösse) Sp. 568 ff.
(3) Vgl. z.B. Sieber (Führungsprobleme) 77, Eidgenössisches Statistisches Amt (Industriestatistik 1968) 600, Krengel (Leistungsfähigkeit) 93, Hofer/Wolff (Unternehmensgrössen) 45, Hruschka (Wettbewerbschancen) 3, Weber (Strategien) 15, Bundesministerium für Wirtschaft (Unternehmensgrössen) 13, Pleitner (Auslandsbeteiligung) 145 - In den Europäischen Gemeinschaften und den USA zählen Betriebe mit mehr als 500 Beschäftigten nicht mehr zu den Mittelbetrieben. Vgl. Wirtschafts- und Sozialausschuss (Mittelbetriebe) 11, o.V. (Small Business) 28

gliedern umfasst, sodass es beim Reorganisieren sehr darauf ankommt, wieviele Personen betroffen und beteiligt sind (1).

Aus diesem Grund interessieren uns hier <u>nur eigenständige Unternehmungen</u> (2) und nicht solche Betriebe, die als – möglicherweise zwar rechtlich selbständige – Konzerntöchter oder Staats- oder Kommunalbetriebe stark abhängig sind. Der Ausdruck "mittlere Unternehmung" ist klar grössenbezogen und an sich wertfrei, was ihn vom Begriff <u>"mittelständische Unternehmung"</u> unterscheidet, der vor allem in politischen Diskussionen in der Bundesrepublik Deutschland und in Oesterreich verwendet wird (3). Das Hauptmerkmal der "mittelständischen Unternehmung" ist weniger die begrenzte Grösse, sondern vielmehr die persönliche Selbständigkeit und Mitarbeit des Unternehmers, der in sich Eigentum und Leitung vereint (4). Für eine konkrete staatliche Mittelstandspolitik werden aber meistens doch Grössenkriterien herangezogen, sodass letztendlich der Grossteil der mittleren sowie kleinen Unternehmungen auch als mittelständisch gilt (5).

---

(1) Vgl. de Jong (Kleine) 28
(2) Zu den Rechtsformen und Eigentumsverhältnissen in mittleren Unternehmungen vgl. Abschnitte 1.131 und 2.131
(3) Vgl. Gantzel (Wesen) 36 f.
(4) Vgl. Hruschka (Wettbewerbschancen) 4 f.
(5) Vgl. Dichtl/Raffée/Wellenreuther (Mittelstandspolitik) 533 ff.

## 1.12 DIE MITTLEREN UNTERNEHMUNGEN IN DER GESAMTWIRTSCHAFT

Die volkswirtschaftliche Bedeutung der mittleren wie der kleinen Unternehmungen wird oft unterschätzt, weil die einzelnen Grossunternehmungen weitaus bekannter sind. Aber die allermeisten Unternehmungen sind klein, und nur wenige Promille der Unternehmungen sind gross (Abb. 1-1) (1). Den grossen stehen beispielsweise in der Schweiz und in Oesterreich ungefähr vierzehnmal so viele mittlere Unternehmungen gegenüber. Die mittleren Unternehmungen beschäftigen ebenso wie die grossen über ein Viertel und die kleinen knapp die Hälfte aller Erwerbstätigen in der Wirtschaft

|  | Schweiz 1985 | | Oesterreich 1983 | |
|---|---|---|---|---|
|  | Anzahl | % | Anzahl | % |
| Anzahl Unternehmungen | 209'038 | 100 | 179'088 | 100 |
| kleine (bis 49 Beschäftigte) | 203'154 | 97.2 | 174'319 | 97.3 |
| mittlere (50 - 499 Beschäftigte) | 5'533 | 2.6 | 4'414 | 2.5 |
| grosse (500 und mehr Beschäftigte) | 351 | 0.2 | 355 | 0.2 |
| Beschäftigte insgesamt | 2'311'338 | 100 | 2'151'718 | 100 |
| in kleinen Unternehmungen | 1'049'061 | 45.4 | 931'351 | 43.3 |
| in mittleren Unternehmungen | 665'204 | 28.8 | 552'093 | 25.7 |
| in grossen Unternehmungen | 597'073 | 25.8 | 668'274 | 31.0 |

Quellen: Eidgenössisches Statistisches Amt (Betriebszählung 1985), Oesterreichisches Statistisches Zentralamt (Bereichszählung 1983) 80, eigene Berechnungen. - Ausser Acht gelassen wurden Landwirtschaft, öffentlicher Dienst, Hauswartung und Haushalt.

Abb. 1-1: Kleine, mittlere und grosse Unternehmungen

---

(1) Dem in der vorliegenden Arbeit verwendeten Begriff "mittlere Unternehmungen" entsprechen in volkswirtschaftlichen Statistiken in etwa die Unternehmungen der Grössenklassen von 50 bis 499 Beschäftigten

der beiden Länder. Mit gewissen Abweichungen gelten ähnliche Verhältnisse für die mittleren Unternehmungen in der Bundesrepublik Deutschland (1) und auch <u>in den</u> meisten anderen marktwirtschaftlichen <u>Industrieländern</u> einschliesslich USA (2) und Japan.

Die <u>beachtliche Stellung der mittleren Unternehmungen</u> in der Volkswirtschaft beweist, dass es ihnen immer neu gelingt, <u>Stärken und Chancen</u> von kleinen wie von grossen Firmen zu nützen und zu verbinden:

- <u>Besser als grosse Unternehmungen können mittlere</u>:

  -- auf individuelle Kundenwünsche abgestimmte Leistungen erbringen (3) sowie

  -- rascher Innovationen - von Anpassungen bis zu eigentlichen Erfindungen - verwirklichen, die neuen Kundenbedürfnissen oder marktlichen Rahmenbedingungen entsprechen (4).

- <u>Besser als kleine Unternehmungen können mittlere</u>:

  -- eine grössere Anzahl qualifizierter Fachkräfte beschäftigen und sich umfangreicheres Spezialwissen erarbeiten,

  -- durch die Anschaffung höherspezialisierter und grösserer Anlagen und anderer zeitsparender Hilfsmittel die Arbeitsabläufe rationalisieren sowie

  -- aufgrund ihrer Kapazitäten auch grössere Aufträge ausführen.

---

(1) Hier werden Betriebe unter 20 Beschäftigten jedoch statistisch nicht erfasst, sodass die Grundgesamtheit unbekannt ist. Vgl. Statistisches Bundesamt (Jahrbuch 1982) 176 f.
(2) Vgl. o.V. (Small Business) 202 und 208
(3) Somit sind viele mittlere Unternehmungen Gewerbebetriebe i.S. von Gutersohn (Gewerbebetriebe) 124 und (Weg) 106.
(4) Vgl. Vranitzky (Erfinderisch) 15

Kundenorientierte Märkte, die Kapazitäten und Anpassung erfordern, bieten mittleren Unternehmungen daher besondere Chancen, sich gegen kleine und grosse Konkurrenten zu behaupten. Gesamthaft zeigt sich, dass die mittleren Betriebe (1) ihre Leistungen am effizientesten erstellen und die mittleren Unternehmungen hinsichtlich ihrer Rentabilität deutlich besser liegen als die grossen (1). Zahlungsschwierigkeiten führen bei mittleren Unternehmungen allerdings häufiger zum Untergang oder Verkauf (3). Dies dürfte darin begründet sein, dass einerseits nur in Kleinunternehmungen finanzielle Engpässe bis zu einem gewissen Mass durch entbehrungsreichen, harten Einsatz des Inhabers und seiner Familie wettgemacht werden können - dafür ist die Belegschaft einer mittleren Unternehmung zu zahlreich - und andererseits die öffentliche Hilfe, die grosse Unternehmungen notfalls regelmässig erhalten, einer mittleren oft versagt bleibt - weil ihr weniger öffentliches Interesse beigemessen wird.

Anzahl und Bedeutung der mittleren Unternehmungen sind freilich nach Wirtschaftszweigen verschieden. Die _meisten_ mittleren Unternehmungen gibt es in den Branchen Metall- und Maschinenindustrie, Bauwesen, Gross- und Einzelhandel sowie Textil-, Bekleidungs- und Schuhindustrie. Auf diese wenigen Branchen _konzentrieren sich_ in der Schweiz und in Oesterreich rund 60 Prozent aller mittleren Unternehmungen (4).

---

(1) Betriebe sind kostenrechnerisch abgegrenzte örtliche Wirtschaftseinheiten, Unternehmungen hingegen rechtlich selbständige Wirtschaftseinheiten.
(2) Vgl. EG-Kommission zit. in Barry (Smaller Enterprise) 39, Aiginger/Tichy (Kleine) 42 - 93, 144
(3) Vgl. Langen/Naujoks (Insolvenzen) 87, Sievers (Krisenanfälligkeit) 96
(4) Vgl. Eidgenössisches Statistisches Amt (Betriebszählung 1985), Oesterreichisches Statistisches Zentralamt (Bereichszählung 1983) 69 ff.

## 1.13 INNERE MERKMALE MITTLERER UNTERNEHMUNGEN

Bei der folgenden Übersicht liegt das Hauptaugenmerk auf typischen Eigenschaften mittlerer Unternehmungen, die beim Reorganisieren eine Rolle spielen (1): auf dem personalen Charakter und der Rolle der Eigentümer-Unternehmer, auf der geringen Anzahl an Führungspersonen, auf der Überschaubarkeit und auf den Einflussverhältnissen (2).

### 1.131 Der personale Charakter und die Rolle der Eigentümer-Unternehmer

Der personale Charakter zeigt sich sowohl bei den Eigentumsverhältnissen und der Rechtsform als auch bei der Führung der mittleren Unternehmungen. Meistens handelt es sich um Gründerfirmen oder um Familienunternehmungen mit Tradition (3).

Die typischen <u>Eigentums- und Rechtsformen</u> für mittlere Unternehmungen sind Einzelfirmen, Personengesellschaften oder personengebundene Kapitalgesellschaften, d.h. Unternehmungen im Einpersonen-, Partner- oder Familienbesitz. Neben Einzelfirmen treffen wir in der Schweiz überwiegend Aktiengesellschaften an, während das Wirtschaftsrecht in der Bundesrepublik und in Oesterreich Personengesellschaften und Gesellschaften mit beschränkter Haftung begünstigt (4).

In der <u>Führung</u> spiegeln sich die Eigentumsverhältnisse wider, indem mittlere Unternehmungen in der Regel unmittelbar von Eigentümer-Unternehmern - vom Alleineigentümer oder von Gesell-

---

(1) Mehr z.B. bei Gantzel (Wesen), Schmidt (Mittelständisch), Langen (Grundlagen) 101 ff., Schmidt (Selbstbestimmung) und Pfohl (Kleinbetriebe)
(2) Gedanken zur Frage, wie sich die Führung kleiner und mittlerer Unternehmungen von der grosser unterscheidet, finden sich in Dörler (Kleinbetriebe).
(3) Vgl. Abschnitt 2.131 über Eigentümer, Geschäftsführer und Rechtsform der mittleren Unternehmungen in Vorarlberg und Barry (Smaller Enterprise) 40 ff.
(4) Vgl. Gutersohn (Entwicklungen) 58, Schneider (Kapitalbeteiligung) 34, Langen (Grundlagen) 107 ff., Oesterreichisches Statistisches Zentralamt (Bereichszählungen 1976) II 10 f. sowie Abschnitt 2.131

schaftern (Miteigentümern) - geleitet werden, wogegen angestellte Unternehmer (Geschäftsführer) die Ausnahme sind (1). Diese Unternehmer bilden meist allein, zu zweit oder zu dritt die Führungsspitze (2).

Vor allem die Eigentümer-Unternehmer besitzen eine enge Bindung an ihre Unternehmung, weil diese für sie nicht nur Haupteinkommensquelle - auch für die Familie -, sondern zugleich wesentlicher Lebensinhalt ist. Dies bewirkt ein Denken in Lebensabschnitten und Generationen und beschränkt - da die Unternehmer und ihre Familien selbst das Risiko der Unternehmung tragen - die Risikobereitschaft. Es zeigt sich auch, dass die Unternehmer der Selbständigkeit und Unabhängigkeit einen hohen Stellenwert beimessen. Kapitalaufstockungen durch die Beteiligung Dritter sind in der Regel unerwünscht, weil sie ein Einmischen in die Geschäftspolitik oder gar eine Mitbestimmung durch Miteigentümer befürchten lassen. Der selbstauferlegte Ausschluss von Beteiligungen begrenzt selbstverständlich die Wachstumsmöglichkeiten und erklärt auch den verhältnismässig hohen Fremdkapitalanteil in mittleren Unternehmungen (3).

Häufig sind Familienmitglieder des Unternehmers Miteigentümer, Geldgeber oder Mitarbeiter. Dies kann sich allerdings sehr verschieden auswirken: Teilweise ist es sicher sehr vorteilhaft für die Geschäftsführung und die Leistungsfähigkeit der Unternehmung, teilweise führt es aber auch zu unangenehmen Konflikten bei der Geschäftsführung (z.B. bei Personalentscheidungen, bei Investitionsvorhaben und vor allem bei Gewinnverteilungen) (4).

Die Mitarbeiter wissen, dass die Unternehmer ihre Unternehmungen langfristig führen werden. Dies stärkt den Willen, miteinander auszukommen und sich zu verständigen. Es weckt auch das Interesse am persönlichen und familiären Leben der Unternehmer.

---

(1) Zur Bedeutung und Rolle von Eigentümer-Unternehmern vgl. z.B.Pleitner (Unternehmer) 13 ff.; für angestellte Geschäftsführer Löwe (Familienunternehmung) 55, Brauchlin (Fremdmanager), Walter (Gewerbe-Genossenschaften)
(2) Vgl. dazu Staerkle (Konzepte) 167 f.
(3) Vgl. z.B. Schmoll (Finanzierung) 242 f., Weber (Strategien), Dülfer (Auswirkungen), Schmidt (Selbstbestimmung) 81, Schlecht (Rang) 28
(4) Vgl. z.B. Bechtle (Führungsnachfolge) 127 ff.

Umgekehrt reicht auch das Interesse der Unternehmer in den persönlichen und familären Bereich der Mitarbeiter hinein, weil dieser Auswirkungen auf die Zusammenarbeit in der Unternehmung hat (1). Unternehmer und Mitarbeiter betrachten sich viel mehr als in Grossunternehmungen als "Mitmenschen".


1.132   Konzentration der Führungsaufgaben auf wenige Personen

Die Anzahl der Führungskräfte ist in mittleren Unternehmungen gering, im Vergleich zur Gesamtmitgliederzahl sogar geringer als in den meisten Kleinbetrieben. Neben den Unternehmern sind in der Regel nur wenige leitende Angestellte an der Unternehmungsführung beteiligt (2). Unterstützende Stäbe sind rarer als in grösseren Firmen, vermutlich gibt es in mehr als der Hälfte der mittleren Unternehmungen überhaupt keine Stabsstelle (3).

Somit müssen die wenigen Führungskräfte viele unterschiedliche Aufgaben wahrnehmen. Ihre Spezialisierung ist viel geringer als bei Führungskräften von Grossunternehmungen (4). Als wichtigsten Trägern fachlichen Wissens fallen ihnen neben eigentlichen Führungsaufgaben auch Routineentscheidungen und ausführende Tätigkeiten zu - z.B. im Marketing-, Finanz-, Einkaufs- oder Personalbereich. Die Unternehmer selbst widmen zumeist einen beträchtlichen Teil ihrer Zeit - rund 40 bis 50 Prozent - derartigen Aufgaben (5).

Leider fehlt dadurch auch manch wertvolles Spezialwissen in der Unternehmung. Eine weitere Gefahr liegt darin, dass die Führungspersonen meist vom Tagesgeschäft so eingedeckt sind, dass für

---

(1) Vgl. Mittelsten Scheid (Familienunternehmen) 68 f.
(2) Vgl. Steiner (Führungsstruktur) 90 ff.; ergänzt durch die Überlegung, dass auch in jedem Kleinbetrieb mindestens 1 Führungsperson tätig ist.
(3) Eigene Auswertung unveröffentlichter Zahlen der Umfrage "Unternehmungsführung 1980" von Firmen ab 100 Mitarbeitern. Vgl. Brauchlin (Erhebung) 11 ff
(4) Vgl. Steiner (Führungsstruktur) 255
(5) Vgl. IHK Koblenz (Mittelstand) 45/A 62, McKinsey (Winning) 37 f.

wichtige <u>zukunftsgerichtete</u> Arbeiten in mittleren Unternehmungen <u>zu wenig Zeit</u> übrigbleibt (1). Die Breite ihres Aufgabengebietes kann zu Problemen führen, wenn eine Führungskraft ersetzt oder stellvertreten werden soll.

Die Konzentration der Führungsaufgaben auf einen kleinen Personenkreis erleichtert eine rasche Absprache und Entscheidungsfindung. Sie bedeutet allerdings ebenso, dass das Funktionieren der Unternehmung stark auf die Einsatzfähigkeit und -bereitschaft ihres <u>"personalen Mittelpunktes" angewiesen</u> ist, insbesondere auf die Person des Unternehmers (2).

### 1.133 Überschaubarkeit und unmittelbare Beziehungen

Die begrenzte Grösse von <u>weniger als 500 Mitarbeitern</u> (3) und die Beschränkung auf <u>zwei bis vier Führungsebenen</u> (4) geben Unternehmern und Mitarbeitern die Gelegenheit, einander zu kennen und den Betrieb zu überschauen, und zwar von der Erstellung bis zum Absatz der Produkte oder Dienstleistungen. Ausserdem erleichtert der Geschäftsumfang den Unternehmern, die Übersicht über die Marktprobleme zu bewahren (5).

Das eher weniger breite, sondern in die Tiefe gehende Marktleistungssortiment der mittleren Unternehmungen ermöglicht keine allzu diversifizierten Betriebsabläufe, sodass - speziell in Fertigungsbetrieben - vorwiegend vielseitige technische Einrichtungen eingesetzt werden, während Grossbetriebe vermehrt produktspezifische Anlagen anschaffen. Dadurch und durch das unmittelbare Dabeisein <u>kennen</u> die "mittleren" Unternehmer die <u>Prozesse in ihrem Betrieb</u> zumeist recht gut und wirken oft im direkten Kontakt mit den Mitarbeitern darauf ein. Aber auch die

---

(1) Vgl. Grochla/Puhlmann/Vahle (Entlastung) 396 f.
(2) Vgl. Bechtle (Führungsnachfolge) 108
(3) Die praktische Auswirkung dieser Grenze behandelt Nebas (Wege) 29 f.
(4) Nur selten mehr; eigene Auswertung von Organigrammen.
(5) Vgl. Schleussner (Mittelbetrieb) 13 f.

Mitarbeiter können das Betriebsgeschehen leichter durchblicken und sich stärker mit ihrer Arbeit identifizieren (1).

Die Unternehmer sehen fast alle Mitarbeiter so häufig, dass sie <u>einander persönlich kennen</u>, und dasselbe gilt für zahlreiche Mitarbeiter untereinander. Vielfach pflegen sie auch ausserbetrieblich Kontakte, und immer wieder ergeben sich persönliche Freundschaften und Anteilnahme. Diese personale Nähe kann das Gemeinschaftsbewusstsein fördern und Interessengegensätze verwischen (2).

<u>Spontane Kommunikation</u> spielt in mittleren Unternehmungen eine grosse Rolle (3). Meldungen und Besprechungen sowie Anordnungen der Führungskräfte laufen nicht nur über einen festgelegten Dienstweg, sondern auch über informelle direkte Wege zwischen "ganz oben" und "ganz unten" und zwischen Mitarbeitern verschiedener Unternehmungsbereiche. Diese unmittelbare Kommunikation zwischen den Beteiligten hat den Vorteil, dass Informationen, Meinungen und Anordnungen unverfälscht und im allgemeinen schneller weitergegeben werden, als es bei strengen Dienstwegen der Fall wäre. Allerdings ist teilweise zuwenig sichergestellt, dass die zuständigen Mitarbeiter alle wichtigen Informationen erhalten (4).

Schriftlich festgehaltene, <u>formale Regelungen</u> sind in mittleren Unternehmungen <u>seltener</u> als in grossen (5). Dies betrifft nicht nur die Informations- und Entscheidungsprozesse. Die Arbeitsabläufe sind ebenfalls weniger standardisiert als in Grossunternehmungen und die Aufgaben und Rechte der einzelnen Unternehmungsmitglieder vielfach nicht abgegrenzt. Allerdings entwickeln sich oft ebenso dauerhafte Spielregeln durch "konkludentes" Verhalten, das eine ausdrückliche Willenserklärung ersetzt.

---

(1) Vgl. Schmidt (Selbstbestimmung) 103 und die dort zitierten Studien sowie Deckert u.a. (Mittelbetriebe) 20 (aus Gewerkschaftssicht)
(2) Vgl. Deckert u.a. (Mittelbetriebe) 19
(3) Vgl. Steiner (Führungsstruktur) 168
(4) Zu den Vorteilen und den Gefahren dieser kurzen Entscheidungsprozesse vgl. Bechtle (Führungsnachfolge) 100, IHK Koblenz (Mittelstand) A 121.
(5) Vgl. Hutter/Thürbach (Organisation) 3 ff., Staerkle (Konzepte) 177 f., IHK Koblenz (Mittelstand) A 70

## 1.134 "Familiäre" Einflussverhältnisse

Die Tatsache, dass die Mitarbeiter in mittleren Unternehmungen im Vergleich zu grossen offiziell wenig Mitentscheidungsrechte oder durch Delegation Alleinentscheidungsbereiche erhalten (1), darf nicht überbewertet werden. Die Kompetenzen der Mitarbeiter sind häufig nicht geregelt (2).

Dabei spielt die enge Kommunikation innerhalb der mittleren Unternehmung eine wesentliche Rolle. Mitarbeiter, die dem Unternehmer oder einer Führungskraft sympathisch sind, besitzen gute Möglichkeiten, ihre Vorstellungen einzubringen. Somit bestehen ähnliche Verhältnisse wie in einer Familie: Das entscheidende "letzte Wort" des Unternehmers bedeutet nicht alles, weil es diverse informelle Einflussmöglichkeiten gibt, wodurch Mitarbeiter Entscheidungen veranlassen oder verhindern können (3). Zudem werden in vielen mittleren Unternehmungen wichtige Entscheidungen aufgrund gegenseitiger Abstimmung unter den Betroffenen gefällt und durchgesetzt (4).

Zusätzlich wirken oft die gewachsenen und verwurzelten Beziehungen zwischen den Unternehmerfamilien und der örtlichen Mitarbeiterschaft mit (5).

All diese Charakterzüge verbinden sich typischerweise in einer mittleren Unternehmung, wenngleich sie jeweils stärker oder schwächer ausgeprägt sind. Sie sind der innerbetriebliche Grund für die besondere Chance der mittleren Unternehmungen: flexibel und leistungsfähig zugleich zu sein.

---

(1) Vgl. Grochla/Puhlmann/Vahle (Entlastung) 396 ff.
(2) Vgl. Mittelsten Scheid (Familienunternehmen) 63 / 70, IHK Koblenz (Mittelstand) A 87
(3) Vgl. Irle (Macht), der den informellen Einfluss von Stäben erforschte.
(4) Vgl. Hutter/Thürbach (Organisation) 4
(5) Vgl. Abschnitt 1.131 und Dülfer (Auswirkungen) 494

## 1.2 WESEN DER ORGANISATION UND DER REORGANISATIONEN

### 1.21 UNTERNEHMUNGEN ALS ZIELGERICHTETE ZWECKGEBILDE

An eine Unternehmung richten viele Menschen und Institutionen Erwartungen, und sie sehen sie als Mittel zu verschiedenen Zwecken - zu sinnvoller Arbeit und Verdienst, zur Geldanlage, zur Herstellung von Waren und zur Erbringung von Diensten, zu Steueraufkommen, zum Fortschritt ..... Somit muss jede Unternehmung verschiedenen "Beteiligten" dienen und genügend Anreize bieten, um dafür von ihnen Ressourcen zu erhalten, die sie wiederum benützen kann, um neue Anreize zu schaffen. Unternehmungen sind <u>Vielzweckgebilde</u> - und damit nur zweckmässig, wenn sie vielfältigen Wünschen ihrer Mitglieder und der Umwelt gerecht werden (1).

Die vorgegebenen Zwecksetzungen sind meistens allgemein und überlassen der einzelnen Unternehmung einen beträchtlichen Handlungsspielraum. Zu den Grundlagen der Führung einer Unternehmung gehört es daher, <u>eigene Ziele</u> zu setzen, um dem Handeln eine Richtung zu geben. Daraus entsteht ein System von untereinander verknüpften, hierarchisch abgestuften, aber auch veränderbaren Unternehmungszielen. Diese betreffen alle Bereiche der Unternehmung: den leistungswirtschaftlichen (Produkte/Leistungen und Märkte), den finanzwirtschaftlichen (Liquidität, Umsatz, Gewinn) wie den sozialen Bereich (Verhalten gegenüber Mitarbeitern, Geschäftspartnern, Kapitalgebern, Staat und Gesellschaft) (2).

---

(1) Vgl. Ulrich (Managementlehre) 1 ff., March/Simon (Organisation) 81 ff.
(2) Vgl. Ulrich (Unternehmung) 114 f., 162 und (Unternehmungspolitik) 99 ff., Hauschildt (Zielsysteme) 242, Kupsch (Unternehmungsziele) 1 ff.

Ziele entwickeln sich auf <u>drei Stufen</u>, die einen engen inneren Zusammenhang aufweisen (1):

- als Ziele, die Unternehmungsmitglieder i n der Unternehmung erreichen wollen;

- als Ziele, die von Unternehmungsmitgliedern f ü r die Unternehmung überlegt und angestrebt werden; und

- als Ziele d e r Unternehmung selbst.

Letztere drücken sich in der gelebten Unternehmungspolitik und in den Unternehmungsstrategien aus. In kleinen und mittleren Unternehmungen decken sie sich weitgehend mit den Zielen der Unternehmer.

Vorgegebene Zwecke und angestrebte Ziele fordern von der Unternehmung, dass sie im Innern "funktioniert", indem ihre Organe - die Unternehmungsmitglieder - tüchtig und aufeinander abgestimmt arbeiten und die verfügbaren Sachmittel bestmöglich einsetzen. Unter den Mitgliedern und Sachmitteln braucht es daher viele geeignete Beziehungen - die "Organisation" muss für die jeweilige Unternehmungssituation passen.

Allerdings verdankt eine Unternehmung ihr Entstehen und ihre weitere Geschichte nicht nur bewusstem Entwerfen und Verwirklichen, sondern auch planlosem, zufällig scheinendem Geschehen (2). Das Zusammenwirken ihrer Mitglieder beruht sowohl auf zielgerichtetem Gestalten, dessen Ergebnis der Absicht jedoch nicht unbedingt entsprechen muss, als auch auf Verhalten, dem kein besonderer Plan vorangeht. Jede Unternehmung ist daher teils bewusst <u>geschaffen und</u> teils ohne oder sogar gegen bestimmte Absichten <u>gewachsen</u> - Plan und Planlosigkeit sind zu einer untrennbaren Einheit verschmolzen (3).

---

(1) Vgl. Kupsch (Unternehmungsziele) 113 ff.
(2) Vgl. die Ausführungen über spontan gewachsene Ordnungen bei Hayek (Freiburger Studien) 36 und Probst (Selbst-Organisation) 10 ff.
(3) Vgl. Dörler (Organisation) 160

## 1.22 ORGANISATION ALS NETZWERK DER INNEREN BEZIEHUNGEN

Der Begriff "Organisation" bedarf hier einer näheren Klärung, weil ihm im alltäglichen wie im fachwissenschaftlichen Sprachgebrauch mehrere Bedeutungen beigemessen werden. Häufig wird "Organisation" vor allem als Sammelbegriff für ziel- und zweckorientierte soziale Gebilde verwendet, beispielsweise für Unternehmungen, öffentliche Verwaltungen, Schulen, Kirchen usw. Sehr häufig wird aber auch die formale Struktur solcher Gebilde als "Organisation" betrachtet, d. h. die von den Führungskräften angeordneten Beziehungen zur Errichtung des sozialen Gebildes sowie zur Regelung der Zusammenarbeit.

Die zweite Vorstellung geht stark davon aus, dass sich die Beziehungen in einer Unternehmung gestalten lassen, und berücksichtigt nicht, wie sich die Beziehungen entwickeln. Im Verständnis, das dieser Arbeit zugrunde liegt, wird daher deutlich zwischen "Organisation" und "Organisieren" unterschieden (1):

> Die "Organisation" ist das Netzwerk aller Beziehungen unter den Mitgliedern und Sachmitteln der Unternehmung.

> "Organisieren" heisst versuchen, die Organisation bestimmten Absichten entsprechend zu gestalten.

Dieses Organisationsverständnis umfasst die gesamte beobachtbare und erfahrbare innere Ordnung einer Unternehmung. Die Beziehungen können längerfristiger oder kürzerfristiger, temporärer Natur sein. Sie entstehen entweder aufgrund <u>formaler Regelungen</u>, die den Zielen der Führungsspitze entspringen, oder als Folge <u>informaler Erscheinungen</u>, in denen Bedürfnisse und Erwartungen der Unternehmungsmitglieder zum Ausdruck kommen (2). Die verwirklichte oder Ist-Organisation ist ausserdem immer eine <u>gewachsene Verbindung</u> von beabsichtigten und unbeabsichtigt entstandenen Elementen (3).

---

(1) Zum Organisationsbegriff allgemein und zur Begründung für diese Auffassung vgl. Dörler (Organisation) und (Organisationsverständnis).
(2) Vgl. Staerkle (Wechselwirkungen) 531
(3) Vgl. Probst (Organisator) 395

Sehr verschiedenartige Beziehungen machen die Organisation aus: Einerseits ergeben sich unter den Mitgliedern und Sachmitteln der Unternehmung Beziehungen aus ihrer <u>räumlich-zeitlichen Anordnung</u> (räumliche Nähe, Arbeitsprozesse usw.), ihrer <u>Zuordnung</u> (Chef - Mitarbeiter, Mensch - Maschine usw.) und ihrem <u>Informationsaustausch</u> (menschliche Kommunikation, Maschinenbedienung, automatische Steuerung). Andererseits bestehen <u>zwischenmenschliche</u> Beziehungen, die auf Gefühlen und Werturteilen der Mitglieder beruhen.

Ein noch deutlicheres Bild von der Organisation vermitteln einige wichtige <u>Wesensmerkmale</u> (1):

1. Organisation meint die Ordnung von Beziehungen zwischen Menschen und ihren Handlungen innerhalb einer Unternehmung.

2. Die Organisation soll den Menschen von Nutzen sein und helfen, Ziele und Zwecke zu erreichen und Bedürfnisse zu befriedigen.

3. Menschen sind als Mitglied einer Unternehmung doch nur teilweise in sie einbezogen. Daneben sind sie in zahlreiche private, öffentliche, berufliche und weltanschauliche Beziehungsgefüge eingegliedert.

4. Die Organisation vereint absichtliches Gestalten mit unbeabsichtigten Entwicklungen und ändert sich daher im Zeitablauf.

5. Die Organisation einer Unternehmung besitzt einen auf Dauer ausgerichteten Wesenskern: Leitziele, grundlegende formale Regelungen, aber auch gewohnheitsmässige Verhaltensweisen.

6. Organisation schliesst die Arbeitsteilung, den Ablauf der Teilaufgabenerfüllung und die Zusammenarbeit ein.

7. Zwischen der angestrebten Organisation (Soll) und der verwirklichten Organisation (Ist) werden meistens Unterschiede bestehen.

---

(1) Vgl. Dörler (Organisation) 161 f.

## 1.23 REORGANISATIONEN ALS GEZIELTE ORGANISATIONSÄNDERUNGEN

### 1.231 Organisationsänderungen

Wenn wir die Organisation derselben Unternehmung im Laufe der Zeit mehrmals betrachten, stellen wir Unterschiede fest, die sich zwischenzeitlich ergeben haben. Diese Erscheinungen nennen wir - unabhängig von ihren Ursachen - "Organisationsänderungen".

Was kann aber bei Organisationsänderungen <u>geschehen</u> ? - Unter den Mitgliedern und Sachmitteln der Unternehmung

- entstehen neue Beziehungen,

- werden bestehende Beziehungen abgebrochen und

- werden Beziehungen in ihrer Art, in ihren Eigenschaften und ihrer Bedeutung verändert,

- während in der Regel grosse Teile der Organisation unverändert bleiben.

Die meisten Organisationsänderungen sind untrennbar verbunden mit Veränderungen bei den <u>"Anknüpfungspunkten"</u> der Organisation. Denn diese wird stark geprägt durch die <u>Personen</u> und Persönlichkeiten der Unternehmer, der Führung- und Fachkräfte sowie der weiteren Mitarbeiter. Wesentliche Wechsel in ihrer Zusammensetzung, in ihren Absichten und ihrem Verhalten müssen sich somit auf die Organisation auswirken. Ausserdem hängt diese ab von den aktuellen <u>Aufgabenstellungen</u> und wird mitbestimmt durch die Verfügbarkeit und Verwendbarkeit von <u>Sachmitteln</u> und Verfahren zur Leistungserstellung und Leistungsverwertung. Es darf zudem nicht vergessen werden, dass sich manche innerbetriebliche Beziehungen (auch aufgabenbezogene) aus Verwandtschaften sowie Freundschaften und Bekanntschaften ergeben, die ausserhalb der Unternehmung entstanden sind.

## 1.232 Organisieren als zielgerichtetes Handeln

Da Unternehmungen Zwecke erfüllen müssen, darf ihre Organisation nicht einfach dem Zufall überlassen bleiben. "Organisieren" - sich bemühen, die Organisation der Unternehmung zielgerecht zu gestalten (1) - ist eine "permanente Führungsaufgabe" (2); darüber hinaus trägt jedes Unternehmungsmitglied mit einem gewissen Entscheidungs- und Handlungsspielraum Verantwortung, seinen selbständigen Aufgabenbereich entsprechend zu organisieren. Freilich gibt es auch Organisationsspezialisten, die über geeignete Methoden des Organisierens, Organisationsformen und Sachmittel beraten und bei ihrer Einführung bzw. Anwendung unterstützend mitwirken (3).

Weiter oben haben wir uns mit der Tatsache auseinandergesetzt, dass sich die Organisation einer Unternehmung nur teilweise absichtsgemäss verwirklichen lässt. Die Organisierenden müssen sich daher auf das Wichtige konzentrieren und vor allem Voraussetzungen schaffen, die die Entstehung der gewünschten Beziehungen ermöglichen und begünstigen (4), denn nur manchmal können sie ihre Absichten direkt Wirklichkeit werden lassen (5).

Der Grund, warum organisiert wird, ist immer der gleiche:

- damit alle Mitwirkenden ihre Einzelanstrengungen auf dieselben Ziele ausrichten und einander unterstützen sowie

- damit die verfügbaren Sachmittel entsprechend eingesetzt werden,

oder mit anderen Worten,

- damit die Organisation so gestaltet ist, dass bestimmte Ergebnisse besser oder überhaupt erreicht werden können.

---

(1) Vgl. auch Dörler (Organisation) 162 ff. und (Organisationsverständnis) 8
(2) Grochla (Perspektivenerweiterung) 114
(3) Vgl. Staerkle / Dörler / Draeger (Organisatoren) 20 ff., Thom/Brölingen (Berufsbild) 26 ff., Lindelaub (Organisator)
(4) Vgl. Malik/Probst (Evolutionäres Management) 132
(5) Beispielsweise bei der disziplinarischen Unterstellung von Mitarbeitern oder bei der Erteilung einer Bankvollmacht.

Deshalb ist das Organisieren stets ein <u>Prozess auf zwei Ebenen</u>:

- auf <u>geistiger</u> Ebene (Vorstellungen und Ideen)

- auf <u>realer</u> Ebene (die konkrete Wirklichkeit).

Die beiden Ebenen gehören untrennbar zusammen (Abb. 1-2) (1).

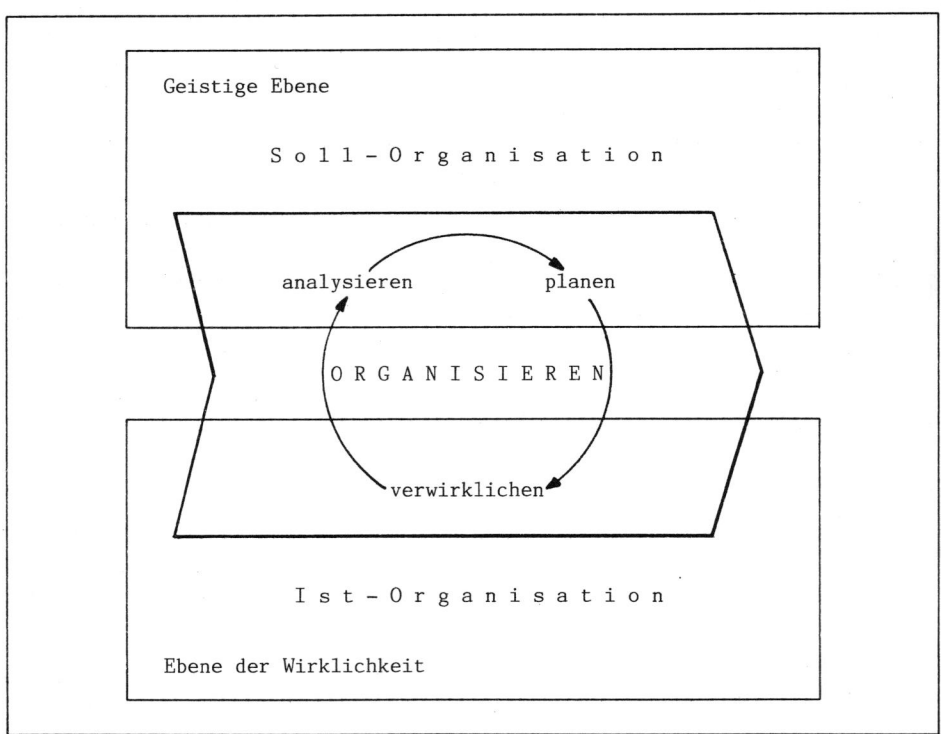

Abb. 1-2: Organisieren als Geschehen auf geistiger und realer Ebene

---

(1) Vgl. Ulrich (Management-Philosophie) 123, Glasl/de la Houssaye (OE) 18

Weil die menschliche Wahrnehmung begrenzt ist (1), erfassen Organisierende die Wirklichkeit - den Ist-Zustand - geistig in einem Modell. Ebenfalls zu den geistigen Prozessen der <u>Analyse und Planung</u> gehört das zukunftgerichtete Suchen nach neuen Ideen und Möglichkeiten, das Bewerten der Varianten (2) und Entscheiden über die Soll-Organisation. Das Gegenstück zu den geistigen Prozessen bilden die Prozesse der <u>Verwirklichung</u>. Die Organisierenden versuchen mit bestimmten Massnahmen, die gewählte Soll-Organisation in die Wirklichkeit umzusetzen, was ihnen manchmal leider nicht ganz und auf Anhieb gelingt.

Sowohl die geistigen wie die verwirklichenden Prozesse bestehen aus <u>vielen Schritten</u>. Vom Ausgangszustand (Ist-Organisation) führt oft ein langer Weg über Zwischenergebnisse (Übergangs-Pläne und -Zustände) bis hin zum verwirklichten Endergebnis (neue Ist-Organisation) (3). Wichtig ist zudem, dass jeder dieser Schritte nur im Rahmen der gerade bestehenden Aufbau- und Ablauforganisation geschehen kann.

## 1.233 Reorganisationen als wichtige Änderungen

Organisationsänderungen finden sich, wie wir gesehen haben, in einer Unternehmung eigentlich ständig, und auch ein mehr oder weniger umfangreiches Organisieren (insbesondere von Prozessen) gehört zur alltäglichen Arbeit.

"Reorganisationen" haben zum Ziel, einen gegebenen organisatorischen Ist-Zustand auf geplante und kontrollierte Weise in einen gewünschten Soll-Zustand zu überführen (4). Im neueren Sprachgebrauch ist die Verwendung des Begriffes teilweise

---

(1) Vgl. z.B. Vester (Denken) 43 ff.
(2) Einschliesslich der "Null-Variante" (alles wie bisher belassen).
(3) Vgl. dazu die Überlegungen bei Kappler(Systementwicklung) 62 f.
(4) Vgl. Pinkenburg (Projektmanagement) 132, Grochla (Gestaltung) 24

eingeschränkt, und zwar auf wichtige Reorganisationen (1). Was wichtige organisatorische Änderungen sind, ist dabei stets subjektiv, d.h. auf die einzelne Unternehmung bezogen.

Das "Reorganisieren" umfasst vielfach wirklich neuartige, kreative Lernprozesse. Diese erfordern in der Regel, dass bei der Suche nach besseren Lösungen die üblichen Grenzen durchbrochen werden (2). Dabei werden auch Leitziele, grundsätzliche formale Regelungen oder grundlegende Verhaltensweisen in Frage gestellt und neu gestaltet. Zahlreiche Folgeänderungen können sich daran anschliessen (3). Dadurch werden Merkmale der ganzen Unternehmung - und nicht nur einzelner Bereiche - deutlich verändert (4).

Reorganisationen in diesem anspruchsvollen Sinn sind eher selten. Allgemein lässt sich auch beobachten, dass sie den Umweltänderungen hinterher hinken. Daher passen Unternehmungen und Umwelten bei der Unternehmungsgründung am besten zusammen, dann aber mit der Zeit immer weniger, bis ein Reorganisieren notwendig wird (5). "Reorganisationen, die in bewusst geplanter Weise tiefgreifende Änderungen herbeiführen, bleiben ... im Leben von Organisationen Episoden." (6) Meist wird nur dann reorganisiert, wenn unübersehbare wesentliche Gefahren oder Chancen in den Umwelten oder innere Schwierigkeiten bestehen, die die Unternehmungsführung anders nicht mehr in den Griff bekommt.

---

(1) Vgl. die Reorganisationsstudien von Kirsch und Mitarbeitern, z.B. Kirsch/ Esser/Gabele (Reorganisation) 1; auch Rohner (Reorganisation) 16, Hofmann (Betriebsorganisation) 21 f.
(2) Vgl. Popper (Autobiography) 36, Gomez/Malik/Oeller (Systemmethodik) 81 f.
(3) Vgl. dazu Argyris/Schön (Organizational Learning) 18 ff., Argyris (Learning) 49 f., Scheuss (Anpassung) 323 ff.
(4) Vgl. Kirsch/Börsig (Reorganisationsprozesse) Sp. 2027
(5) Vgl. Meyer (Change) 205
(6) Kirsch/Esser/Gabele (Reorganisation) 1

Die Ursachen, die zu Reorganisationen drängen, können in der Unternehmung selbst oder in ihren Umwelten liegen. Doch der Anstoss dazu muss immer intern erfolgen (1). Oft laufen Reorganisationen sogar parallel mit Neuorientierungen der Unternehmungspolitik. In jedem Fall bauen Reorganisationen auf einzelnen Grundsatzentscheidungen auf, beispielsweise:

- über die Leitziele hinsichtlich der Produkte, Märkte, Erträge, der Zahlungsbereitschaft und des sozialen Verhaltens;

- über die Führungsspitze der Unternehmung, vor allem über ihre personelle Zusammensetzung und die Aufgabenteilung zwischen den Mitgliedern der Unternehmungsleitung;

- über den Führungsstil, insbesondere die Informationsflüsse und Entscheidungsprozesse; und

- über die Unternehmungsmitglieder, Sachmittel, Verfahren und anderen strategischen Erfolgspositionen (2), die zur Erreichung der Ziele eingesetzt werden.

---

(1) Vgl. Ulrich (Unternehmungspolitik) 197 ff.
(2) Vgl. Pümpin (SEP) 42 ff.

Als <u>Inhalte von Reorganisationen</u> lassen sich insbesondere anführen (1):

- die <u>Führungsorganisation</u>:

  -- Einführung einer breiteren Gliederung an der Führungsspitze
  (z.B. kaufmännischer und technischer Leiter; Leiter für einzelne Funktionsbereiche wie Absatz, Produktion, Einkauf, Verwaltung usw.)

  -- Straffung der Führungsspitze
  (Verringerung der Anzahl der Geschäftsleiter oder der ihnen unterstellten Führungskräfte)

  -- Einführung einer Geschäftsbereichsorganisation
  (z.B. Profit Center für einzelne Produkte oder einzelne Regionen)

- das <u>Bilden oder Auflösen organisatorischer Einheiten</u>:

  -- Eingliederung neuer Betriebsstätten
  (Zweigbetrieb, Filiale, Erweiterungsbau)

  -- Bildung neuer Abteilungen
  (z.B. aufgrund von Wachstum oder Diversifikation, d.h. der Aufnahme neuer Produkte für neue Märkte)

  -- Schaffung wichtiger Stabs- oder Zentralstellen
  (z.B. für Finanz- und Rechnungswesen, Revision, Planung, Einkauf oder EDV)

  -- Auflösung oder Zusammenlegung von Abteilungen oder Zentralstellen

  -- Aufgabe von Unternehmungsteilen (z.B. Zweigbetrieben)

---

(1) In teilweiser Anlehnung an Kirsch/Esser/Gabele (Reorganisation) 4

- die <u>Organisation betrieblicher Funktionen</u>:

  -- Einführung eines neuen Planungssystems

  -- Einführung neuer Systeme des betrieblichen und des finanziellen Rechnungswesen

  -- Einführung diverser Kontrollsysteme

  -- Rationalisierung oder Neugestaltung betrieblicher Arbeitsabläufe

  -- Rationalisierung oder Neugestaltung administrativer Arbeitsabläufe

  -- grundlegende Änderungen im Bereich der Absatzorganisation

- die <u>EDV-Organisation</u>:

  -- erstmaliger Einsatz von EDV

  -- erstmalige Anschaffung einer eigenen EDV-Anlage

  -- bedeutende Ausweitung des EDV-Einsatzes

  -- Einsatz von Personalcomputern

Diese Aufzählung dürfte die meisten grösseren Reorganisationen erfasst haben, auch wenn daneben noch verschiedenste andere Inhalte möglich sind. Bemerkenswert ist, dass Reorganisationen oft mehrere inhaltliche Aspekte in sich vereinen.

Zusammenfassend lässt sich folgendes festhalten (Abb. 1-3): Als "Organisationsänderungen" sind alle Änderungen innerhalb des Beziehungsnetzes zwischen Mitgliedern und Sachmitteln der Unternehmung anzusehen, unabhängig davon, wodurch sie hervorgerufen werden. "Organisieren" ist hingegen ein gezieltes Verändern. Wenn nun in der vorliegenden Arbeit von "Reorganisationen" die Rede ist, so sind damit gezielte und wichtige Änderungen der Organisation mit nachhaltigen Folgen gemeint.

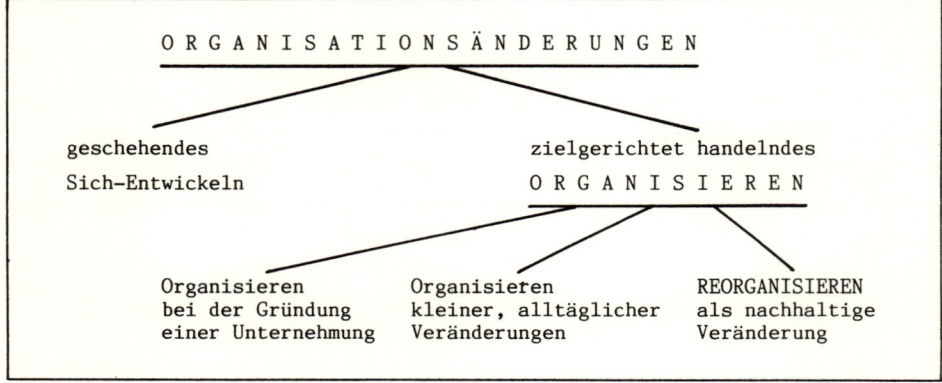

Abb. 1-3: Gliederung der Organisationsänderungen, Bedeutung der Reorganisation

## 2. REORGANISATIONEN IN MITTLEREN UNTERNEHMUNGEN IM SPIEGELBILD EINER UMFRAGE

### 2.1 ÜBERBLICK ÜBER DIE UMFRAGE

#### 2.11 ZIELSETZUNGEN UND FRAGESTELLUNGEN

Hauptaufgabe der hier beschriebenen Umfrage war es, einen Überblick über Reorganisationen in mittleren Unternehmungen und deren Eigenheiten zu gewinnen. Sie war als "explorative" Untersuchung angelegt, diente also der Erkundung und nicht der Überprüfung irgendwelcher Vermutungen oder Hypothesen. Im Mittelpunkt standen das Sammeln und Verdichten grundlegender Aussagen von Unternehmern und Führungskräften zu Reorganisationen, die sie mitgestaltet und miterlebt hatten. Die Umfrageergebnisse und ihre kritische Würdigung sollen Orientierungen ermöglichen und zur Entwicklung eines Rahmenkonzeptes für Reorganisationen in mittleren Unternehmungen (1) nützliche Informationen beitragen.

In erster Linie sollte die Untersuchung Aufschluss bringen über:

- Arten wichtiger Reorganisationen in mittleren Unternehmungen

- ihre Ursachen

- ihre Fördernisse und Hindernisse

- ihre Hauptgestalter

- die prägenden Vorgehens- und Arbeitsweisen

---

(1) Vgl. den 3. Teil der vorliegenden Arbeit

## 2.12 METHODIK UND ABLAUF DER UNTERSUCHUNG

Zur Erreichung einer entsprechenden Aussagekraft war es notwendig, eine grössere Anzahl von Unternehmern und Führungskräften, die Reorganisationen in mittleren Unternehmungen mitgestalteten und miterlebten, um Auskünfte zu bitten. Dafür wurde die Form der <u>schriftlichen Umfrage</u> gewählt. Sie ermöglichte es, alle mittleren Unternehmungen im österreichischen Bundesland Vorarlberg als Grundgesamtheit für die Untersuchung zu nehmen. Die Umfrage lässt sich somit als Versuch einer regional begrenzten Totalerhebung ansehen. Wichtig war auch, dass der Aufwand in Grenzen gehalten werden konnte (1).

### 2.121 Die Gestaltung des Fragebogens

Der Gestaltung des Fragebogens wurde grosse Aufmerksamkeit geschenkt. Er musste das Interesse der Angefragten wecken und sie einladen und auffordern, sich an der Umfrage zu beteiligen. Bei seiner Entwicklung wurde darum so weit als möglich auf die Befragten Rücksicht genommen und weniger auf die Auswertungstechnik. Im Aufbau des Fragebogens und in der Formulierung der Fragen wurde sehr darauf geachtet, dass die Beantworter mühelos und mit mässigem Zeitaufwand brauchbare Antworten geben konnten.

Deshalb erfolgte eine Beschränkung auf wenige, leicht zu beantwortende <u>Fragen</u> über einige wesentliche Gesichtspunkte der Reorganisationen. Die Fragen durften die Beantworter weder sprachlich noch wissensmässig überfordern und nicht beeinflussen. Soweit es ging, wurden geschlossene Fragen mit ankreuzbaren Antwortmöglichkeiten gestellt, allenfalls mit der zusätzlichen Möglichkeit einer freien Antwort. In vier Fällen wurde eine fünfteilige Polaritätsskala, z.B. von "sehr hoch" bis "unbedeutend", vorgegeben. Bei allen anderen Fragen waren Mehrfachnennungen möglich. Die Fragen nach Ursachen, Rahmenbedingungen und Hintergründen der Reorganisation wurden hingegen offen gestellt, um stichwortartig an neue Informationen heranzukommen. Weggelassen

---

(1) Vgl. Atteslander (Sozialforschung) 117, Kaplitza (Stichprobe) 137

wurden Fragen, die schriftlich nur schwer zu stellen und zu beantworten sind. Darunter fiel vor allem die Schilderung des Reorganisationsablaufes unter Berücksichtigung der einzelnen Abschnitte, ihrer Zeitdauer und der jeweils Beteiligten. Heikle Fragen nach Finanzdaten liessen sich ausklammern, weil sie für die Untersuchung wenig zusätzliche Information gebracht hätten (1).

Insgesamt umfasste der Fragebogen (2) drei Seiten und war methodisch folgendermassen aufgebaut (3): Unmittelbar nach der Bitte an den Beantworter, seinen Namen und seine Stellung anzugeben, erfolgte der Einstieg ins Thema. In der einleitenden Frage wurden anstelle einer umständlichen Definition des Begriffes "Reorganisation" beispielhaft dreizehn Arten von Reorganisationen aufgezählt, die sich in vorangehenden Abklärungen als die wichtigsten erwiesen hatten (4). Die Beantworter wurden gleich ersucht, jene Reorganisationen anzuführen, die ihre Unternehmungen in den letzten fünf Jahren durchgeführt hatten. Die nächste Frage filterte die wichtigste Reorganisation für die jeweilige Firma heraus; alle folgenden Fragen bezogen sich nur auf sie. Es wurde versucht, diese Fragen in eine verständliche Abfolge zu bringen, die verzerrende Antworteffekte vermied. Zum Schluss wurden alle Beantworter - auch jene, die "keine Reorganisation" gemeldet hatten - um einige allgemeine Angaben zur ihrer Unternehmung gebeten (5). Die vierte Seite des Bogens war für ergänzende Bemerkungen der Beantworter freigehalten.

Der Fragebogenentwurf wurde mehrfach überarbeitet - vom Verfasser alleine und im Gespräch mit verschiedenen Personen. Vor der Durchführung der eigentlichen Umfrage wurde der Entwurf letztlich in einem Probelauf von acht Führungskräften aus mittleren Unternehmungen ausgefüllt und ihren Anregungen entsprechend nochmals verbessert.

---

(1) Vgl. Kromrey (Sozialforschung) 196 ff., Holm (Frage) 54 ff., Atteslander (Sozialforschung) 100 ff./243 ff.
(2) Vgl. Anhang
(3) Vgl. Kromrey (Sozialforschung) 196 ff.
(4) Mit Hilfe von Fachleuten, Literatur und im Probelauf der Umfrage.
(5) Auf die Angabe der Branche wurde verzichtet, weil diese sich den Unterlagen der Handelskammer entnehmen liess. Vgl. Abschnitt 2.122

## 2.122  Der Ablauf der Umfrage

Aufbauend auf eine aktuelle, nur ein Jahr alte Betriebsgrössenstatistik der Vorarlberger Handelskammer sowie auf Zeitungsausschnitte und Hinweise aus Gesprächen gelang es, die eigenständigen Unternehmungen in Vorarlberg mit 40 bis 700 Mitarbeitern aufzulisten. Bekannterweise öffentliche oder konzernabhängige Betriebe wurden ausgeschlossen. Die Liste der Unternehmungen erwies sich im nachhinein als recht vollständig und verlässlich.

Ende Oktober 1984 erfolgte der Versand der Fragebogen an diese 274 Unternehmungen. Soweit als möglich wurden sie namentlich an den Inhaber, einen Geschäftsführer oder einen leitenden Angestellten gerichtet, der Rest wurde zu Handen der Geschäftsleitung abgeschickt. Offen und ehrlich wurde die Adresse direkt auf den Fragebogen geschrieben, um den Rücklauf zu überprüfen. Im Begleitbrief (1) wurde aber allen Beteiligten die unbedingte Vertraulichkeit ihrer Angaben zugesichert. Dieser Begleitbrief erläuterte auch die Zielsetzung der Umfrage etwas näher und versprach den Beteiligten eine Zusammenfassung der Hauptergebnisse (2). Ein zweiter Brief, unterzeichnet von Prof. Dr. Robert Staerkle als Direktor des Instituts für Betriebswirtschaft und Prof. Dr. Hans-Jobst Pleitner als Direktor des Instituts für Gewerbliche Wirtschaft an der Hochschule St. Gallen, unterstützte die Bitte um die Teilnahme (3). Ausserdem lag ein adressiertes und frankiertes Couvert für die Rücksendung der ausgefüllten Fragebogen bei.

Erfreulicherweise beantworteten den Fragebogen 167 Firmen, was einen Rücklauf von 61% bedeutet. Innerhalb einer Woche kamen ein Drittel der Antworten und bis Ende der dritten Woche zwei Drittel zurück. In der zweiten Novemberhälfte wurde mit Unternehmungen, die nicht geantwortet hatten, telefonisch Kontakt aufgenommen (4). Die meisten sprachen wohlwollend darauf an, wodurch einige zusätzliche Fragebogen gewonnen werden konnten. Die letzten Fragebogen gingen im Januar 1985 ein.

---

(1) Vgl. Anhang
(2) Dörler (Erste Ergebnisse), zugestellt im August 1985.
(3) Vgl. Anhang
(4) Eingeschränkt auf Unternehmungen mit 50 bis 500 Mitarbeitern, da sich inzwischen die Liste der Unternehmungen als recht verlässlich erwiesen hatte.

## 2.123 Zur Auswertung der Fragebogen

Von den antwortenden Unternehmungen sind 140 "eigenständige Unternehmungen mit 50 bis 500 Mitarbeitern". Sie repräsentieren 70% der rund 200 mittleren Unternehmungen in Vorarlberg - ein aussergewöhnlich gutes Rücklaufergebnis. Nur diese <u>140 Fragebogen aus mittleren Unternehmungen</u> wurden statistisch ausgewertet; für Grössenvergleiche wurden zusätzlich die 19 Fragebogen aus einem "unteren Schwellenbereich" von Unternehmungen mit 35 bis 49 Mitarbeitern herangezogen. Einige Hinweise aus den übrigen acht, entweder "zu kleinen" oder "zu grossen" Unternehmungen, bedeuten eine wertvolle Ergänzung.

Zuerst galt es, die <u>frei formulierten Antworten</u> auf die offenen Fragen und die Zusatzantworten zu den (halb)geschlossenen Fragen durchzusehen und sie zu <u>gruppieren</u>. Einzeln stehende Antworten mussten, soweit sie sich keiner Gruppe zuordnen liessen, als Restgruppe ("andere", "sonstige", "übrige") zusammengefasst werden (1).

Die <u>Auszählung</u> der Fragebogen und die <u>statistische Auswertung</u> der Auszählungsergebnisse erfolgte auf dem eigenen Personalcomputer. Dadurch waren verschiedene Auswertungsvarianten (2) sowie der jederzeitige unmittelbare Rückgriff auf bestimmte Fragebogen möglich, um die Zusammenhänge besser zu sehen und zu verstehen.

Die Art der erhobenen Informationen sowie die Anzahl der untersuchten Unternehmungen legten von Anfang an nahe, nur einfache statistische <u>Auswertungsverfahren</u> einzusetzen. Zur Verdichtung und Beschreibung der gesammelten Informationen wurden Häufigkeiten, Mittelwerte (Durchschnittswerte) und Standardabweichungen (Streuungen) berechnet (3).

---

(1) Vgl. Holm (Frage) 55 f.
(2) So konnte z.B. bei jeder Auswertung gewählt werden, ob sie sich auf alle 167 Fragebogen, auf alle Unternehmungen mit 35 bis 500 Beschäftigten, auf die Unternehmungen mit 35 bis 500 Beschäftigten und Reorganisationen, auf die mittleren Unternehmungen mit Reorganisationen oder nur auf die Unternehmungen mit 35 bis 49 Beschäftigten mit Reorganisationen beziehen soll.
(3) Vgl. Brauchlin u.a. (Kompendium) 37 ff., Kreyszig (Statistisch) 21 ff.

Die hohe Antwortquote erleichterte anschliessend die Deutung der ausgezählten und errechneten Daten ganz wesentlich. Dennoch ist bei einzelnen Aussagen immer eine gewisse Vorsicht geboten. Der <u>Aussageanspruch</u> der Umfrageergebnisse beschränkt sich strenggenommen auf Reorganisationen während der vergangenen fünf Jahre in mittleren Unternehmungen Vorarlbergs. Doch ist anzunehmen, dass zahlreiche Hinweise auch darüber hinaus Geltung besitzen.

## 2.13 DIE ANTWORTENDEN MITTLEREN UNTERNEHMUNGEN

### 2.131 Die beteiligten Unternehmungen

In Vorarlberg gibt es zur Zeit rund 200 mittlere Unternehmungen, d.h. eigenständige Unternehmungen mit 50 bis 500 Beschäftigten. 70% dieser Firmen beteiligten sich an der Umfrage.

Sie vertreten die mittleren Unternehmungen in Vorarlberg erfreulich gut (Abb. 2-1). Aus jeder Branche nahm deutlich mehr als die Hälfte der Firmen teil. Doch auf die Unternehmungsgrösse bezogen ist anzumerken, dass vier Fünftel der Firmen ab 70 Mitarbeitern, aber nur zwei Fünftel jener mit 50 bis 69 Beschäftigten antworteten.

| Branchen | Mittlere Unternehmungen mit ... Beschäftigten | | | | | |
|---|---|---|---|---|---|---|
| | 50-69 | 70-99 | 100-199 | 200-500 | insgesamt | |
| Industrie | 17 | 23 | 25 | 18 | 83 | 59% |
| - Textil und Bekleidung | 5 | 4 | 9 | 7 | 25 | 18% |
| - Stickereien | 5 | 5 | 4 | | 14 | 10% |
| - Chemie und Kunststoffe | | 3 | 4 | 1 | 8 | 6% |
| - Metall und Maschinen | 2 | 6 | 4 | 7 | 19 | 13% |
| - Nahrungsmittel und Getränke | 1 | 3 | 2 | 2 | 8 | 6% |
| - übrige Industrien/Gewerbe** | 4 | 2 | 2 | 1 | 9 | 6% |
| Bauwesen (Hoch- und Tiefbau) | 2 | 7 | 3 | 4 | 16 | 12% |
| Dienstleistungen | 11 | 11 | 9 | 10 | 41 | 29% |
| - Handel | 6 | 5 | 4 | 7 | 22 | 16% |
| - Banken und Versicherung | | 3 | 2 | 3 | 8 | 6% |
| - übrige Dienstleistungen*** | 5 | 3 | 3 | | 11 | 8% |
| Wirtschaft insgesamt | 30 | 41 | 37 | 32 | 140 | 100% |

* Dazu kommen noch 19 Unternehmungen mit 35 - 49 Beschäftigten: 5 Industrie-, 3 Bau- und 11 Dienstleistungsunternehmen (davon 6 aus dem Handel).
** 5 Druck und Papier, 3 Holzverarbeitung, 1 Sanitär- und Heizungsinstallation
*** 4 Verkehr, 4 Gastgewerbe, 1 Rechenzentrum, 1 Gebäudereinigung, 1 Entsorgung

Abb. 2-1: Die antwortenden mittleren Unternehmungen nach Branchen und Grösse

Einige Angaben zu den Eigentumsverhältnissen, gewählten Rechtsformen und Regelungen der Geschäftsführung charakterisieren die antwortenden mittleren Unternehmungen noch etwas weiter (Abb. 2-2).

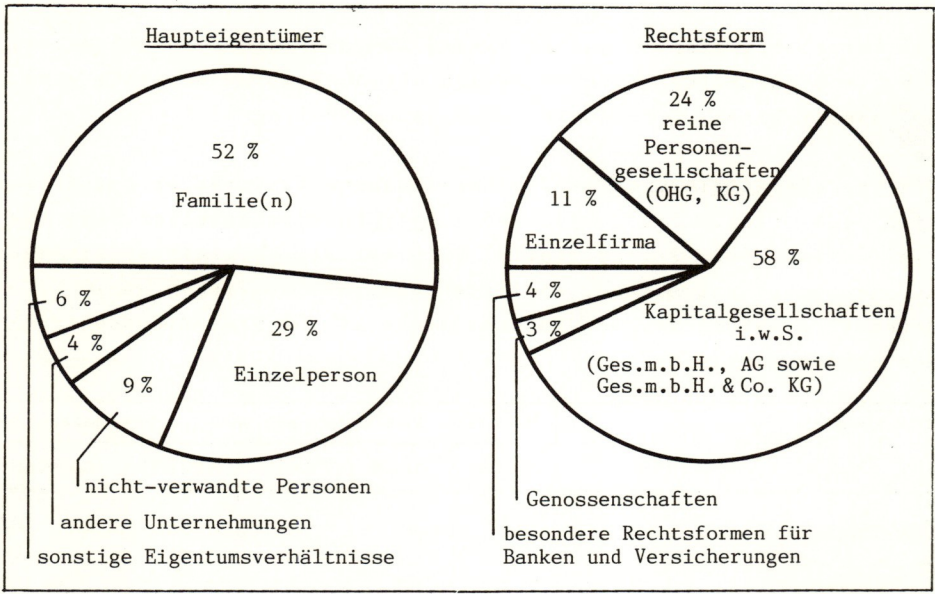

Abb. 2-2: Haupteigentümer und Rechtsform der mittleren Unternehmungen in Vorarlberg

Personenbezogene <u>Eigentumsverhältnisse</u> stehen klar im Vordergrund, denn über 80% der Firmen gehören entweder einer Einzelperson, Familien (Verwandten, Ehepaaren) oder nichtverwandten Partnern. Steuer- und Haftungsvorteile sowie manche Nachfolgeregelung führten dazu, dass die mittleren Unternehmungen in Vorarlberg nach ihrer <u>Rechtsform</u> mehrheitlich Kapitalgesellschaften (Gesellschaften mit beschränkter Haftung sowie zwei Aktiengesellschaften) sind oder als kapitalgesellschaftliche Personengesellschaften zu bezeichnen sind (Ges.m.b.H. & Co. KG). Reine Personengesellschaften (offene Handelsgesellschaften, Kommanditgesellschaften) befinden sich in der Minderheit und noch seltener sind die Einzelfirmen. Unter den mittleren Unternehmungen, besonders im Dienstleistungsbereich, sind auch einige wenige Genossenschaf- und andere Institutionen auf gemeinnütziger Grundlage.

Die Unternehmungen sind auch dann, wenn eine einzelne Person Haupteigentümer ist, überwiegend als Kapitalgesellschaft o.ä. organisiert (54%) und seltener als Einzelfirma (36%). Familienunternehmungen sind ebenso oft Kapitalgesellschaften o.ä. (58%), häufig aber auch Personengesellschaften (42%). Bei nicht verwandten Miteigentümern, von denen keiner eine Mehrheit an der Unternehmung besitzt, gibt es nur Kapitalgesellschaften o.ä., Genossenschaften und einen Verein (1).

Die Geschäftsführung liegt bei der Hälfte der mittleren Unternehmungen bei einer Person, bei einem Drittel tragen zwei und bei einem Sechstel mehrere Personen die oberste Verantwortung gemeinsam (Abb. 2-3). Ob eine mittlere Unternehmung von ein oder zwei Personen geleitet wird, ist eindeutig nicht grössenabhängig; drei und mehr Geschäftsführer mehren sich hingegen mit zunehmender Mitarbeiterzahl. Zumeist handelt es sich bei zwei- und mehrköpfigen Geschäftsleitungen um Geschwister, Väter und Söhne oder Ehepaare. Bei Unternehmungen im Allein- oder Mehrheitseigentum einer Einzelperson sind mehrere Geschäftsführer selten. Dasselbe gilt für solche im Besitz nicht verwandter Personen - ausgenommen die

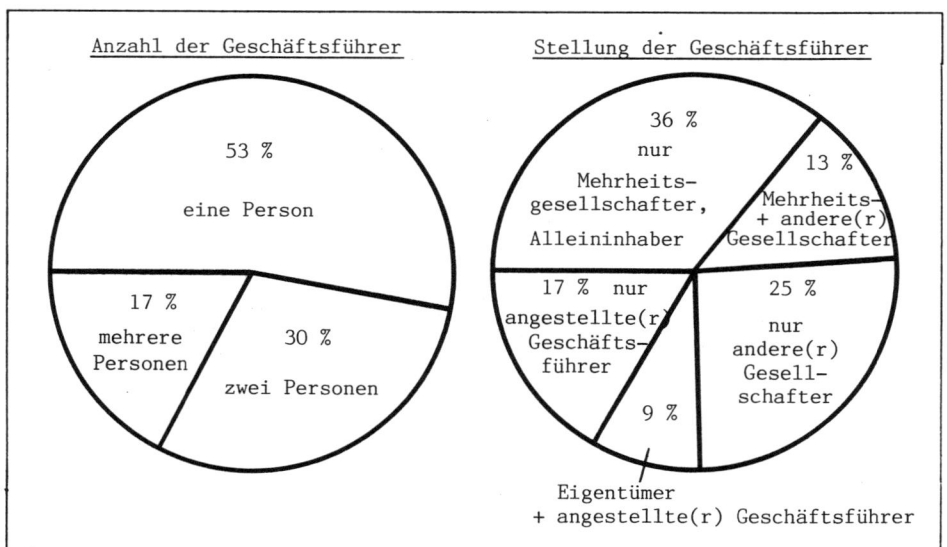

Abb. 2-3: Die Anzahl und die persönliche Stellung der Geschäftsführer

---

(1) Vgl. Anhang Tab. 1

Genossenschaftsbanken. Sie müssen wie alle Banken mindestens zwei Geschäftsleiter aufweisen.

Typisch sind eigentümerbezogene Regelungen der Geschäftsführung (Abb. 2-3). In drei von vier Firmen beteiligen sich ausschliesslich Eigentümer (Inhaber, Gesellschafter) an der Geschäftsführung. Alleininhaber oder Mehrheitsgesellschafter waren immer Geschäftsführer, ausgenommen in zwei Firmen. Mehrfach wurden auch "angestellte" Geschäftsführer genannt, die mit den Eigentümern verwandt sind. Nur etwa ein Achtel der mittleren Unternehmungen wird ausschliesslich von Fremdmanagern geleitet, die als Geschäftsführer angestellt oder zu Vorständen bestellt sind. Dabei überwiegen die Genossenschaften und Bankinstitute.

2.132 Die auskunftgebenden Personen

Aufschlussreich ist auch eine Zusammenstellung, welche Personen über die Reorganisationen Auskunft gaben (Abb. 2-4). Von den Herren - und vereinzelten Damen - waren mehr als die Hälfte selbst Inhaber oder Geschäftsführer der Unternehmung. Einige weitere lassen sich als leitende Familienangehörige bezeichnen - dazu gehören die Gattin des Inhabers oder der Juniorchef. Aus (fast) erster Hand können auch die Prokuristen berichten, die ein weiteres Drittel der Antwortenden umfassen. In diesem Titel sind alle Verwaltungs-, Finanz- und Betriebsleiter eingeschlossen. Unter den anderen Beantwortern sind vor allem Stabsmitarbeiter (Stab der Geschäftsleitung, Organisationsstelle) hervorzuheben.

Abb. 2-4: Die Stellung der antwortenden Personen

Gesamthaft lässt sich festhalten, dass sich für die Beantwortung der Fragen erfreulicherweise kompetente Personen zur Verfügung stellten, nämlich Unternehmer und Führungskräfte der mittleren Unternehmungen.

## 2.2 IN MITTLEREN UNTERNEHMUNGEN ERFOLGTE REORGANISATIONEN

### 2.21 MITTLERE UNTERNEHMUNGEN, DIE REORGANISATIONEN DURCHFÜHRTEN

Einleitend galt es bei der Umfrage abzuklären, in welchen und wievielen mittleren Unternehmungen in den letzten fünf Jahren überhaupt tiefergreifende Reorganisationen stattfanden. Da es an einem geeigneten Massstab fehlt, blieb den Antwortenden die Beurteilung überlassen, was Reorganisationen mit nachhaltigen Folgen waren. Allerdings wurde im Fragebogen ein einheitlicher Rahmen abgesteckt, indem dreizehn verschiedene Reorganisationsinhalte als Beispiele vorgegeben wurden. Die folgende Abbildung 2-5 gibt eine Übersicht über diejenigen mittleren Unternehmungen, die eine Reorganisation vorgenommen haben.

| Branchen | Mittlere Unternehmungen mit ... Beschäftigten | | | | | |
|---|---|---|---|---|---|---|
| | 50-69 | 70-99 | 100-199 | 200-500 | insgesamt | |
| Industrie | 9 | 16 | 20 | 16 | 61 | 59% |
| - Textil und Bekleidung | 2 | 2 | 8 | 7 | 19 | 18% |
| - Stickereien | 3 | 5 | 1 | | 9 | 9% |
| - Chemie und Kunststoffe | | 3 | 4 | 1 | 8 | 8% |
| - Metall und Maschinen | 2 | 4 | 4 | 6 | 16 | 15% |
| - Nahrungsmittel und Getränke | | 1 | 2 | 2 | 5 | 5% |
| - übrige Industrien/Gewerbe** | 2 | 1 | 1 | | 4 | 4% |
| Bauwesen (Hoch- und Tiefbau) | 1 | 4 | 1 | 2 | 8 | 8% |
| Dienstleistungen | 8 | 8 | 9 | 10 | 35 | 34% |
| - Handel | 4 | 3 | 4 | 7 | 18 | 17% |
| - Banken und Versicherung | | 3 | 3 | 2 | 3 | 8 | 8% |
| - übrige Dienstleistungen*** | 4 | 2 | 3 | | 9 | 9% |
| Wirtschaft insgesamt | 18 | 28 | 30 | 28 | 104 | 100% |

* Dazu kommen noch 11 Unternehmungen mit 35 - 49 Beschäftigten: 1 Industrie-, 1 Bau- und 9 Dienstleistungsunternehmungen (davon 4 aus dem Handel).
** 3 Druck und Papier, 1 Holzverarbeitung
***4 Verkehr, 2 Gastgewerbe, 1 Rechenzentrum, 1 Gebäudereinigung, 1 Entsorgung

Abb. 2-5: Die mittleren Unternehmungen mit Reorganisationen (Branchen und Grösse)

Offensichtlich gab es in den vergangenen Jahren <u>in mehr als der Hälfte der</u> rund 200 <u>mittleren Unternehmungen</u> in Vorarlberg <u>grössere Reorganisationen</u>. Von den 140 antwortenden mittleren Unternehmungen berichten 104 von durchgeführten Reorganisationen (74%). Dabei liegen die Anteile bei den Dienstleistungs- und Industrieunternehmungen (85% bzw. 73%) erheblich höher als in der Bauwirtschaft (50%). Besonders häufig waren die Reorganisationen in den Branchen Banken und Versicherung, Chemie- und Kunststoffindustrie, Handel sowie Metall- und Maschinenindustrie. Die wenigsten Reorganisationen gab es - abgesehen von den Baufirmen - in der Nahrungsmittel- und in der Stickereiindustrie (1). Darüberhinaus zeigt sich, dass kleinere Firmen seltener reorganisierten als grössere (Abb. 2-5 und 2-6).

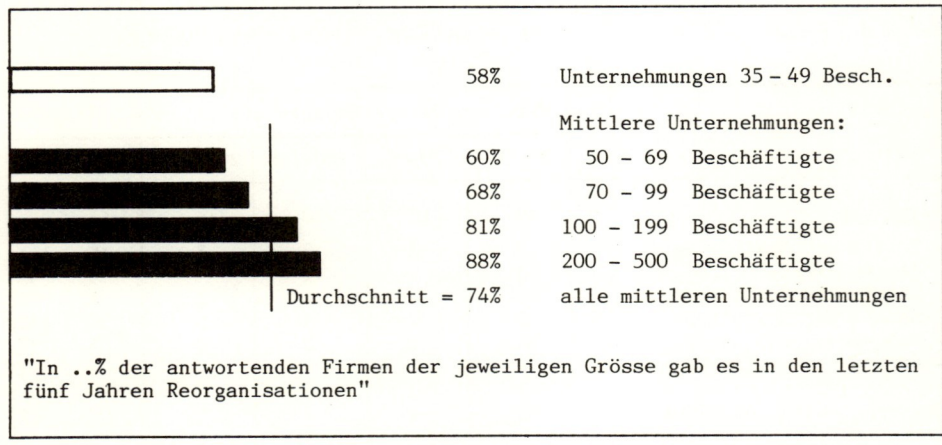

Abb. 2-6: Wieviele mittlere Unternehmungen führten Reorganisationen durch?

Feststellbar ist auch, dass die <u>Neigung zur Durchführung grösserer Reorganisationen</u> weit ausgeprägter ist, wo Minderheitseigentümer oder Fremdmanager als Geschäftsführer tätig sind. Von den Unternehmungen mit angestellten Geschäftsführern erlebten 89% Reorganisationen, von jenen mit Minderheitseigentümern in der Geschäftsleitung 80%. Im Gegensatz dazu berichteten nur 67%

---

(1) Vgl. Anhang Tab. 2

jener Firmen von Reorganisationen, in denen ausschliesslich die Allein- oder Mehrheitseigentümer das Geschäft leiten.

Damit stimmt überein, dass in Unternehmungen mit zwei oder mehr Geschäftsführern um ein Fünftel mehr Reorganisationen erfolgten als in solchen mit nur einem Geschäftsführer.

## 2.22 DIE DURCHGEFÜHRTEN GROESSEREN REORGANISATIONEN

Jede Reorganisation ist und bleibt ein ganz konkreter Einzelfall, was eine saubere Gliederung nach Reorganisationsinhalten stark behindert. Dennoch lässt die Zusammenstellung der grösseren Reorganisationen, die in den vergangenen fünf Jahren in mittleren Unternehmungen erfolgten (Abb. 2-7), vier Schwerpunkte erkennen:

1. die erstmalige Einführung oder bedeutende Ausweitung der EDV

2. Veränderungen der Führungsorganisation

3. das Bilden neuer organisatorischer Einheiten
   (Abteilungen, Zentralstellen, Filialen oder Zweigbetriebe)

4. die Organisation betrieblicher Funktionen
   (insbesondere die Rationalisierung wichtiger Arbeitsabläufe)

### 2.221 Die Inhalte der erfolgten Reorganisationen

Bei den einzelnen Inhalten von Reorganisationen lassen sich nicht nur Unterschiede in ihrer Gesamthäufigkeit feststellen, sondern auch in ihrer Bedeutung für Unternehmungen verschiedener Branchen und Grössen (1), teilweise auch Besonderheiten bei bestimmten Eigentumsverhältnissen, Rechtsformen und Regelungen der Geschäftsführung.

---

(1) Vgl. Anhang Tab. 2 und 3

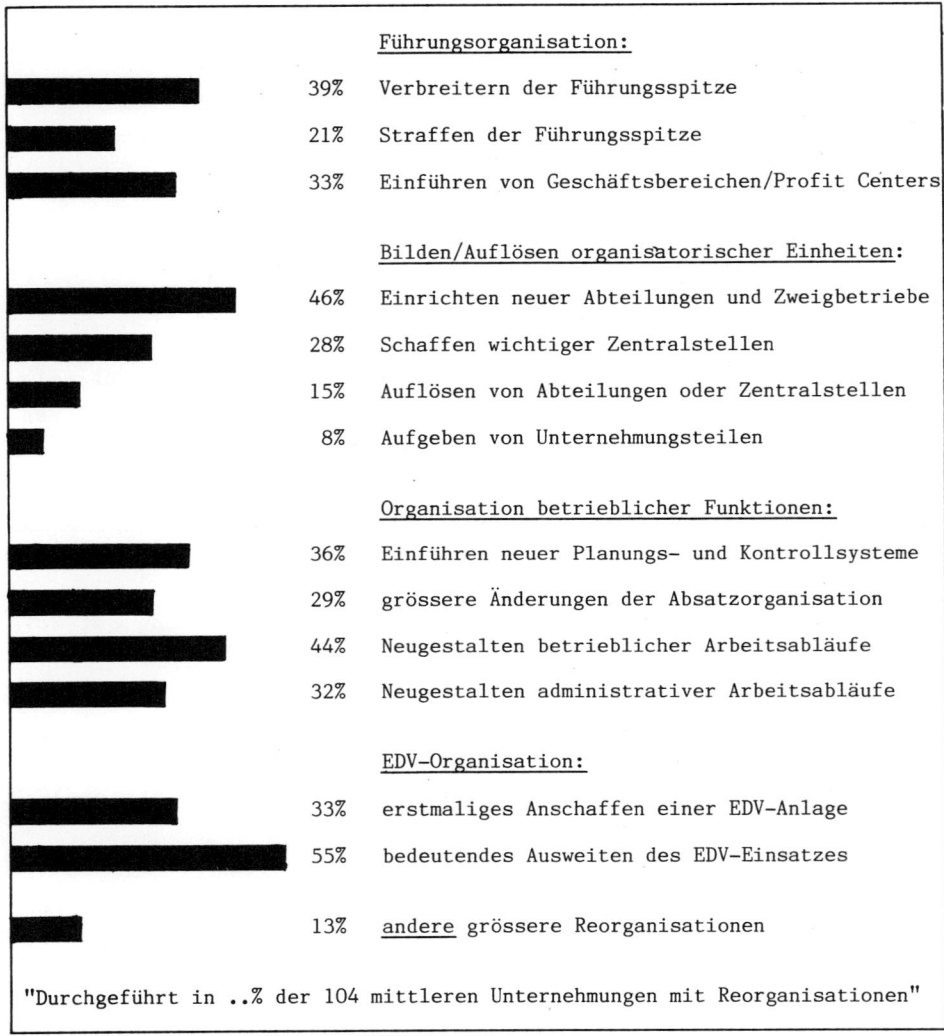

Abb. 2-7: In mittleren Unternehmungen durchgeführte grössere Reorganisationen (1)

---

(1) Im Anhang Tab. 2 und 3 beziehen sich die Prozentwerte auf alle 140 mittleren Unternehmungen, die geantwortet haben.

1. Die erstmalige Einführung oder bedeutende Ausweitung der EDV

   An erster Stelle standen Reorganisationen im Zusammenhang mit elektronischer Datenverarbeitung und Textverarbeitungssystemen - drei Fünftel der mittleren Unternehmungen berichteten davon.

   Die erstmalige Anschaffung eines Computers führten mehr die kleineren unter ihnen an. Bau-, Verkehrs- und Textilunternehmungen meldeten besonders häufig erste EDV-Versuche, hingegen besitzen Banken und Chemie- oder Kunststoffirmen dieser Grössenordnung durchwegs schon längere EDV-Erfahrung. Bei den Neuanschaffungen handelte es sich zum Teil um grössere EDV-Anlagen, insbesondere für umfangreiche Aufgabenstellungen der Unternehmungen. Vor allem für allgemeine Aufgaben im kaufmännischen Bereich wurden auch Personal- und Microcomputer gekauft, die in Verbindung mit den angebotenen Programmen verhältnismässig preisgünstig entscheidende Erleichterungen bringen können (1).

   Insgesamt wurde jedoch viel öfter ein bedeutendes Ausweiten des EDV-Einsatzes genannt, insbesondere in den eher grösseren Firmen. Neue Aufgabenbereiche für die EDV ergaben sich vor allem im Rahmen der betrieblichen und administrativen Rationalisierung sowie bei der Einführung neuer Planungs- und Kontrollsysteme. Hier stehen die Banken und die Chemie- und Kunststoffindustrie im Vorfeld. Eher zurückhaltend gegenüber EDV war das Graphische Gewerbe, wo sich in Verbindung mit der Drucktechnik ganz neue Entwicklungen zeigen.

---

(1) Zur Unterscheidung Micro-, Mini-, Grosscomputer vgl. z.B. Krüger (Organisation) 192 f.

## 2. Veränderungen der Führungsorganisation

Tiefgreifende organisatorische Veränderungen auf der Ebene der <u>Geschäftsleitung und</u> der <u>folgenden Ebene</u> nahmen - nach EDV-bezogenen Reorganisationen - den zweiten Rang ein.

Einerseits ging es um die Anzahl der Köpfe in der Geschäftsleitung; dabei kam eine <u>Verbreiterung der Führungsspitze</u> doppelt so oft vor wie eine Straffung. An vorderster Stelle standen - infolge einer Novelle zum Kreditwesengesetz, die ihnen mindestens zwei Geschäftsleiter vorschrieb - die Banken. Im übrigen waren es vorwiegend Kapitalgesellschaften (1), vor allem die kleineren, welche ein breiteres Führungsgremium schufen. In reinen Personengesellschaften und Einzelfirmen sowie in den Unternehmungen mit 200 bis 500 Beschäftigten waren derartige Reorganisationen selten.

In diesen eher grösseren Unternehmungen erfolgte hingegen besonders oft eine <u>Straffung der Führungsspitze</u> auf weniger Personen, wobei die Textilindustrie und der Handel am meisten betroffen waren.

Andererseits wurde auch mehrfach der grundlegende organisatorische Aufbau der Unternehmung verändert, insbesondere mit der Einführung von relativ selbständigen, weitgehend eigenverantwortlichen <u>Geschäftsbereichen</u> oder Profit Centers. Ihre Hauptvoraussetzung, unterscheidbare Markt- oder Kundenbereiche (2), war offensichtlich bei zahlreichen eher grösseren Banken und Unternehmungen des Handels, der Metall- und Maschinen- sowie der Chemie- und Kunststoffindustrie gegeben. Bemerkenswert ist, dass 85% dieser Firmen Kapitalgesellschaften im weitesten Sinne waren (3). Teilweise ergänzten sich die Einführung von Geschäftsbereichen und die Verbreiterung der Geschäftsleitung.

---

(1) inkl. kapitalistische Personengesellschaften (Ges.m.b.H. & Co. KG.)
(2) Vgl. van Geldern (Spartenorganisation)
(3) Ges.m.b.H., Ges.m.b.H. & Co. KG. sowie Bankinstitute

## 3. Das Bilden und Auflösen organisatorischer Einheiten

Fast ebenso häufig wie Veränderungen in der Führungsorganisation wurde die Bildung neuer organisatorischer Einheiten erwähnt.

Ungefähr zwei Drittel der Dienstleistungsunternehmungen schufen neue Abteilungen, eröffneten oder erwarben neue Filialen oder Zweigbetriebe. Dies gab es in Industriefirmen vergleichsweise selten, sicherlich auch deshalb, weil hier Zweigbetriebe oder neue Abteilungen bedeutend höhere Investitionskosten verursachen. Der Kapitalbedarf dürfte auch Grund dafür sein, dass unabhängig von der Branche nur wenige Unternehmungen im Eigentum einer Einzelperson sich auf diese Weise ausweiteten.

Dafür entstanden vor allem in einzelnen Industriezweigen - Chemie und Kunststoff, Nahrungsmittel und Getränke, Metall- und Maschinen - wichtige Zentralstellen oder Stäbe. Zumeist wurden Stellen für EDV, Einkauf oder Marketing eingerichtet, teilweise auch solche zur Wahrnehmung sonstiger betriebswirtschaftlicher oder technischer Aufgaben.

In einigen Fällen wurden Abteilungen mit ähnlichen Aufgabenbereichen zusammengelegt oder problematische Unternehmungsbereiche und unrentable Filialen aufgegeben. Vergleichsweise häufig mussten derartige einschneidende Massnahmen in der Textil- und Bekleidungs- sowie in der Metall- und Maschinenindustrie vorgenommen werden.

## 4. Die Organisation betrieblicher Funktionen

In vier von zehn mittleren Unternehmungen wurden wichtige Arbeitsabläufe neu gestaltet. Solche Rationalisierungsmassnahmen betrafen in der Industrie und im Bauwesen überwiegend die Logistik und Produktion und in Dienstleistungsunternehmungen den Bereich der eigentlichen Geschäftsabwicklung. Hingegen erwies sich, dass die erste EDV-Anlage meistens zur Verbesserung der Verwaltung eingesetzt wurde. Auffallend ist, dass doppelt so viele der Unternehmungen mit über 100 Beschäftigten die Neugestaltung wichtiger betrieblicher Abläufe in Angriff nahmen wie jener mit unter 100 Beschäftigten. Besonders rationalisierungsfreudig waren die Branchen Banken und Versicherung, Textil- und Bekleidungsindustrie und Handel.

Neue <u>Planungs- und Kontrollsysteme</u> führten eher grössere Firmen ein. Vorherrschend waren dabei die Dienstleistungsunternehmungen.

Wesentliche Änderungen der <u>Absatzorganisation</u> betrafen vor allem drei Branchen: die Textil- und Bekleidungsindustrie, die Chemie- und Kunststoffindustrie sowie die Banken.

Die angestellten Geschäftsführer nahmen häufiger Reorganisationen betrieblicher Funktionen vor als die Eigentümer-Unternehmer.

Hinter der Sammelbezeichnung "andere grössere Reorganisationen" in Abb. 2-7 verbergen sich rechtliche Umgestaltungen von Firmen, Fusionierungen, Aufgaben- und Kompetenzregelungen, Neubauten, Personaleinsparungen, eine organisatorisch bedeutsame Sortimentsbereinigung sowie eine gezielte Vorbereitung des Generationenwechsels.

## 2.222 Querverbindungen zwischen den Reorganisationsinhalten

Umfassende Reorganisationen erstrecken sich oft auf mehrere der vorher im einzelnen besprochenen Inhalte zugleich. Ausserdem war des öfteren zu beobachten oder zu vermuten, dass eine erste Reorganisation eine (oder mehrere) andere Reorganisation(en) zur Folge hatte (1). Es ist daher nützlich, die häufigsten Querverbindungen darzustellen.

---

(1) Kirsch/Esser/Gabele behaupten sogar, es gebe ein Reorganisationskarussell. Vgl. (Reorganisation) 10 ff.

Aus dieser Sicht lassen sich zum Teil "Blöcke" erkennen. Damit ist gemeint, dass verschiedene Reorganisationsinhalte einander sehr oft ergänzen, während seltener Querverbindungen zu anderen Inhalten bestehen.

Ein erster Block umfasst den Ausbau der Aufbau- und Führungsorganisation. Denn eine Verbreiterung der Führungsspitze geht überdurchschnittlich oft mit der Schaffung neuer Zentral- oder Stabsstellen, neuer Abteilungen, Filialen oder Zweigbetriebe oder mit der Einführung von Geschäftsbereichen Hand in Hand, ergänzt durch die Einführung eines neuen Planungs- und Kontrollsystems. Die Errichtung von Zentral- und Stabsstellen wächst häufig auch aus einer grundlegenden Änderung der Absatzorganisation heraus.

Der zweite Block betrifft die Straffung der Aufbau- und Führungsorganisation. Überdurchschnittlich häufig verbinden sich eine Verkleinerung der Führungsspitze, das Auflösen von Abteilungen oder Zentralstellen, das Aufgeben eines Unternehmungsteiles sowie eine Änderung der Absatzorganisation. Das Auflösen von Abteilungen oder Stellen ist vielfach auch mit der Rationalisierung betrieblicher Arbeitsabläufe gekoppelt.

Die Reorganisationen im Absatzbereich zeigten deutlich entweder eine offensive oder eine defensive Zielsetzung, das heisst einen Ausbau oder eine Straffung der Absatzorganisation.

Interessant ist, dass wichtige Neugestaltungen von betrieblichen und von administrativen Arbeitsabläufen nicht selten zusammenhängen, trotzdem aber merkliche Unterschiede in der Verbindung mit weiteren Reorganisationsinhalten bestehen. Betriebliche Rationalisierungen haben insbesondere mit Verkleinerungen, mit strafferer Führung und neuen Planungs- und Kontrollsystemen sowie mit verstärktem EDV-Einsatz zu tun. Dagegen stehen neugestaltete Arbeitsabläufe in der Verwaltung vermehrt mit der Bildung neuer Zentral- oder Stabsstellen und mit Veränderungen der Absatzorganisation in Verbindung.

Bei der Erstanschaffung von EDV-Anlagen zeigen sich - eher überraschend - keine auffälligen Zusammenhänge mit anderen

Reorganisationsinhalten. Hingegen wird deutlich, dass die Ausweitung des EDV-Einsatzes auf neue Anwendungsbereiche in erster Linie der betrieblichen und administrativen Rationalisierung dient und in zweiter die Verwirklichung neuer Planungs- und Kontrollsysteme ermöglicht.

Abschliessend sei erwähnt, dass neue Planungs- und Kontrollsysteme vor allem Querverbindungen zu neuen Zentral- oder Stabsstellen, betrieblichen Rationalisierungen sowie einer Verbreiterung der Führungsverantwortung und Einführung von Geschäftsbereichen aufweisen.

### 2.223 "Typische Reorganisationen" in mittleren Unternehmungen

In der Literatur über Reorganisationen stehen bis heute folgende tiefgreifende Organisationsänderungen grosser Unternehmungen im Vordergrund: die Einführung von neuen Organisationsformen (Geschäftsbereichsorganisation, Matrixstruktur), von Planungssystemen und von computerunterstützten Informationssystemen. Quellen dieser Beurteilung sind ein entsprechendes "Vorverständnis" (1) und eine Untersuchung in der Bundesrepublik Deutschland. Nach deren Ergebnissen weisen die einzelnen Reorganisationsinhalte in Gross- und Mittelunternehmungen nur tendenziell eine unterschiedliche Bedeutung auf (2).

Diese Aussage widerspricht der Erkenntnis aus der vorliegenden Umfrage, dass für mittlere Unternehmungen andere Reorganisationen wichtig sind als für grosse (vgl. Abb. 2-8):

- die erstmalige Einführung oder bedeutende Ausweitung der EDV
- die Rationalisierung wesentlicher Arbeitsabläufe in Betrieb und Verwaltung
- die Verbreiterung der Führungsspitze
- die Einführung von Geschäftsbereichen.

---

(1) z.B. bei Strutz (Wandel) 144 f., Rohner (Reorganisation) 18 ff.
(2) Vgl. Kirsch u.a. (Explorationen) 5 f.

Für jede Unternehmung ist die Reorganisation wichtig, die i h r entscheidende Folgen beschert. Aus diesem Grund wären die wichtigsten Reorganisationen der mittleren Unternehmungen in grossen Firmen vielfach nur mittlere organisatorische Neuerungen. Umgekehrt tauchen verschiedene Organisationsprobleme beispielsweise grosser Konzerne in mittleren Unternehmungen niemals auf.


2.23     DIE WICHTIGSTEN REORGANISATIONEN MITTLERER UNTERNEHMUNGEN


In nicht wenigen mittleren Unternehmungen erfolgte in den vergangenen fünf Jahren mehr als eine Reorganisation mit nachhaltigen Folgen. Ausserdem umfassten manche Reorganisationen, wie bereits dargelegt, mehrere der vorher getrennt besprochenen Aspekte zugleich. Die nächste Frage lautete daher, welche die wichtigste Reorganisation für die einzelne Unternehmung war.

Nur auf diese wichtigsten Reorganisationen bezogen sich dann die weiteren Fragen nach Hintergründen und Begleitumständen, Mitwirkenden und Vorgehensweisen sowie nach der abschliessenden Beurteilung.

Die Zusammenstellung der wichtigsten Reorganisationen der einzelnen mittleren Unternehmungen (Abb. 2-8) weist erwartungsgemäss starke Ähnlichkeiten mit der Übersicht über die erfolgten Reorganisationen (Abb. 2-7) auf - allerdings mit einer auffälligen Ausnahme: Obwohl zahlreiche Firmen Zweigbetriebe oder Filialen neu eröffneten und Abteilungen oder zentrale Stellen neu schufen, befanden sich derartige Reorganisationen vergleichsweise selten unter den wichtigsten (1).

Für 36% der antwortenden Firmen bedeutete die <u>EDV-Einführung oder -Erweiterung</u> die schwerwiegendste Reorganisation. Mehrfach wurde zugleich das neue Einsatzfeld der EDV angegeben - in erster Linie die Rationalisierung betrieblicher und administrativer Arbeitsabläufe sowie die Einführung neuer Planungs- und Kontrollsysteme.

---

(1) Vgl. Anhang Tab. 4 und 5

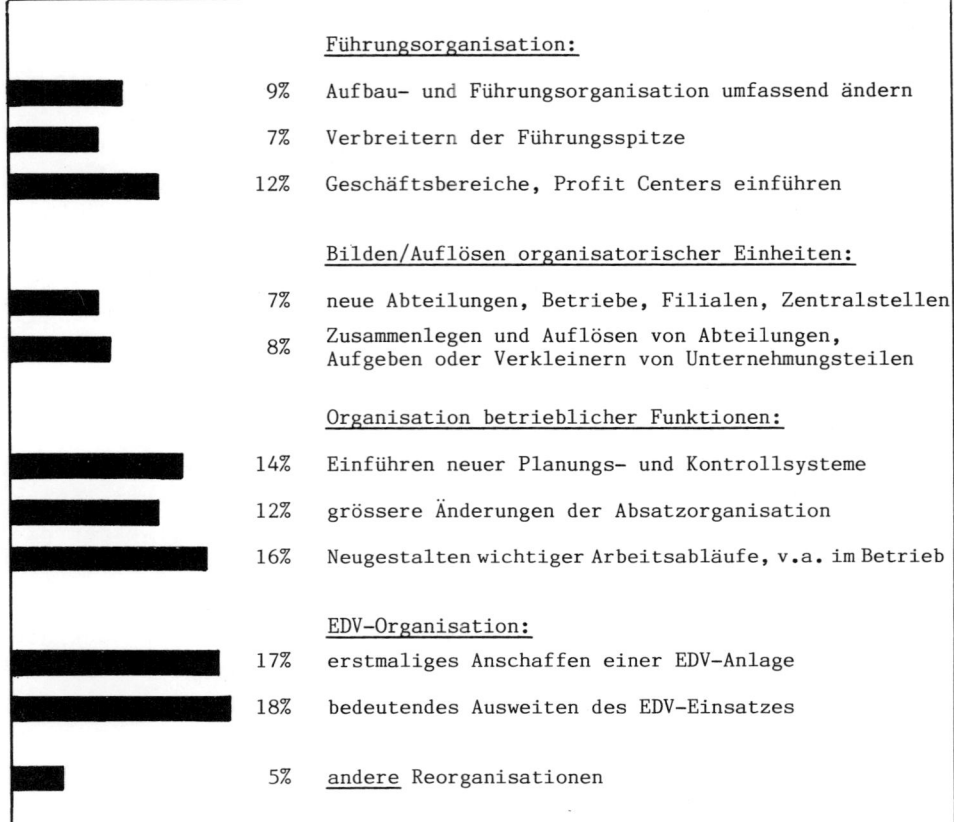

Abb. 2-8: Die wichtigste Reorganisation in den einzelnen mittleren Unternehmungen

Die mittleren Unternehmungen, für welche die Anschaffung des ersten eigenen Computers die wichtigste Reorganisation der vergangenen Jahre bedeutete, scheinen zu den weniger neuerungsfreudigen zu gehören. Bei ihnen finden sich besonders wenige Hinweise auf weitere Reorganisationen. An der Spitze stehen hier die Unternehmungen mit 50 bis 69 Beschäftigten. Demgegenüber war die Ausweitung des EDV-Einsatzes in der nächsten Grössenstufe am wichtigsten, bei 70 bis 99 Beschäftigten. Auffallenderweise war in Familienunternehmungen seltener die Rede von vermehrtem EDV-Einsatz als in Firmen mit einer Einzelperson als Haupteigentümer.

Weitere 25% der wichtigsten Reorganisationen bezogen sich auf die <u>Führungsorganisation</u>. In einigen Kapitalgesellschaften i.w.S. (1) und in einer Genossenschaft handelte es sich um die Verbreiterung der Führungsspitze. Häufiger jedoch wurde eine Geschäftsbereichsorganisation (Profit Center u.ä.) eingeführt, die offenbar für sehr unterschiedliche mittlere Unternehmungen Vorteile bringt. In Firmen mit über 70 Beschäftigten, ausgenommen Einzelfirmen, waren es sonstige, weiterreichende Veränderungen der Aufbau- und Führungsstruktur.

Hervorzuheben ist ausserdem die Organisation verschiedener betrieblicher Funktionen. Jeweils rund ein Siebtel der mittleren Unternehmungen nannten als ihre wichtigste Reorganisation die <u>Rationalisierung</u> von Arbeitsabläufen (vor allem in der Produktion bzw. in der Geschäftsabwicklung), die Einführung neuer <u>Planungs- und Kontrollsysteme</u> sowie wesentliche Änderungen der <u>Absatzorganisation</u>. Rationalisierungen standen vor allem in Einzelfirmen und in Banken überdurchschnittlich oft im Mittelpunkt, wesentliche Veränderungen der Absatzorganisation besonders in Textil- und Bekleidungsunternehmen.

---

(1) Gesellschaften m.b.H., Ges.m.b.H. & Co. KG.

## 2.3 HINTERGRÜNDE UND BEGLEITUMSTÄNDE DER REORGANISATIONEN

### 2.31 GRÜNDE UND ANLÄSSE FÜR DIE REORGANISATIONEN

Die Reorganisationen wurden vielfältig begründet. Wenn die frei formulierten Antworten (1) auf die Fragen nach Ursachen und Fördernissen der jeweils wichtigsten Reorganisation gemeinsam betrachtet werden, sind die Ergebnisse besonders aufschlussreich. Sie spiegeln einerseits allgemeine wirtschaftliche, technologische und auf die Unternehmungsführung bezogene Entwicklungen wider und andererseits auch branchen- und unternehmungsspezifische Erfolge und Misserfolge, Probleme und Chancen.

Dabei lassen sich auseinanderhalten:

1. <u>Gründe</u> - warum die Reorganisation erfolgt

2. der <u>Anlass</u> - das Ereignis, das die Reorganisation auslöst.

---

(1) Zum Ankreuzen vorgegebene Antwortmöglichkeiten hätten sicherlich häufigere Nennungen diverser Umstände, aber weniger informative Antworten erbracht.

## 2.311 Gründe für die Reorganisationen

Meistens wurde mehr als ein Grund für die Reorganisation genannt oder angedeutet. Eine grobe Gliederung der Antworten weist mehrere Hauptgründe für die Reorganisationen mittlerer Unternehmungen aus, wie Abb. 2-9 zeigt (1).

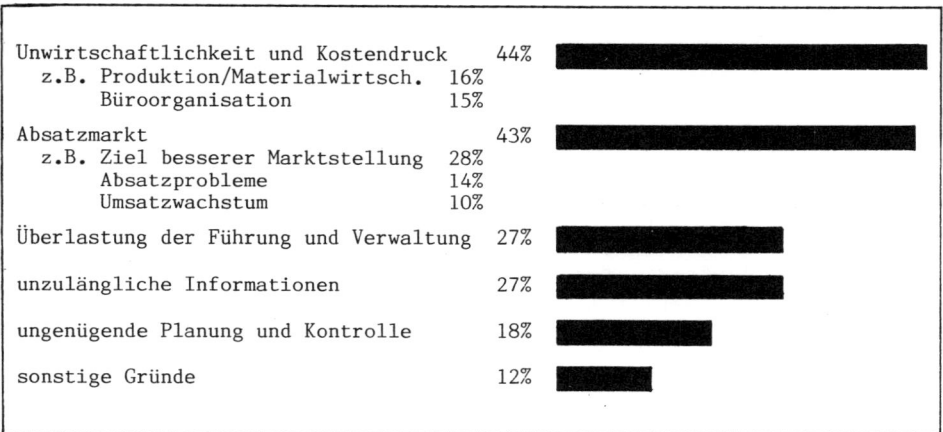

Abb. 2-9: Hauptgründe für die Reorganisationen mittlerer Unternehmungen


1. Unwirtschaftlichkeiten

Am häufigsten wurden Unwirtschaftlichkeiten als Grund für die Reorganisation angeführt. Ihnen massen die Beantworter auch eine besondere Bedeutung bei, was sich insbesondere an der oftmaligen Nennung zeigte. Aus den Details lassen sich noch einige weitere Informationen ablesen:

- Bei 16% der Reorganisationen - insbesondere in der Industrie und im Handel - wurde von unrationeller Produktion oder Materialwirtschaft, teilweise auch von veralteten technischen Einrichtungen gesprochen.

---
(1) Vgl. Anhang Tab. 6.

- Fast ebensoviele mittlere Unternehmungen (15%) - vor allem solche aus dem Dienstleistungsbereich - plagten sich mit einer <u>unrationellen Büroorganisation</u>, mit händischen Abrechnungen, Kontenführungen, Karteien, Statistiken usw.

- Ausserdem berichteten 16%, dass verhältnismässig <u>hohe betriebliche Kosten</u> und schlechte Rentabilität sie zu Reorganisationen drängten. Einige dieser Unternehmungen verglichen sich auch mit ihrer Konkurrenz.


2. <u>Absatzmarkt</u>

Ebensoviele Reorganisationen erfolgten aus Gründen, die im Absatzmarkt lagen. Hier sind vor allem die Textil- und Bekleidungsindustrie, der Handel, die Banken sowie die Chemie- und Kunststoffindustrie hervorzuheben.

- Bei 28 % der Reorganisationen kam das <u>Ziel, die eigene Marktposition zu verbessern</u>, deutlich zum Ausdruck. Am häufigsten war dies in Banken, Stickereien und im Handel. Dahinter steckt zum Teil vorausschauendes strategisches Denken, manchmal sicher auch Konkurrenzdruck.
Teilweise verbanden sich neue Zielsetzungen ausdrücklich mit einem der beiden folgenden Gesichtspunkte:

- 14% der Reorganisationen wurden durch <u>Absatzprobleme</u> (mit-) verursacht. Dazu zählten u.a. Umsatzeinbussen, stagnierende oder schrumpfende Märkte und harte Konkurrenzkämpfe. Am härtesten davon betroffen war die Chemie- und Kunststoffbranche.

- Weitere 10% der Reorganisationen wurden nach <u>Umsatzsteigerungen</u> erforderlich, insbesondere im Handel.

## 3. Überlastung der Führung und Verwaltung

Schon deutlich weniger, aber immer noch häufig wurden Überlastungserscheinungen und Koordinationsmängel der Führung und Verwaltung als Gründe für Reorganisationen genannt:

- Einerseits waren Führungs- und Verwaltungsaufgaben bei 19% so stark <u>zentralisiert</u>, dass die Führungsspitze oder die Verwaltungsmitarbeiter überlastet wurden.

- Andererseits waren teilweise die <u>Kompetenzen</u> zu wenig klar. Die Initiative mancher Unternehmungsmitglieder wurde durch solche Schwierigkeiten behindert. Im Dienstleistungs- und im Bausektor gab es dies häufiger als in der Industrie. Offensichtlich ist auch der Grössenbereich von etwa 70 bis 200 Beschäftigten dafür besonders anfällig.

## 4. Unzulängliche Informationen

Unzulängliche Informationen sind als Reorganisationsgründe ebenso bedeutend. In erster Linie wurde bemängelt, dass die benötigten Informationen zu langsam oder zu ungenau zur Verfügung standen, was sich bei vielen - zum Teil wesentlichen - Entscheidungen unangenehm bemerkbar machte. Überdurchschnittlich häufig betrafen Informationsmängel einerseits Familien- und Einzelunternehmungen, andererseits Unternehmungen mit 200 bis 500 Beschäftigten.

## 5. Ungenügende Planung und Kontrolle

Häufig wurden auch ungenügende Planung und Kontrolle als Grund genannt, in erster Linie in Unternehmungen mit 50 bis 99 Beschäftigten. Hier zeigten sich zwei Sichtweisen:

- die <u>Notwendigkeit</u> der Verbesserung der Planung oder Kontrolle aufgrund festgestellter <u>Mängel</u>,

- die <u>Möglichkeit</u> der Verbesserung aufgrund <u>neuer Konzepte</u> und der immer preiswerter gewordenen EDV-Unterstützung. Denn auch Planung und Kontrolle bedingen ein vorteilhaftes Kosten-Nutzen-Verhältnis.

## 6. Sonstige Gründe

Vielfältig sind die sonstigen Gründe für Reorganisationen. So wurden beispielsweise vorangegangene Reorganisationen, gesetzliche Regelungen, menschliche Probleme, die Abstimmung auf einen neuen Führungsstil, eine allzubreite Angebotspalette und die zukunftsorientierte Festigung der Unternehmung angeführt.

Erwartungsgemäss wurden je <u>nach Inhalt der Reorganisation</u> verschiedene Gründe hervorgehoben (1). Grössere Neuerungen der Führungsorganisation entsprangen vor allem Überlastungen der Führungsspitze. Wie bei Änderungen der Absatzorganisation, der Einrichtung neuer Betriebe, Filialen, Abteilungen und Zentralstellen und der Neugestaltung von Arbeitsabläufen spielten auch marktbezogene Ziele und Entwicklungen eine wichtige Rolle. Unwirtschaftlichkeiten bildeten hingegen die Hauptursache für die Zusammenlegung oder Auflösung von Unternehmungsbereichen, für die Neugestaltung von Arbeitsabläufen in Betrieb und Verwaltung, für EDV-Reorganisationen sowie für neue Planungs- und Kontrollsysteme. Bei den beiden letztgenannten Reorganisationsinhalten kamen häufig auch Informations-, Planungs- oder Kontrollmängel zum Tragen.

Die hier dargestellten Gründe für die Reorganisationen werden im <u>Rahmenkonzept</u> unter einem anderen Gesichtspunkt weiter verfolgt, nämlich als Ursprung von Reorganisationsbedürfnissen. Erst der innere Antrieb der betreffenden Personen führt dann zur Initiative und zur Veränderung (2).

---

(1) Vgl. Anhang Tab. 6
(2) Vgl. Abschnitt 3.211

## 2.312 Anlässe für Reorganisationen

Bei den meisten Reorganisationen wurden nur Gründe angeführt, bei über einem Fünftel wurde aber auch ein besonderer Anlass erwähnt. Dabei handelt um einen Grund, der den Zeitpunkt der Reorganisation bestimmte: eine günstige Gelegenheit oder ein auslösendes Ereignis.

Folgende Anlässe wurden genannt:

1. ein **Wechsel an der Führungsspitze** oder das Ausscheiden eines Mitgeschäftsführers oder leitenden Angestellten (bei 11% der Reorganisationen)

2. ein **Neubau** oder Erweiterungsbau (6%)

3. eindeutige **Kontrollergebnisse**, entweder aus dem Rechnungswesen oder von einer besonderen Kontrolle (3%)

4. neue **gesetzliche Bestimmungen**, in den vorliegenden Fällen eine Novelle zum Kreditwesengesetz (2%)

5. eine **günstige Kaufgelegenheit** für den Erwerb einer Tochterunternehmung

6. das wachstumsbedingte, deutliche **Ende der Pionierphase** (1).

Bei Veränderungen der Führungsorganisation - sei es die Verbreiterung oder Straffung der Führungsspitze, neue Aufbau- und Führungsstrukturen, die Einführung von Geschäftsbereichen oder die Zusammenfassung von Unternehmungsbereichen - wurde sehr oft ein geeigneter Anlass abgewartet. Hier spielen wohl

---

(1) Vgl. Aiginger/Tichy (Kleine) 118, Glasl (Entwicklungsgesetzmässigkeiten)

einerseits Rücksichtnahme und andererseits Besitzstandsdenken mit. Anhand der Umfrage lässt sich dies eindeutig belegen (1). Bei anderen Reorganisationen war ein derartiges "Zuwarten" selten, interessanterweise auch bei der Einführung von EDV.

Im <u>Rahmenkonzept</u> wird eingehender hinterfragt, wie Reorganisationen ausgelöst werden. Dabei zeigt sich, dass die Bedeutung der Anlässe unterschiedlich zu beurteilen ist (2).

---

(1) Vgl. Anhang Tab. 6
(2) Vgl. Abschnitt 3.213

## 2.32 FOERDERNISSE FÜR REORGANISATIONEN

Neben den Gründen und Anlässen waren bei zahlreichen Reorganisationen verschiedenartige Fördernisse zu erkennen, die wesentlich dazu beitrugen, dass die Reorganisationen schneller, leichter und erfolgreicher stattfanden. Dies brachte die Gesamtbetrachtung der frei formulierten Antworten auf die Fragen nach Ursachen und nach befördernden und vorantreibenden Umständen zutage (1).

2.321 Arten von Fördernissen

Unterscheiden lassen sich eher situationsbedingte und eher personenbezogene Fördernisse. Die beiden Arten ergänzen sich gegenseitig, wie eine Reihe von Reorganisationen beweist (Abb. 2-10).

1. Situationsbedingte Fördernisse

Fördernisse, die aus der Situation heraus kommen, wurden wesentlich häufiger erwähnt als solche, die bestimmten Personen zuzuordnen sind. Dabei handelt es sich um folgende Umstände:

- Äusserer oder innerer Druck auf die Unternehmung oder in der Unternehmung - zum Beispiel Überlebensängste, Konkurrenzdruck, ständiger Zeitdruck, Kostendruck, unumstössliche Fristen - ist als das stärkste Fördernis für Reorganisationen in mittleren Unternehmungen zu bezeichnen. Dies lässt sich den Antworten bei genauerem Hinsehen deutlich entnehmen.

Starker Druck weckt und steigert das Bedürfnis nach einer raschen Besserung der Situation, ähnlich wie interne Engpässe und Störungen der Arbeitsabläufe. Sie können innerhalb des Betriebes unangenehme Belastungen bewirken und die Leistungsfähigkeit der Unternehmung für den Markt und ihr Image in Frage

---

(1) Vgl. Anhang Tab. 7

stellen. Doch ist nicht jeder Druck als reines Fördernis anzusehen, was manches überstürzte Vorgehen und manche halbherzige oder übertriebene Lösung beispielhaft belegen. Mängel "zeitsparender" Vorgehensweisen werden sichtbar im Vergleich mit den Gründen, die für andere Wege sprechen (Abb. 2-20) (1).

- Auch erfreuliche Dinge trieben manche Reorganisation voran. <u>Erfolge</u> - Anfangserfolge und Erinnerungen an erfolgreiche Neuerungen - beflügelten die Betreiber und verhinderten Widerstand oder liessen ihn leichter überwinden.

- <u>Neue Möglichkeiten</u> der EDV oder neue betriebswirtschaftliche Methoden und Konzepte boten die Chance, durch eine Reorganisation bisher schwer zu lösende Probleme in den Griff zu bekommen oder sich Wettbewerbsvorteile zu verschaffen.

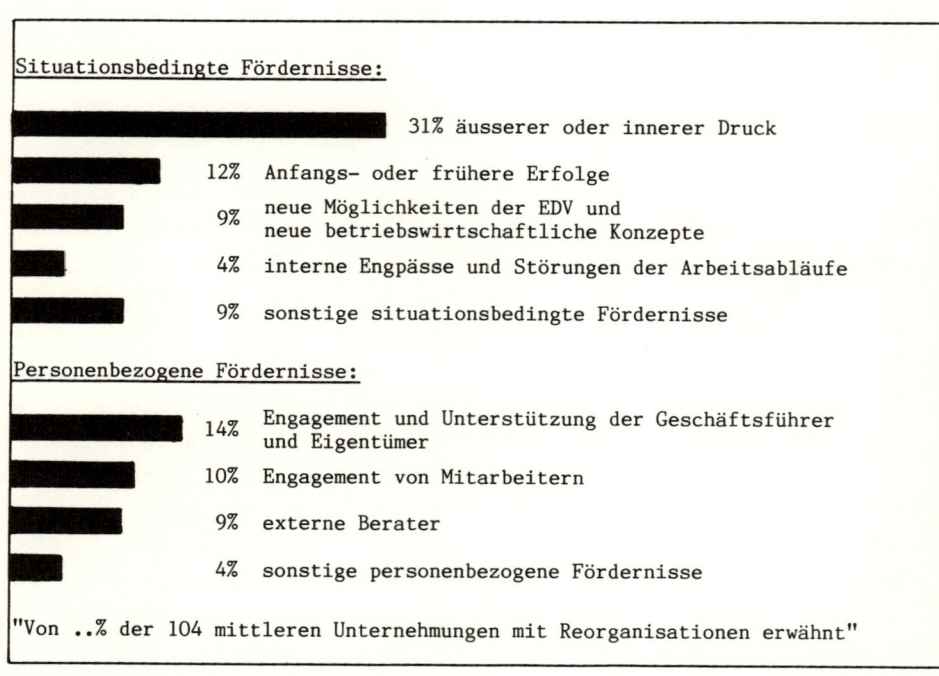

Abb. 2-10: Fördernisse für Reorganisationen

---

(1) Vgl. Abschnitt 2.621

- Als <u>weitere sachliche Fördernisse</u> wurden u.a. gute Unterlagen, genaue Zeitpläne und gezieltes Vorgehen, vorhandene Voraussetzungen für erfolgversprechende Organisationskonzepte und neue Produktionstechnologien genannt.

## 2. Personenbezogene Fördernisse

Zweifellos sind die personenbezogenen Fördernisse geradeso wichtig. Vermutlich wurden sie von manchem Beantworter der Umfrage aber für so selbstverständlich gehalten, dass er sie nicht eigens anführte. Dies gilt insbesondere für den ersten Punkt:

- Immer wieder wurde die Notwendigkeit <u>persönlichen Engagements</u> betont (1). Ausschlaggebend für den Erfolg ist in hohem Masse, wie sehr die <u>Unternehmer</u> und einflussreiche Eigentümervertreter hinter einer Reorganisation stehen. Ebenfalls gelobt wurden <u>Mitarbeiter</u> mit zielstrebigem und bereitwilligem persönlichem Einsatz. Eigeninitiative drängt eine Neuerung nicht nur voran, sondern bringt auch eine bessere Abstimmung der Reorganisation auf die Situation.

- Qualifizierte <u>externe Berater</u> können verschiedene Schrittmacherdienste übernehmen, beispielsweise als "Bewusstseinsbildner", Wissensvermittler, drängende Mahner oder als zusätzliche personelle Kapazität auf Zeit.

- Zu den <u>sonstigen personenbezogenen Fördernissen</u>, die beschrieben wurden, gehören insbesondere projektbezogene Arbeitsteilung, die gemeinsame Erarbeitung von Zielen und Grundsätzen der Unternehmungsführung sowie allgemeine Unzufriedenheit mit den bestehenden Verhältnissen.

---

(1) Diesen bedeutsamen Gesichtspunkt behandeln Abschnitt 3.3 und - bezogen auf den Inhalt - 3.2 im Detail.

## 2.322 Hervorhebung von Zusammenhängen

Sicherlich ist die Bedeutung aller erwähnten Fördernisse - insbesondere des persönlichen Engagements, des äusseren Drucks, der Erfolge, der geschickten Arbeitsteilung und der allgemeinen Unzufriedenheit - viel grösser, als die Anzahl der Nennungen darstellt. Deshalb erweisen sich die verschiedenartigen Antworten als wertvolle Anregungen für zukünftige Reorganisationen.

Die Ergebnisse belegen, dass einzelne Fördernisse bei bestimmten Inhalten von Reorganisationen besonders zum Tragen kommen (1). Änderungen der Absatzorganisation, Verbreiterungen der Führungsspitze, Rationalisierungen und EDV-Ausweitungen benötigten beispielsweise sehr oft äusseren oder inneren Druck. Persönliches Engagement der Geschäftsleitung und Eigentümer war bei der Einführung neuer Planungs- und Kontrollsysteme sowie selbstverständlich bei organisatorischen Veränderungen an der Unternehmungsspitze besonders entscheidend. An der Verwirklichung neuer Planungs- und Kontrollsysteme hatten auch die Mitarbeiter einen überdurchschnittlichen Anteil.

Ausserordentlich oft berichteten mittlere Unternehmungen, die einem breiteren Kreis von Personen oder verschiedenen Unternehmungen bzw. Körperschaften gehören (2) und von Fremdmanagern geleitet werden, dass äusserer und innerer Druck Reorganisationen förderten und vorantrieben. Sie sprachen dreimal häufiger von solchem Druck als Unternehmungen im Eigentum von Einzelpersonen. Überlagert wird dieses Ergebnis freilich durch starke Branchenunterschiede: in Banken - wo die obengenannten Verhältnisse typisch sind - verwiesen 88% auf starken Druck. Allerdings erwähnten ihn auch überdurchschnittlich viele Chemie- und Kunststoff-, Bau- sowie Textil- und Bekleidungsunternehmungen (50% bis 37% gegenüber 32% im Schnitt).

Einsatz und Unterstützung durch die Geschäftsleitung wurden einerseits in eher grösseren Unternehmungen mit 200 bis 500

---

(1) Vgl. Anhang Tab. 7
(2) Einschliesslch Sparkassen

Beschäftigten und andererseits in Firmen im Einzeleigentum stark betont. Letztere bezeichneten auch externe <u>Berater</u> sehr oft als wertvolle Helfer.

Auf die Beeinflussung und <u>Nutzung der Fördernisse</u> wird im Rahmenkonzept näher eingegangen, zum einen bei der Besprechung des Willens zur Reorganisation (1) und zum anderen im Hinblick auf die geeigneten Mitwirkenden (2). Denn das Einbinden von Fördernissen kann Widerstand und Kosten verringern, bessere Lösungen erbringen und so den Erfolg der Reorganisation steigern.

---

(1) Vgl. Abschnitt 3.213
(2) Vgl. Abschnitt 3.3

## 2.33 HINDERNISSE FÜR REORGANISATIONEN

Was behinderte und bremste die wichtigsten Reorganisationen in den mittleren Unternehmungen? Auch die Antworten darauf wurden von den Befragten selbst formuliert und ergaben daher einen breiten Überblick über besondere Schwierigkeiten beim Reorganisieren.

Die Zusammenfassung der Ergebnisse (Abb. 2-11) brachte eine Überraschung: Über ein Drittel der Beantworter meldete, bei der wichtigsten Reorganisation in ihrer Firma habe es k e i n e nennenswerten Hindernisse gegeben. Überdurchschnittlich häufig kam diese Antwort, wenn es um die Einführung einer Geschäftsbereichsorganisation, einer neuen Absatzorganisation, der ersten eigenen EDV-Anlage oder neuer Planungs- und Kontrollsysteme ging (1). Diesen Antworten folgte jedoch mehrmals der Nachsatz: "Es braucht eben seine Zeit." Möglicherweise sind auch die Erinnerungen an verschiedene Schwierigkeiten bereits verblasst.

### 2.331 Arten von Hindernissen

Aufschlussreicher ist daher, auf welche Behinderungen die Reorganisationen in den anderen mittleren Unternehmungen stiessen (2).

Bei den Hindernissen der Reorganisationen lassen sich ebenso wie bei den Fördernissen situations- und personenbedingte unterscheiden. Allerdings zeigt sich eine deutliche Verlagerung des Schwergewichtes: Bei den Hindernissen stehen jene im Vordergrund, die einzelnen oder Gruppen von Unternehmungsmitgliedern zugeschrieben werden müssen. Sie werden daher als erste besprochen.

---

(1) Vgl. Anhang Tab. 8
(2) Vgl. Anhang Tab. 8

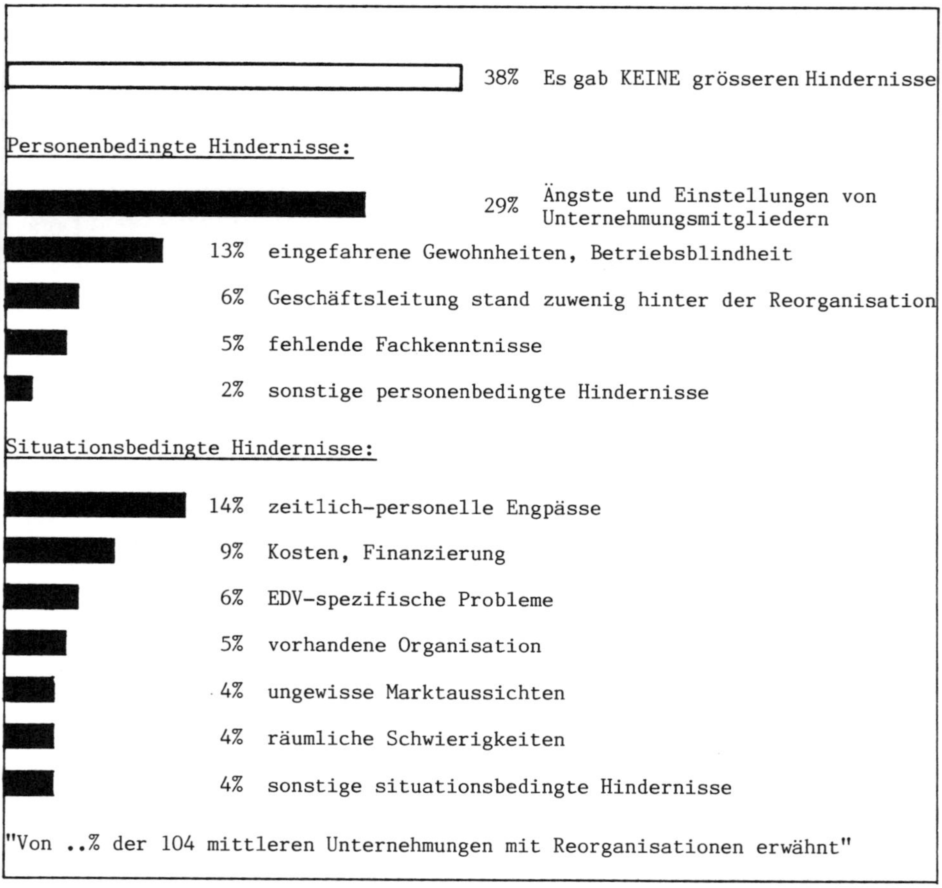

38% Es gab KEINE grösseren Hindernisse

**Personenbedingte Hindernisse:**

29% Ängste und Einstellungen von Unternehmungsmitgliedern
13% eingefahrene Gewohnheiten, Betriebsblindheit
6% Geschäftsleitung stand zuwenig hinter der Reorganisation
5% fehlende Fachkenntnisse
2% sonstige personenbedingte Hindernisse

**Situationsbedingte Hindernisse:**

14% zeitlich-personelle Engpässe
9% Kosten, Finanzierung
6% EDV-spezifische Probleme
5% vorhandene Organisation
4% ungewisse Marktaussichten
4% räumliche Schwierigkeiten
4% sonstige situationsbedingte Hindernisse

"Von ..% der 104 mittleren Unternehmungen mit Reorganisationen erwähnt"

Abb. 2-11: Hindernisse für Reorganisationen

1. Personenbedingte Hindernisse

Die im folgenden beschriebenen personenbedingten Hindernisse sind oftmals nur allgemeiner Natur. Nur wenige könnten mit genaueren Hintergründen dargelegt werden.

- Weitaus das grösste Hindernis für organisatorische Neuerungen bilden Ängste und Vorurteile betroffener Unternehmungsmitglieder. Eine derartige "Änderungsverzagtheit" oder "Änderungsfeindschaft" ist vielfach ein Generationenproblem und nicht eine Frage der hierarchischen Stellung. Sie ist bei manchen Unternehmern, vor allem bei älteren, ebenso vorhanden wie bei einfachen Arbeitern und Angestellten. Am ausgeprägtesten zeigen sich Ängste bei Reorganisationen der Führungsspitze und der Unternehmungsstruktur, beim Auflösen oder Zusammenlegen von Abteilungen bzw. Unternehmungsteilen sowie beim Ausweiten des EDV-Einsatzes. Neben vorsichtigem Misstrauen und echter Sorge äussern sich wohl auch Furcht vor Überforderung, persönliche Bequemlichkeit sowie Besitzstands- und Machtdenken. Ein guter Nährboden für Ängste ist ein allzu spärlicher Informationsstand der Betroffenen.

Auf dieses Haupthindernis wird im Rahmenkonzept zweifach eingegangen. Einerseits bedingt schon der Wille, eine Reorganisation durchzuführen, oftmals die Überwindung von Ängsten und Vorurteilen (1). Andererseits werden diese ganz allgemein als Ursache von Widerständen behandelt, die ein gewisses Durchsetzungsvermögen notwendig machen (2).

- Als häufige Reorganisationshindernisse wurden auch eingespielte Gewohnheiten genannt. Offensichtlich wurden manche Bemühungen gelähmt durch alte Gewohnheiten, die zu überdenken keine Bereitschaft gezeigt oder geweckt wurde. Ähnliche Schwierigkeiten ergaben sich aus einer da und dort vorhandenen Betriebsblindheit, die Missstände und Verbesserungsmöglichkeiten einfach ignorierte.

---

(1) Vgl. Abschnitt 3.21
(2) Vgl. Abschnitt 3.232 und 3.233

- Mehrfach wurde berichtet, dass sich die Geschäftsleitung zu wenig hinter die Reorganisation stellte und durch ihre mangelnde Unterstützung das Vorankommen und den Erfolg des Projektes gefährdete. Der Vorwurf betraf wahrscheinlich weniger ihren eigenen zeitlichen Einsatz, sondern vor allem die Zuteilung von Mitteln und die moralische Unterstützung und Rückendeckung der Initianten und Projektleiter. Derartige Probleme dürften noch häufiger und schwerwiegender sein, als die Umfrage aufzeigte, weil hier ein Grossteil der Fragebogen von Geschäftsinhabern und Geschäftsführern beantwortet wurde.

- Ebenfalls eher selten wurden fehlende Fachkenntnisse als Reorganisationshindernisse genannt. Nachdem weniger als die Hälfte der reorganisierenden Unternehmungen das Beiziehen auswärtiger Berater meldete, erstaunt dies.

- Zu den personenbedingten Hindernissen zählten ausserdem eine zu langsame Entscheidungsfindung und die generelle Ablehnung der Reorganisation seitens des Betriebsrates.

## 2. Situationsbedingte Hindernisse

Daneben gibt es auch bei den Hindernissen solche, die eher in der Situation oder in der Natur der Sache wurzeln, auch wenn die Unternehmungsleitung oder Mitarbeiter beteiligt waren:

- Auftretende zeitliche und finanzielle Belastungen für die Unternehmungen bremsten eine Reihe von Reorganisationen. Wahrscheinlich genügten teilweise schon ängstliche Vermutungen. Kosten und Zeitaufwand für eine Reorganisation sind selbstverständlich sehr unterschiedlich. Doch man darf sich nicht darüber hinwegtäuschen, dass umfangreiche Reorganisationen neben dem geschäftigen Betriebsalltag – und der soll nicht zu sehr gestört werden, damit auch etwas verdient wird – für die beteiligten und betroffenen Führungskräfte und Mitarbeiter eindeutig Mehrarbeit darstellen.

<u>Zeitlich-personelle Engpässe</u> ergaben sich vor allem, weil gegerade die besten Leute in einer Unternehmung sowieso stark mit Arbeit belastet sind und auch die betroffenen Mitarbeiter oft nicht so einfach für Besprechungen und Schulungen freigestellt werden können.

Verschiedentlich versperrten auch (teils vermeintlich) grosse <u>Kosten und Finanzierungsprobleme</u> den Weg zu einer besseren oder schnelleren organisatorischen Lösung. Ins Gewicht fallen vor allem kostspielige Investitionen (Produktion, Lager, EDV, Gebäude usw.), Personaleinstellungen und Schulungen (Führungs- bzw. Fachkräfte) oder Beratungsaufträge. Leider ist es für grössere Reorganisationen typisch, dass sich ihre Kosten nur sehr grob und ihr Nutzen noch weit weniger abschätzen lassen.

- Aber auch bestehende <u>Organisationsstrukturen</u> - Zuständigkeiten, Verantwortlichkeiten, mangelnde Delegation, Einflussverhältnisse usw. erschwerten verschiedene Neuerungen. Unflexible Strukturen bilden gewissermassen das institutionalisierte Gegenstück zu persönlichen, änderungsfeindlichen Gewohnheiten.

- <u>EDV-Probleme</u> (Hard- und Software) oder unklare <u>Marktaussichten</u> wurden nicht so häufig als Hindernisse genannt. Dies ist natürlich, weil sie nur bestimmte Inhalte von Reorganisationen betreffen.

- Gleichfalls vereinzelt wurden <u>örtliche Schwierigkeiten</u> geschildert. Dabei handelte es sich um beengte räumliche Verhältnisse in einem älteren Gebäude oder einem Provisorium sowie um die grössere Entfernung zu einem neuen Zweigbetrieb.

- Als weitere situationsbedingte Hindernisse für Reorganisationen wurden vor allem verschiedene <u>Nachteile der neuen</u> organisatorischen <u>Lösung</u> erwähnt, beispielsweise der Verlust von Flexibilität und unpopuläre personelle Massnahmen. Ausserdem bremste das <u>Warten auf technologische Neuerungen</u> die Rationalisierungsbestrebungen einer Firma.

Mittlere <u>Unternehmungen, die häufig reorganisierten</u>, hatten viel stärker mit personenbedingten Hindernissen und situationsbedingten Schwierigkeiten zu kämpfen. Verwunderlich ist dies nicht, weil stetiger organisatorischer Umbruch bei den Betroffenen Unmut und eine besonders abwartende, vorsichtige Haltung herbeiführt. Ausserdem benötigt jede einzelne Reorganisation genügend Zeit, Mittel und geeignete Mitwirkende. Deshalb wird im Rahmenkonzept besonderer Wert auf ausreichende Antriebskräfte für Reorganisationen gelegt (1).

Mit besonderen Schwierigkeiten einzelner Reorganisationen kann sich das Rahmenkonzept nicht näher befassen. Aber es setzt sich mit entscheidenden Punkten wie der zeitlich-personellen Belastung, dem notwendigen Wissen und der Beurteilung der Verhältnisse (2) sowie mit den Problemen der Änderungsverzagtheit und mangelnder Änderungsbereitschaft auseinander (3).

### 2.332 Anmerkungen und Hervorhebung von Zusammenhängen

Die Belastung der Reorganisationen durch grössere Hindernisse lässt sich durch nichts besser belegen als durch ihren <u>negativen Einfluss auf den Erfolg</u> der Reorganisationen. Denn von den Reorganisationen, bei denen es keine grösseren Hindernisse gab, endeten 70% mit einem sehr positiven Erfolg. Von jenen mit Hindernissen hingegen waren es nur 34%, also knapp die Hälfte.

Am unerfreulichsten wirkten sich zeitlich-personelle Engpässe auf den Erfolg aus. Dafür gibt es mehrere Erklärungen: 1. die Beteiligten setzten sich zuwenig für die Reorganisation ein; 2. zweitrangige und zweitklassige Personen mussten die Reorganisation betreuen, weil sie mehr Zeit hatten als die eigentlich dafür geeigneten; 3. unter Zeitdruck wurde manches überstürzt und einfach die nächstbeste Lösung verwirklicht. Wahrscheinlich trafen oft alle Punkte gleichzeitig zu.

---

(1) Vgl. Abschnitt 3.2
(2) Vgl. Abschnitte 3.2 bis 3.4
(3) Vgl. besonders Abschnitt 3.232

Ängste und neuerungsfeindliche Einstellungen sowie eingefahrene Gewohnheiten und Betriebsblindheit erwiesen sich als sehr erfolgshemmend. Sicher lag einiges daran, dass sachliche Auseinandersetzungen mehr oder weniger scheitern mussten. Widerstand, Machtkämpfe, faule Kompromisse anstatt fruchtbarer Diskussionen und somit letzlich Verzögerungen und schlechtere Lösungen prägten dann die Reorganisationen.

Eine ältere Untersuchung betont die Bedeutung der personenbedingten Hindernisse bei Reorganisationen ganz besonders. Sie bezeichnet die fehlende Bereitschaft und fehlende Fähigkeiten vor allem der Führungskräfte als hemmende, aber überwindbare "Barrieren" (1). Auch im anschliessenden Rahmenkonzept kommt die entscheidende Rolle dieser Hindernisse zur Geltung, wo die Mitwirkenden, ihr Wille, ihre Sachkenntnis und ihr Einfluss erörtert werden (2).

Die weiteren Detailergebnisse verdeutlichen wesentliche Zusammenhänge. Die verschiedenen Reorganisationsinhalte stehen dabei im Mittelpunkt des Interesses (3). Ängste und neuerungsfeindliche Haltungen traten vor allem dort auf, wo die Stellung von Unternehmungsmitgliedern und organisatorischmenschliche Beziehungen auf dem Spiel standen. Dies betraf alle Arten der Veränderung in der Führungsorganisation - die Neuerrichtung, Neugliederung, Zusammenlegung und Auflösung organisatorischer Einheiten. Noch verhältnismässig reibungslos verlief die Einführung von Geschäftsbereichen. Hier erschwerten dafür ebenso wie bei Verbreiterungen der Führungsspitze und grösseren Änderungen der Absatzorganisation eingefahrene Gewohnheiten die Neuerung.

Interessanterweise blieben Ängste und alte Gewohnheiten bei der Einführung neuer Planungs- und Kontrollsysteme unbedeutend. Wie bei der Errichtung oder beim Erwerb neuer Betriebe, Filialen, Abteilungen oder Zentralstellen bildeten hier zeitlich-personelle

---

(1) Vgl. Witte (Organisation) 6 ff.
(2) Vgl. Abschnitte 3.3 sowie 3.21, 3.22 und 3.23
(3) Vgl. Anhang Tab. 8

Engpässe die grössten Hürden. Hier kommt es besonders auf die genaue Kenntnis der Unternehmungsverhältnisse an, die sich auf wenige Führungs- und Fachkräfte konzentriert. Darum lassen sich externe Berater und neue Mitarbeiter zwar zur fachlichen Unterstützung, aber kaum zur Entlastung dieser Hauptbetroffenen einsetzen.

Bei den <u>EDV-bezogenen Reorganisationen</u> gab es eine Überraschung. Ängste und ablehnende Einstellungen besassen offenbar bei der Anschaffung des ersten eigenen Computers eine sehr geringe Bedeutung, bei der Ausweitung der EDV-Anwendung jedoch eine überdurchschnittlich grosse. Dies deutet vielleicht auf schlechte Erfahrungen - z.B. mit zu vielen und zu detaillierten Computerauswertungen - und unerfüllte Erwartungen hin. Verständlich ist hingegen, dass bei der EDV-Ersteinführung zeitlich-personelle Engpässe häufiger vorkamen als bei EDV-Ausweitungen, wo bereits eigene EDV-Fachleute im Hause waren.

<u>EDV-Ausweitungen</u>, betriebliche und administrative <u>Rationalisierungen</u> wurden ausserdem häufig durch die anfallenden Investitionskosten und Finanzierungsprobleme behindert.

Bemerkenswert erscheinen auch einige Querverbindungen zwischen bestimmten <u>Gründen</u> und bestimmten Hindernissen. Reorganisationen, die der Überlastung der Geschäftsleitung oder Verwaltung und menschlichen Unzulänglichkeiten entsprangen, weckten sehr oft Ängste und feindselige Einstellungen oder Widerstand. Dies ist ebenso einsichtig wie die Tatsache, dass Absatzmarktprobleme sowie Planungs- und Kontrollmängel einerseits und zeitlich-personelle Engpässe anderseits überdurchschnittlich oft zusammentrafen. Finanzierungsschwierigkeiten behinderten nicht nur die Beseitigung von Unwirtschaftlichkeiten, sondern auch die Umsatzausweitung und Verbesserung der Position auf dem Absatzmarkt.

Wo die Reorganisationen mit bestimmten Anlässen verbunden waren, steigerten sich die Hindernisse - unabhängig davon, ob es sich um einen Führungswechsel, einen Neubau oder einen anderen Anlass handelte. In erster Linie wuchs das Misstrauen, wozu das vorangegangene Aufschieben der Reorganisation als Nährboden für Gerüchte und die grössere Unsicherheit durch die sonst schon neuen Verhältnisse sicher massgeblich beitrugen. Dass auch die zeitlich-personellen Engpässe häufiger waren, wenn Reorganisationen anlässlich von Führungswechseln oder Neubauten stattfanden, ist einleuchtend.

Unterschiede zwischen den einzelnen Branchen und Grössenklassen der Unternehmungen gab es dagegen kaum. Wo sich in den Auszählungen Besonderheiten zeigten, liessen sie sich erstens durch die Häufigkeit und zweitens durch den Inhalt der durchgeführten Reorganisationen erklären. Es ist allerdings festzuhalten, dass die eher kleineren der Unternehmungen bis zu 100 Beschäftigten mit zwei situationsbedingten Hindernissen vermehrt zu kämpfen hatten: mit zeitlich-personellen Engpässen und mit Kosten- und Finanzierungsproblemen.

Ähnlich scheint es mit den Eigentumsverhältnissen zu sein. Zwar wiesen vor allem Einzel- und auch Familienunternehmungen allgemein weniger Hindernisse auf als mittlere Unternehmungen im Besitz von nichtverwandten Personen oder mehreren Unternehmungen und Körperschaften. Letztere reorganisierten aber auch häufiger, was - wie bereits dargestellt - die Hindernisse anwachsen liess (1). Deutlich kam aber zutage, dass zwei- und mehrköpfige Geschäftsführungen mehr Schwierigkeiten bei Reorganisationen hatten als einzelne Geschäftsführer. Vor allem Ängste und Widerstände der Betroffenen sowie zeitlich-personelle Engpässe waren im ersten Falle ungleich häufiger. Ausserdem wurde eher von mangelhafter Unterstützung der Reorganisation durch die Geschäftsleitung gesprochen, wenn diese aus drei oder mehr Personen bestand.

---

(1) Vgl. 2.33 Einleitung.

## 2.333 Verbindende Betrachtung der Fördernisse und Hindernisse

Zwischen den Fördernissen und Hindernissen für die beschriebenen Reorganisationen bestanden vielfache Zusammenhänge. Interessant ist, dass Fördernisse teilweise Hindernisse verdrängten. Gesamthaft sind Fördernisse und Hindernisse prägende Kräfte einer Reorganisation.

1. Die Verdrängung von Hindernissen durch Fördernisse

   Die Zusammenfassung der Beschreibungen der einzelnen Reorganisationen zeigt vor allem dreierlei Fälle, wo Hindernisse durch Fördernisse vermieden oder unbedeutend wurden:

   - **Besonderes Engagement** von Unternehmungsmitgliedern - vor allem Unternehmern, Führungskräften und Organisatoren - **verringerte die Kosten** der Reorganisation.

   - Starker Druck von innen oder aussen **überwand eingefahrene Gewohnheiten**.

   - **Erfolgserlebnisse verminderten Ängste** und neuerungsfeindliche Einstellungen.

2. Die prägenden Kräfte jeder Reorganisation

   Jede Reorganisation ging von ganz bestimmten Gründen aus. Die Durchführung wurde aber vor allem durch die auftretenden Fördernisse und Hindernisse geprägt. Diese führten die Reorganisation bis zum Abschluss - oder Abbruch; sie führten zu ihrem Erfolg oder Misserfolg.

   Zusammenfassend lassen sich als die prägenden Kräfte einer Reorganisation in einer mittleren Unternehmung darstellen:

   1. die <u>Stärke des Willens</u> zur Reorganisation
   2. die <u>Einstellung zu Neuerungen</u>
   3. die <u>personellen Kapazitäten</u>
   4. der Umfang der <u>Unterstützung durch die Geschäftsleitung</u>.

Welche Fördernisse und Hindernisse jeder dieser vier Punkte umfasst, beschreibt die folgende Übersicht (Abb. 2-12).

| Prägende Kräfe | Nähere Beschreibung der entsprechenden | |
|---|---|---|
| | Fördernisse | Hindernisse |
| 1. Stärke des Willens zur Reorganisation | feste Zielsetzungen, äusserer/innerer Druck | Ängste, Gewohnheit |
| 2. Einstellung zu einer Neuerung | Erfolgserlebnisse, Anreize | Ängste, Neuerungsfeindlichkeit, Gewohnheit |
| 3. personelle Kapazitäten (Zeiteinsatz, Wissen) | Einsatz d.Unternehmungsmitglieder, gute Berater | zeitlich-pers. Engpässe, fehlende Fachkenntnis |
| 4. Unterstützung durch die Geschäftsleitung | starke Unterstützung durch die Geschäftsltg. | zu wenig Unterstützung durch die Geschäftsltg. |

Abb. 2-12: Prägende Kräfte für Reorganisationen in mittleren Unternehmungen

Aufgrund ihrer Bedeutung für Reorganisationen in mittleren Unternehmungen werden die prägenden Kräfte anschliessend im Rahmenkonzept genauer untersucht. Es befasst sich ausführlich mit den Antriebskräften der Reorganisationen und mit den Mitwirkenden als ihren Trägern (1).


## 2.34 DER ZEITPUNKT DER REORGANISATIONEN

Nach Meinung der Befragten wurde nur die Hälfte der Reorganisationen in den mittleren Unternehmungen zum richtigen Zeitpunkt durchgeführt. Die andere Hälfte der Reorganisationen erfolgte in ihren Augen eher zu spät, zwei Reorganisationen sogar viel zu spät. Hingegen wurde nur eine einzige Reorganisation als eher zu früh angesetzt bezeichnet (Abb. 2-13).

---

(1) Vgl. Abschnitte 3.2 und 3.3

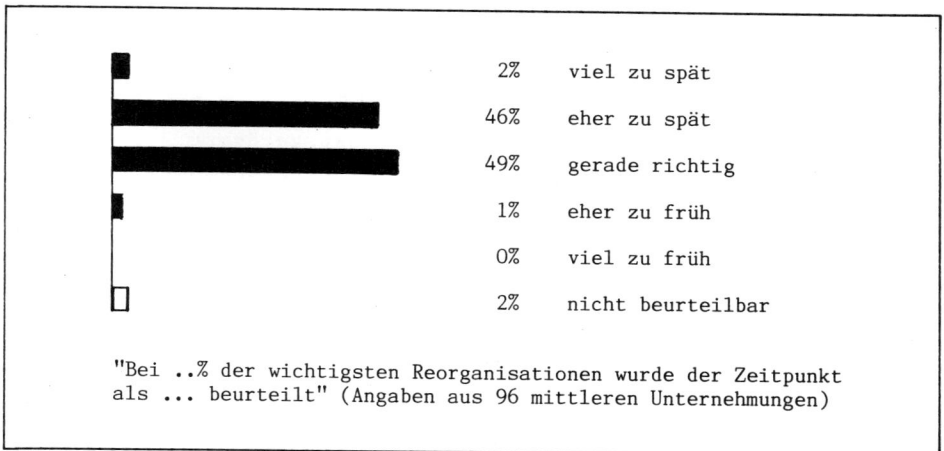

Abb. 2-13: Die Beurteilung des Zeitpunktes der Reorganisation

Dabei gibt es keine auffälligen Unterschiede zwischen den eher kleineren und den eher grösseren der mittleren Unternehmungen, wohl aber zwischen den Branchen. Besonders in der Chemie- und Kunststoffindustrie, im Bauwesen und bei den "übrigen" Dienstleistungsunternehmungen wurde überdurchschnittlich oft zu spät reorganisiert, während die Vertreter aus dem Banken- und Versicherungssektor sowie aus den Stickereien ihre Reorganisationen verhältnismässig selten als zu spät einstuften. Die Vertreter der Nahrungsmittel- und Getränke- sowie der "übrigen" Industrie erachteten ihre Reorganisationen sogar ausnahmslos als gerade rechtzeitig (1).

Mittlere Unternehmungen mit einem einzigen Geschäftsführer packten Reorganisationen offenbar schneller an als solche mit mehreren Geschäftsführern. Dabei spielten allerdings auch die Eigentumsverhältnisse eine Rolle. Denn Unternehmungen, die einer Einzelperson oder verschiedenen Unternehmungen und Körperschaften gehören, reorganisierten eher rechtzeitig. Bei Mehrpersonenbesitz verzögerte sich die Durchführung häufiger.

---

(1) Vgl. Anhang Tab. 9 b)

Interessanterweise hat es den Anschein, dass Verbesserungen wichtiger betrieblicher Arbeitsabläufe und EDV-bezogene organisatorische Projekte am ehesten rechtzeitig in Angriff genommen wurden. Umgekehrt wurden die Einführung einer breiteren Führungsspitze und neuer Abteilungen besonders oft hinausgezögert. Die durchgeführten Redimensionierungen - wenn also Unternehmungsteile oder Abteilungen zusammengelegt, aufgelöst oder stark verkleinert wurden - wurden sogar durchwegs als zu spät bezeichnet (1).

Ausserdem beeinflussten die Gründe der Reorganisation sowie bestimmte Fördernisse und Hindernisse den Zeitpunkt. Besonders oft wurden Reorganisationen, die durch Absatzmarktprobleme, Überlastung der Geschäftsleitung oder Verwaltung oder durch Koordinationsmängel verursacht wurden, im nachhinein als zu spät empfunden. Dasselbe gilt bei Reorganisationen, bei denen sich schon bald erste Erfolge einstellten. Ausserdem war festzustellen, dass Ängste, Neuerungsfeindlichkeit und eingefahrene Gewohnheiten die Veränderungen eindeutig hinauszögerten. Dagegen wurde bei starkem Umsatzwachstum oder bei Informationsmängeln überdurchschnittlich rasch gehandelt. Neue Möglichkeiten der EDV und externe Berater beschleunigten die Inangriffnahme einer Reorganisation gleichfalls.

Das Rahmenkonzept beschäftigt sich mehrmals mit dem Zeitpunkt der Reorganisation. Zum einen wird der Zeitpunkt in Verbindung mit der Initiative zur Reorganisation gesehen, was erstens die Motivation der Betreiber und zweitens die Anregungsphase im Rahmen des Ablaufes betrifft (2). Zum anderen geht es hier um das Durchsetzungsvermögen gegenüber den Hindernissen (3).

Das Eingeständnis, dass so viele grössere Reorganisationen zu lange hinausgeschoben wurden, ist bemerkens- und bedenkenswert. Natürlich wissen wir im nachhinein manches besser als im vorhinein, aber diese Entschuldigung bewahrte keine der betroffenen Unternehmungen vor teurem Lehrgeld.

---

(1) Vgl. Anhang Tab. 9 a)
(2) Vgl. Abschnitte 3.211/3.213 und 3.4
(3) Vgl. Abschnitt 3.233

## 2.4 BETEILIGTE BEIM REORGANISIEREN

Welche <u>Personenkreise</u> kommen als Mitwirkende an einer Reorganisation in Frage? Praktisch jede mittlere Unternehmung umfasst die Geschäftsleitung, Führungskräfte und Mitarbeiter. Zum Teil sind ausserdem Stellen mit Unterstützungsfunktion wie ein Stabsmitarbeiter der Geschäftsleitung (Assistent, Sekretär) oder eine eigene Stelle für Organisation bzw. Betriebswirtschaft vorhanden, und zum Teil besteht auch ein Betriebsrat. Zudem können beliebig freiberufliche Berater oder Beratungsfirmen beigezogen werden. Verschiedentlich wirken auch sonstige Personen oder Institutionen an der Vorbereitung und Durchführung von Reorganisationen mit (1).

Die <u>Bedeutung</u>, welche diese Personengruppen für Reorganisationen in mittleren Unternehmungen besitzen, lässt sich an ihrem Arbeitseinsatz und an ihrem Einfluss erkennen. Dabei sind einerseits ihre Mitwirkung insgesamt (Abb. 2-14) und andererseits das Gewicht der Personengruppen, die es überhaupt nur bei einem Teil der Reorganisationen gab (Abb. 2-15), angemessen zu beachten.

### 2.41 ARBEITSEINSATZ UND EINFLUSS

Die Darlegung geht nun im einzelnen auf die Personengruppen und ihre Mitwirkung an Reorganisationen in mittleren Unternehmungen ein. Sie hebt ausserdem Besonderheiten nach der Unternehmungsgrösse, nach Wirtschaftszweigen und Reorganisationsarten hervor (Abb. 2-14 und 2-15) (2).

---

(1) Vgl. Anhang Tab. 10
(2) Vgl. Anhang Tab. 10 bis 14

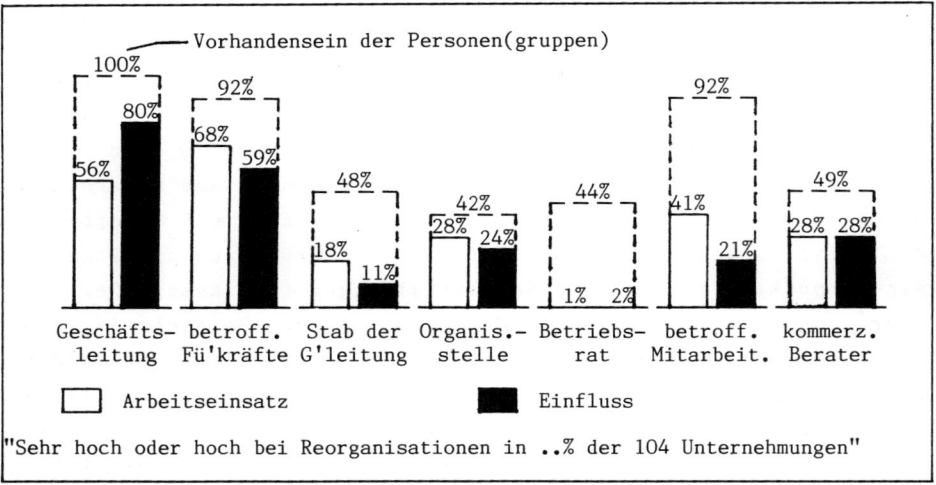

Abb. 2-14: Arbeitseinsatz und Einfluss verschiedener Personen(gruppen) bei den Reorganisationen (1)

Geschäftsleitung und betroffene Führungskräfte wurden bei der Umfrage als die Hauptträger der meisten Reorganisationen beschrieben. Die Geschäftsleitung einer mittleren Unternehmung ist praktisch von jeder grösseren Reorganisation direkt betroffen. Und abgesehen von Umstrukturierungen, die geschäftsleitungs- oder familienintern erfolgen, gibt es immer auch betroffene Führungskräfte.

Erwartungsgemäss wurde den Geschäftsleitungen der grösste Einfluss auf die Reorganisationen zugeschrieben. Sie leisteten dafür aber auch einen hohen Arbeitseinsatz, insbesondere im Handel und in der Industrie und vor allem bei Fragen der Führungs- und Absatzorganisation. Interessanterweise hing ihr Arbeitseinsatz nicht von den Eigentumsverhältnissen ab, während sich herausstellte, dass der Einfluss der Geschäftsleitung auf Reorganisationen in Familienunternehmungen weniger hoch war als in den anderen Firmen.

---

(1) Vgl. Anhang Tab. 10, wo die Prozentwerte beim Arbeitseinsatz und Einfluss allerdings auf das Vorhandensein der einzelnen Personengruppen abstellen.

Den betroffenen Führungskräften wurde sogar der höchste Arbeitseinsatz unter allen möglichen Beteiligten bescheinigt. Hinsichtlich des Einflusses auf die Reorganisation fiel ihnen der zweite Rang zu. In den eher grösseren Unternehmungen mit 200 bis 500 Beschäftigten verringerte sich ihr Arbeitsaufwand, der Einfluss blieb aber etwa gleich. Besonders hoch waren ihr Arbeitseinsatz und ihr Einfluss bei der Neugestaltung von Arbeitsabläufen, Planungs- und Kontrollsystemen sowie bei der Ersteinführung von Computern. Überraschenderweise ist der Einfluss der betroffenen Führungskräfte in Unternehmungen im Eigentum von Einzelpersonen oder Familien wesentlich grösser als in Firmen, die nichtverwandten Personen oder mehreren Unternehmungen und Körperschaften gehören.

Ein persönlicher Stabsmitarbeiter der Geschäftsleitung wurde in etwa der Hälfte der mittleren Unternehmungen erwähnt, in den eher kleineren mit 50 Beschäftigten ebenso oft wie in den eher grösseren mit knapp 500 Beschäftigten. Nicht selten dürfte diese Stelle als rechte Hand eines Geschäftsführers oder -inhabers durch den vorgesehenen Nachfolger oder durch ein enges Familienmitglied besetzt sein. Der Arbeitseinsatz solcher Stäbe bei Reorganisationen wurde im allgemeinen als mittelgross angesehen und ihr Einfluss als unterdurchschnittlich beurteilt. Weitaus am eifrigsten und einflussreichsten waren sie in Unternehmungen im Besitz nicht verwandter Personen. Bei Fragen der Aufbau- und Führungsorganisation oder bei der Ausweitung des EDV-Einsatzes wirkten sie kräftiger mit, weniger hingegen bei der Einführung neuer Planungs- und Kontrollsysteme, bei der Anschaffung der ersten EDV-Anlage, bei der Eingliederung neuer Unternehmungsteile oder Neuschaffung von Abteilungen sowie bei betrieblichen Rationalisierungen.

Stellen für Organisation oder Betriebswirtschaft sind durchschnittlich fast ebensohäufig wie Stabsmitarbeiter der Geschäftsleitung, im Gegensatz zu diesen besteht jedoch ein enger Zusammenhang mit der Unternehmungsgrösse. Während "nur" e i n Fünftel der Unternehmungen mit rund 50 Mitarbeitern solche Stellen eingerichtet hat, sind es knapp d r e i Fünftel der Firmen mit 200 bis 500 Mitarbeitern. Offen bleibt, ob es sich um voll- oder teilamtliche Tätigkeiten handelt. Dass diese Stellen aber speziell der fachlichen Unterstützung und arbeitsmässigen Entlastung der Geschäftsleitungen und Führungskräfte dienen, kommt deutlich zum Ausdruck. Sowohl ihr Arbeitseinsatz als auch ihr Einfluss bei Reorganisationen werden als hoch bezeichnet. Besonders intensiv scheinen sie bei Organisationsprojekten mitzuwirken, die mit EDV-Ausweitungen oder Änderungen der Aufbau- und Führungsstruktur zusammenhängen.

Vom <u>Betriebsrat</u> als Vertretung der Arbeitnehmer berichtete etwa die Hälfte der Beantworter. Allerdings stieg die Häufigkeit einer Einschaltung des Betriebsrates in die Reorganisation mit zunehmender Unternehmungsgrösse stark an. Den Arbeitseinsatz dieser Betriebsräte betrachteten jedoch 93% als unbedeutend oder gering, ihren Einfluss nannten immerhin 15% als mittel oder hoch. Die vereinzelte etwas stärkere Mitwirkung betraf Änderungen in der Aufbau- und Führungsorganisation sowie bei einer betrieblichen Rationalisierung und einer EDV-Ersteinführung.

Wesentlich wichtiger war die unmittelbare Mitwirkung <u>betroffener Mitarbeiter</u>. Diese gab es bei jeder Reorganisation abgesehen von wenigen Ausnahmen, die vor allem bei der Schaffung neuer Abteilungen, Zentralstellen, Zweigbetriebe und Filialen sowie bei Veränderungen an der Führungsspitze anzutreffen waren. Betroffene Mitarbeiter erbrachten bei z w e i Fünfteln der Reorganisationen einen hohen Arbeitseinsatz, womit sie gesamthaft nach den betroffenen Führungskräften und der Geschäftsleitung den dritten Rang belegten. Doch ihr Einfluss wurde nur bei e i n e m Fünftel der Reorganisationen als hoch bezeichnet. Dabei bestand freilich ein deutliches Gefälle von den eher grösseren bis zu den eher kleineren der Unternehmungen. Dies steht im Gegensatz zum Arbeitsaufwand der betroffenen Mitarbeiter, der in den Unternehmungen von 50 bis 99 Beschäftigten um einiges höher lag als in jenen mit 100 und mehr Mitarbeitern. Hervorzuheben ist auch, dass der Arbeitseinsatz und Einfluss der Mitarbeiter in Unternehmungen mit nicht verwandten Eigentümern deutlich grösser waren als in Unternehmungen im Besitz von Einzelpersonen oder Familien.

Dort, wo die Mitarbeiter am stärksten betroffen waren - bei der Neugestaltung betrieblicher oder administrativer Arbeitsabläufe -, erwies sich sowohl ihr Arbeitseinsatz als auch ihr Einfluss am grössten. Überdurchschnittlichen Arbeitseinsatz leisteten sie ausserdem bei der erstmaligen Anschaffung von Computern. Bei der Einführung neuer Planungs- und Kontrollsysteme wurde erstaunlicherweise angegeben, dass der Einfluss betroffener Mitarbeiter sogar ihren Arbeitseinsatz überstieg. Im Gegensatz dazu war bei der Einrichtung neuer Abteilungen, Zweigbetriebe, Filialen und Zentralstellen und bei der Zusammenfassung und Auflösung solcher Einheiten der Arbeitsaufwand der Mitarbeiter sehr gering und ihr Einfluss auf diese Reorganisationen gleich null.

Jede zweite der mittleren Unternehmungen zog für Reorganisationen - zumindest für die tiefgreifendsten und umfangreichsten - auch freiberufliche Berater oder Beratungsfirmen bei. Generalisten in der Unternehmungs- und Managementberatung oder Spezialisten für verschiedene Bereiche der Organisation, der EDV usw. wurden zur Beratung herangezogen. Im Handel und in der Industrie geschah dies viel öfter als in den anderen Branchen. Zwischen den eher grösseren und den eher kleineren unter den Unternehmungen zeigten sich keine klaren Unterschiede darin, wie häufig Berater beigezogen wurden. Ihr Arbeitseinsatz und Einfluss nahmen jedoch mit wachsender Unternehmungsgrösse um mehr als das Doppelte zu. Besonders häufig scheint die Mitwirkung von Beratern bei heikleren Reorganisationen in personeller Hinsicht, bei Änderungen der Absatzorganisation sowie im Zusammenhang mit EDV gewesen zu sein.

Welche Rollen den Beratern im einzelnen zukamen, wurde in der Umfrage zuwenig geklärt. Die Ergebnisse sprechen jedoch dafür, dass sie besonders von Unternehmern, die Alleineigentümer ihrer Firma sind, sehr oft als teilzeitliche Führungskräfte und als neutrale, vertrauenswürdige Gesprächspartner gebraucht wurden (1). Ausserdem wurden Berater oft als kompetente Fachleute für Organisationskonzepte und das Vorgehen beim Organisieren sowie als Lokomotive für die Reorganisation eingesetzt - dann und wann aber auch als Sündenbock für unangenehme Entscheidungen.

---

(1) Vgl. Zander/Ziehm (Zusammenarbeit) 54 ff., Klaile (Managementberatung) 149 ff.

Nur selten wurden noch sonstige Beteiligte an den Reorganisationen angeführt. In drei Firmen wirkten die nichtgeschäftsführenden Gesellschafter bzw. der Aufsichtsrat mit, und zwar recht einflussreich bei Änderungen in der Unternehmensgliederung und mit geringerem Einfluss bei der Einführung eines neuen Planungs- und Kontrollsystems. Als wichtige andere Berater bei der Verbesserung der Führungsorganisation wurden je einmal die Berufsorganisation (Branchenverband) und die Handelskammer genannt. Je eine Unternehmung berichtete, dass sie bei EDV-Projekten die Beratung durch Firmen derselben Branche bzw. durch ein sektoreigenes Softwarehaus in Anspruch nahmen. Bei all diesen Beratern wurden Arbeitseinsatz und Einfluss als hoch bis mittel bezeichnet. Ausserdem gaben zwei Beantworter zu, dass Lieferanten technischer Anlagen mit einigem

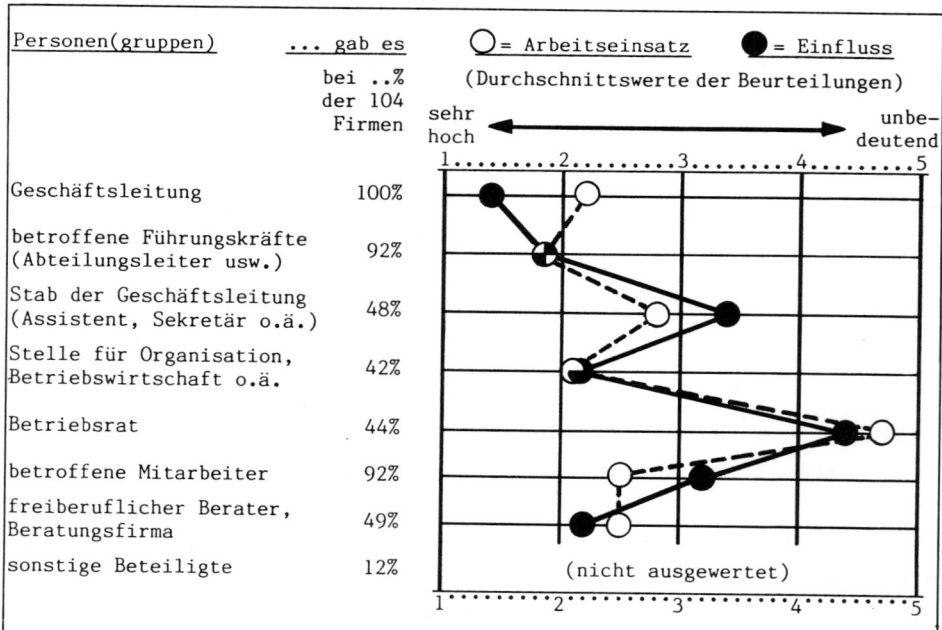

Abb. 2-15: Arbeitseinsatz und Einfluss verschiedener Personengruppen bei den wichtigsten Reorganisationen

Arbeitseinsatz und unterschiedlichem Einfluss an Reorganisationen beteiligt waren. Je einmal bestimmten die EDV-Abteilung und der Grosshändler, an den die Firma gebunden ist, massgeblich mit.

## 2.42 DIE HAUPTGESTALTER DER REORGANISATIONEN

Vor einer Zusammenfassung, wer die Hauptgestalter der Reorganisationen in mittleren Unternehmungen sind, ist ein Vergleich zwischen dem Arbeitseinsatz und dem Einfluss der einzelnen Personengruppen angebracht. Ausserdem scheint es nötig, auf die Bedeutung der nur teilweise mitwirkenden Organisationsstellen und Unternehmungsberater etwas tiefer einzugehen.

1. Ein Vergleich zwischen Arbeitseinsatz und Einfluss

Arbeitseinsatz und Einfluss hängen bei Reorganisationen im allgemeinen eng zusammen (Abb. 2-15). Doch gibt es beachtenswerte Unterschiede. Bei drei Personenkreisen wird der Einfluss höher eingestuft als ihr Arbeitseinsatz: verständlicherweise bei den Geschäftsleitungen, zudem aber auch bei mitwirkenden Betriebsräten und auswärtigen Beratern. Als gleichwertig werden Arbeitseinsatz und Einfluss bei den Führungskräften und den Stellen für Organisation bzw. Betriebswirtschaft angesehen. Hingegen war bei betroffenen Mitarbeitern und Stäben der Geschäftsleitung der Einfluss deutlich geringer als der Arbeitseinsatz.

Auffallende Ausnahmen von dieser engen Verknüpfung zwischen Arbeitseinsatz und Einfluss zeigten sich in erster Linie bei Neuerungen, welche mit EDV, der Absatzorganisation oder Planungs- und Kontrollsystemen zu tun hatten. So übernahmen bei der ersten Anschaffung eines Computers weitgehend die betroffenen Führungskräfte und Mitarbeiter die Vorbereitungs- und Einführungsarbeit; der entscheidende Einfluss blieb aber meistens den Geschäftsleitungen und externen Beratern vorbehalten. Ähnlich war es mit der

Beteiligung der Geschäftsleitungen bei der <u>Ausweitung des EDV-Einsatzes</u>. Die Hauptarbeit leisteten hier eigene Organisationsstellen und externe Berater, wobei aber der Einfluss der letzteren unerwartet gering ausfiel.

Bei grösseren Änderungen der <u>Absatzorganisation</u> waren die beteiligten Mitarbeiter erstaunlich einflussreich, während die Unternehmungsberater eher wenig Einfluss besassen. Dafür wurde letzteren bei der Zusammenfassung oder <u>Auflösung von Unternehmungsbereichen</u> ausserordentlicher Einfluss zugeschrieben.

## 2. <u>Bedeutung der Organisationsstellen und Unternehmungsberater</u>

Stellen für Organisation oder Betriebswirtschaft und freiberufliche Unternehmungsberater oder Beratungsfirmen waren nur bei knapp der Hälfte der Reorganisationen vorhanden. Ihre Bedeutung für Reorganisationen in mittleren Unternehmungen soll deshalb näher geklärt werden.

Allgemein - <u>bezogen auf alle</u> mittleren Unternehmungen und <u>Reorganisationen</u> - kommt den Organisationsstellen und den Unternehmungsberatern eine mittelmässige Bedeutung zu. Ihr Arbeitseinsatz und ihr Einfluss werden jeweils bei rund einem Viertel der Reorganisationen als hoch bezeichnet (Abb. 2-14). Doch diese Feststellung alleine wird ihrer Gesamtbedeutung für Reorganisationen in mittleren Unternehmungen nicht gerecht.

<u>Wenn</u> nämlich - situationsgerecht - bei jeder Reorganisation <u>nur die vorhandenen Personen berücksichtigt werden</u>, ergibt sich ein ganz anderes Bild. Dann stellt sich heraus, dass nach den betroffenen Führungskräften die Organisationsstellen und die Unternehmungsberater den grössten Arbeitseinsatz leisten. Der Einfluss der Organisationsstellen und der Unternehmungsberater ist ebenfalls beachtlich. Er ist zwar deutlich geringer als jener der Geschäftsleitungen, aber fast so hoch wie jener der betroffenen Führungskräfte (Abb. 2-15) (1).

---

(1) Vgl. Anhang Tab.11, wo die allgemeine und die situationsgerechte Bedeutung der verschiedenen Personengruppen verglichen werden.

Dies bedeutet, dass bestehende Stellen für Organisation oder Betriebswirtschaft sowie beigezogene Unternehmungs- und Organisationsberater bei Reorganisationen in mittleren Unternehmungen massgeblich mitarbeiteten und mitbestimmten. Soweit vorhanden, unterstützten sie die Tätigkeit der Geschäftsleitungen und Führungskräfte ganz wesentlich.

3. <u>Übersicht über die Hauptgestalter der Reorganisationen</u>

Insgesamt erwiesen sich somit folgende vier Gruppen als die <u>Hauptgestalter von Reorganisationen in mittleren Unternehmungen:</u>

- in erster Linie:

    1. Geschäftsleitungen
    2. betroffene Führungskräfte

- in unterstützender und mitbestimmender Funktion:

    3. unternehmungsinterne Stellen für Organisation bzw. Betriebswirtschaft (sofern vorhanden)
    4. freiberufliche Unternehmungsberater

- vor allem in unterstützender Funktion:

    5. betroffene Mitarbeiter.

Im <u>Rahmenkonzept</u> werden in einem eigenen Teil über die Mitwirkenden bei Reorganisationen in mittleren Unternehmungen insbesondere die Rollen der Unternehmer, Führungskräfte, betroffenen Mitarbeiter, Organisationsstellen und Berater besprochen (1). Das Augenmerk soll dabei auf Erfordernisse, Gefahren und zu wenig genutzte Möglichkeiten der Mitwirkung bestimmter Personen gelenkt werden. Ausserdem wird der engagierte Einsatz als Ausfluss des eigenen Willens zur Reorganisation angeschnitten (2). Noch eingehender wird die Rolle des Einflusses und der Machtverhältnisse behandelt (3).

---

(1) Vgl. Abschnitt 3.3
(2) Vgl. Abschnitt 3.21
(3) Vgl. Abschnitt 3.23

## 2.5 VORGEHENS- UND ARBEITSWEISEN BEIM REORGANISIEREN

Nur für eine einzelne Reorganisation lassen sich das Vorgehen und die gewählten Arbeitsweisen näher und im Detail beschreiben. Ein gesamthafter Überblick vermag aber immerhin einen Eindruck zu vermitteln, welchen Stellenwert verschiedene Vorgehensweisen und Arbeitsformen bei Reorganisationen in mittleren Unternehmungen besitzen.

### 2.51 ANGEWENDETE VORGEHENS- UND ARBEITSWEISEN

In der Umfrage wurden folgende fünf typischen Arbeitsweisen vorgegeben und gefragt, welche Bedeutung sie bei der Durchführung der wichtigsten Reorganisation hatten:

- Das <u>Erarbeiten der Reorganisation durch die Geschäftsleitung</u> - eventuell erweitert durch leitende Angestellte, Gesellschafter usw. - ist die am stärksten zentralisierte Art des Reorganisierens. Sie baut auf der Problemsicht, dem Wissen, den Fähigkeiten und dem Einsatz dieses Personenkreises auf und beschränkt Diskussionen (zur Sache wie auch zu Personen).

- Die <u>Erarbeitung von Reorganisationsvorschlägen durch Berater</u> ist nicht als selbständiges Konzept zur Durchführung von Reorganisationen anzusehen, sondern als unterstützende Arbeit - üblicherweise auf einen entsprechenden Auftrag hin. Externe Berater oder interne Stellen für Organisation bzw. Betriebswirtschaft sowie Geschäftsleitungsstäbe können vor allem wertvolles methodisches und fachliches Wissen sowie Zeit (!) zur Problemlösung beitragen.

- Richtig zusammengesetzte und von einem geeigneten Projektleiter <u>zielstrebig geführte Projektgruppen</u> dienen der Berücksichtigung der wesentlichen Sachaspekte und Interessen bei einer Reorganisation. Sie sollen verfügbares, aber auf verschiedene Personen verteiltes Wissen im Verbund nutzbar machen und motivierend wirken. Deshalb vereinigen sie Unternehmungsmitglieder verschiedener hierarchischer Ebenen aus den betroffenen Bereichen sowie interne und/oder externe Spezialisten (Berater), manchmal auch andere Mitwirkende.

- Davon lassen sich locker geführte und organisierte <u>Arbeitsteams mit gruppendynamisch geschulten Betreuern</u> unterscheiden. In diesen spielt die "Moderation" der Gruppendiskussion - und weniger das zielgerichtete "Management" des Teams - eine wesentliche Rolle. Das grundlegende Bestreben, die Mitarbeiter unmittelbar in die Lern- und Entwicklungsprozesse einzubeziehen, entspringt einem neuen Ansatz des Organisierens, der als "Organisationsentwicklung" bekannt wurde (1).

- Bei der direkten, <u>spontanen Zusammenarbeit</u> zwischen Führungskräften (einschliesslich der Geschäftsleitung), betroffenen Mitarbeitern und Spezialisten liegt das Schwergewicht auf den Kontakten "ad hoc" und nicht auf Arbeitsgruppen oder auf Auftragsarbeit. Die Beteiligten suchen während der Reorganisation die Zusammenarbeit, wann immer und in der Form, in der sie es für nützlich halten. Diese Arbeitsweise setzt ein offenes, vertrauensvolles Klima in der Unternehmung voraus.


## 2.511 Die Bedeutung der einzelnen Vorgehens- und Arbeitsweisen

Die Ergebnisse lassen die "Szenerie der Reorganisationen in mittleren Unternehmungen", die Handlungen und das Zusammenwirken der verschiedenen Akteure, um ein Stück deutlicher und lebendiger erkennen. Sie belegen auch, dass die Anwendungshäufigkeit einer Arbeitsweise und ihre Wichtigkeit auseinanderfallen können (2).

Im <u>Gesamtüberblick</u> (Abb.2-16) zeigte sich, dass folgende zwei Arbeitsweisen bei Reorganisationen in mittleren Unternehmungen mit Abstand am verbreitetsten und am wichtigsten sind: die Problembearbeitung in der (eventuell erweiterten) <u>Geschäftsleitung</u> sowie

---

(1) Vgl. Abschnitt 3.421
(2) Vgl. Anhang Tab. 14

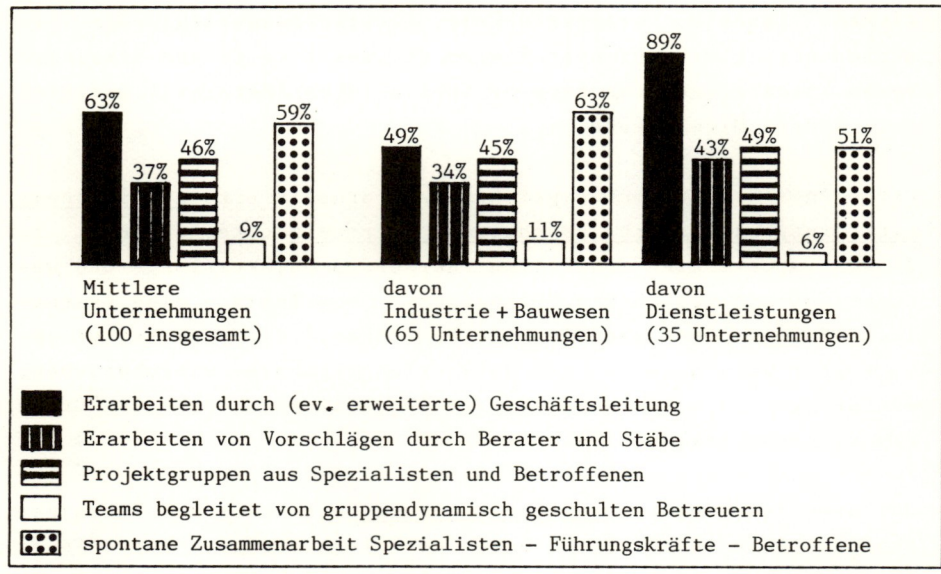

Abb. 2-16: Arbeitsweisen beim Reorganisieren - nach Wirtschaftssektoren (1)

die direkte, spontane <u>Zusammenarbeit</u> zwischen Führungskräften, betroffenen Mitarbeitern und Spezialisten. Beide Formen wurden bei rund drei Viertel der Firmen angewendet und bei rund 60% als wichtig angesehen. Eine besondere Stellung nehmen die <u>Projektgruppen</u> ein. Projektgruppen wurden bei gut der Hälfte der wichtigsten Reorganisationen gebildet und nachher fast immer als wichtig beurteilt. Reorganisationsvorschläge von <u>Beratern</u> waren zwar noch etwas häufiger, offensichtlich wurde ihnen aber ein geringeres Gewicht beigemessen. Gruppendynamisch betreute <u>Arbeitsteams</u> hatten die geringste Bedeutung - und zwar sicherlich aus mehreren Gründen (Bekanntheit, pauschale Ablehnung, Zeitbedarf, begrenzte Eignung, usw.) (2).

Vor allem aber standen <u>Kombinationen</u> mit unterschiedlichen Gewichtungen <u>im Vordergrund</u>, nicht "einspurige", auf eine einzelne der angeführten Formen beschränkte Vorgehensweisen (Abb.2-17).

---

(1) Vgl. Anhang Tab. 16
(2) Vgl. Anhang Tab. 14

Lediglich bei einem Viertel der Reorganisationen beschränkte man sich - zumindest im wesentlichen - auf eine einzige Vorgehensstrategie: entweder auf die Erarbeitung durch die (erweiterte) Geschäftsleitung oder auf die direkte, spontane Zusammenarbeit. Drei Viertel der Firmen zeigten hingegen auf, dass sie sich bei ihrer Reorganisation nicht mit einem einspurigen Vorgehen begnügen konnten. Besonders häufig wurde die Bearbeitung in der Geschäftsleitung durch ihre direkte Zusammenarbeit mit Spezialisten und Betroffenen abgerundet. Auch die Projektgruppenarbeit verband sich gerne mit jeder der soeben genannten Arbeitsweisen. Zum Vorschein kam ausserdem, dass sowohl interne wie externe Berater nicht im Alleingang organisieren, dass ihre Arbeit aber vom Präsentieren von Vorschlägen bis zur Federführung in Projektgruppen reichen kann.

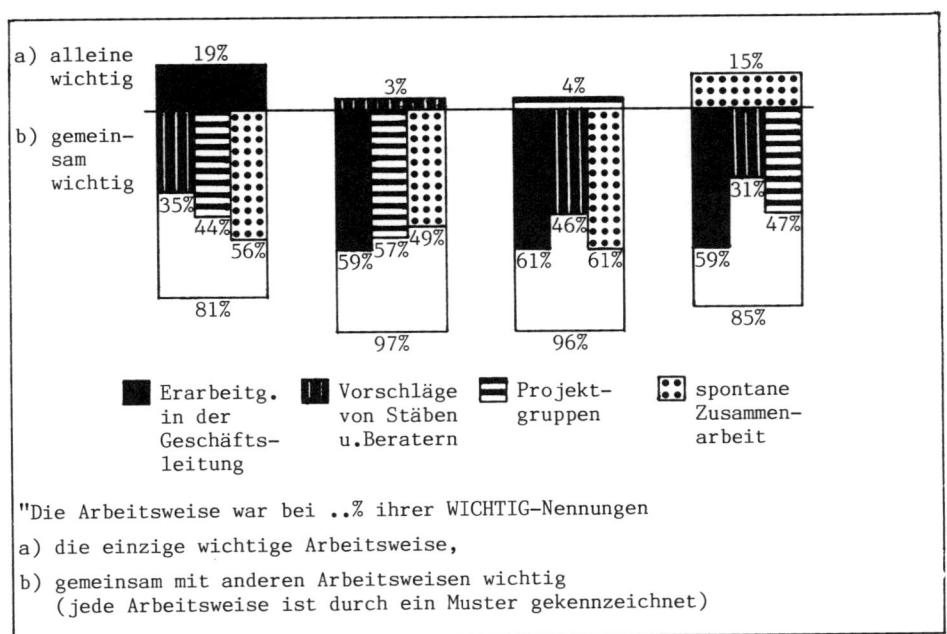

Abb. 2-17: Alleinige und kombinierte Anwendung der wichtigen Arbeitsweisen (1)

(1) Vgl. Anhang Tab. 15

## 2.512 Vorgehensweisen und mitwirkende Personen

Aufschlussreich ist ein Vergleich der als wichtig bezeichneten Vorgehensweisen mit dem berichteten Arbeitseinsatz und Einfluss der einzelnen Personenkreise, die als Mitwirkende in Frage kamen. Einige Abweichungen lassen sich klar als Besonderheiten der jeweiligen Arbeitsweisen erkennen (1):

- Bei der Erarbeitung innerhalb der Geschäftsleitung fiel natürlich der Geschäftsleitung selbst überdurchschnittlich viel Arbeit zu. Noch mehr Belastung nahmen trotzdem die betroffenen Führungskräfte auf sich. Doch auch die Assistenten und Sekretäre der Geschäftsleitungen leisteten - soweit es sie gab - einen vermehrten Arbeitseinsatz.

- Die Erarbeitung von Vorschlägen zuhanden von Geschäftsleitungen und Projektgruppen erfolgte ebensooft durch externe wie durch interne Berater. Unternehmungsberater stachen bei diesem Vorgehen besonders hervor. Einen unerwartet hohen Einsatz zeigten hier auch die Stäbe der Geschäftsleitungen, weniger die Stellen für Organisation oder Betriebswirtschaft. Der Einfluss der Stäbe und Berater verringerte zugleich jenen der Geschäftsleitungen und Führungskräfte.

- Die Projektgruppenarbeit wurde vor allem von den betroffenen Führungskräften und Mitarbeitern sowie von internen Beratern - und zwar insbesondere den Organisationsstellen - getragen. Auch externe Berater spielten oft eine wichtige Rolle. Entscheidende Bedeutung kam auf jeden Fall der Unterstützung - nicht unbedingt der unmittelbaren Mitwirkung - durch die Geschäftsleitungen zu.

- In gruppendynamisch betreuten Arbeitsteams kam den Betreuern eine äusserst führende Rolle zu, obwohl hier die Leitung der Gruppe im Hintergrund stehen sollte. Ausgeübt wurde sie gleichermassen von externen "OE-Beratern" und von internen

---

(1) Vgl. Anhang Tab. 19

Organisatoren, wobei letztere bei dieser Arbeitsweise überaus grossen Einfluss besassen.

- Bei der spontanen Zusammenarbeit liessen sich die eigentlichen Träger der Reorganisation nur schwer ausmachen. Unternehmungsberater waren hier eher selten. Mit diesem Vorgehen entlasteten sich die Geschäftsleitungen und betroffenen Führungskräfte, indem sie verschiedenen Mitarbeitern Aufträge "ad hoc" erteilten, also bruchstückweise Arbeiten übertrugen. Doch diese gewannen dadurch nicht an zusätzlichem Einfluss auf die Reorganisation.

## 2.513 Unterschiedliche Anwendung der Vorgehens- und Arbeitsweisen

Es zeichneten sich klare Branchenunterschiede ab, insbesondere zwischen der Industrie und dem Dienstleistungsbereich (Abb. 2-16). Am augenscheinlichsten ist, dass in der Industrie nur die Hälfte die Bearbeitung in der Geschäftsleitung als wichtige Vorgehensweise beim Reorganisieren einstufte, während in den Dienstleistungsunternehmungen (Handel, Banken, sonstige) fast alle diese Arbeitsweise wichtig nannten. Hier besassen ausserdem die Vorschläge der externen und internen Berater eine viel grössere Bedeutung. Die grösste Rolle spielten Berater allerdings in der Textil- und Bekleidungsindustrie. Ansonsten lag das Schwergewicht in den Industrie- und Baufirmen mehr bei der engen, spontanen Zusammenarbeit zwischen Geschäftsleitung, Spezialisten und Betroffenen. Die Projektgruppenarbeit wird interessanterweise in Industrie- und Dienstleistungsunternehmungen gleichermassen geschätzt (1).

---

(1) Vgl. Anhang Tab. 16

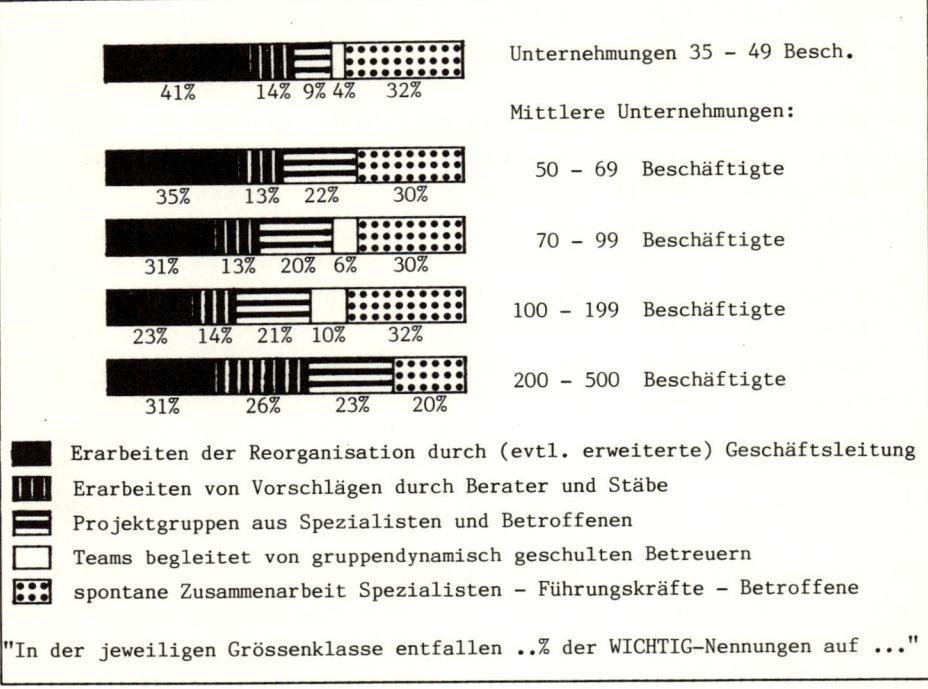

Abb. 2-18: Arbeitsweisen beim Reorganisieren - Stellenwert nach Unternehmungsgrösse (1)

Zusätzlich war der Stellenwert der verschiedenen Vorgehensweisen <u>abhängig von der Unternehmungsgrösse</u> (Abb.2-18). So verliert die Bearbeitung der Organisationsfragen in der Geschäftsleitung mit zunehmender Grösse an Bedeutung. In den Unternehmungen mit 200 bis 500 Mitarbeitern wurde diese Arbeitsweise überraschenderweise wieder bedeutsamer. Hier verdoppelte sich auch das Gewicht der Berater plötzlich, während die lockere Form der Zusammenarbeit stark ins Hintertreffen geriet. Bemerkenswert ist, dass Projektgruppen in allen Grössenbereichen der mittleren Unternehmungen gleich wichtig waren.

Die <u>Eigentumsverhältnisse</u> wirken ebenfalls auf die Vorgehens- und Arbeitsweisen beim Reorganisieren ein. Unternehmer, die als Allein- oder Mehrheitseigentümer die Geschäfte leiten, neigten

---

(1) Vgl. Anhang Tab. 18

bei Reorganisationen vermehrt zu unstrukturierter, spontaner Zusammenarbeit und bildeten seltener mitverantwortliche Projektgruppen. In Unternehmungen, die anderen Unternehmungen und Körperschaften gehören, wurden die Reorganisationen vor allem in den - teilweise erweiterten - Geschäftsleitungen erarbeitet. Die spontane Zusammenarbeit spielte hier eine auffallend geringe Rolle.

Selbstverständlich beeinflusste der Inhalt der Reorganisation die Wahl der Vorgehensweise (1). Einige ausgeprägte Abweichungen lassen sich hervorheben. Bei EDV-Ersteinführungen kam den Beratervorschlägen und der Projektgruppenarbeit ein überdurchschnittlich hohes Gewicht zu, während die Mitarbeit der Geschäftsleitungen verhältnismässig gering war. Bei der Neugestaltung von Arbeitsabläufen herrschten die spontane Zusammenarbeit der betroffenen Führungskräfte, Mitarbeiter und Spezialisten sowie die Bearbeitung in Projektgruppen vor, die teilweise auch gruppendynamisch betreut wurden. Beratervorschläge wie auch die Bearbeitung in der Geschäftsleitung spielten hier eine untergeordnete Rolle. Ebenso bestimmte das interne Zusammenwirken - in Projektgruppen und spontan - die Einführung neuer Planungs- und Kontrollsysteme, wobei auch die Bearbeitung in der Geschäftsleitung überdurchschnittlich wichtig war. Hingegen wurden die meisten Reorganisationen der Aufbau- und Führungsstruktur innerhalb der Geschäftsleitungen erarbeitet. Mitverantwortliche Projektgruppen waren eher selten; dafür lag hier das Haupteinsatzgebiet für gruppendynamisch betreute Arbeitsteams.

---

(1) Vgl. Anhang Tab. 17

## 2.514 Zur Effizienz der Vorgehens- und Arbeitsweisen

Betrachtet man die durchschnittliche Bedeutung (1) als Hinweis auf die Effizienz der angewendeten Vorgehens- und Arbeitsweisen, was durchaus im Einklang mit den Angaben über den Erfolg der jeweiligen Reorganisationen steht, so lässt sich folgendes ableiten (vgl. Abb. 2-19):

- Als <u>die effizientesten</u> Vorgehens- und Arbeitsweisen für Reorganisationen in mittleren Unternehmungen erwiesen sich die Erarbeitung in Projektgruppen und jene innerhalb der - eventuell erweiterten - Geschäftsleitung. Am besten eignen sich <u>Projektgruppen</u> bei der Gestaltung von Arbeitsabläufen und Informationssystemen. Allerdings sind in bezug auf die Führung besondere Voraussetzungen zu beachten, angefangen vom fähigen Projektleiter über die Form der Projektorganisation bis zum Führungsstil in der Projektgruppe. Die Vorteile der <u>Erarbeitung innerhalb der Geschäftsleitung</u> betreffen in erster Linie Reorganisationen im Führungsbereich. Dazu gehören Regelungen über die Führungsspitze, über Änderungen der Führungsstruktur - ein-

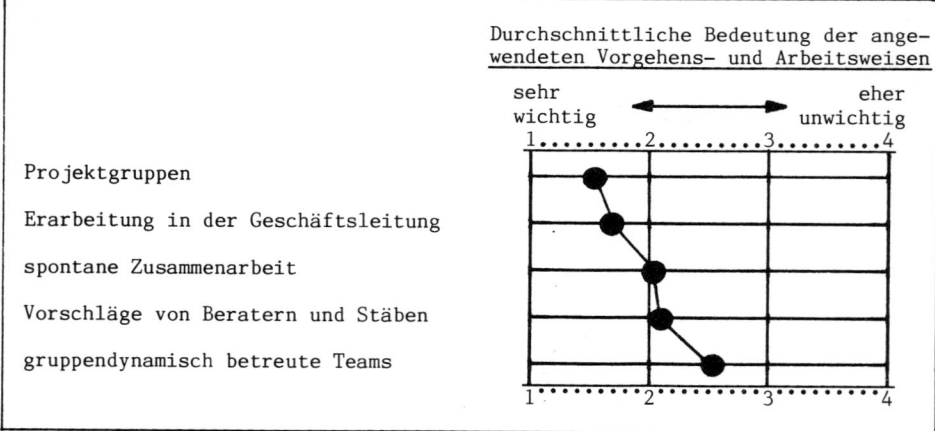

Abb. 2-19: Bedeutung der Vorgehens- und Arbeitsweisen beim Reorganiseren (1)

---

(1) Vgl. die Mittelwerte im Anhang Tab. 14

schliesslich der Schaffung von teilselbständigen Geschäftsbereichen - und über die Einführung neuer Planungs- und Kontrollsysteme. Weil es in mittleren Unternehmungen nur wenige Führungspersonen gibt, entspricht bei derartigen Problemen die selbst betroffene und eventuell sogar erweiterte Geschäftsleitung weitgehend einer Projektgruppe, allerdings mit umfassenden Entscheidungsbefugnissen.

- Sehr wertvoll als Ergänzung anderer Arbeitsweisen zeigen sich die spontane Zusammenarbeit und Erarbeitung von Lösungen durch Berater. Die spontane Zusammenarbeit zwischen Führungskräften, Spezialisten und Betroffenen war zwar häufig und teilweise unbedingt notwendig. Doch für sich selbst besass diese Arbeitsweise nur eine durchschnittliche Effizienz. Dies gilt auch für Vorschläge, die von Beratern erarbeitet wurden. Sie können die Grundlage für Reorganisationen bilden, sind aber letztlich nur in Verbindung mit anderen Arbeitsweisen - insbesondere in Projektgruppen und in gemeinsamer Arbeit mit der Geschäftsleitung - erfolgreich.

- Soweit gruppendynamisch betreute Arbeitsteams eingesetzt waren, wurden sie im allgemeinen als weniger wichtig und leistungsfähig angesehen, wohl aber als motivationsfördernd für die Betroffenen.

Die Unterschiedlichkeit jeder einzelnen Reorganisation wird gerade in ihrer Abwicklung besonders sichtbar (1). Denn bei den meisten Reorganisationen ergänzen, überlagern und verbinden sich verschiedene Formen der Einzel- und Zusammenarbeit. Praktisch alle Organisationsprobleme erfordern bei ihrer Bearbeitung enge Kontakte mit betroffenen und interessierten Stellen. Daneben gibt es bei grösserer Reorganisationen zahlreiche Teilaufgaben und Teilphasen, in denen der Einzelarbeit eine erhebliche Bedeutung zukommt. Ein effizientes Zusammenwirken zu zweit oder in Gruppen entwickelt sich, wenn Phasen sinnvoller Diskussion abwechseln mit Phasen intensiver Einzelarbeit. Es ist Aufgabe

(1) Vgl. die Grundüberlegungen von Abschnitt 3.4

des Managements wie der eingesetzten Berater und Organisationsstellen, auf eine möglichst zufriedenstellende Vorgehens- und Arbeitsweise beim Reorganisieren hinzuwirken.

Im <u>Rahmenkonzept</u> ist der Abwicklung von Reorganisationen ein eigener Abschnitt gewidmet (1). Besonders behandelt werden die Bildung und Führung von Projektgruppen. Ausserdem wird eine pragmatische Einbindung der Ideen der "Organisationsentwicklung" versucht, die den typischen Merkmalen der mittleren Unternehmungen entspricht. Dazu gehören Eigentümer-Unternehmer, wenige Führungspersonen, Überschaubarkeit und unmittelbare Kommunikation zwischen Geschäftsleitung und Mitarbeitern. Damit sollen letztlich die Voraussetzungen und Einsatzmöglichkeiten der einzelnen Vorgehens- und Arbeitsweisen besser beurteilt werden können.

---

(1) Abschnitt 3.4

## 2.52 BEGRÜNDUNGEN FÜR DAS VORGEHEN

### 2.521 Begründungen für das Vorgehen und ihre Bedeutung

Welche Gründe waren für das beschriebene Vorgehen beim Reorganisieren am wesentlichsten? So lautete die nächste Frage. Von den vorgegebenen dreizehn Antwortmöglichkeiten kreuzte jeder Beantworter durchschnittlich vier an. Dies weist darauf hin, dass in der Regel versucht wurde, während des Reorganisationsprozesses mehrere Aspekte unter einen Hut zu bringen - auch gegenläufige.

Die Begründungen für den Einsatz der gewählten Arbeitsweise(n) lassen sich grob in fünf wesentliche Motivbereiche zusammenfassen (Abb. 2-20):

1. Chancen aus dem Einbezug der Mitarbeiter
2. zeitliche Gesichtspunkte
3. Bewahren von Ruhe
4. Bedürfnis nach Unterstützung
5. finanzielle Gesichtspunkte.

1. Chancen aus dem Einbezug der Mitarbeiter

Für den Reorganisationsprozess wurden in 71% der Unternehmungen bewusst Chancen berücksichtigt, die sich aus dem Einbezug eigener Mitarbeiter ergeben. Dabei handelt es sich - zumeist gleichzeitig - um verschiedene Gesichtspunkte:

- ihre Fähigkeiten und Erfahrungen
- ihre Motivation
- das Aktivieren oder Vermitteln unternehmerischen Denkens
- ihre Bereitschaft, als Betroffene die Neuerung anzunehmen.

Am wichtigsten war aus der Sicht der Beantworter, die Fähigkeiten und Erfahrungen von Mitarbeitern entsprechend einzusetzen. Denn erstens kannten die betroffenen Mitarbeiter die bestehenden Probleme aus unmittelbarer Anschauung und wussten

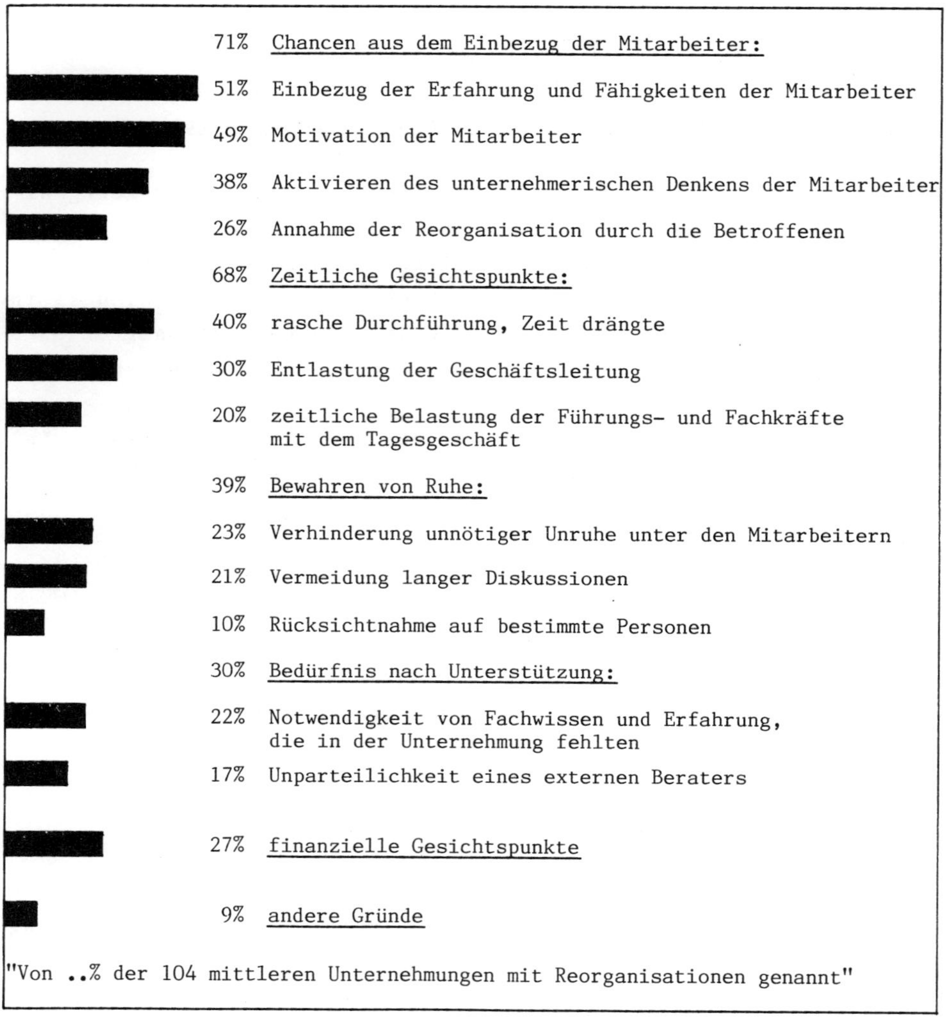

71% **Chancen aus dem Einbezug der Mitarbeiter:**
51% Einbezug der Erfahrung und Fähigkeiten der Mitarbeiter
49% Motivation der Mitarbeiter
38% Aktivieren des unternehmerischen Denkens der Mitarbeiter
26% Annahme der Reorganisation durch die Betroffenen
68% **Zeitliche Gesichtspunkte:**
40% rasche Durchführung, Zeit drängte
30% Entlastung der Geschäftsleitung
20% zeitliche Belastung der Führungs- und Fachkräfte mit dem Tagesgeschäft
39% **Bewahren von Ruhe:**
23% Verhinderung unnötiger Unruhe unter den Mitarbeitern
21% Vermeidung langer Diskussionen
10% Rücksichtnahme auf bestimmte Personen
30% **Bedürfnis nach Unterstützung:**
22% Notwendigkeit von Fachwissen und Erfahrung, die in der Unternehmung fehlten
17% Unparteilichkeit eines externen Beraters
27% **finanzielle Gesichtspunkte**
9% **andere Gründe**

"Von ..% der 104 mittleren Unternehmungen mit Reorganisationen genannt"

Abb. 2-20: Gründe für die gewählte Vorgehensweise beim Reorganisieren

über viele wichtige Einzelheiten Bescheid. Zweitens war die Nutzung ihres für eine Verbesserung wertvollen Wissens mit verhältnismässig geringen Kosten verbunden.

Ebenso häufig und oftmals gleichzeitig wurde die Zielsetzung genannt, die <u>Motivation</u> der Mitarbeiter zu erhalten und zu fördern. Wichtig war beides: die Mitarbeiter nicht zu verstimmen und ihr Interesse an Verbesserungen zu wecken. Sie sollten sich zur Mitgestaltung ihrer Arbeit und deren Umfeld aufgefordert fühlen.

Wenn eine Arbeitsweise bewusst gewählt wurde, um bei Mitarbeitern das <u>unternehmerische Denken</u> zu fördern, wurde kaum eine Ausbreitung dieser Haltung auf alle Mitarbeiter erwartet. Meistens standen die Führungs- und Fachkräfte im Vordergrund, die durch ihr Handeln den Erfolg der Reorganisation mitverantwortlich gewährleisten sollten.

Zwar etwas seltener, bei einzelnen Reorganisationen aber umso wichtiger war die Begründung: Wir mussten schon das Vorgehen so gestalten, <u>dass die Betroffenen die Reorganisation annehmen</u>.

Der Einbezug der Mitarbeiter in die Problemlösungs- und Lernprozesse kann somit eine gegenseitige Bereicherung bedeuten. Insgesamt kommt diesem Gesichtspunkt beim Bestimmen der Vorgehensweise eine klare Vorrangsstellung zu.

2. <u>Zeitliche Gesichtspunkte</u>

Die Zeit bestimmte als zweites Hauptkriterium das Vorgehen ebenso wesentlich mit. Wenigstens einer der folgenden Gesichtspunkte wurde von 68% der Firmen als Begründung für das Vorgehen angegeben:

- Zeitdruck oder das Anstreben einer raschen Durchführung
- die Entlastung der Geschäftsleitung
- die vorhandene Belastung der Führungs- und Fachkräfte mit dem Tagesgeschäft.

Hinter <u>Zeitdruck</u> oder dem Streben nach einer <u>raschen Reorganisation</u> steckten Druck auf die Unternehmung, langes Hinauszögern und durch die Vorbereitung und Umstellung bedingte Belastungen für den Geschäftsalltag. Nicht jeder äussere oder innere Druck - z.B. Konkurrenzdruck, Kostendruck oder dringende Nachfolgeregelung - ist als reines Fördernis der Reorganisation zu werten, wie es vielleicht nach der Besprechung der Rahmenbedingungen den Anschein haben könnte (1). Zeitdruck entstand ausserdem, wenn Reorganisationen verschleppt wurden, wie ein Blick auf den Zeitpunkt der Reorganisation beweist, der überaus oft als zu spät bezeichnet wurde. In derartigen Situationen wurden die Erarbeitung der Reorganisation in der Geschäftsleitung und in direkt-spontaner Zusammenarbeit mit den betroffenen Führungskräften und Mitarbeitern sowie Spezialisten bevorzugt. Umfassende Mitarbeit wurde hingegen oft als zu zeitaufwendig betrachtet - Berater ebenso wie Projektgruppen, insbesondere aber gruppendynamisch betreute Teams.

Die <u>Entlastung der Geschäftsleitung</u> spielt ebenfalls oft eine Rolle für das Vorgehen. Teilweise war die Überlastung der Geschäftsleitung schon Ursache für die Reorganisation selbst. Sowohl beim Vorgehen wie für die Lösung wurde vornehmlich an die zeitliche Entlastung gedacht, daneben auch an die fachliche. Offenbar wurden alle Formen der Zusammenarbeit als geeignet angesehen, während der Reorganisation aber gerne auf aussenstehende Berater zurückgegriffen. Gruppendynamisch betreute Teams besassen scheinbar für die Einführung einer kooperativen Führung eine besondere Bedeutung. Reorganisationen, bei denen die Entlastung der Geschäftsleitung wichtig war, erfolgten viel rechtzeitiger als alle anderen.

Das letzte zeitliche Kriterium für die Arbeitsweise stellte die <u>Belastung der bestgeeigneten Führungs- oder Fachkräfte</u> mit dem Alltagsgeschäft dar. Besonders häufig wurde diese angeführt, wo eingefahrene Gewohnheiten und fehlendes Wissen als Hindernisse beschrieben wurden. Bei starker Belastung der be-

---

(1) Vgl. Abschnitt 2.32

treffenden Personen gab es häufiger den Einsatz von Beratern sowie ein spontanes Zusammenarbeiten und seltener Projektgruppen oder gar Arbeitsteams.

3. Bewahren von Ruhe

Das <u>Bewahren von Ruhe</u> war ein ausgesprochenes Ziel bei 39% der Reorganisationen. Reorganisationen sind stets mit Bewegung und Umtrieben, teilweise auch mit Turbulenzen und Stress verbunden. Deshalb besteht die Gefahr, dass sie die Produktivität zumindest zeitweilig beeinträchtigen und Ängste und Widerstände freisetzen. So entstanden folgende Anliegen und Erfordernisse:

- unnötige Unruhe unter den Mitarbeitern zu verhindern
- lange Diskussionen zu vermeiden
- auf bestimmte Personen Rücksicht zu nehmen.

<u>Unnötige Unruhe</u> wurde besonders zu verhindern getrachtet, wo Ängste der Unternehmungsmitglieder oder zeitlich-personelle Engpässe die Reorganisation bereits bremsten. Die Aussprache mit neutralen aussenstehenden Beratern und in Teams wurden deshalb sehr geschätzt.

Die Vermeidung <u>langer Diskussionen</u> erwies sich einerseits bei vorhandenen zeitlich-personellen Engpässen als wichtig. Sehr erwünscht war dies andererseits auch bei Reorganisationen, die aufgrund zu hoher Kosten - insbesondere beim Personal - erfolgten. Überraschenderweise schienen hierfür Projektgruppen sowie Vorschläge von Beratern eher geeignet als die Vorbereitung und Umsetzung durch die Geschäftsleitung.

Ängste und Gewohnheiten, aber auch finanzielle Hindernisse führten dazu, dass auf einzelne <u>Personen Rücksicht genommen</u> wurde. Gleichzeitig war dies einer der wesentlichen Gründe für das Hinausschieben notwendiger Reorganisationen. Aus Vorsicht erarbeiteten die Geschäftsleitungen die Änderungen dann häufig selbst.

4. Bedürfnis nach Unterstützung

Ein Bedürfnis nach Unterstützung wurden von 30% der Unternehmungen genannt. Es gab dafür verschiedene Gründe, vor allem:

- einen Mangel an erforderlichem Fachwissen und Erfahrung
- die Notwendigkeit eines unparteilichen Ratgebers.

Die beiden Gesichtspunkte ergänzten sich des öfteren. Vielfach musste die Hilfe deshalb von aussen, von fähigen und anerkannten Unternehmungsberatern kommen. Manchmal war es auch entscheidend, die geeigneten Unternehmungsmitglieder ein- und zusammenzuspannen. Wenn die nötige Fachkenntnis und Erfahrung fehlten, waren Vorschläge und Anleitungen externer Berater sowie das Zusammentragen und Weiterentwickeln von Wissen und Erfahrung in Projektgruppen äusserst gefragt. Ausserdem wurde die Unparteilichkeit eines Aussenstehenden gebraucht, um bei unterschiedlichen Anschauungen und Interessen zu vermitteln.

Das Bedürfnis nach Unterstützung von aussen trat nicht selten in Verbindung mit Zeitdruck für die Reorganisation sowie Zeitmangel der Geschäftsleitung und der weiteren als geeignet angesehenen Führungs- und Fachkräfte auf. Deshalb ist es nicht verwunderlich, dass manchmal von mangelhafter Unterstützung durch die Geschäftsleitung die Rede war.

5. Finanzielle Gesichtspunkte

Fast ebenso oft - bei 27% der Reorganisationen - beeinflussten finanzielle Aspekte das Vorgehen beim Reorganisieren. Dies bedeutet vor allem, dass die Geschäftsleitungen vor den Kosten eines Unternehmungsberaters zurückscheuten. Darum wurden vermehrt die eigenen Kräfte der Unternehmung in Bewegung gesetzt, wobei Projektgruppen und die spontane Zusammenarbeit zwischen Führungskräften, Betroffenen und eigenen Spezialisten im Vordergrund standen.

## 6. Sonstige Begründungen

Darüber hinaus gibt es noch verschiedenste Gründe, warum bestimmte Arbeitsweisen ausgesucht oder abgelehnt wurden, beispielsweise dass:

- ein gewisses Vorgehen in der Unternehmung "Tradition" hat
- auch die obersten Führungskräfte bewusst dazulernen wollen
- Beratern wenig Vertrauen entgegengebracht wird
- die Geschäftsleitung die letzte Verantwortung trägt.

Auffälligerweise wurden fast ausschliesslich bei Reorganisationen, die zu spät erfolgten, sonstige Begründungen für das Vorgehen ins Treffen geführt.


## 2.522 Für und Wider der einzelnen Vorgehensweisen

Zwischen verschiedenen Beweggründen, die das Vorgehen bestimmten, bestanden deutliche <u>Übereinstimmungen</u>. Sie wurden deshalb überdurchschnittlich oft gemeinsam genannt. Hervorzuheben sind vor allem die folgenden gegenseitigen Ergänzungen:

- der Wunsch nach Entlastung der Geschäftsleitung
  und
  das Bedürfnis nach Unterstützung durch Berater von aussen

- der Wunsch nach Entlastung der Geschäftsleitung
  und
  die zeitliche Belastung der Führungs- und Fachkräfte mit dem Tagesgeschäft

- der Wunsch, die eigenen Mitarbeiter einzubeziehen,
  und
  das Bedürfnis nach dem Fachwissen sowie der Unparteilichkeit eines externen Beraters.

Daneben zeigten sich auch <u>Gegensätze</u> zwischen einzelnen Zielen. So wurden beispielsweise das Anstreben einer raschen Durchführung der Reorganisation und das Bedürfnis nach Entlastung der Geschäftsleitung selten gemeinsam genannt. Auch der Wunsch nach Unterstützung durch einen aussenstehenden Berater und ein starkes Gewicht finanzieller Gesichtspunkte schlossen sich weitgehend aus.

Schon bei der Darstellung der einzelnen Begründungen wurde aufgezeigt, welche <u>Arbeits- und Vorgehensweisen</u> in Folge davon bevorzugt oder weniger angewendet wurden. Ebenso interessant ist, welche Für und Wider die einzelnen Vorgehensweisen aufweisen (Abb. 2-21).

- Die <u>Erarbeitung der Reorganisation innerhalb der Geschäftsleitung</u> wurde besonders bei Zeitdruck und bei stark belasteten Führungs- und Fachkräften bevorzugt. Da und dort erfolgte projektbezogen eine Erweiterung der Geschäftsleitung oder der Beizug weiterer Personen zu verschiedenen Sitzungen. Auch zur Förderung des unternehmerischen Denkens von Mitarbeitern - zumeist solchen mit Führungsaufgaben - konnte diese Arbeitsweise am besten beitragen. Manchmal wurde hier auf die Schaffung einer erweiterten Geschäftsleitung mit regelmässigen Besprechungen hingewiesen. Wenn auf bestimmte Personen Rücksicht zu nehmen war, stand die Bearbeitung innerhalb der Geschäftsleitung als diskreteste Vorgehensweise ebenfalls hoch im Kurs.

Die wesentlichsten Nachteile dieser Arbeitsweise waren, dass die Betroffenen den Neuerungen mehr Misstrauen und Widerstand entgegenbrachten, dass lange Diskussionen folgen konnten und dass die Geschäftsleitung teilweise selbst Partei war und zuwenig über den Dingen stand.

Abb. 2-21: Für und Wider (1)

| Beweggründe \ Vorgehens- und Arbeitsweisen (+ ausgeprägte Verbindung, - ausgeprägter Gegensatz) | Erarbeiten in der Geschäftsleitung | Vorschläge von Beratern u. Stäben | Projektgruppen | gruppendynamisch betreute Teams | spontane Zusammenarbeit |
|---|---|---|---|---|---|
| Fähigkeiten und Erfahrungen der Mitarbeiter | | | + | | + |
| Motivation der Mitarbeiter | | | + | + | + |
| Aktivieren unternehmerischen Denkens | + | | | + | |
| Annahme der Neuerung durch die Betroffenen | − | + | | | − |
| Zeitdruck, rasche Durchführung | + | | | − | + |
| Entlastung der Geschäftsleitung | | + | | + | |
| zeitliche Belastung der Führungs-/Fachkräfte | + | + | | − | + |
| Verhinderung unnötiger Unruhe | | + | | + | |
| Vermeidung langer Diskussionen | − | | | − | |
| Rücksicht auf bestimmte Personen | + | − | − | | |
| Mangel an Fachkenntnis und Erfahrung | | + | + | | |
| Unparteilichkeit eines Aussenstehenden | − | + | + | | |
| finanzielle Gesichtspunkte | | | + | − | + |

Abb. 2-21: Für und Wider der einzelnen Vorgehensweisen (1)

---

(1) Vgl. Anhang Tab. 22. Die Übereinstimmung mit den Beweggründen wurde für jede Arbeitsweise einzeln und im Vergleich zwischen den Arbeitsweisen untersucht.

- Teilweise ähnliche Beweggründe führten zur zweithäufigsten Vorgehensweise beim Reorganisieren, der <u>spontanen Zusammenarbeit</u> in der Unternehmung. Sie wurde auf der einen Seite mit Zeitdruck und der zeitlichen Belastung der Führungs- und Fachkräfte und auf der anderen mit Hinweisen auf die Sachkenntnis und Motivation der Mitarbeiter begründet. Ausserdem wurden finanzielle Vorteile erwähnt. Grössere Schwierigkeiten gab es - wie bei Erarbeitung in der Geschäftsleitung - mit der Annahme durch die Betroffenen.

- Für den <u>Einsatz von</u> externen oder internen <u>Beratern</u> wurden vor allem ihr Beitrag an Fachwissen und Erfahrung aus ähnlich gelagerten Reorganisationen sowie die arbeitsmässige Entlastung der Geschäftsleitung und der weiteren Führungs- und Fachkräfte ins Treffen geführt. Letzteres bedeutete natürlich auch, dass der alltägliche Geschäftsablauf weniger gestört werden sollte. Durch Fachwissen und Unparteilichkeit konnten Berater dazu beitragen, dass Betroffene die Reorganisationen leichter annahmen. Doch wo persönliche Rücksichten von Bedeutung waren, wurden selten Berater eingesetzt.

- Eindeutig waren die Vorteile von <u>Projektgruppen</u>. Die gemeinsame und problembezogene Arbeit steigerte in der Regel die Motivation und Neuerungsfreudigkeit der beteiligten Unternehmungsmitglieder. Ihre Sachkenntnisse ergänzten und vermehrten sich und verbesserten damit die Voraussetzungen für echte organisatorische Fortschritte. Oft wurden sie noch gesteigert durch Erfahrungen und Kenntnisse von Organisationsmodellen und -methoden, die Berater von aussen einbrachten. Diese öffneten manchen Beteiligten die betriebsblinden Augen, wobei ihre als unparteilich anerkannte Stellung mithalf. Ein weiterer Vorteil der Projektgruppen war, dass sie - nicht nur verglichen mit ihrer Leistungsfähigkeit - finanziell erfreulich günstig waren. Ungeeignet waren die eher offenen Projektgruppen jedoch, wenn bei der Reorganisation auf bestimmte Personen besonders Rücksicht genommen werden musste.

- Interessanterweise zeigte die andere Form der Gruppenarbeit, die <u>Arbeit in gruppendynamisch betreuten Teams</u>, ganz andere Stärken und Schwächen. Nur die Förderung der Motivation von Unternehmungsmitgliedern war beiden gemeinsam. Kurzfristig dienten gruppendynamisch betreute Teams vor allem auch der Verhinderung unnötiger Unruhe. Eher längerfristig waren hingegen die Ziele, die Geschäftsleitungen zu entlasten und den Beteiligten mehr unternehmerisches Denken zu vermitteln. Weniger brauchbar schien dieses Vorgehen freilich bei starkem Zeitdruck und zeitlicher Belastung der Führungs- und Fachkräfte, wenn längere Diskussionen vermieden werden sollten. Es ist ausserdem nicht nur zeitaufwendig, sondern auch verhältnismässig teuer.

### 2.523 Unterschiede nach Unternehmungen und Reorganisationsinhalten

Die Bedeutung einzelner Begründungen für die Vorgehens- und Arbeitsweise beim Reorganisieren hängt offensichtlich von der <u>Unternehmungsgrösse</u> ab (1). So wurde der Einbezug der Mitarbeiter - ihre Fähigkeiten und Erfahrungen, ihre Motivation sowie ihre Bereitschaft, die Reorganisation zu akzeptieren - in den eher grösseren Firmen mit 200 bis 500 Beschäftigten viel stärker berücksichtigt. Ab 100 Mitarbeitern aufwärts wurden auch wesentlich häufiger unparteiliche Berater gesucht. Umgekehrt spielten finanzielle Aspekte und Beschränkungen in Unternehmungen bis zu 70 Mitarbeitern eine entscheidendere Rolle als in den grösseren Firmen.

<u>Branchenbezogen</u> fällt nur auf, dass in Industrieunternehmungen das Argument, die Geschäftsleitung zu entlasten, überdurchschnittlich wichtig war. Demgegenüber betonten die Befragten aus Dienstleistungsunternehmungen besonders den Einbezug der eigenen Mitarbeiter in den Reorganisationsprozess sowie den Zeitdruck.

---

(1) Vgl. Anhang Tab. 20

Interessante Erkenntnisse fördert auch ein Vergleich zutage, welche Kriterien <u>bei verschiedenen Reorganisationsinhalten</u> das Vorgehen bestimmten (1):

Erstens gab es Reorganisationen, bei denen überaus viele Kriterien berücksichtigt wurden. Dazu gehören umfassende Änderungen der <u>Aufbau- und Führungsstruktur</u> sowie Verbreiterungen der Führungsspitze. Im Vordergrund standen hier der Einbezug der Mitarbeiter, vor allem im Hinblick auf ihre Fähigkeiten und Erfahrungen sowie ihre Bereitschaft, die Änderungen anzunehmen. Zeitpunkt und finanzielle Gesichtspunkte spielten eine untergeordnete Rolle. Auch das Vorgehen bei der <u>Neugestaltung von Arbeitsabläufen</u> wurde von einer Reihe von Motiven beeinflusst, wobei der Einbezug der Mitarbeiter, Zeitdruck, das Vermeiden von Unruhe und langen Diskussionen sowie finanzielle Gesichtspunkte im Vordergrund standen.

Bei anderen Reorganisationen entschieden meistens wenige Argumente die Wahl des Vorgehens. Wo die <u>erste EDV-Anlage</u> angeschafft wurde, besassen neben der Mitwirkung der Mitarbeiter das Fachwissen und die Unparteilichkeit externer Berater den Vorrang, relativ oft wurde aber auch eine starke Arbeitsbelastung der bestgeeigneten Führungs- und Fachkräfte genannt. Auf die einzelnen Personen und finanziellen Aspekte wurde eher wenig geachtet. Bei der <u>Ausweitung des EDV-Einsatzes</u> - wo es also bereits eigene Mitarbeiter mit EDV-organisatorischen Kenntnissen gab - verloren einerseits die auswärtigen Berater und andererseits das Argument der Überlastung der Führungs- und Fachkräfte an Bedeutung. Dafür wurden oft finanzielle Gesichtspunkte entscheidend. Als weiteres Beispiel sei das Vorgehen bei grösseren Änderungen der <u>Absatzorganisation</u> angeführt, wo in erster Linie die Erfahrung und die Motivation der Mitarbeiter sowie die Entlastung der Geschäftsleitung betont wurden.

---

(1) Vgl. Anhang Tab. 21

2.524 Schlussfolgerungen über das Vorgehen

Die Begründungen zeugen davon, wie sehr Ziele und Vorgehensweisen beim Reorganisieren zusammenhängen. Die aktuelle Lage engte allerdings den Spielraum ein. Somit wurde das Vorgehen ein Ergebnis von Reorganisationszielen, treibenden und hemmenden Kräften sowie den vertretenen Grundsätzen der Unternehmungs- und Mitarbeiterführung.

Vereinfacht lässt sich festhalten, dass sich unter folgenden Gesichtspunkten die nachfolgenden Vorgehensweisen am ehesten anboten:

- zum Einbezug der Sachkenntnis und zur Förderung der Motivation der Mitarbeiter: Projektgruppen und spontane Zusammenarbeit

- bei Zeitdruck und zeitlicher Belastung: Erarbeitung der Reorganisation innerhalb der eventuell erweiterten Geschäftsleitung, Mitarbeit von Beratern und spontanes Beiziehen von Betroffenen

- bei Bedarf an Unterstützung von aussen: Erarbeitung von Vorschlägen durch externe Berater und deren Mitwirkung in Projektgruppen

- zur finanziellen Ersparnis: Projektgruppen und spontane Zusammenarbeit innerhalb der Unternehmung.

Manche Gesichtspunkte konnten durch eine Mischung verschiedener Arbeitsweisen unter einen Hut gebracht werden. Andere Gesichtspunkte liessen sich schwer vereinen, beispielsweise der Wunsch nach einem bestausgewiesenen Berater und der Wunsch nach geringem finanziellem Aufwand für die Reorganisation.

Die <u>überall geeignete Vorgehensweise</u> gibt es nicht. Ein Abschnitt des Rahmenkonzeptes setzt sich deshalb mit dem richtigen Vorgehen bei unterschiedlichen Reorganisationen mittlerer Unternehmungen auseinander (1).

Umfassendere Reorganisationen sind immer auch wichtige Lernprozesse einer Unternehmung, ihrer Führungskräfte und Mitarbeiter. Deshalb liess sich eindeutig feststellen:

<u>Das Ergebnis und der Weg des Reorganisierens
sind gleichermassen wichtig!</u>

---

(1) Vgl. Abschnitt 3.42

## 2.6 ERFOLGE UND ERFOLGSFAKTOREN DER REORGANISATIONEN

### 2.61 DIE ERFOLGE DER REORGANISATIONEN

Mit dem Erfolg ihrer wichtigsten Reorganisationen waren fast alle Befragten zufrieden. Nicht weniger als 87% berichteten von <u>positiven Ergebnissen</u>, 48% stuften den Erfolg ihrer Reorganisation sogar als sehr positiv ein. Neben einer einzigen Negativmeldung gab es noch einige - teilweise vorläufig - Unentschiedene (Abb. 2-22) (1). Doch vermutlich sieht diese Bilanz nicht zuletzt deshalb so positiv aus, weil abgebrochene, im Sande verlaufene Reorganisationen von der Umfrage gar nicht erfasst wurden. Zudem ist anzunehmen, dass die "wichtigsten" Reorganisationen mit grösserem

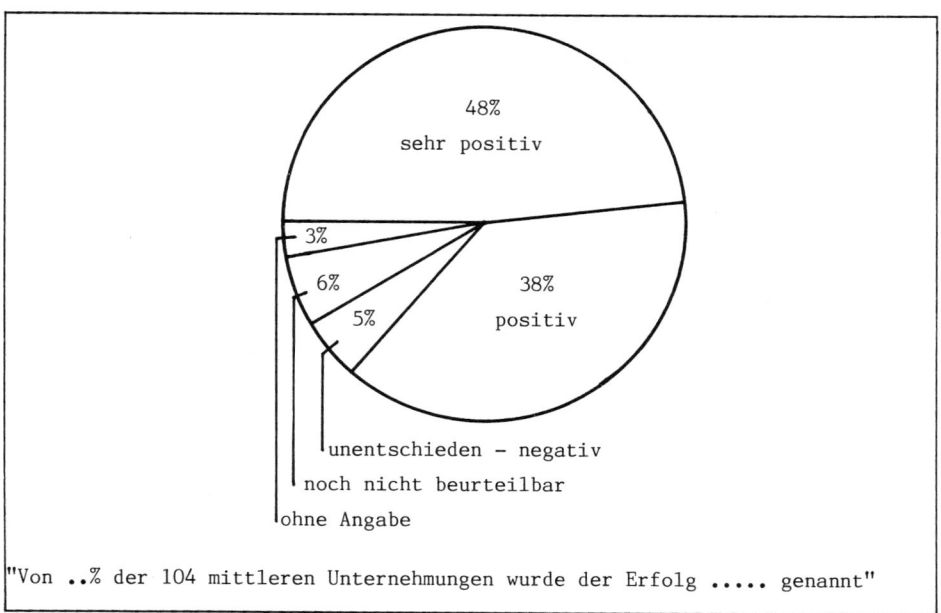

Abb. 2-22: Die Beurteilung des Reorganisationserfolges

---

(1) Vgl. Anhang Tab. 23

Engagement und grösserer Sorgfalt durchgeführt wurden als zweitrangige. Diese Beurteilung ist unabhängig von der Stellung der Antwortenden.

Es gibt unterschiedliche <u>Kriterien</u> für die Beurteilung des Erfolges von Reorganisationen. Neben besseren Betriebsergebnissen als wichtigstem Kriterium wurden hauptsächlich Steigerungen der Arbeitsmotivation und Verbesserungen der Wettbewerbsposition angeführt. Teilweise hiess es einfach und klar, das angestrebte Ziel sei erreicht worden (1).

Während bei den mittleren Unternehmungen bis zu 200 Beschäftigten knapp die Hälfte einen sehr positiven Reorganisationserfolg meldete, waren es bei der <u>Unternehmungsgrösse</u> von 200 bis 500 Mitarbeitern fast zwei Drittel der Firmen. Und ein Vergleich nach <u>Branchen</u> macht deutlich, dass man sich in den Dienstleistungsunternehmungen besonders zufrieden mit den durchgeführten Reorganisationen zeigte. Die Erfolgsmeldungen aus den Industriefirmen fielen verhaltener aus, und noch mehr jene aus der Baubranche (2).

Einen Einfluss besassen offenbar auch die <u>Eigentumsverhältnisse</u>. Am erfolgreichsten verliefen die Reorganisationen der Unternehmungen im Besitz von anderen Unternehmungen oder Körperschaften (3); gleich dahinter lagen die Unternehmungen im Eigentum einzelner Personen oder von Familien. Offensichtlich viel mehr Schwierigkeiten und geringere Erfolge gab es in den Firmen, die von einer grösseren Anzahl nicht verwandter Personen beherrscht wurden. Freilich führten diese häufiger als die anderen Reorganisationen wie umfassende Strukturveränderungen oder Ersteinführungen von EDV durch, die allgemein weniger erfolgreich waren.

---

(1) Vgl. Anhang Tab. 27
(2) Vgl. Anhang Tab. 23
(3) Einschliesslich Sparkassen

Insgesamt wurden aus Unternehmungen mit angestellten <u>Fremdmanagern</u> bessere Reorganisationserfolge gemeldet als aus jenen, die von <u>Eigentümern</u> geleitet wurden. Die Gründe dafür wären noch näher zu untersuchen. Vielleicht brachten die Berufsmanager mehr betriebswirtschaftlich-organisatorische Kenntnisse mit. Sie schienen jedenfalls deutlichere Zielvorstellungen zu besitzen, an denen sie den Reorganisationserfolg massen. Ausserdem nahmen sie stärkeren Einfluss auf die Reorganisationen, ohne jedoch mehr von der vorbereitenden und durchführenden Arbeit an sich zu ziehen. Umgekehrt sahen die Eigentümer-Unternehmer möglicherweise eher Mängel der neuen Lösung und gestanden diese ein.

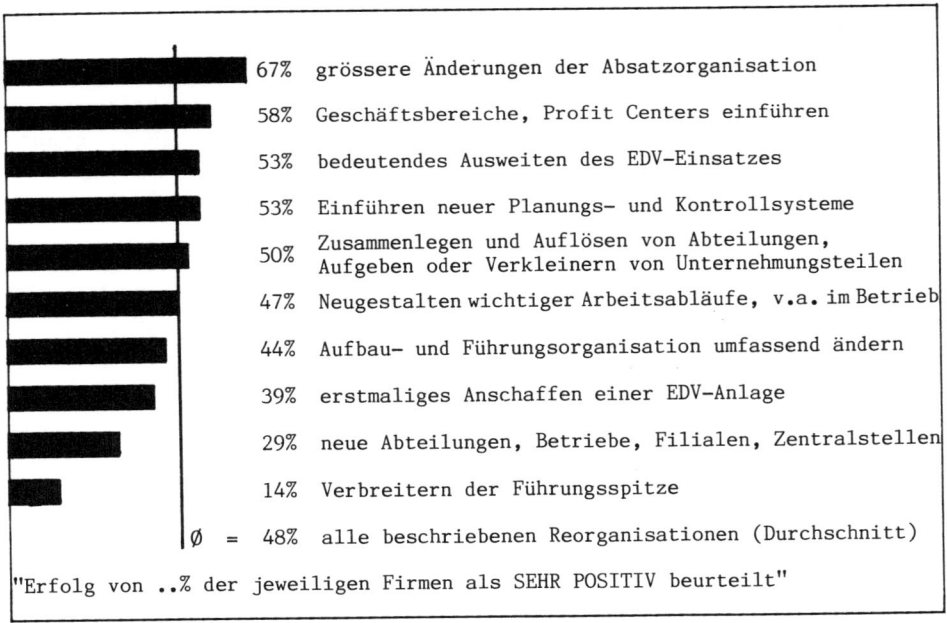

Abb. 2-23: Beurteilung des Reorganisationserfolges - nach Reorganisationsarten

Ganz eindeutig war zu erkennen, dass es <u>schwierigere und problemlosere Reorganisationsinhalte</u> gab. Dies zeigten die klaren Unterschiede in der Beurteilung der Reorganisationserfolge (Abb. 2-23). Die besten Erfolge wurden grösseren Änderungen der Absatzorganisation, der Einführung von Geschäftsbereichen, Ausweitungen des EDV-Einsatzes sowie der Einführung neuer Planungs- und Kontrollsysteme zugesprochen. Am wenigsten gut schnitten die Einführungen der ersten eigenen EDV-Anlage, einer breiteren Führungsspitze und neuer Abteilungen, Filialen usw. ab. Ein Grund für die Beurteilungsunterschiede mag sein, dass bei den erstgenannten Reorganisationsinhalten ein Erfolg schneller sichtbar und vor allem eindeutiger zurechenbar ist.

Besonderes Interesse verdienen die Hintergründe der <u>sehr erfolgreichen Reorganisationen</u>, die in den mittleren Unternehmungen verwirklicht wurden. Sie lagen sowohl in den Rahmenbedingungen als auch im eingeschlagenen Vorgehen und sollen im folgenden dargestellt werden.

## 2.62 ERFOLGSFAKTOREN FÜR REORGANISATIONEN IN MITTLEREN UNTERNEHMUNGEN

### 2.621 Besonders erfolgversprechende Rahmenbedingungen

Zu den Rahmenbedingungen einer Reorganisation gehören neben dem Zeitpunkt der Durchführung vor allem personen- und situationsbezogene Fördernisse wie Hindernisse. Sie hängen zum Teil auch mit den Gründen für die Reorganisation zusammen.

Auf den Erfolg der Reorganisationen in den mittleren Unternehmungen wirkten sich besonders die folgenden Bedingungen äusserst positiv aus (vgl. Abb. 2-24). Um gute Ergebnisse zu erreichen, müssen nicht alle diese Idealbedingungen vollkommen erfüllt sein. Sie bieten aber eine nicht zu unterschätzende Grundlage für erfolgreiche Neuerungen.

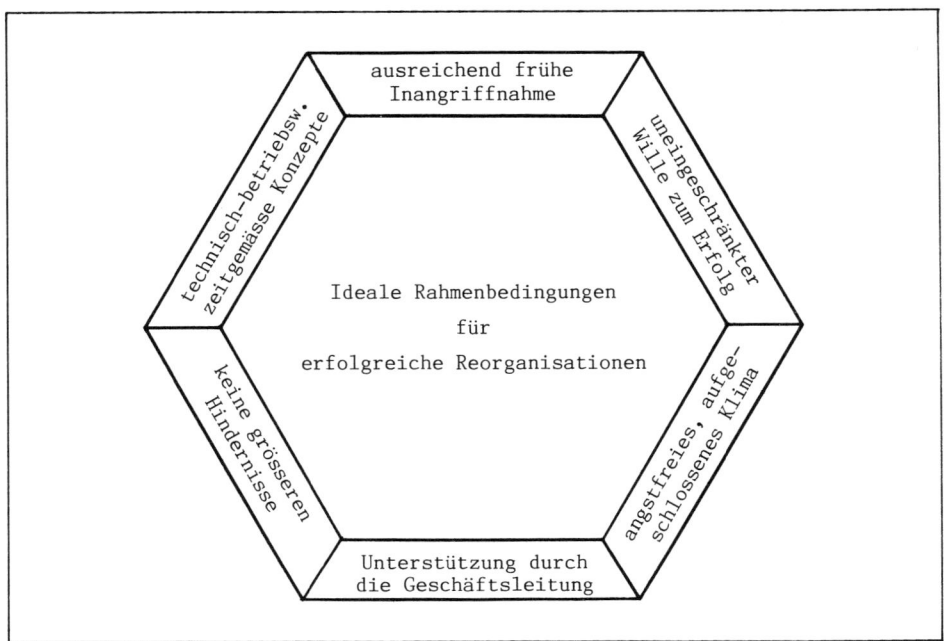

Abb. 2-24: Ideale Rahmenbedingungen für Reorganisationen in mittleren Unternehmungen

Für die folgende Aufzählung sei die Vergleichsgrösse vorweggenommen: Von den Reorganisationen, deren Erfolg beurteilt wurde, verliefen 53% sehr erfolgreich.

- **Rechtzeitige Inangriffnahme**

  Der erste entscheidende Punkt für eine erfolgreiche Reorganisation war der Zeitpunkt ihrer Durchführung. Von den rechtzeitig in Angriff genommenen Reorganisationen endeten drei Viertel sehr erfolgreich, von den zu spät begonnenen hingegen nur ein Drittel (1).

  Wichtig ist noch ein weiterer Hinweis aus der Umfrage: Reorganisationen, bei denen bestimmte <u>Anlässe</u> abgewartet wurden, wiesen eher unterdurchschnittliche Erfolge auf. Dieser Nachteil musste selbstverständlich manchmal in Kauf genommen werden, wäre teilweise aber zu vermeiden gewesen.

- **Unterstützung durch die Geschäftsleitung**

  Wenn die Geschäftsleitung klar und eindeutig zur Reorganisation stand, förderte dies den Erfolg wesentlich (60% sehr erfolgreich). Gerade in mittleren Unternehmungen ist es entscheidend, dass sich die Unternehmer und Geschäftsführer an der Reorganisation beteiligen. Dies muss nicht unbedingt federführend sein. Es heisst nämlich nicht, dass ihr Arbeitseinsatz oder ihr Einfluss bei den sehr erfolgreichen Reorganisationen besonders hoch war (2).

- **Uneingeschränkter Wille zum Erfolg**

  Tragend wirkte - vor allem bei Schwierigkeiten - ein fester Wille, durch die Reorganisation zum Erfolg zu kommen. Dabei musste es sich nicht unbedingt um eine vollkommen freiwillige Zielsetzung handeln. Auch starker Druck auf die Unternehmung

---

(1) Vgl. Anhang Tab. 26
(2) Vgl. die Besprechung des Vorgehens weiter unten

– von innen oder von aussen – trug meistens zu einem besseren Reorganisationserfolg bei (61%). Konkurrenzdruck, Kostendruck, ständiger Zeitdruck oder gar Überlebensängste verlangen nämlich, dass rasch und klar gehandelt wird.

- Angstfreies und neuerungsfreundliches Klima

Wo die betroffenen Unternehmungsmitglieder frei von Angst und aufgeschlossen für Neuerungen waren, gediehen Reorganisationen besonders gut (59%). Zu einem solchen Klima können die Promotoren einer Reorganisation oft einiges mithelfen. Denn seine Grundlage bilden Vertrauen, ausreichende Information und ein offenes Ohr für die Betroffenen.

- Technisch und betriebswirtschaftlich zeitgemässe Konzepte

Wo entsprechende neue EDV-Technologien und Software oder neuentwickelte betriebswirtschaftlich-organisatorische Konzepte und Methoden angeboten und genützt wurden, konnten ebenfalls leichter sehr gute Erfolge erreicht werden (75%). Diese Möglichkeiten bezogen sich in erster Linie auf die Neugestaltung bestimmter Arbeitsabläufe und die Ersteinführung oder Ausweitung der EDV. Ein Stück weit lässt sich die Aussage jedoch verallgemeinern: Erfolg bringen nur Lösungen und Lösungswege, die zeitgemäss sind. Veraltete Technologien, Organisationskonzepte, Abrechnungssysteme, Führungsmethoden usw. mögen naheliegender und billiger sein, führen aber zu geringerem Erfolg.

- Keine grösseren Hindernisse

Dass Reorganisationen ohne grössere personen- oder sachbezogene Hindernisse überaus oft sehr erfolgreich waren (72%), ist nicht erstaunlich. Eines ist allerdings doch beachtenswert: Vor allem personenbezogene Hindernisse sind nicht immer vorgegeben, sondern können auch durch einen ungeeigneten Führungsstil und ungeschicktes Vorgehen beim Reorganisieren hervorgerufen werden.

## 2.622 Zu den beteiligten Personen

Bezogen auf den Arbeitseinsatz und Einfluss ergab sich, dass eine wesentliche Beteiligung folgender Personen _überdurchschnittlich häufig_ zu _sehr erfolgreichen_ Reorganisationen führten (1):

1. Bei hohem _Arbeitseinsatz und Einfluss guter Unternehmungsberater_ konnten diese mit dem Vertrauen, das sie genossen, besonders viel von ihrem Wissen und ihrer Erfahrung in die Reorganisation einfliessen lassen.

2. Bei grossem _Einfluss der betroffenen Führungskräfte_ konnten diese ihr besonderes fachliches, Branchen- und innerbetriebliches Wissen angemessen einbringen sowie - selbst entsprechend motiviert - andere Unternehmungsmitglieder mitreissen.

3. Die Unterstützung der Reorganisation durch die Geschäftsleitung ist eine fast unbedingte Voraussetzung für den Erfolg, ihr persönlicher Einsatz nicht. Doch es wurde deutlich, dass das persönliche _Engagement seitens der Geschäftsleitung_ den Erfolg stark begünstigt - aus denselben Gründen wie der Einfluss der Führungskräfte. Freilich soll dadurch die Mitarbeit der weiteren wichtigen Beteiligten nicht gebremst, sondern gefördert werden.

Den "untergeordneten" _Mitarbeitern_ kam hinsichtlich des Reorganisationserfolges zumeist auch eine untergeordnete Bedeutung zu. Wenn aber unmittelbar ihr Aufgabenbereich betroffen war, spielte ihr Detailwissen und ihre Annahme der Änderung eine gewisse Rolle. Dies war vor allem bei der Neugestaltung der Absatzorganisation, von Arbeitsabläufen und von Planungs- und Kontrollsystemen der Fall.

Bei Änderungen, die gutes organisatorisches Wissen und genauere Kenntnisse der Unternehmung erforderten, bewährten sich offenbar die eigenen _Stellen für Organisation_ oder Betriebswirtschaft besonders. Beispiele dafür sind die Einführung neuer Planungs-

---

(1) Vgl. Anhang Tab. 25

und Kontrollsysteme sowie Änderungen im Aufbau der Unternehmung - ausgenommen die Schaffung von Geschäftsbereichen. Für die Neugestaltung betrieblicher Arbeitsabläufe und für die erste EDV-Einführung waren sie meistens weniger qualifiziert.

Die sonstigen Personenkreise vermochten den Erfolg der Reorganisationen gesamthaft weniger zu fördern. Wo sie es dennoch taten, sind Vergleiche und weitere Aussagen durch die geringe Anzahl von Fällen erschwert.

### 2.623 Erfolgreiches Vorgehen

Den beschriebenen Anforderungen im Hinblick auf die mitwirkenden Personen können verschiedene Vorgehensweisen gerecht werden.

Um besonders erfolgreich zu sein, musste das Vorgehen beim Reorganisieren den Verhältnissen in der Unternehmung entsprechen, also situationsgerecht sein. Ein Teilaspekt davon soll aufgrund der Umfrageergebnisse hervorgehoben werden: Nicht für jede Art von Reorganisationsinhalten eignete sich dieselbe Vorgehens- und Arbeitsweise. Dies bewies schon ein grober Einblick in die Ergebnisse: Bei den 50 sehr erfolgreichen Reorganisationen wurden im Schnitt mehr als zwei Arbeitsweisen wichtig genannt; die häufigste der Arbeitsweisen kam aber nur bei knapp zwei Drittel dieser Reorganisationen zum Tragen (1).

Es lässt sich aber eine ganz allgemeine Präferenzliste hinsichtlich der Erfolge mit den verschiedenen Arbeitsweisen aufstellen:

1. Arbeit von eher straff geführten Projektgruppen
2. Bearbeitung in der (eventuell erweiterten) Geschäftsleitung
3. Erarbeiten von Vorschlägen durch Berater, Stäbe usw.
4. spontane Zusammenarbeit zwischen Führungskräften, Spezialisten und Betroffenen

und mit einigem Abstand:
5. Arbeit von gruppendynamisch betreuten Teams.

---

(1) Vgl. Anhang Tab. 24 rechts

Diese pauschale Aussage ist jedoch oberflächlich. Im einzelnen sind für das richtige Vorgehen zwei Dinge massgebend: erstens der Inhalt der Reorganisation und zweitens die "richtige Mischung" der einzelnen Arbeitsweisen, damit alle entscheidenden Gesichtspunkte so gut als möglich abgedeckt werden.

Welche Vorgehens- und Arbeitsweisen für welche Reorganisationsinhalte besonders erfolgversprechend sind, geht aus Abb. 2-25 hervor. Die Zusammenhänge lassen sich aus zwei Blickrichtungen anschauen.

1. Blickrichtung: Wofür eignen sich die einzelnen Vorgehensweisen?

Die eine - eher theoretisch-allgemeine - betrachtet, wofür eine Vorgehensweise in Frage kommt:

- Projektgruppen eigneten sich überdurchschnittlich für alle Arten von Reorganisationen, ausgenommen grundlegende Änderungen der Führungsstruktur. Bei der Ersteinführung von EDV und bei Umstellungen im Absatzbereich bewährten sie sich besonders.

- Auch die Bearbeitung innerhalb der Geschäftsleitung erwies sich bei den meisten Reorganisationsinhalten als gut geeignet. Bei Umgestaltungen der Führungsorganisation übernahmen Geschäftsleitungssitzungen manchmal eine ähnliche Funktion wie Projektgruppen, wobei teilweise zusätzliche Personen eingebunden wurden (1). Wesentlich war aber oft, dass die Vorbereitung der Reorganisation nicht ausschliesslich in der Geschäftsleitung geschah. Das machte sich am stärksten beim Bilden und Auflösen von Abteilungen und Unternehmungsbereichen bemerkbar.

- Die Mitarbeit erfahrener und tüchtiger Berater empfahl sich besonders bei gewissen Inhalten von Reorganisationen. Ihr Fachwissen, ihr Erfahrungsschatz oder ihre Unparteilichkeit kamen vor allem bei Fragen der Neugliederung, der Absatzorganisation sowie der ersten EDV-Einführung zum Tragen.

---

(1) Vgl. Abschnitt 2.5

| Vorgehen beim Reorganisieren<br><br>Reorganisationsinhalte | Erarbeiten in der Geschäftsleitung | Vorschläge von Beratern u. Stäben | Projektgruppen | gruppendynamisch betreute Teams | spontane Zusammenarbeit |
|---|---|---|---|---|---|
| Führungsorganisation* | . | + | − | − | . |
| Bilden und Auflösen org. Einheiten** | − | + | + |  | . |
| Absatzorganisation | + | + | + |  | . |
| Arbeitsabläufe | + | . | . | + | + |
| Planungs- und Kontrollsysteme | + | − | . |  | − |
| EDV-Ersteinführung | . | + | + |  | − |
| Ausweitung des EDV-Einsatzes | + | − | + |  | . |

Beurteilung: + überaus erfolgreich
. mehr oder weniger erfolgreich
− weniger erfolgreich

\* neue Strukturen, v.a. breitere Führungsspitzen oder Profit Centers
\*\* Abteilungen, Zweigbetriebe, Filialen, Stabsstellen

Abb. 2-25: Erfolge verschiedener Vorgehensweisen bei bestimmten Reorganisationsinhalten

- Die <u>spontane, unregelmässige Zusammenarbeit</u> der Führungsspitze und Berater mit Betroffenen spielte für den Reorganisationserfolg eine eher untergeordnete Rolle. Besondere Bedeutung kam ihr lediglich bei der Verbesserung wichtiger Arbeitsabläufe zu. Doch sie bildete oft auch eine sinnvolle Verstärkung der Bearbeitung innerhalb von Geschäftsleitungen und Projektgruppen.

---

(1) Vgl. Anhang Tab. 24

- <u>Gruppendynamisch betreute Teams</u> wurden lediglich bei wenigen Reorganisationsinhalten eingesetzt und auch dort nur neben anderen Arbeitsweisen. Vermutlich konnten sie am ehesten bei der Neugestaltung von Arbeitsabläufen und -zusammenhängen zum Erfolg beitragen. Weniger erfolgbringend schien ihr Einsatz bei Änderungen der Führungsorganisation.


## 2. Blickrichtung: Wie soll man bei einem bestimmten Reorganisationsinhalt vorgehen?

Für die Praxis ist hingegen die andere Blickrichtung interessant, nämlich <u>welches Vorgehen für eine bestimmte Reorganisation ratsam</u> ist.

- Die Erarbeitung von Änderungen der <u>Führungsorganisation</u> betrifft vor allem die Geschäftsleitungen und einige Führungskräfte, weshalb sie am besten von ihnen vorbereitet und verwirklicht werden. Doch allgemein ist bei derartigen Reorganisationen der Beizug erfahrener Unternehmungsberater von Vorteil.

- Bei der Schaffung und Eingliederung <u>neuer Zweigbetriebe und Abteilungen</u> ist die Zusammenarbeit von Führungskräften und internen oder externen Beratern erfolgversprechend. Die Form der Zusammenarbeit ist zweitrangig, umso massgeblicher die aktive Rolle der Geschäftsleitung.

- Hingegen erwiesen sich bei Reorganisationen, die mit der <u>Auflösung</u> von Unternehmungsteilen oder mit der <u>Zusammenfassung von Abteilungen</u> endeten, eindeutig Berater und Projektgruppen als günstige Vorgehensweisen.

- Grössere Änderungen der <u>Absatzorganisation</u> erforderten ein straffes Vorgehen, am besten Projektgruppen oder die Bearbeitung in der Geschäftsleitung, vorteilhaft war auch der Beizug von Beratern. Am geeignetsten war unbedingt eine Mischung verschiedener Vorgehensweisen.

- <u>Neugestaltungen von Arbeitsabläufen</u> waren auf eine gute, vielseitige Zusammenarbeit in der Unternehmung angewiesen, wobei die Form nebensächlich war.

- Bei der Einführung <u>neuer Planungs- und Kontrollsysteme</u> war entscheidend, dass sich die Geschäftsleitung eingehend damit befasste.

- Wo die <u>erste eigene EDV-Anlage</u> angeschafft wurde, waren zweifellos Projektgruppen am erfolgreichsten. Bezahlt machten sich auch spezialisierte Berater. Wichtig war auf jeden Fall ein strafferes Vorgehen, eine spontane Zusammenarbeit reichte nicht aus.

- Die <u>Ausweitung der EDV</u> auf neue Anwendungsgebiete gedieh vor allem unter der Federführung der Geschäftsleitung sowie in Projektgruppenarbeit. Berater wurden nur mehr teilweise zur Verstärkung gebraucht.

Entscheidend war im Einzelfall eindeutig die <u>"richtige Mischung"</u> verschiedener Arbeitsweisen. Sie musste möglichst gut auf die Erfordernisse des jeweiligen Reorganisationsinhaltes wie auf die Verhältnisse der Unternehmung abgestimmt sein. Deshalb sollten die obigen Angaben (einschliesslich Abb. 2-25) <u>als Entscheidungshilfe</u> nicht losgelöst vom Überblick über die besonderen Für und Wider der einzelnen Vorgehens- und Arbeitsweisen benutzt werden. (Abb. 2-21).

## 3. Ergänzende Gesichtspunkte

Interessant ist auch, welche weiteren Gesichtspunkte beim Vorgehen besonders berücksichtigt werden sollen. Im Hinblick auf den Erfolg der Reorganisation lohnte es sich im allgemeinen, folgende Gesichtspunkte einzuschliessen:

- die Förderung des unternehmerischen Denkens bei den führenden Mitarbeitern

- den Einbezug ihrer Erfahrung und Motivation

- finanzielle Gesichtspunkte

- bei grösseren Schwierigkeiten die Unterstützung eines unparteilichen, fachlich ausgewiesenen Beraters

- und dabei jeweils auch die Entlastung der Geschäftsleitung.

Es wirkte sich hingegen negativ aus, wenn der Angst vor Belastungen der eigenen Führungs- und Fachkräfte, der Vermeidung von Unruhe und Diskussionen sowie dem Zeitdruck grosses Gewicht beigemessen wurde.


Das anschliessende Rahmenkonzept befasst sich noch gründlicher mit den Erfolgsfaktoren für Reorganisationen in mittleren Unternehmungen.

## 3. EIN RAHMENKONZEPT FÜR REORGANISATIONEN IN MITTLEREN UNTERNEHMUNGEN

### 3.1 LEITLINIEN UND AUFBAU DES RAHMENKONZEPTES

#### 3.11 LEITSÄTZE DES RAHMENKONZEPTES

Die Ergebnisse der schriftlichen Umfrage vermitteln einen Überblick über Reorganisationen in mittleren Unternehmungen und deren Eigenheiten. Damit ermöglichen sie Vergleiche und Orientierungen, beispielsweise für bestimmte Reorganisationsinhalte, Vorgehensweisen, Branchen und Unternehmungsgrössen.

Nun soll in einem nächsten Schritt ein Rahmenkonzept für Reorganisationen entworfen werden, das auf die Verhältnisse mittlerer Unternehmungen abgestimmt ist. Das Rahmenkonzept soll zu einer ganzheitlichen Sicht von Reorganisationen beitragen.

Die Zielsetzung des Rahmenkonzeptes lautet zusammengefasst:

- grundlegende Gesichtspunkte einer Reorganisation aufzeigen und verbinden

- die Sicht besonders auf die Verhältnisse mittlerer Unternehmungen ausrichten

- und dadurch eine nützliche Grundlage für die Vorbereitung und Durchführung von Reorganisationen in mittleren Unternehmungen bilden.

Entsprechend der Zielsetzung wurden die Ergebnisse der Umfrage verwendet und hinterfragt. Ergänzend galt es, andere Schriften über Reorganisationen oder Teilaspekte davon kritisch zu Rate zu ziehen: Untersuchungen in grossen Unternehmungen und öffentlichen Verwaltungen, Berichte über einzelne Reorganisationen wie auch theoretische Arbeiten. Zusätzliche Hinweise stammten von Unternehmern, Führungskräften und Beratern mittlerer Unternehmungen.

Folgende Leitsätze, die auch den Ergebnissen der Umfrage entsprechen, sind dabei bestimmend (1):

Leitsatz 1:
Auch die grössten Reorganisationen mittlerer Unternehmungen sind im Umfang und in der Komplexität begrenzt.

Leitsatz 2:
Wissen und Erfahrung der Unternehmung konzentrieren sich bei einigen wenigen Führungs- und Fachkräften mit verhältnismässig breiten Aufgabengebieten. Dies ermöglicht ein effizientes Verknüpfen und Ausschöpfen des verfügbaren Wissens, verhindert aber eine tiefgehende Spezialisierung.

Leitsatz 3:
Die Unternehmer werden zugleich in den Rollen als Geschäftsführer und als Eigentümer(vertreter) gesehen, sodass ihr Verhalten bei Reorganisationen von entscheidender Bedeutung ist.

Leitsatz 4:
Qualifizierte eigene Organisationsspezialisten (auch nebenamtliche) oder externe Berater helfen gegen Betriebsblindheit und bieten kreative Unterstützung bei der Einführung von Verbesserungskonzepten.

Leitsatz 5:
Die begrenzte Unternehmungsgrösse ermöglicht einfache Kommunikationsbeziehungen und erleichtert den Einbezug betroffener Mitarbeiter in den Reorganisationsprozess.

---

(1) Vgl. Abschnitt 1.13 und Teil 2 der vorliegenden Arbeit

Leitsatz 6:
Es besteht sowohl die Gefahr, für grosse Unternehmungen entwickelte, ungeeignete Methoden und Hilfsmittel anzuwenden, als auch die Gefahr, vorschnell auf nützliche Methoden und Hilfsmittel zu verzichten.

Leitsatz 7:
Bei Reorganisationen ist darauf zu achten, dass das Vorgehen und die organisatorischen Lösungen auf die Unternehmung abgestimmt sind.

Auf den Inhalt und die besonderen Verhältnisse jeder einzelnen Reorganisation kann das Rahmenkonzept hingegen nicht Rücksicht nehmen. Es sind daher keine Patentrezepte für das Vorgehen oder Musterlösungen für konkrete organisatorische Probleme zu erwarten (1).

---

(1) Zur inhaltlichen Beurteilung von Organisationsformen, betrieblichen Abläufen, des EDV-Einsatzes usw. sind andere Quellen heranzuziehen, z.B. Bleicher (Formen), Küpper (Ablauforganisation), Szyperski/Grochla (Bürosysteme).

## 3.12 FRAGESTELLUNGEN UND AUFBAU DES RAHMENKONZEPTES

In der Literatur wurde das Thema "Reorganisation" bisher vielfach nur angeschnitten, ohne es weiter zu vertiefen. Nur wenige Autoren versuchten eine ausführliche Darstellung aus mehreren Blickwinkeln (1). Verschiedene befassten sich näher mit Einzelfällen (2) oder mit bestimmten Einzelaspekten von Reorganisationen, vorwiegend mit Ursachen und Zielsetzungen (3), Methodik und Ablauf (4) sowie Trägern und anderen Beteiligten (5). Das Rahmenkonzept, das im folgenden entwickelt wird, ist hingegen als mehrdimensionales Modell angelegt.

Jede Reorganisation ist aussergewöhnlich. Sie stellt die Unternehmer und Manager vor eine zweifache Problematik: erstens die organisatorische Gestaltung bestimmter Strukturen oder Abläufe in der Unternehmung und zweitens die Gestaltung des Reorganisationsprozesses. So taucht eine Reihe von Fragen auf, noch bevor eine Reorganisation in Angriff genommen wird.

Als wesentliche Fragestellungen vor und bei einer Reorganisation lassen sich festhalten (6):

1. vor allem auf den Inhalt, die <u>organisatorische Gestaltung der Unternehmung</u> bezogen:

    - Welche organisatorischen <u>Probleme</u> sind gegeben?
    - Welches <u>Ziel</u> soll erreicht werden?
    - Welche organisatorischen <u>Konzepte</u> wären denkbar?

---

(1) z.B. Eiff (Perspektiven), Goodman u.a. (Change), Kirsch/Esser/Gabele (Reorganisation), Livian (Réorganisation), Remer (Organisationsprozess)
(2) z.B. Hobi (Reorganisation), Malik (Spannungsfeld), Petersen (Reorganisieren)
(3) z.B. Bleicher (Unternehmungsentwicklung), Child/Kieser (Development)
(4) z.B. Beer (Change), Brooks (Change), Grochla (Gestaltung), Klages/Schmidt (Methodik), Kratzer (Verlauf), Krüger (Organisationsplanung), Rohner (Reorganisation), Schmidt (Organisation), Strutz (Wandel), Ulrich/Staerkle (Verbesserung)
(5) z.B. Bedeian (Organizations), Dumont du Voitel (Aktoren), Eckhardt (Gestaltung), French/Bell (OD), Glasl/de la Houssaye (OE), Witte (Organisation)
(6) Abgeleitet aus der empirischen Erhebung und einer Durchsicht der Literatur

2. mehr auf die Gestaltung des Reorganisationsprozesses bezogen:

- Wie soll die Abwicklung erfolgen?
  -- In welchen Phasen soll die Reorganisation ablaufen?
  -- Wie lassen sich sachliche und personale Erfordernisse verbinden?
  -- Welche Methoden und Hilfsmittel stehen zur Verfügung?
  -- Wann ist der richtige Zeitpunkt für die Reorganisation?

- Welche Personen sollen beteiligt sein?
  -- Welche Rolle soll der Unternehmer selbst übernehmen?
  -- Welche Rolle soll eigenen Führungs- und Fachkräften zukommen?
  -- In welchem Umfang, in welchen Phasen und in welcher Form sollen betroffene Mitarbeiter einbezogen werden?
  -- Sollen externe Berater beigezogen werden?

- Wie lässt sich Widerstand vermeiden oder abbauen?

- Was sind die Voraussetzungen für den Erfolg der Reorganisation?

Das Rahmenkonzept wird sich insbesondere der zweiten Gruppe von Fragestellungen, nämlich dem Prozess der Reorganisation widmen, allerdings in anderer Reihenfolge. Das Erkennen der Probleme und ihrer Ursachen sowie die Zielbestimmung werden freilich als Teile der Abwicklung besprochen. Der Inhalt der Reorganisation steht eher im Hintergrund, wird aber beachtet, soweit er im Hinblick auf Rahmenbedingungen oder das Vorgehen von Bedeutung ist.

Wie Abbildung 3-1 zeigt, verbindet das Rahmenkonzept drei Gesichtspunkte von Reorganisationen in mittleren Unternehmungen:

                1. Antriebskräfte
                2. Beteiligte
                3. Abwicklung.

"Antriebskräfte" sind die Energien und Fähigkeiten, die Reorganisationen in Gang setzen und vorantreiben: Wille, Sachkenntnis und Durchsetzungsvermögen. Bei den "Beteiligten" werden Beförderer und Behinderer unterschieden; im Mittelpunkt stehen aber die eigentlichen Träger der Reorganisationen. Die "Abwicklung" bezieht sich auf die einzelnen Schritte und die Arbeitsweisen bei Reorganisationsprojekten.

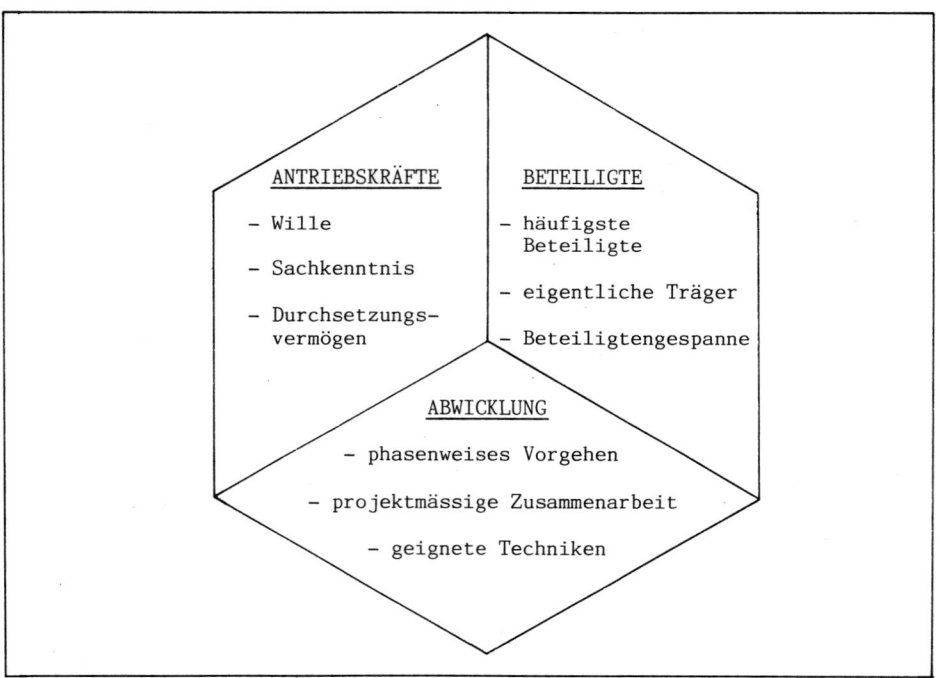

Abb. 3-1: Übersicht über das Rahmenkonzept für Reorganisationen

## 3.2 DIE ANTRIEBSKRÄFTE FÜR REORGANISATIONEN

Woher kommt die Energie, um Reorganisationen anzuregen, vorzubereiten und durchzuführen - obwohl dabei Schwierigkeiten zu überwinden sind? Diese Frage nach den Antriebskräften einer Reorganisation ist eine Grundvoraussetzung für das Verständnis und für die Gestaltung von Reorganisationsprozessen.

Eine Reorganisation setzt drei Antriebskräfte voraus (Abb. 3-2): Der Wille zu einer Organisationsänderung ist in der Regel als auslösendes Element, als Ansatzpunkt für eine Reorganisation anzusehen. Als ergänzende Elemente sind ausreichende Sachkenntnis und entsprechendes Durchsetzungsvermögen erforderlich.

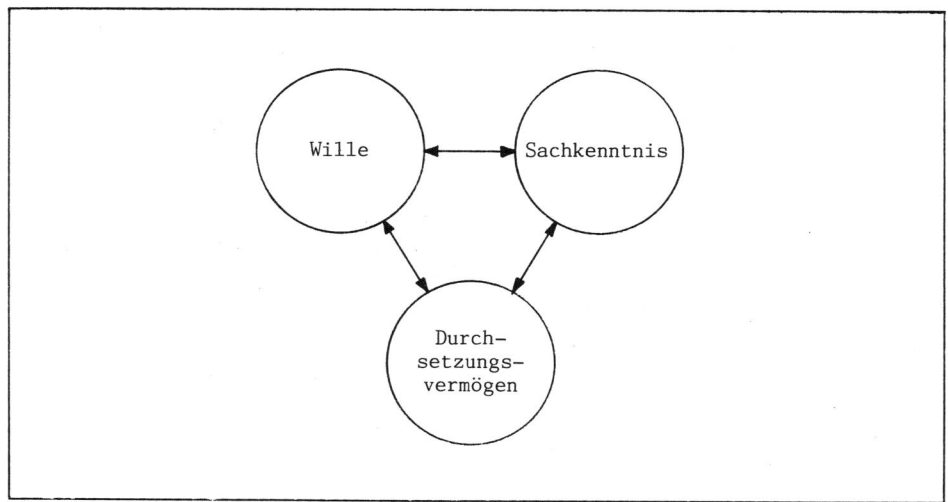

Abb. 3-2: Die Antriebskräfte für eine Reorganisation müssen sich ergänzen

## 3.21 WILLE ZUR REORGANISATION

Von einem "Willen zur Reorganisation" kann gesprochen werden, wenn Unternehmungsmitglieder entschlossen sind, sich für eine Reorganisation einzusetzen. Der Wille zur Reorganisation umfasst <u>Ziele</u>, deren Erreichung den betreffenden Unternehmern, Führungskräften, Gesellschaftern oder auch anderen Unternehmungsmitgliedern wichtig sind. Dahinter stehen unternehmungsbezogene und persönliche <u>Beweggründe</u> (1).

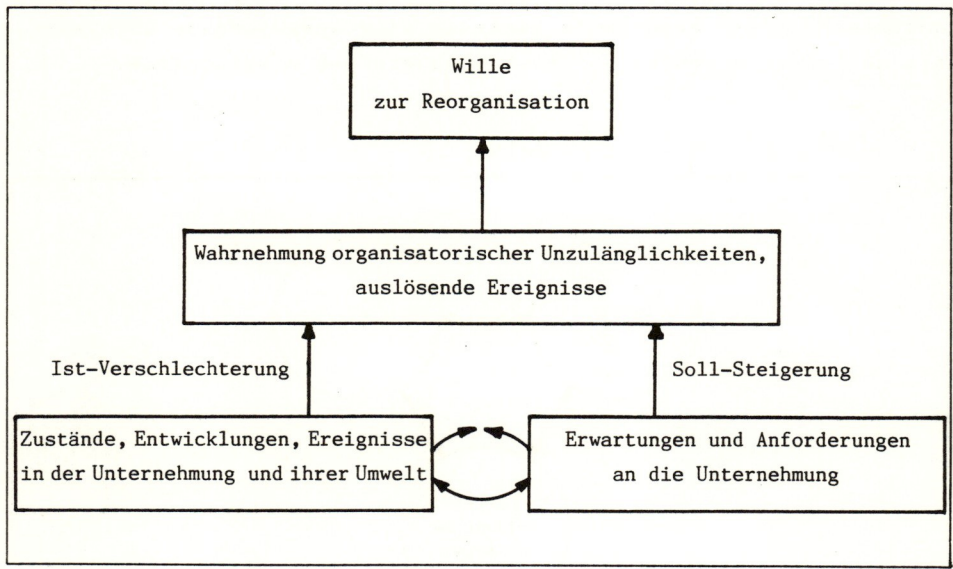

Abb. 3-3: Die Entstehung des Willens zur Reorganisation

---

(1) Vgl. die Besprechung der Ziele in Unternehmungen in Abschnitt 1.21

## 3.211 Gründe für Reorganisationen

Als Gründe für den Wunsch nach einer Reorganisation lassen sich Zustände, Entwicklungen und Ereignisse innerhalb der Unternehmungen und in ihrer massgeblichen Umwelt erkennen. Diese sind "mit einer nicht versiegenden Problemquelle vergleichbar." (1)

Ein <u>systematischer Überblick</u> soll die Gründe für Reorganisationen in mittleren Unternehmungen zusammenstellen. Welche Bedeutung den einzelnen Gründen zukommt, zeigen die Umfrageergebnisse auf (2). Der folgende Überblick ist in drei <u>Ursachenbereiche</u> gegliedert, zwei unternehmungsinterne und einen externen (3):

### 1. Ursachenbereich: Führung

- <u>Geänderte Unternehmungsziele</u>
  (v.a. hinsichtlich Umsatz, Gewinn, Marktleistungen, bearbeiteten Märkten, Sicherheit und Führungsgrundsätzen)

  personeller Wechsel in der Geschäftsleitung / bei leitenden Angestellten -- Umdenken durch Erfahrungen und Weiterbildung

- <u>Mängel der bisherigen Führung</u>
  (Führungsstil, Führungsmethoden und -systeme)

  Überlastung von Unternehmern und leitenden Angestellten -- Informationsmängel -- Mängel in der Planung- und Kontrolle -- Koordinationsmängel

### 2. Ursachenbereich: Allgemeine betriebliche Verhältnisse

- <u>Leistungsfähigkeit</u>
  (der Unternehmung für sich und im Vergleich zur Konkurrenz)

  Unwirtschaftlichkeiten -- überholte Technologien -- zu wenig qualifizierte Mitarbeiter

---

(1) Segler (Situativ) 299
(2) Vgl. die Umfrageergebnisse in Abschnitt 2.311
(3) Vgl. Klages/Schmidt (Methodik) 18 ff., Rohner (Reorganisation) 17, Dumont du Voitel (Aktoren) 111, Gabele (Auslöser) 159 und Pümpin (SEP) 42 ff.

- Geschäftsentwicklung

    (ungewöhnliches Wachstum, Einbussen, starke Verlagerungen)

    Umsatz -- Produktion -- Lagerbestände -- Betriebsergebnisse

- Zukunftsträchtige Erfolgspotentiale (besondere Stärken)

    erfolgsversprechende Produkt- oder Marketingideen -- Ausbaufähigkeit von Unternehmungsbereichen

- Betriebsklima

    (v.a. Haltung der Mitglieder zur Unternehmung und zueinander)

    Einsatzbereitschaft und unternehmerisches Denken der Mitarbeiter -- persönliche Schwächen und Konflikte -- Bindung der Unternehmungsmitglieder an die Unternehmung

3. Ursachenbereich: Märkte und Umwelt

- Absatzmarkt

    Wachstum -- neue Chancen -- Schwierigkeiten, Konkurrenzdruck

- Beschaffungsmärkte

    Beschaffungsschwierigkeiten bei Rohstoffen, Handelswaren und Energie -- neue Technologien für Betrieb und Verwaltung

- Arbeitsmarkt

    Erhalten und Behalten der benötigten und geeigneten Mitarbeiter -- Lohnniveau

- Gesellschaftliche und politische Entwicklungen

    v.a. gesetzliche Regelungen mit Auswirkungen auf den Betrieb

Die Übersicht ist nicht abschliessend, umfasst aber der Umfrage entsprechend die meisten Gründe für Reorganisationen in mittleren Unternehmungen (1). In der Regel greifen auch verschiedene Gründe ineinander, vor allem unternehmungsinterne und marktbezogene.

---

(1) Vgl. Abschnitt 2.311

## 3.212 Die Entstehung des Willens zur Reorganisation

Wie oben aufgezeigt wurde, kann der Wille zu einer Reorganisation bei Unternehmungsmitgliedern aus verschiedenen Gründen wachgerufen werden. Die Entwicklung dieses Willens beginnt mit der Wahrnehmung organisatorischer Unzulänglichkeiten. Wenn zu starke Spannungen zwischen Soll-Vorstellungen und Ist-Organisation erlebt werden, führt dies - zumeist nach einem auslösenden Ereignis - zum Willen, eine Reorganisation in Angriff zu nehmen (Abb. 3-3).

### 1. Die Wahrnehmung organisatorischer Unzulänglichkeiten

Ausgangspunkt jeder Reorganisation ist die Feststellung, dass

- eine <u>Verschlechterung des Ist-Zustandes</u> - der inneren oder marktlichen Verhältnisse der Unternehmung - durch bestimmte Entwicklungen und Ereignisse

oder

- eine <u>Steigerung der Soll-Anforderungen</u> - durch neue Zielsetzungen und höhere Erwartungen

erfolgte.

Die <u>Ursachen solcher Wahrnehmungen</u> sind unterschiedlich:

- <u>Tatsächliche Veränderungen</u> werden in der Unternehmung oder ihrer Umwelt beobachtet.

    Veränderungen der tatsächlichen Verhältnisse sind nichts Aussergewöhnliches, sie finden in jeder Unternehmung und ihrer Umwelt ständig statt. Einzelne grössere Ereignisse oder eine Reihe kleinerer Veränderungen können aber die bestehende Organisation allmählich oder plötzlich in Frage stellen.

- Unveränderte Tatsachen werden in neuem Licht gesehen und neu beurteilt.

Zusätzliche Detailinformationen und das Entdecken weiterer Zusammenhänge können eine neue Sicht und Beurteilung der Verhältnisse einer Unternehmung begründen, ohne dass sich diese tatsächlich wesentlich verändert haben. Hier ist auch das Aufdecken von Irrtümern und Fehleinschätzungen einzureihen. Ob sich die Informationen und Erkenntnisse durch systematische Suche oder zufällig ergeben, spielt keine Rolle. Es kann sich dabei um Beobachtungen, Gespräche mit anderen Unternehmungsmitgliedern, Familienmitgliedern, Kunden, Lieferanten, Konkurrenten, Beratern und anderen Personen handeln. Auch Zahlen aus dem Rechnungswesen, Statistiken, Marktforschungen und das Studium von Fachliteratur können ein Umdenken bewirken.

- Die Zielsetzungen für die Unternehmung wandeln sich.

Bei einzelnen Unternehmungsmitgliedern, aber auch bei Gruppen kann ein Wandel in den Lebensbedingungen oder in den Wertvorstellungen das Anstreben neuer Ziele verursachen. Es können auch neue Organisationsansätze und -konzepte - eigenständige Ideen oder von anderen entwickelte Beispiele - auftauchen. Dies kann sich auf die Unternehmung übertragen, indem nunmehr neue Anforderungen und Zielsetzungen in sie hineingetragen und die bestehende Organisation kritisch überdacht werden (1).

Vermischungen in den Ursachen der Problemwahrnehmung sind die Regel, auch wenn im Einzelfall eine der verschiedenen Ursachen im Vordergrund steht.

---

(1) Vgl. Kupsch (Unternehmungsziele) 113 ff.

## 2. Die Entstehung bedeutsamer Spannungen

Aufgrund der wahrgenommenen Unzulänglichkeiten erleben die betreffenden Unternehmungsmitglieder Spannungen zwischen ihren Soll-Vorstellungen und der bestehenden Organisation. Solche Spannungen verdeutlichen sich in Störungen und Unmutsäusserungen, z.B. bei Konflikten, schlechten betrieblichen und finanziellen Kennzahlen, unerwartet verlorenen Geschäften, langsamer Geschäftsabwicklung, Reklamationen oder bereuten Fehlentscheidungen.

Vereinzelte Unzulänglichkeiten genügen aber in der Regel noch nicht, um eine grössere organisatorische Änderung zu veranlassen. Gewisse Spannungen gehören zum Alltag, weil jede Organisation neben Vorteilen auch Nachteile einschliesst (1) und ausserdem viele Verbesserungen aufwendig, aber wenig lohnend wären. Erst wenn die Spannungen eine kritische Grenze überschreiten, lösen sie eine so tiefe Unzufriedenheit aus, dass der Wille zur Durchführung einer Reorganisation entsteht (2).

Doch wo liegt die Toleranzgrenze? - Sie ist bei jedem Betroffenen unterschiedlich, denn sie ergibt sich aus persönlichen Werthaltungen und Zielvorstellungen in bezug auf die Unternehmung. Ebensogrossen Einfluss besitzen die persönlichen Erwartungen, wieweit sich die Reorganisation durchsetzen lässt und welche Erfolge sie allenfalls mit sich bringt.

## 3. Die besondere Rolle auslösender Ereignisse

Das langsame Anwachsen von Spannungen führt selten zu einer Reorganisation. Denn ebenso wie sich die Spannungen allmählich erhöhen, können durch Gewöhnung die Ansprüche herabgesetzt und die Toleranzgrenze der Betroffenen allmählich nach oben verschoben werden (3). Dies fördert auch die Betriebsblindheit,

---

(1) Da widersprüchliche Zielsetzungen kaum zu vermeiden sind. Vgl. Ulrich (Unternehmung) 191; Klages (Grenzen) spricht sogar vom "Organisationsdilemma"
(2) Dazu March/Simon (Organisation) 82 f., Pleitner (Arbeitszufriedenheit) 29 ff.
(3) Derartige Reaktionen beschreiben auch Pleitner (Anliegen) 143 ff. und March/Simon (Organisation) 83.

sodass Mängel und Verbesserungsmöglichkeiten übersehen werden. Gewohnheiten und Betriebsblindheit gehören aber zu den grössten Hindernissen für organisatorische Änderungen (1).

Die überwiegende Mehrheit der Reorganisationen ist daher auf besondere auslösende Ereignisse zurückzuführen (2). Sie bewirken, dass in der Unternehmung plötzlich der Wille zur Reorganisation vorhanden ist (3).

Bei den typischen auslösenden Ereignissen lassen sich unterscheiden:

1. Neue unternehmerische Zielsetzungen

    Verschiedene unternehmungspolitische Zielsetzungen, die sich unmittelbar nicht mit der Organisation der Unternehmung befassen, erfordern in der Folge auch eine Reorganisation (4). Dazu zählen beispielsweise der Erwerb einer Unternehmung im Ausland oder die Entscheidung zur Diversifikation, d.h. zur Einführung neuer Produktbereiche bzw. zur Bearbeitung neuer Märkte.

2. Erschreckende Schwierigkeiten

    Des öfteren führen Schwierigkeiten, welche die Betroffenen besonders ärgern und erschrecken, spontan zu dem Entschluss, eine Reorganisation vorzunehmen. Dies kann zum Beispiel bei ernstlichen Bedrohungen des Bestandes oder der Selbständigkeit der Unternehmung, bei ungemein ärgerlichen Störungen und Engpässen im Geschäftsablauf oder bei schwerwiegenden Konflikten zwischen wichtigen Unternehmungsmitgliedern geschehen (5).

---

(1) Vgl. Abschnitt 2.331
(2) Klages/Schmidt (Methodik) 15 sprechen sogar von 4/5 der Reorganisationen.
(3) Vgl. Dumont du Voitel/Gabele/Kirsch (Initiatoren) 172
(4) Vgl. die Feststellung "Structure follows strategy" bei Chandler (Strategy)
(5) Vgl. Strutz (Wandel) 19 ff.

3. Äussere Anlässe

Teilweise bewirken äussere Anlässe den Anstoss oder die Gelegenheit zu reorganisieren. Als Beispiele sind der Eintritt neuer Unternehmungsleiter und andere personelle Veränderungen im Führungsbereich, Neu- und Erweiterungsbauten, einmalige Kaufgelegenheiten (etwa für einen Zweigbetrieb) und gesetzliche Neuregelungen hervorzuheben (1). Im weiteren gehört oft auch das Urteil eines von der Unternehmungsleitung anerkannten Ratgebers dazu.

Was die auslösenden Ereignisse von anderen Gründen für eine Reorganisation abhebt und ihre ausserordentliche Wirkung begründet, sind:

- ihr plötzliches, unvorbereitetes Eintreffen
- ihre ernste Bedeutung für Unternehmung oder Unternehmer
- der Zeitdruck, den sie verbreiten.

Sie besitzen dadurch eine entscheidende Eigenschaft: Ihretwegen darf damit gerechnet werden, dass sich auch andere Unternehmungsmitglieder oder vorgesetzte Instanzen (Geschäftsleitung, Gesellschafter usw.) von der Notwendigkeit der Reorganisation überzeugen lassen. Sie steigern nämlich die Durchführbarkeit und die Begründbarkeit der Reorganisation (2).

3.213 Die Bedeutung des Willens für die Reorganisation

Der Wille ist stets der Ausgangspunkt für eine Reorganisation, auch wenn er selbst von der persönlichen Sachkenntnis mitbestimmt wird. Ob allmählich herangewachsen oder plötzlich ausgelöst, wird er sich als innerer Antrieb der betreffenden Personen zur Anregung und Durchführung der Reorganisation erweisen. Denn das zugrunde liegende Bedürfnis enthält ein Begehren und verbindet sich mit der Erwartung, durch entsprechendes Handeln erfüllt zu werden.

---

(1) Vgl. Abschnitt 2.312
(2) Vgl. Klages/Schmidt (Methodik) 15

Wie äussert sich dieser Wille? - Die <u>Zielvorstellungen</u> mögen unterschiedlich sein. Nur teilweise sind feste, inhaltlich bestimmte Ziele oder Vorstellungen über das Vorgehen vorhanden. Wesentlich ist, dass zielgerichtetes Wollen über die Zielvorstellungen hinausreicht und auch die <u>Einsatzbereitschaft</u> für eine Reorganisation einschliesst (1). Dies bedeutet vor allem:

- sich der Reorganisationsproblematik und ihrer Lösung intensiv und kreativ widmen

- der Reorganisation einstweilen Vorrang gegenüber anderen Anliegen und Zielen verschaffen oder darum kämpfen

- den Kontakt mit weiteren - vorgesetzten, betroffenen, qualifizierten - Unternehmungsmitgliedern und gegebenenfalls guten Ratgebern suchen, um ihre Unterstützung zu gewinnen.

Der <u>Wille</u> zur Reorganisation ist <u>nicht unveränderlich</u>, er kann sich steigern, abschwächen, ja sogar absterben. Mangelnde Risikobereitschaft, anfängliche Enttäuschungen u.a.m. können dazu beitragen, dass begonnene Reorganisationen im Sande verlaufen oder ausdrücklich abgebrochen werden (2). Wenn die betreffenden Personen hingegen die Erfüllung vergleichbarer Ansprüche erleben, steigern sich ihre Erwartungen (3).

Ein <u>fester Wille</u>, der eine Reorganisation bis zum erfolgreichen Abschluss begleitet, schliesst daher <u>Standfestigkeit</u> und <u>Durchhaltevermögen</u> ein. Zu seiner Stärkung spielen Anfangserfolge eine wichtige Rolle. Die Standfestigkeit muss sich freilich im Interesse der Sache mit der Bereitschaft zusammenfinden, auf berechtigte Argumente und Anliegen anderer Beteiligter einzugehen.

---

(1) Vgl. Lattmann (Mitarbeiter) 107 f. sowie McClelland u.a. (Achievement)
(2) Vgl. Knopf/Esser/Kirsch (Abbruch) 462 ff.; und 410: In mittleren Unternehmungen werden mehr Reorganisationen vorzeitig beendet als in grossen.
(3) Beispielsweise ist ein Unternehmer unzureichend über seine Betriebsergebnisse informiert. Er erfährt von einem Geschäftsfreund, dieser habe ähnliche Schwierigkeiten mit einem XY-Computer und entsprechender Software gelöst. Dies motiviert ihn, das eigene Problem ebenso zu lösen. Vgl. Heinen (Zielsystem) 239 ff., Sauermann/Selten (Anspruchsanpassung)

## 3.22 SACHKENNTNIS ZUR REORGANISATION

Der Wille zur Reorganisation umfasst gewisse Zielvorstellungen und beschreibt damit - manchmal allerdings recht ungenau - die Reorganisationsaufgabe. Diese besteht darin, organisatorische Lösungen zu finden, mit welchen sich die Zielvorstellungen erreichen lassen. Sie schliesst verschiedene Nebenbedingungen ein, vor allem die Verwirklichung innert nützlicher Frist und mit einem positiven Verhältnis des Aufwandes zum Nutzen. Eine derartige Aufgabe setzt "Sachkenntnis" voraus.

Die folgende Darstellung beginnt mit Wesen und Inhalt der Sachkenntnis beim Reorganisieren. Sie bespricht dann die Teilaufgaben einer Reorganisation, bei denen sie besonders gebraucht wird, und endet mit einem Überblick, wie solche Sachkenntnis entstehen, erweitert und vertieft werden kann (vgl. Abb.3-4).

### 3.221 Wesen und Inhalte der Sachkenntnis beim Reorganisieren

"Sachkenntnis", das sind Informationen, die zur Lösung einer Reorganisationsaufgabe beitragen, sowie die Fähigkeit, diese Informationen auszuwerten und Zusammenhänge zu erkennen. Sie ist an Personen gebunden, die für die Unternehmung tätig sind: an Unternehmer, Führungskräfte und Mitarbeiter, Gesellschafter und Berater. Die Sachkenntnis einer Unternehmung ist die vereinte Sachkenntnis dieser Personen; und sie sollte auch stets als Ganzes betrachtet werden. Allerdings wird bei mancher Reorganisation vergessen, dass bei verschiedenen Mitarbeitern wertvolle Sachkenntnis vorhanden wäre und genutzt werden könnte.

```
┌─────────────────────────────────────────────────────┐
│   ┌─────────────────────────────────────────────┐   │
│   │        L E R N E N   D U R C H   E I N S I C H T │   │
│   │                                             │   │
│   │        - aus praktischen Erfahrungen        │   │
│   │        - aus Weiterbildungsangeboten        │   │
│   └─────────────────────────────────────────────┘   │
│                         │                           │
│                         ▼                           │
│   ┌─────────────────────────────────────────────┐   │
│   │              S A C H K E N N T N I S        │   │
│   │                                             │   │
│   │   - Informationen besitzen und auswerten können │
│   │              - Zusammenhänge sehen          │   │
│   └─────────────────────────────────────────────┘   │
│                         │                           │
│                         ▼                           │
│   ┌─────────────────────────────────────────────┐   │
│   │    B E I T R Ä G E   Z U R   R E O R G A N I S A T I O N │
│   │                                             │   │
│   │           - zur Organisationsstrategie      │   │
│   │           - zur Einschätzung der Situation  │   │
│   │  - zur Einschätzung der voraussichtlichen Entwicklungen │
│   │      - zur Suche und Bewertung von Alternativen │
│   │           - zur Beurteilung der Ergebnisse  │   │
│   └─────────────────────────────────────────────┘   │
└─────────────────────────────────────────────────────┘
```

Abb. 3-4: Sachkenntnis - Entstehung, Wesen und Beiträge zur Reorganisation


Brauchbare <u>Reorganisationskonzepte</u> ohne eingebrachte Sachkenntnis sind schier unvorstellbar. Denn jede Reorganisationsaufgabe muss gelöst werden (1):

- in einer ganz bestimmten Situation,
- auf die Zukunft ausgerichtet und
- mit geeigneten, verfügbaren Mitteln.

---

(1) Vgl. Lawrence/Lorsch (Organization), Staehle (Organisation) 5, Kieser/Kubicek (Organisation) 184

Die <u>Situation</u> richtig zu erfassen, ist teilweise schwierig. Wichtig ist, dass alle für die Reorganisationsaufgabe wesentlichen Zusammenhänge und Einzelheiten bekannt sind. Verschiedene Gesichtspunkte spielen eine Rolle:

- die Eigenheiten der Unternehmung und des Bereiches, der reorganisiert werden soll (interne Situation)

- die Verhältnisse in ihrer spezifischen Umwelt (externe Situation).

Doch nicht alle Reorganisationen sind gleich umfassend und kompliziert, die eine erstreckt sich auf die vollständige Neugestaltung der bisherigen Unternehmungsorganisation, die andere lediglich auf die Änderung bestimmter Teile.

Sachkundige Überlegungen erleichtern ausserdem den Blick und die <u>Ausrichtung in die Zukunft</u>. Sicherlich sind viele Ereignisse unvorhersehbar, doch wesentliche Entwicklungen reichen mit ihren Wurzeln immer in die Vergangenheit zurück. Risiken sind aber unvermeidlich. Aus dieser Zukunftsperspektive und weitgehend unabhängig von verschiedenen Interessen sollte die Sachkenntnis auch zur Klärung der Hauptziele der Reorganisation beitragen.

Unter <u>Mitteln</u> wird hier das "Know-how des Organisierens" verstanden: Methoden für die Reorganisation insgesamt und geeignete Organisationstechniken, die bei der Erledigung von Teilaufgaben hilfreich sind. Eine ideale Strategie lässt sich nie finden; eine angemessene Methode wird aber dazu beitragen, verhängnisvolle Fehler zu vermeiden (1).

Richtiges Handeln beim Reorganisieren ist ganzheitlich (2): Die Sachkenntnis bewirkt vernunftgeleitete Prüfung und Überlegung; der Wille hängt auch von der gefühlsmässigen Bewertung der Verhältnisse und Möglichkeiten ab. Selbstverständlich beinflussen sich beide Antriebskräfte gegenseitig: Die

---

(1) Besonders geeignete Organisationstechniken stellt Abschnitt 3.43 vor.
(2) Vgl. Ulrich (Plädoyer) 4 ff.

Ergebnisse sachkundiger Überlegung können Bedürfnisse und Erwartungen anfachen oder erlöschen lassen. Umgekehrt fördert der Wille zur Reorganisation die sachkundige Suche nach Lösungskonzepten.

### 3.222 Einsatz der Sachkenntnis beim Reorganisieren

Beim Lösen einer Reorganisationsaufgabe sind die bestehende Situation und die unbeeinflussbaren Entwicklungen in der Umwelt als gegeben anzunehmen. Daraus lassen sich mögliche organisatorische Lösungen ableiten. Anstelle harter, eindeutiger Tatsachen stehen beim Reorganisieren oft Einschätzungen. Auch die Lösungswege sind nicht eindeutig vorgegeben, sondern abhängig von der Situation (1).

So gibt es im Verlaufe von Reorganisationen mehrere <u>Teilaufgaben</u>, die sich erfolgreich nur <u>mit Sachkenntnis lösen</u> lassen:

- die Anwendung einer geeigneten Organisationsstrategie
- die richtige Einschätzung der Situation der Unternehmung
- die Ausrichtung auf die Zukunft
- die Suche und Bewertung von Alternativen.

Diese wichtigen Teilaufgaben sollen etwas näher besprochen werden.

### 1. Die Anwendung einer geeigneten Reorganisationsstrategie

Die Reorganisationsstrategie, d.h. das Vorgehen bei der Reorganisation, erstreckt sich auf die Suche und die Verwirklichung geeigneter neuer Organisationskonzepte. Bei ihrer <u>Auswahl</u> spielen mehrere Fragen eine wichtige Rolle:

---

(1) Darauf gehen auch Vertreter des situativen Organisationsansatzes nur selten und knapp ein, z.B. Segler (Situativ) 229 ff., Staehle (Ansätze) 215

- Was sind die Ziele der Reorganisation (angestrebter finanzieller, leistungswirtschaftlicher und sozialer Nutzen)? (1)

- Wieviel darf die Lösung der Reorganisationsaufgabe kosten (sichere und riskierte Kosten; finanzielle, leistungswirtschaftliche und soziale Kosten)? (2)

- Wieviel Zeit steht für die Reorganisation zur Verfügung?

- Wer hat Einfluss auf die Reorganisation?

- Wer sollte ausserdem an der Reorganisation mitwirken?

Die Reorganisationsstrategie sollte auch gewährleisten, dass die Organisationsänderung soweit als möglich unter Kontrolle gehalten wird. Nur dann ist es wahrscheinlich, dass die Reorganisation nicht im Sande verläuft, sondern zu Ende geführt wird. Es schliesst aber auch ein, dass die Reorganisation abgebrochen oder in eine neue Richtung gelenkt werden kann, wenn die neu entstandene Situation dies als ratsam erscheinen lässt. Daher empfiehlt sich als Grundlage der Reorganisationsstrategie zum Beispiel die Methode des phasenweisen Vorgehens (3).

Geeignete Organisationsmethoden können viel zum Erfolg der Reorganisation beitragen - umso mehr, je besser sie bekannt sind und je besser sie beherrscht werden. Wichtig ist vor allem die Eignung für die jeweilige Reorganisation. Deshalb erweist es sich vielfach als nützlich, bekannte Techniken abzuwandeln und weiter zu entwickeln.

---

(1) Unter Nutzen verstehen wir alles, was Bedürfnisse von Unternehmungsmitgliedern, Marktpartnern und der Oeffentlichkeit befriedigen kann.
(2) Finanzielle Kosten beeinträchtigen die Erfolgsrechnung, leistungswirtschaftliche die Leistungsfähigkeit der Unternehmung und soziale bewirken Nachteile für Unternehmungsmitglieder, Marktpartner oder die Oeffentlichkeit.
(3) Vgl. Abschnitt 3.41

## 2. Die Einschätzung der Situation

Die richtige Einschätzung der Situation ist der Ansatzpunkt für vernünftige Überlegungen und Handlungen zur Lösung der Reorganisationsaufgabe. Die Vorstellung, die sich ein Mensch von einer bestimmten Situation macht, ist aber immer unvollständig und daher nur bedingt richtig. Im Hinblick auf eine Reorganisation schätzen beteiligte Personen die bestehenden Verhältnisse umso besser und richtiger ein, je klarer sie alle massgeblichen <u>Situationsaspekte</u> und ihre tatsächliche Bedeutung erkennen. Dazu bedarf es folgender Voraussetzungen:

- Informationen, die mit der beabsichtigten Reorganisation in unmittelbarem oder mittelbarem Zusammenhang stehen - z.B. über die betroffenen Personen, Aufgabengebiete, Strukturen - müssen erfasst und sachgemäss bewertet werden.

- Die einzelnen Aspekte müssen im Zusammenhang gesehen werden, sodass die Situation ganzheitlich verstanden wird, einschliesslich der vorhandenen Wechselwirkungen.

Im Mittelpunkt stehen immer die besonderen Verhältnisse jener Aufgabenbereiche und Führungsstrukturen, die untersucht und verbessert werden sollen.

## 3. Die Ausrichtung auf die Zukunft

Entwicklungen im Innern und in der Umwelt haben einen Einfluss auf die Zukunft der Unternehmung. Deshalb ist die rechtzeitige Beachtung und <u>richtige Einschätzung absehbarer Entwicklungen</u> zukunftsentscheidend. Zu nennen sind beispielsweise Sättigungstendenzen auf dem Absatzmarkt, die Überalterung der Produkte im Sortiment oder die bevorstehende Pensionierung von Führungskräften und die technische Überalterung des Maschinenparks (1). Neben den absehbaren Entwicklungen sind auch <u>Ereignisse, die die Situation wesentlich verändern</u> könnten, in zukunftsgerichtete Überlegungen einzubeziehen.

---

(1) Vgl. z.B. Hinterhuber (Unternehmungsführung), Pfeffer (Demography)

Je früher Anzeichen - oft sind es nur "schwache Signale" - für bedeutsame Entwicklungen in der Umwelt der Unternehmung wahrgenommen und richtig gedeutet werden, desto leichter wird es für die Unternehmung, Chancen voll zu nützen und sich vor Gefahren zu schützen (1). Der zeitliche Bonus steigert ihre Möglichkeiten, die eigene Zukunft mitzubestimmen.

4. Die Suche und Bewertung von Alternativen

Aus der Einschätzung der gegenwärtigen Verhältnisse der Unternehmung und der für ihre Zukunft bedeutsamen Entwicklungen in der Umwelt entsteht eine neue Aufgabenstellung: die Suche von Alternativen für die Gestaltung des entsprechenden Bereiches und die Auswahl der bestgeeigneten Alternative.

Auf der Suche nach Alternativen gibt es grundsätzlich zwei Ansatzpunkte: zum einen die Verwendung von in der Praxis oder Theorie bekannten, vorhandenen Organisationskonzepten und zum anderen die selbständige Entwicklung neuer Organisationsmodelle. Für gewöhnlich ist es üblich und sicher auch am besten, beide Ansätze zu verbinden: Vorhandene Modelle werden weiterentwickelt und so der Reorganisationsaufgabe entsprechend angepasst (2). Sowohl das Wissen um vorhandene Organisationskonzepte als auch die (Weiter-)Entwicklung von Konzepten bauen auf entsprechender Sachkenntnis auf.

Gleichzeitig mit der Suche nach Alternativen beginnt auch ihre Bewertung. Verhältnismässig rasch werden Konzepte ausgeschieden, die mit den gegebenen Voraussetzungen und wichtigen Unternehmungszielen unvereinbar sind oder den Interessen von Unternehmungsmitgliedern zuwiderlaufen, welche auf die Alternativensuche entsprechend Einfluss nehmen können (3). Infolgedessen kommen schliesslich nur wenige genauer ausgearbeitete Alternativen - manchmal nur ein einziger Vorschlag - in die

---

(1) Vgl. Ansoff (Weak Signals) 131 ff., Gomez (Frühwarnung) 7 ff., Hahn/Krystek (Frühwarnsysteme) 4 ff.
(2) Vgl. Kunz (Gestaltung) 27
(3) Vgl. Irle (Macht) 81

engere Auswahl. Dabei können verschiedenste sachliche und persönliche Argumente als Beurteilungskriterien in Erscheinung treten.

Es muss nun das Anliegen der Träger der Sachkenntnis sein, die sachlichen Argumente überzeugend darzulegen und die persönlichen Anliegen ausreichend zu berücksichtigen, um so eine bestmögliche Entscheidung zu finden. Sachkundig vorbereitete und getroffene Beurteilungen werden bewusst systematisch - die einzelnen Argumente abwägend - erfolgen.

Je grösser die Sachkenntnis ist, umso mehr erfasst sie von der Situation und den ständig im Gang befindlichen Entwicklungen und umso mehr ermöglicht sie daher ein Mitgestalten der Zukunft nach unseren Bedürfnissen.

### 3.223 Entstehung, Erweiterung und Vertiefung der Sachkenntnis

Wie kann eine mittlere Unternehmung die notwendige Sachkenntnis erwerben?

Nicht jede Art des Lernens verbessert die Sachkenntnis. Sachkenntnis erfordert _Einsicht_ - oder anders gesagt: das Verstehen der "Sache". Durch Einsicht lernt man, indem man Zusammenhänge einer Situation erfasst und versteht. Damit klärt sich auch auf, wie wichtig oder unwichtig verschiedene Einzelheiten sind. Sehr viel lässt sich aus eigenen Versuchen und Irrtümern lernen, d.h. aus Fehleinschätzungen und den Folgen falschen Verhaltens - aber auch aus Versuchen und Irrtümern anderer (1). Auswendig gelerntes "Wissen" ist keine Sachkenntnis; diese ist erst vorhanden, wenn das Wissen persönlich verarbeitet wurde (2). Vielfach ist nämlich unklar, ob beispielsweise ein Vorschlag neu erworbener Sachkenntnis entspringt oder nur einem Modetrend, einer eingefahrenen Denkweise oder der Nachahmung eines Vorbildes.

---

(1) Vgl. Gomez/Malik/Oeller (Systemmethodik) 56 ff., Campbell (Epistemology) 4
(2) Vgl. Schenk-Danzinger (Entwicklungspsychologie) 9, Kappler (Systementwicklung) 47 f. und 67 f.

Es gibt zwei <u>Ansatzpunkte für diese Lernprozesse</u>, beide mit eigenen Vorteilen und Grenzen:

<u>Weiterbildung</u> ermöglicht schwerpunktmässig den Einblick in allgemeine Zusammenhänge (1). Die <u>praktische Erfahrung</u> liefert hingegen Informationen über spezifische Situationen, Entwicklungen und Zusammenhänge: beispielsweise bezogen auf die Unternehmung, die Branche, ein bestimmtes Aufgabengebiet (2). Erst die Verbindung der beiden ergibt eine solide Sachkenntnis.

Eine vollständige Übersicht über die <u>Weiterbildungsangebote</u>, die für Reorganisationen in mittleren Unternehmungen nützlich sein können, ist unmöglich. Im Vordergrund stehen folgende <u>Inhalte</u> (3):

- <u>Allgemeine Managementlehre</u>
  (Grundwissen der Betriebswirtschaftslehre und Spezialthemen wie z.B. Mitarbeiterführung und Motivation, Kommunikationstechnik, Konfliktmanagement, erfolgreiche Zusammenarbeit mit Beratern)

- <u>Grundlagen der Organisation</u>
  (z.B. Organisationswissen für Führungskräfte)

- <u>Organisationskonzepte</u>
  -- Aufbau- und Führungsorganisation
     (z.B. Einführung von Geschäftsbereichen, Restrukturierung der Unternehmung)
  -- EDV-Organisation und Bürotechnik
     (z.B. EDV-Grundlagen, Auswahl und Einführung eines Kleincomputers, Chancen und Probleme der Textverarbeitung, Archivierungssysteme, integrierte Büro-Systeme; Einschulung auf bestimmte Geräte und Programme)
  -- Produktion und Logistik
     (z.B. Ablauforganisation, Einfluss neuer Technologien auf Führung und Organisation, Flexibilität in der Produktion durch rationelle Organisation im Handel, moderne Logistik)

---

(1) Vgl. Kailer u.a. (Bildungsarbeit)
(2) Zur Bedeutung der Erfahrung für die Unternehmungsführung vgl. Kappler (Systementwicklung) 13 ff.
(3) Zusammengestellt anhand von Kurs- und Seminarangeboten der letzten Jahre im deutschsprachigen Raum.

- <u>Organisationsmethodik</u>
  -- Betriebswirtschaftlich geprägte Methoden und Techniken (z.B. Organisationsdiagnose, Entscheidungstechnik, Kostenanalyse, Projektorganisation, EDV-Organisationstechnik, Netzplantechnik, Stellenbeschreibung und Funktionendiagramm)
  -- Verhaltenswissenschaftlich geprägte Methoden und Techniken (z.B. Grundsätze der "Organisationsentwicklung", Akzeptanzerreichung in der Organisationsarbeit)

Als <u>Träger der Weiterbildung</u> sind Branchen- und Berufsvereinigungen - z.B. Handelskammern, Industrieverbände oder auch die Gesellschaft für Organisation - mit eigenen Bildungsinstitutionen, Hochschulinstitute, private Beratungsfirmen sowie Hard- und Softwarelieferanten zu nennen. Ihr Angebot an überbetrieblichen Kursen, Seminaren und Tagungen ist teilweise sogar auf bestimmte Branchen oder auf mittlere Unternehmungen zugeschnitten. Daneben ist das Angebot an guten Fachbüchern und -zeitschriften zu erwähnen.

Bei der Erarbeitung von Sachkenntnis im Rahmen grösserer Projekte, wie sie Reorganisationen regelmässig darstellen, bewähren sich besonders auch <u>zweiseitige Lernformen</u>, die "schulisch" vermittelte Bildung und praktische Erfahrung verknüpfen. Vielfach lassen sich Kurse und Schulungen sogleich nutzbringend ergänzen durch die übungsweise praktische Anwendung. Berater vermitteln in projektbezogenen Sitzungen auch teilweise betriebswirtschaftliche Grundkenntnisse und Methoden, die dann bei der Arbeit gebraucht werden (1). Denn zur Sachkenntnis gehören nicht nur genügend Informationen und Einsicht, sondern auch die Fähigkeit, dieses <u>Wissen anzuwenden</u> . Sie schliesst das Beherrschen von geeigneten Hilfsmitteln und Methoden ein, wozu oft viel Übung notwendig ist. Ein kleines Beispiel: Bei der Analyse von Organisationsproblemen kommt derjenige schneller zum Ziel, der eine systematische geeignete Untersuchungsmethode kennt und soviel Erfahrung besitzt, dass er sie flexibel handhaben kann.

---

(1) Manchmal werden derartige Sitzungen als "Workshops" bezeichnet. Vgl. Malik (Konzept) 253 f. und (als Bericht von einer Reorganisation in einer Unternehmung mit 700 Mitarbeitern) Malik (Spannungsfeld) 76 ff.

Zu Recht wird heutzutage vielfach die Notwendigkeit lebenslangen Lernens betont. Dies wird auch im Zusammenhang mit Reorganisationen deutlich. Die Sachkenntnis muss stets aktuellen Anforderungen gewachsen sein, wodurch überholte Erfahrungen und Informationen zu (selbst-)täuschendem Nichtwissen und zur Gefahr werden. Gerade bei Reorganisationen muss die Bereitschaft bestehen, alte Vorstellungen anzupassen und nötigenfalls über Bord zu werfen. Deshalb setzt jede Reorganisation in einer Unternehmung das Erweitern und Vertiefen der vorhandenen Sachkenntnis voraus.

## 3.23 DURCHSETZUNGSVERMOEGEN FÜR DIE REORGANISATION

Erfolgreiche Reorganisationen sind nicht nur eine Frage des Willens und der Sachkenntnis einzelner Personen, sondern ebenso sehr eine Frage der Durchsetzung. Um die Reorganisation zu verwirklichen, müssen ihre Träger innerhalb der Unternehmung die Motivation und das sachliche Verständnis für die Reorganisation verbreiten, Widerstand verhindern und abbauen, Mitwirkende und Förderer gewinnen. Denn immer sind Personen mit unterschiedlichen sachlichen Vorstellungen und unterschiedlichen Interessen betroffen (1). Reorganisationen sind daher "politische" Auseinandersetzungen, denn Verhalten und Entscheidungen sind mitgeprägt durch Verhandlungen, Kompromisse und Vereinbarungen unter einzelnen und Gruppen.

"Durchsetzungsvermögen" bedeutet daher, bei der Reorganisation eigene Ziele verwirklichen zu können, auch gegen das Widerstreben anderer. Im folgenden wird untersucht, wodurch Einfluss zugunsten oder -ungunsten einer Reorganisation ausgeübt werden kann, weshalb Widerstand entstehen kann und wie sich Reorganisationen durchsetzen lassen.

### 3.231 Formen und Grundlagen des Einflusses bei Reorganisationen

Einfluss und Durchsetzungsvermögen bedeuten Macht; sie wirken sich auf das Fühlen, Denken und Handeln anderer Menschen aus. Widerstand ist auch Einflussnahme, nämlich gegen ein Vorhaben. Am treffendsten lassen sich die Machtauseinandersetzungen bei Reorganisationen als lebhaftes <u>Wechselspiel von Ursachen und Wirkungen</u> veranschaulichen, an dem mehrere Personen oder Gruppen beteiligt sind (Abb. 3-5) (2). Gedanklich lassen sich drei <u>Stufen der Macht</u> unterscheiden: mögliche, wirkende und erfolgreiche (3).

---

(1) Vgl. Kirsch/Esser/Gabele (Reorganisation) 314
(2) Zu Entstehung und Rollen der Macht in Unternehmungen vgl. Dörler (Macht).
(3) Vgl. dazu Dörler (Macht) 52 ff.

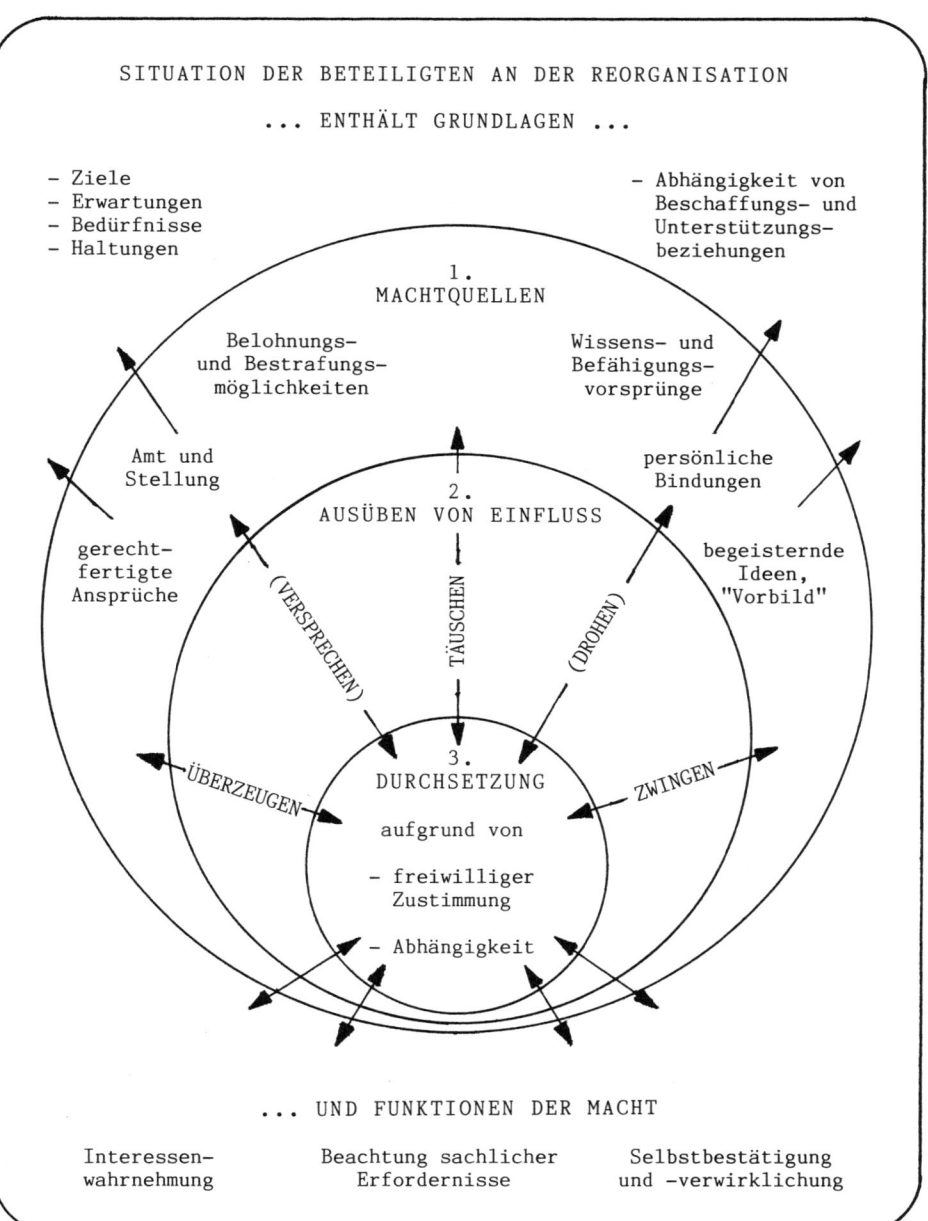

Abb. 3-5: Macht bei Reorganisationen als vielseitiges Wechselspiel

1. **Mögliche Macht** oder **Einflussvermögen** bei Reorganisationen bedeutet, über **Machtquellen** zu verfügen, die fremdes Verhalten ändern können (1):

   - Belohnungs- und Bestrafungsmöglichkeiten
   - Rechtmässigkeit: gerechtfertigte Ansprüche, Amt und Stellung
   - Wissens- und Befähigungsvorsprünge
   - persönliche Bindungen
   - begeisternde Ideen und "Vorbild"-Wirkungen.

   Entscheidend ist, dass die Beeinflussten die Machthaber für solche halten, indem sie ihnen Machtquellen zuschreiben. Ob diese Quellen tatsächlich vorhanden sind, ist zweitrangig. Die Macht wird umso **stärker**, je mehr und je bedeutendere Machtquellen gleichgerichtet verlaufen und sich so vereinen. Oft schwindet dann die Bereitschaft zur kritischen Prüfung und zur Abwehr.

2. **Wirkende Macht** oder **Einfluss** verursacht, dass sich die Beeinflussten anders verhalten, als sie sich ursprünglich verhalten hätten. Einfluss entfaltet sich erst im Wechselspiel der Kommunikation, also dadurch, wie sich die Beteiligten gegenseitig mitteilen und wahrnehmen. Mitgeteilt werden insbesondere Erwartungen, Werthaltungen, Gefühle und Kenntnisse. Dabei erhalten die Beeinflussten einen Anstoss für ihr Denken, Wollen und Verhalten. Das geschieht oft völlig absichtslos, bei Beeinflussungsversuchen aber absichtlich. Gezielt werden dann als **Mittel** zur Einflussausübung Überzeugung, Zwang und Täuschung – dazu zählt auch die Überrumpelung – eingesetzt. Möglich sind ausserdem Versprechungen oder Drohungen. Diese werden aber nur wirksam, wenn der zu Beeinflussende annimmt, sie würden gegebenenfalls auch eingelöst (2).

---

(1) Vgl. French/Raven (Bases), Schneider (Machtbeziehungen) 18 ff., Lattmann (Mitarbeiter) 69 f., Strotzka (Macht) 11 ff. und Dörler (Macht) 52 f.
(2) Vgl. dazu Lattmann (Mitarbeiter) 71 f., Dörler (Macht) 53 f.

3. <u>Erfolgreiche Macht</u> oder <u>Durchsetzungsvermögen</u> bedeutet, dass jemand - Träger oder Gegner - durch seinen Einfluss bei anderen im Zusammenhang mit der Reorganisation den eigenen Willen verwirklichen kann, auch gegen Widerstreben. Auch wichtige Teilerfolge sind hier zu werten. Die <u>Erfolgsvoraussetzungen</u> sind allerdings (1):

- Der Beeinflusste <u>kann</u> dem, was von ihm erwartet wird, überhaupt entsprechen. Wegen mangelnder Sachkenntnis oder zu geringen Rückhalts bei anderen Beteiligten kann dies bei Reorganisationen beispielsweise ausgeschlossen sein.

- Der Beeinflusste <u>will oder muss</u> den Wünschen nachkommen.

Eine freiwillige <u>Zustimmung</u> der betroffenen Personen gründet auf ihrer Einsicht oder ihrem Vertrauen, dass die Folgen - beispielsweise eben einer Reorganisation - vorteilhaft oder annehmbar sind. Hingegen ergibt sich eine erzwungene Zustimmung aus einer Abhängigkeit, die zwar vielleicht vorübergeht, aber im Augenblick doch schwer wiegt. Ob im Falle einer Ablehnung das eigene Einflussvermögen zum <u>Widerstand</u> verwendet wird, entscheidet sich an der Bedeutung, die einer Abwehr und ihren Chancen und Gefahren beigemessen wird. Eigene Machtquellen und Hilfe von Dritten bilden die Möglichkeiten zum Widerstand, Abhängigkeit beschränkt sie.

Gerade bei umfangreicheren Reorganisationen dauert die <u>Auseinandersetzung</u> zwischen Einflüssen, die sie begünstigen, und Widerständen oftmals länger. Sie kann als sachliche Diskussion, kämpferische Konfliktaustragung oder einigungssuchende Verhandlung verlaufen. Dabei ergibt sich, wie weit die Beteiligten ihre Ziele erreichen und Durchsetzungsvermögen zeigen.

---

(1) Vgl. Dörler (Macht) 53

Es gibt bei Reorganisationen drei <u>Funktionen des Einflusses</u>:

1. Einfluss kann Mittel zur <u>Interessenwahrnehmung</u> bei der Reorganisation sein. Dies bezieht sich zum einen darauf, dass <u>Informationen</u> über die Wünsche und Ziele an geeignete Stellen gelangen müssen, um berücksichtigt zu werden. Wer schweigt oder kein Gehör findet, dessen Anliegen bleiben unbekannt, sodass er wenig Hilfe zu erwarten hat. - Zum anderen heisst Interessenwahrnehmung, dass die Ziele und <u>Wünsche</u> zumindest teilweise <u>erfüllt</u> werden, auch wenn andere Interessen dem entgegenstehen. Zur Interessenwahrnehmung können der Einsatz der Träger für die Reorganisation wie die Gegenwehr Betroffener gehören.

2. Einfluss kann Mittel zur <u>Beachtung sachlicher Erfordernisse</u> bei der Reorganisation sein. Denn eine Menge sachlicher Einzelheiten und Zusammenhänge sind nicht jedem bekannt und einsichtig. Neben gesundem Menschenverstand, entsprechender Ausbildung und praktischer Erfahrung spielt hier manchmal auch der Zufall mit. Die Anwälte der Sachkenntnis versuchen daher, dieser zum Durchbruch zu verhelfen, und sprechen sich für oder gegen bestimmte Lösungen aus.

3. Einfluss <u>an sich</u> kann manchem schon <u>Befriedigung</u> verschaffen. Bei Reorganisationen wollen manche Betroffene einfach mitreden oder zumindest angehört werden, bevor entschieden wird. Das Gefühl, ernst genommen zu werden und Einfluss zu haben, stärkt ihr Selbstbewusstsein, auch wenn sie keine weiteren Anliegen damit verbinden.

### 3.232 Widerstand gegen Reorganisationen

Was bewirkt Widerstand gegen eine Reorganisation, und wie äussert er sich?

1. <u>Hintergründe von Widerständen</u>

Als <u>Hintergründe</u> von Widerständen lassen sich der Wunsch nach Beständigkeit als sicherer Basis für das Handeln sowie Ängste vor nachteiligen Auswirkungen der Reorganisation ausmachen. Denn eingespielte Arbeits- und Lebensbedingungen stellen trotz aller Mängel ein bestehendes Gleichgewicht dar. Sobald nun eine Reorganisation offen oder gerüchteweise angekündigt wird, stellen die Betroffenen unwillkürlich einen Gewinn-Verlust-Vergleich an. Entscheidend sind dabei ihre subjektiven Vorstellungen und Empfindungen, nicht die objektiven Tatsachen. In mittleren Unternehmungen lassen sich - wie die Umfrage bestätigte - vor allem folgende Gründe für Widerstände bei Reorganisationen erkennen (1, 2):

- Ängste vor nachteiligen Folgen für den Betroffenen bilden das Haupthindernis. Ganz persönlich werden z.B. gesteigerte Anforderungen, Einkommenseinbussen, eine Entwertung der bisherigen Kenntnisse und Fertigkeiten, eine schlechtere Stellung, verringerte Aufstiegschancen, Einschränkungen des Entscheidungs- und Handlungsspielraumes, der Verlust vertrauter sozialer Beziehungen oder sogar die Entlassung befürchtet (1a).

- Grundsätzliche Bedenken gegen die Notwendigkeit und Zweckmässigkeit der Reorganisation ergeben sich, wenn wesentliche Nachteile für die Unternehmung erwartet werden - von der Beeinträchtigung der Leistungsfähigkeit, Marktstellung, Flexibilität, Selbständigkeit, Sicherheit bis zu einem schlechten Kosten-Nutzen-Verhältnis der Reorganisation (1a,b).

- Nicht selten besteht eine starke Verbundenheit der Betroffenen mit den bestehenden Verhältnissen, die sie mitgestaltet und in denen sie gearbeitet haben. Dann empfinden sie die Reorganisation leicht als unterschwellige Kritik an ihrer bisherigen Leistung und ihrem bisherigen Verhalten (1b).

---

(1) Aus der Umfrage (Abschn. 2.33 und 2.61): (a) Ängste und Einstellungen der Unternehmungsmitglieder stehen an erster Stelle der Hindernisse; (b) es folgen eingefahrene Gewohnheiten und Betriebsblindheit sowie (c) zeitlich-personelle Engpässe. Zudem wurde (d) in knapp der Hälfte der Firmen festgehalten, dass bei Reorganisationen die Annahme durch die Betroffenen, die Vermeidung von Unruhe bzw. die Rücksichtnahme auf bestimmte Personen wichtig ist.
(2) Zur Gliederung der Widerstände vgl. Lattmann (Neuerung) 236, Weltz (Organisationsumstellung) 1393 ff., Hill/Fehlbaum/Ulrich (Organisationslehre) 477, Bleicher (Unternehmungsentwicklung) 180 ff.

- Jede Reorganisation bedeutet für die Betroffenen <u>zunächst eine Mehrbelastung</u>, auch wenn sie ihnen langfristig Erleichterungen bringt. Schon die Vorbereitung kostet Zeit und Mühe (Untersuchung des Ist-Zustandes, Konzeptentwicklung, Beratung, Koordination, Schulung usw.) und später ebenso die Einarbeitungsphase (neue Arbeitsweisen, andere Mitarbeiter, Nachsehen in Plänen und Dokumentationen, Erfahrung und Übung erwerben usw.). Die Mehrbelastung trifft Führungs- und Fachkräfte wie einfache Mitarbeiter (1c).

- Teilweise gilt die <u>Missbilligung dem Vorgehen</u> und nicht der Reorganisation an sich. Dies ist insbesondere dann der Fall, wenn sich die Betreffenden übergangen und vor den Kopf gestossen fühlen (1d).

In diesen Fällen scheint ein Abwehrverhalten angezeigt. Widerstand ist somit ursprünglich ein Verhalten, das darauf gerichtet ist, Personen vor Auswirkungen einer tatsächlichen oder vermeintlichen Änderung zu <u>schützen</u> (2). Daneben spielen freilich auch mangelnde <u>Lernfähigkeit und Lernbereitschaft</u> eine Rolle. Diese werden beeinträchtigt durch die menschliche Neigung, vorzugsweise solche Informationen wahrzunehmen, die die Richtigkeit früherer Entscheidungen unterstützen (3). Ausserdem kostet Umlernen oft besondere Anstrengung und Überwindung. Manche Betroffene - nicht nur ältere - fühlen sich dadurch überfordert. Gesamthaft sind persönlich bedingte Widerstände häufiger als sachbezogene (4).


2. <u>Die Äusserung von Widerstand</u>

Die einzelnen Formen des Widerstandes sind Spielarten und Verbindungen von Beharrung, Rückzug sowie eindeutigen Gegenmassnahmen, wo unmittelbar Einfluss gegen die Reorganisation ausgeübt

---

(1) Vgl. Anmerkungen (1c - d) auf der vorangehenden Seite
(2) Vgl. Hill/Fehlbaum/Ulrich (Organisationslehre) 476 ff., Boehnisch (Widerstände) 86 ff., Lattmann (Neuerung) 235
(3) Vgl. Braune-Krickau (Widerstand), Schmidt (Organisation) 28
(4) Vgl. Abschnitt 2.331 und Siemens (Organisationsplanung) 16 f., Gerl (Anpassungswiderstände) 97

stützung über Gleichgültigkeit, passiven und aktiven Widerstand bis hin zum vollkommenen Bruch mit der Unternehmung oder bisherigen Partnern und Mitarbeitern. Besonders hervorzuheben sind folgende Formen des Widerstandes (1):

- Unverständnis zur Schau stellen, Interesselosigkeit zeigen, Ignorieren der Probleme und der Vorteile der Reorganisation, Überbetonen einer erfolgreichen Vergangenheit oder der gegenwärtigen Leistungsfähigkeit usw.

- Widerspruch und Ablehnung, Äusserung sachlicher Kritik, Einspruch erheben, Gegenargumente vorlegen, Verteidigung eigener Interessen, Proteste, abgekühltes Verhalten, persönliche Beschuldigungen, Schimpfen gegenüber Dritten

- fehlende (ehrliche) Zusammenarbeit, Einschränken der Kommunikation, Zurückhalten von Informationen, Verschweigen von Hinweisen auf Fehlerquellen, nur scheinbares Akzeptieren der Reorganisation, Verhalten, das die Unzweckmässigkeit der Neuerung zeigen soll, totlaufen lassen

- Senkung der Leistung, geringerer Arbeitseifer, absichtlich langsam, umständlich, unselbständig oder fehlerhaft arbeiten, Vernachlässigung freiwillig übernommener Aufgaben, Dienst nach Vorschrift, Bummeln, Streik

- Suche nach Verbündeten und Gruppen, um seinem Ärger Luft zu machen (Cliquen) oder gemeinsam die Reorganisation zu verhindern oder im eigenen Sinne zu beeinflussen (Widerstandsgruppen, Koalitionen)

- aggressives Verhalten gegenüber bestimmten Personen, Gereiztheit, Wutausbrüche, Beschädigung von Sachwerten, Sabotage

- Rückzug und Flucht durch erhöhten Krankenstand (teils auch psychosomatisch bedingt), häufigere Abwesenheiten, geringere Bereitschaft zu Überstunden sowie letztlich durch Ausscheiden aus der Unternehmung (Kündigung, Rücktritt).

---

(1) Vgl. Hill/Fehlbaum/Ulrich (Organisationslehre) 478 ff., Staerkle (Organisation) 78, Boehnisch (Widerstände) 86, Gordon (Managerkonferenz) 165 ff.

Bei der Aufzählung wird schon deutlich, dass es bei Reorganisationen häufig angewendete Formen des Widerstandes - z.B. Gegenargumente, mangelhafte Zusammenarbeit, Verzögerungstaktik, Leistungszurückhaltung - gibt und andere, die als "letzte Mittel" einzustufen sind und selten eingesetzt werden - z.B. Streik, Kündigung oder Sabotage.

3.233 Die Durchsetzung der Reorganisation

Durchsetzungsvermögen braucht es bei jeder Reorganisation mehrfach: erstens damit die Reorganisation überhaupt erfolgt und zweitens damit bis zum Abschluss die Zielsetzungen nicht durch falsche Kompromisse vernachlässigt werden.

Zur erfolgreichen Durchsetzung sollte - neben den Zielsetzungen der Reorganisation - die Art der Durchsetzung und die für die Reorganisation freizuhaltende Zeit sorgfältig beachtet werden:

1. Die Art der Durchsetzung und ihre Folgen

Einstellung und Verhalten der Träger einer Reorganisation sind sehr entscheidend für die Äusserung von Widerständen: für ihr Auftreten, ihre Stärke und die Form, in der sie auftreten. Am vernünftigsten ist es, von vornherein daran zu denken, dass aufgrund unterschiedlicher Anschauungen, Vorstellungen und Interessen Widerstand auftauchen könnte. Dann werden auch manche kleine Hinweise auf Ablehnung beachtet - ähnlich wie Schmerzsymptome - und können entsprechend behandelt werden.

Ausgangspunkt dieser Haltung ist ein Menschenbild, das den Mitarbeiter wie den Unternehmer und Eigentümer als vielschichtig motivierten und motivierbaren Menschen begreift. Zu seinen Grundbedürfnissen gehören - jedoch nicht bei allen Menschen gleich ausgeprägt - die Bedürfnisse nach einer gewissen Selbstbestimmung und nach persönlicher Entfaltung (1).

---

(1) Vgl. Lattmann (Mitarbeiter) 124 ff., Dörler (Organisationsverständnis) 5 f.

Nun stehen den Trägern von Reorganisationen grundsätzlich zwei
Wege der Durchsetzung offen:

1. Sie können versuchen, die Reorganisation mit Gewalt durchzudrücken und dabei auch bestimmte Tricks anwenden.

2. Sie können versuchen, die entscheidenden und betroffenen Unternehmungsmitglieder von der Notwendigkeit der Reorganisation und von ihren Argumenten und Konzepten zu überzeugen.

Dieser Weg kostet meistens in der Phase des Entwerfens und Entscheidens der neuen Lösung mehr Arbeitseinsatz und Zeit. Er berücksichtigt aber, dass in der Unternehmung bei den Führungskräften und Mitarbeitern sehr viel nutzbare Erfahrung und Wissen liegen. Durch die laufende Kommunikation steigt der Informationsstand der Beteiligten, sodass sie die beschlossenen Pläne besser verstehen und umsetzen können. Ausserdem bewirkt die Möglichkeit zur Mitgestaltung bei Betroffenen vielfach, dass sie die Reorganisation zur eigenen Sache machen und sich dafür einsetzen (1).

Die Art und Weise, wie und wofür Einfluss benützt wird, bestimmt allerdings nicht nur den Durchsetzungserfolg im Einzelfall, sondern kann auch Folgen für die Zukunft zeitigen (2). Dies ist zu berücksichtigen, weil jede Reorganisation aus zahlreichen Einzelschritten besteht und sich ausserdem Auswirkungen auf das allgemeine Verhalten der Unternehmungsmitglieder und auf spätere Projekte ergeben. Wer Einfluss geltend macht - als Träger oder Gegner der Reorganisation - kann durch sein Vorgehen seine zukünftigen Einflussmöglichkeiten verringern, indem z.B. die anderen das Vertrauen in ihn verlieren. Er kann sie allerdings auch vergrössern, wenn er erreicht, dass er künftig ernst genommen wird.

Äusserst wertvoll ist ein gutes Vertrauensverhältnis. Die Träger einer Reorganisation können auf dem Vertrauen aufbauen, das sie bei den Betroffenen besitzen. Und jene, die Einwände gegen die

---

(1) Vgl. Coch/French (Resistance), Calish/Gamache (Resistance)
(2) Vgl. Dörler (Macht) 54

Reorganisation und Gegenvorschläge bringen, können auf dem Vertrauen aufbauen, das ihnen die Träger der Reorganisation schenken. Deshalb sind vor und während der Reorganisation "vertrauensbildende Massnahmen" angebracht oder sogar dringend notwendig. Vertrauen baut auf Ehrlichkeit, Vernünftigkeit, Toleranz und Verständnis auf, die erlebt werden. Es erwächst auch aus anerkannten Erfolgen früherer Reorganisationen, weshalb beispielsweise Berater bevorzugt werden, die man persönlich kennt oder die einen guten Ruf besitzen. Ausserdem steigt das Vertrauen mit den ersten sichtbaren Erfolgen der laufenden Reorganisation, die darum in der Umfrage mehrfach als wesentliche Fördernisse genannt wurden (1). Zudem wird das Vertrauen oft an den Zugeständnissen gegenüber den Betroffenen gemessen. Um ihnen Anerkennungserlebnisse zu ermöglichen, kann ihnen zum Beispiel die Ausgestaltung von Details überlassen werden.

Machteinsatz kostet etwas - zeitlich, finanziell und menschlich - wodurch auch überwindbarer Widerstand an Bedeutung gewinnt (2). Wenn die Kosten den Nutzen übersteigen, sollte auf die Durchsetzung verzichtet werden. Es ist beispielsweise unsinnig, in einer Abteilung den EDV-Einsatz zu erzwingen - auch wenn er sachlich gerechtfertigt ist -, wenn dann wertvolle Mitarbeiter kündigen. Empfehlenswerter ist ein behutsameres Vorgehen, das die Betroffenen herausfordert, aber nicht überfordert. Dies dauert zwar länger, führt aber sicherer zum Reorganisationsziel.

Zwangsweise durchgesetzte Erfolge können sich später ebenso rächen wie leichtfertige Gutmütigkeit. Ehrliche, faire Auseinandersetzungen wiederum sind ein gutes Fundament für eine weitere aufbauende Zusammenarbeit. Wer bei Reorganisationen darauf achtet, Vertrauen aufzubauen und nicht zu zerstören, gewinnt Vorteile: geringen Widerstand und insgesamt weniger zeitliche Belastung bei der Durchsetzung seiner Anliegen und eine weitere Stärkung seiner Stellung. Er übt grösseren Einfluss aus, obwohl seine Einflussnahme weniger krass wahrgenommen wird.

---

(1) Vgl. Abschnitt 2.321
(2) Vgl. Luhmann (Macht) 28

## 2. Freizuhaltende Zeit und vorausschauende Organisationsplanung

Da Reorganisationen immer <u>zeitliche Belastungen</u> mit sich bringen, ergeben sich zumeist zwangsläufig Reibungen. Es geht vor allem um ihre Stellung gegenüber den kurzfristig für wichtig und dringend erachteten Aufgaben. "Das Geschäft muss weitergehen; es darf nicht gestört werden", dieser typische Satz charakterisiert das angesprochene Problem. Reorganisationen, bei denen man sich von der Zeit drängen lässt, sind im allgemeinen weniger erfolgreich als solche, für die man sich genügend Zeit frei hält (1).

Denn knappe Entscheidungszeiten bergen wesentliche <u>Gefahren</u> in sich, so zum Beispiel (2):

- eine Bevorzugung des schon Bekannten
- eine Bevorzugung der eingefahrenen Denkbahnen
- eine Bevorzugung der vorhandenen Informationen vor denen, die man erst suchen muss
- eine Bevorzugung von Gesprächspartnern, mit denen man sich rasch verständigen kann, vor solchen, mit denen zeitraubende Auseinandersetzungen zu erwarten wären.

Es braucht daher Durchsetzungsvermögen, um für die Reorganisation genügend Zeit verfügbar zu machen. Erforderlich ist eine grundsätzliche <u>Vorrangstellung der Reorganisation</u> gegenüber dem Tagesgeschäft, wobei allerdings die wirklich wichtigen Tagesaufgaben nicht übermässig zurückgestellt werden dürfen.

Eine zeitliche Entlastung lässt sich durch <u>vorausschauende Überlegungen zur Entwicklung der Organisation</u> erreichen (3). Dabei wird vorausgedacht, welche Anlässe eine Reorganisation erfordern würden. Die entsprechende sachliche Abklärung und die grundsätzliche Willensbildung werden für den Fall vorweggenommen. Wenn der Anlass dann eintritt, ist möglicherweise auch die Willens-

---

(1) Die Umfrage ergab, dass bei den Reorganisationen o h n e Zeitdruck 58% sehr erfolgreich waren. Von den Reorganisationen unter Zeitdruck verliefen hingegen nur 45% sehr erfolgreich.
(2) Vgl. Luhmann (Knappheit) 3 ff.
(3) Vgl. Bleicher (Zeitkonzeptionen) 32 ff., Luhmann (Systeme) 253 ff.

durchsetzung schon in weiten Teilen erfolgt. Weil der äussere Anlass noch fehlt, lässt sich eine derartige vorausschauende Organisationsplanung jedoch praktisch nur bei genügendem Engagement der Geschäftsleitung verwirklichen. Denn ein "innerer Druck" lässt sich nur mit entsprechendem Einfluss erzielen. In mittleren Unternehmungen wäre eine vorausschauende organisatorische Planung beispielsweise zu empfehlen: bei einer Neuorientierung der Unternehmungspolitik, der Nachfolgeplanung für die Geschäftsleitung und für Führungspositionen, bei starkem Wachstum oder schrumpfenden Märkten, beim Aufbau neuer Produkt- und Marktbereiche sowie bei neuen Produktionsstätten.

## 3.24 DIE ZUSAMMENFASSUNG DER ANTRIEBSKRÄFTE

Reorganisationen beruhen meistens auf mehreren Ursachen innerhalb und ausserhalb der Unternehmungen. Um Reorganisationen auszulösen und bis zum Abschluss zu führen, braucht es aber durch Personen verkörperte Antriebskräfte: festen Willen, angemessene Sachkenntnis und Durchsetzungsvermögen. Denn während der ganzen Zeitdauer ihrer Vorbereitung und Verwirklichung sind sachliche Schwierigkeiten und personale Widerstände auszuräumen und zu überwinden. Und die Kommunikationsprozesse im Rahmen von Reorganisationen werden weitgehend durch die Motivations-, Fähigkeits- und Machtstrukturen in der Unternehmung bestimmt, was sich auf das Vorgehen und die "Lösung" auswirkt (1).

Den wichtigsten Antriebskräften entsprechen auch die wesentlichen Hemmkräfte: Willensschwäche, andere Zielsetzungen, Wissensmängel und falsche Vorstellungen, ungenügender Einfluss. Teilweise sind zu starke antreibende Kräfte der Grund für starke Hemmnisse, dann nämlich, wenn die Nachwehen der letzten Reorganisation noch nicht abgeklungen oder noch in frischer Erinnerung sind (2). Teilweise verwandeln sich auch ursprünglich antreibende Kräfte zu Hemmnissen. Als Beispiele lassen sich anführen: erstens unterschiedliche Interessen und verschieden grosse Sachkenntnis, die zu harten Auseinandersetzungen und Machtkämpfen führen; zweitens der Hang zu perfekter Information und Einsicht.

Daraus folgt, dass in eine Reorganisation investiert werden muss. Zwei Punkte sind hier wesentlich: Erstens müssen sich die richtigen Personen (mit-)beteiligen – darauf wird der folgende Abschnitt des Rahmenkonzeptes näher eingehen. Zweitens muss der Reorganisation eine Vorrangstellung eingeräumt und genügend Zeit zur Verfügung gestellt werden für die sachliche wie auch für die personenbezogene Vorbereitung und Einführung – womit sich der Abschnitt über die Abwicklung von Reorganisationen befassen wird.

---

(1) Vgl. Bühner (Organisationsgestaltung) 166
(2) Vgl. Schmidt (Organisation) 28

Die Einstellung, wie eine Reorganisation aussehen soll, ist teilweise leider geprägt durch die <u>Überschätzung</u> der Fähigkeit, dauerhafte organisatorische Lösungen zu schaffen. Am Ende der Reorganisation wird dann festgestellt: "Wir haben alles berücksichtigt, uns kann nichts mehr überraschen." Nach einiger Zeit - inzwischen hat sich innerhalb der Unternehmung und in ihrer Umwelt manches geändert - treten aber unweigerlich wieder organisatorische Probleme und Überlegungen zu ihrer Beseitigung auf. Jede Reorganisation bringt Belastungen mit sich; daher ist es besser, bei einer Reorganisation weniger Belastungen auf sich zu nehmen, wenn ohnehin in absehbarer Zeit eine neue "fällig" wird.

Weniger aus zu geringer Sachkenntnis, sondern vor allem aus <u>ungenügendem Durchsetzungsvermögen</u> erwächst eine andere Gefahr: dass die Reorganisation abgebrochen wird oder im Sande verläuft. Bei entsprechendem Einfluss lassen sich auch weniger gute Reorganisationen durchsetzen, während alles Wollen und Wissen ohne Durchsetzungsvermögen dazu führt, dass die angeregte Reorganisation nie vollendet wird (1). Wenn diejenigen keine Einfluss haben, die Änderungen wollen, und diejenigen keine Veränderung wollen, die Macht besitzen, kann der Misserfolg der Reorganisationsbemühungen vorausgesehen werden. Allerdings kann auch aus sachlich fundiertem, im Umgang mit entscheidenden Personen geschicktem Engagement der Träger starker Einfluss entstehen.

Bei einem abschliessenden Überblick der notwendigen Antriebskräfte zeigt sich, dass Reorganisationen besondere <u>Probleme der Führung</u> in sich bergen. Denn die Annahme, es gebe ideale organisatorische Lösungen und Vorgehensweisen, mit denen alle Betroffenen glücklich und ohne Umstellungsschwierigkeiten leben können, wäre utopisch (2). Die <u>Verbindung der Antriebskräfte</u> führt aber für alle Beteiligten am ehesten zu annehmbaren Reorganisationen. Denn Wille, Sachkenntnis und Einfluss müssen sich gegenseitig ergänzen, korrigieren und stärken.

---

(1) Belegt durch eine Untersuchung von Knopf/Esser/Kirsch: (Abbruch) 441.
(2) Vgl. Wunderer (Führung) 338, Weinert (Mensch) 473

## 3.3 DIE BETEILIGTEN AN REORGANISATIONEN

Bis jetzt wurden im Rahmenkonzept ganz allgemein und losgelöst von Personen Antriebskräfte und Hindernisse für Reorganisationen besprochen. Doch die notwendigen Antriebskräfte, aber auch die Hemmkräfte werden durch die an der Reorganisation "beteiligten Personen" verkörpert.

Zu den "Beteiligten" gehören alle Personen, die als Gestalter oder unmittelbar Betroffene Anteil an der Reorganisation nehmen oder erhalten. Von Phase zu Phase der Reorganisation kann sich dieser Personenkreis verändern. Ein Kern von Beteiligten ist eigentlich immer vom Anfang bis zum Abschluss dabei. Andere Personen, beispielsweise aussenstehende Miteigentümer, wirken hingegen nur in einzelnen Phasen mit. Die Eingrenzung oder Ausweitung der Reorganisationsaufgabe kann die Zahl derer, die sich unmittelbar betroffen fühlen, verkleinern oder vergrössern.

Im folgenden Abschnitt werden die Beteiligten an Reorganisationen in mittleren Unternehmungen aus zwei Blickwinkeln betrachtet:

1. nach ihrer Stellung und Aufgabe in der Unternehmung

2. als Träger, Gegner oder Randbeteiligte der Reorganisation.

In der Zusammenfassung werden die Beteiligten zugleich nach ihrer Stellung in der Unternehmung und nach ihrer Einstellung zur Reorganisation betrachtet. Damit soll geklärt werden, wer sich für die Rollen eignet, die bei einer Reorganisation in einer mittleren Unternehmung besetzt sein sollten.

## 3.31 BETEILIGTE NACH STELLUNG UND AUFGABE IN DER UNTERNEHMUNG

Verschiedene Personen und Gruppen innerhalb und ausserhalb einer mittleren Unternehmung können zu den Beteiligten an einer Reorganisation gehören (Abb. 3-6). Massgeblich sind, wie die Umfrage deutlich machte (1), vier Personenkreise:

- Geschäftsführer und Eigentümer
- betroffene Führungskräfte und Führungsstäbe
- unmittelbar betroffene Mitarbeiter und ihre Vertrauenspersonen
- berufsmässige Unternehmungsberater.

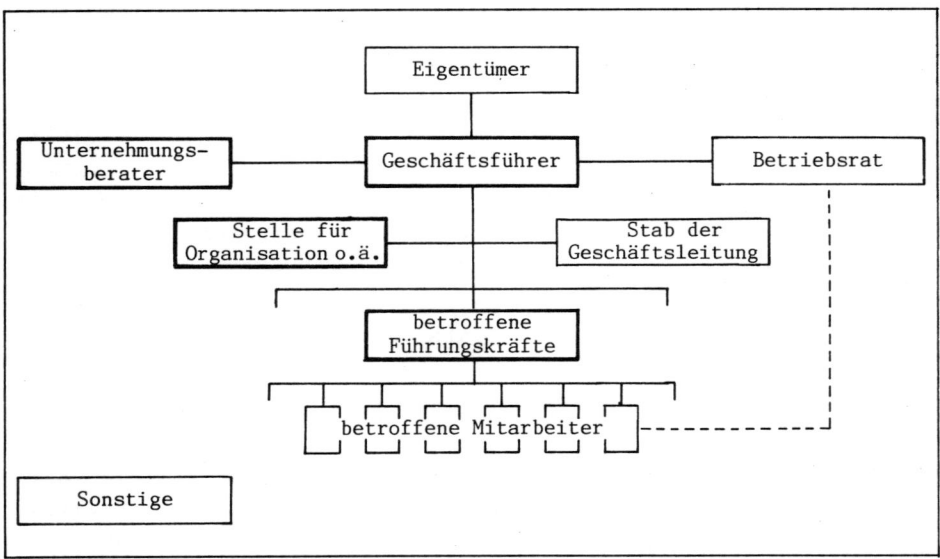

Abb. 3-6: Beteiligte bei Reorganisationen nach ihrer Stellung zur Unternehmung

Hier soll dargestellt werden, welche Beiträge diese Personenkreise zu Reorganisationen in mittleren Unternehmungen leisten können. Auf Personen und Institutionen, die nur in einzelnen Fällen eine Rolle spielen, wird hier nicht eingegangen.

---

(1) Vgl. Abschnitt 2.42

### 3.331 Geschäftsführer und Eigentümer

Im allgemeinen kommt der Geschäftsleitung der grösste Einfluss auf die Reorganisationen in mittleren Unternehmungen zu, vereinzelt werden sie aber von den Eigentümern unter Zugzwang gesetzt. Damit verbindet sich ihre Hauptverantwortung für die Reorganisationen. Diese erstreckt sich auf den Willen zur Reorganisation oder zur Nichtveränderung - auf den Einsatz der erforderlichen Sachkenntnis - der eigenen, der Mitarbeiter, von Beratern - und auf die beständige Unterstützung der Reorganisation.

An Unternehmer und Geschäftsführer stellen sich wesentliche Anforderungen:

- Sie sollten frühzeitig ihre Ziele abstecken und den anderen Beteiligten offenlegen.

- Hauptentscheidend ist, dass sie die Reorganisation wirklich wollen und wirksam unterstützen. Dies wurde in der Umfrage mehrfach betont (1). Wenn sie nicht die notwendigen Mittel bereitstellen und die Reorganisation voll mittragen, droht diese zu versanden (2).

- Sie sind letztlich für die grundlegenden Entscheidungen im Rahmen der Reorganisation zuständig (3).

- Mit der Bereitschaft und Fähigkeit zur Zusammenarbeit mit anderen - insbesondere zum Zuhören - fördern sie sachlich bessere Ergebnisse und verringern persönliche Voreingenommenheiten gegen die Reorganisation (4).

- Wenn sich mehrere Geschäftsführer bzw. Eigentümer an der Reorganisation beteiligen, kommt eine weitere Anforderung hinzu: Sie müssen am selben Strang ziehen und sollten sich nicht gegenseitig ausspielen und blockieren (5). Die Geschäftsführer müssen sich genügend Rückhalt bei den Eigentümern verschaffen.

---

(1) Vgl. Abschnitte 2.321, 2.331, 2.333 und 2.621
(2) Vgl. Schwarz (Humanisierung) 292
(3) Vgl. Abschnitt 3.41
(4) Vgl. Staerkle (Projektorganisation) 1744
(5) Vgl. dazu Brauchlin (Familienfremde) 165 und 168 f.

Im einzelnen sind bei diesem Personenkreis typischerweise auseinanderzuhalten:

- Eigentümer-Unternehmer
- angestellte Geschäftsführer
- mittätige Familienmitglieder
- aussenstehende Eigentümer.

## 1. Eigentümer-Unternehmer

In mittleren Unternehmungen sind Eigentümer-Unternehmer die Regel (1). Sie vereinen Eigentümer- und Unternehmungsziele in sich, wodurch die "natürliche Spannung zwischen diesen beiden Zentren betrieblicher Willensbildung aufgehoben" ist (2). Die von ihnen geführten Unternehmungen weisen deshalb das höchstmögliche Mass an innerer Machtkonzentration auf (3).

Eigentümer-Unternehmer nehmen ihre Führungsverantwortung vor allem langfristig-familiengebunden wahr. Schnelle, kurzfristige Erfolge stehen im allgemeinen im Hintergrund. Klar formulierte langfristige Zielsetzungen für die Unternehmung fehlen ihnen aber vielfach. Überwiegend lassen sie Schwierigkeiten auf sich zukommen und reagieren dann kurzfristig darauf. Wie die Umfrage zeigte, sind Reorganisationen in ihren Unternehmungen deutlich seltener als bei angestellten Geschäftsführern - vor allem zukunftsgerichtete Neugestaltungen betrieblicher Arbeitsabläufe, der Absatzorganisation oder der Führungsstruktur. Dies mag darauf zurückzuführen sein, dass Eigentümer-Unternehmer allgemein hervorragende Branchenfachleute sind, während sich ihr Managementwissen teilweise weniger auszeichnet (4).

---

(1) Vgl. die Abschnitte 1.131 und 2.131 sowie Weber (Strategie) 49
(2) Gutenberg (Grundlagen) 383
(3) Vgl. Gutenberg (Grundlagen) 373
(4) Vgl. Prognos (Entwicklungsperspektiven) 170 und 225, Kailer u.a. (Bildungsarbeit) 70 ff., Zander/Ziehm (Zusammenarbeit) 12 sowie Abschnitt 2.2, die mit Aussagen von Unternehmungsberatern übereinstimmen.

Deshalb sind Eigentümer-Unternehmer in besonderem Ausmass gefordert:

- im Interesse der langfristigen Entwicklung der Unternehmung mehr <u>strategisch</u> zu <u>denken</u> (1) und vorausschauend entsprechende Reorganisationen einzuleiten

- sich im Bereich <u>Führung und Organisation</u> ständig <u>weiterzubilden</u> und auf geeignete Weise von Experten unterstützen zu lassen.

## 2. Angestellte Geschäftsführer

Angestellte Geschäftsführer sind selbst nicht - oder nur mit einem bescheidenen Anteil - Eigentümer der Unternehmung, die sie leiten. Sie sind von <u>den Eigentümern</u> bestellt und diesen für ihre Tätigkeit <u>verantwortlich</u>. Ihre Verantwortlichkeit bezieht sich vor allem auf den finanziellen betrieblichen Erfolg, ist also kurz- bis <u>mittelfristig ausgerichtet</u>. Bei der Bestellung zum Geschäftsführer werden meistens gutes betriebswirtschaftliches Wissen und Führungsqualitäten neben Branchenerfahrung vorausgesetzt. Infolge dieses Ausleseprinzips übersteigt ihre Managementqualifikation durchschnittlich die der Eigentümer-Unternehmer. Ausserdem besitzen angestellte Geschäftsführer meistens <u>deutliche Vorstellungen</u> über die Erwartungen an sie und ihre eigenen Ziele (2), und sie spüren stärker den <u>Druck</u>, gute Ergebnisse zu erreichen (3).

Infolge ihrer Stellung, ihres Selbstverständnisses und ihrer Qualifikation können angestellte Geschäftsführer

- mit <u>Nachdruck</u> notwendige und vorausschauende Reorganisationen veranlassen

- die Reorganisationen mit <u>sachkundigem und wirksamem Einfluss</u> begleiten (4).

---

(1) Vgl. Pümpin/Weber (Unternehmungsführung)
(2) Vgl. Abschnitt 2.61
(3) Während insgesamt 31% der Reorganisationen durch äusseren oder inneren Druck vorangetrieben wurden, waren es in Unternehmungen mit angestellten Geschäftsführern 52%. Vgl. Abschnitt 2.321.
(4) Dadurch ist ihr Einfluss bei gleichem Arbeitsaufwand grösser als jener von Eigentümer-Unternehmern. Vgl. Abschnitt 2.41

## 3. Mittätige Familienmitglieder

In zahlreichen Familienunternehmungen sind neben den eigentlichen Eigentümer-Unternehmern Familienangehörige tätig, oft sogar in leitenden Stellungen (1).

Am wichtigsten sind <u>Ehepartner</u>, vorgesehene <u>Nachfolger</u> und <u>Seniorchefs</u>, die das Geschäft offiziell schon übergeben, sich aber noch nicht ganz zurückgezogen haben. Doch auch andere mittätige Familienmitglieder können bedeutsam sein.

Ihre <u>Rollen</u> bei Reorganisationen sind zusammen mit jenen des Eigentümer-Unternehmers zu sehen:

- Sie sind oft die <u>vertrautesten Gesprächspartner</u> des Unternehmers. Dadurch können sie zu einer umfassenderen Betrachtung der Verhältnisse und zu einer vielseitigeren Beurteilung der Möglichkeiten beitragen. Allerdings kommt es auch vor, dass sie einseitige, falsche Vorstellungen bestärken.

- Als Vertraute können sie an der Reorganisation mitwirken und den <u>Unternehmer teilweise vertreten</u>. Sie helfen ihm dadurch, mit der Reorganisation verbundene zeitlich-personelle Engpässe abzubauen.

## 4. Aussenstehende Eigentümer

Das Interesse aussenstehender Eigentümer an der Unternehmung ist verschieden ausgeprägt. Wo es sich ausschliesslich auf finanzielle Erträge aus der Unternehmung beschränkt und diese gesichert sind, haben sie für Reorganisationen keine Bedeutung.

Anders ist es, wenn sie allgemein oder aus aktuellem Anlass die <u>Geschäftsführung aufmerksam verfolgen</u>. In diesen Fällen geben sie oft den Anstoss für eine organisatorische Änderung. Mehrheits-

---

(1) Daraus erklärt sich, dass in der Umfrage eine rechtliche Einzelfirma einige Zeilen später als Familienunternehmung bezeichnet wurde. Vgl. Anhang Tab. 1

eigentümer wechseln in schwerwiegenden Fällen sogar Geschäftsführer aus und verlangen dann eine Reorganisation. Vor allem bei einem höheren Finanzbedarf für die Reorganisation - beispielsweise zur Anschaffung neuer Produktions- oder EDV-Anlagen - ist es möglich, dass aussenstehende Eigentümer ihr Veto einlegen. Dies kann zu Kompromisslösungen oder zum Verzicht auf die Reorganisation führen.

Als Gegenpol zur Geschäftsleitung nehmen insbesondere Aufsichtsräte und Firmenbeiräte, die mit der entsprechenden Sachkenntnis ausgestattet sind, aktiv an Reorganisationen teil. Vor allem bei Änderungen mit langfristiger Ausrichtung lassen sie sich berichten und beraten mit (1).

### 3.312 Betroffene Führungskräfte und Führungsstäbe

Neben den Geschäftsführern besitzt ein zweiter Personenkreis regelmässig entscheidenden Einfluss auf die Reorganisationen: die Führungskräfte. Dies wurde in der Umfrage deutlich hervorgehoben (2). Dabei sind zwei Typen zu unterscheiden:

- Unmittelbar betroffene Führungskräfte sind solche, die für einen Bereich der Unternehmung Personal- und Sachverantwortung tragen (3), in dessen Aufbau, Arbeitsabläufe oder Eingliederung durch organisatorische Änderungen eingegriffen werden soll.

- Ausserdem gibt es Führungskräfte, die sich nicht durch Personalverantwortung für einen derartigen Bereich, sondern durch eine erhebliche Sachverantwortung in der Vorbereitung von Entscheidungen sowie in anderen Expertenaufgaben auszeichnen, sogenannte Führungsstäbe (4). Zweierlei Stäbe spielen bei Reorganisationen in mittleren Unternehmungen eine gewisse Rolle: interne Organisationsexperten und Assistenten der Geschäftsleitung.

---

(1) Vgl. Brauchlin (Familienfremde) 168, Schmidt (Selbstbestimmung) 189 ff.
(2) Vgl. Abschnitte 2.321, 2.331, 2.333 und 2.621
(3) Vgl. Witte/Kallmann/Sachs (Führungskräfte) 2
(4) Vgl. Staerkle (Stabsstellen) 2098 ff., Witte/Kallmann/Sachs (Führungskräfte) 2

## 1. Betroffene Führungskräfte

Motivation und Aufgabe der betroffenen Führungskräfte, bei Reorganisationen innerhalb ihres Verantwortungsbereiches mitzuwirken, erklären sich aus zwei Gegebenheiten: ihrer Mittlerrolle zwischen Geschäftsleitung und den Mitarbeitern ihres Bereiches einerseits und ihrer im allgemeinen überdurchschnittlichen Eigeninitative andererseits.

Trotz der geringen Anzahl von Führungsebenen in mittleren Unternehmungen (1) fallen den Führungskräften der verschiedenen Unternehmungsbereiche bedeutende Informationsaufgaben zu: Von oben nach unten legen sie die Absichten der Geschäftsleitung aus und versorgen von unten nach oben diese wiederum mit neuen Informationen von der ausführenden Ebene. Diese allgemeine Mittlerrolle ist bei umfassenderen Änderungen - auch bei organisatorischen - besonders wichtig (2).

Die Erarbeitung einer Reorganisation sprengt in aller Regel die zeitlichen Möglichkeiten und hinsichtlich der Einzelheiten auch das Selbstverständnis der Geschäftsleitung (3). Während die Geschäftsleitung daher vor allem am Grobkonzept interessiert ist, schenken die betroffenen Führungskräfte den Einzelheiten der Reorganisation vermehrte Beachtung.

Sie zeigen Interesse an einer bis ins Detail durchdachten Lösung, weil diese ihnen möglicherweise Schwierigkeiten und Beschwerden seitens ihrer Mitarbeiter einbringen und sich auch unmittelbar auf ihre eigene Tätigkeit auswirken wird. Denn die Aufgaben dieser Führungskräfte umfassen "Planen", "Koordinieren", "Führen und Informieren" sowie "ausführende Tätigkeiten". Letztere machen aber den grössten Anteil aus: zwischen einem Drittel und der Hälfte der gesamten Arbeit (4).

---

(1) Vgl. Abschnitt 1.133
(2) Vgl. Koreimann (Informationssysteme) 180, Bock-Rosenthal (Leitende) 68
(3) Vgl. Abschnitt 2.51 und Remer (Organisationsprozess) 367
(4) Vgl. Schabelreiter (Abgrenzung) 139, Tenckhoff (Leitende) 56 ff.

In der Reorganisation liegen für sie zugleich eine Aufgabe und Chancen zur Verwirklichung eigener Vorstellungen und zur eigenen Profilierung. Dies entspricht ihrer im Vergleich zu anderen Mitarbeitern überdurchschnittlichen <u>Initiative</u> und ihrer höheren <u>Motivation zur Erreichung von Zielen</u> (1).

Da die betroffenen Führungskräfte den unmittelbaren Kontakt mit den ausführenden Tätigkeiten und Personen haben als die Geschäftsleitung – der Unterschied mag sich allerdings in mancher mittleren Unternehmung verwischen – übernehmen sie vor allem folgende <u>Tätigkeiten bei Reorganisationen</u> (2):

Sie sind führend:

-- bei der Problemerkennung und Anregung der Reorganisation
-- bei der Planung, insbesondere der Bearbeitung von Einzelheiten
-- bei der Verwirklichung der Reorganisation, was viel mit Information, Führung und Kontrolle der Mitarbeiter zu tun hat.

Sie unterstützen und ergänzen die Geschäftsleitung:

-- bei der Ingangsetzung der Reorganisation
-- im Rahmen der Verbindlichmachung.

Ihr <u>Einfluss</u>, insbesondere auf die Einzelheiten und die Verwirklichung der Reorganisation, darf nicht unterschätzt werden.

---

(1) Vgl. Drennig/Heinzinger/Schüssel (Leitende Angestellte) 78f., die sich auf Studien von Ghiselli (Talent) und Vroom (Motivation) stützen.
(2) Vgl. Remer (Organisationsprozess) 366 und Abschnitt 2.4

## 2. Interne Organisationsexperten

Unterschiedlich sind die Aufgaben und Rollen interner Organisationsexperten, auf die in zwei Fünfteln der mittleren Unternehmungen hingewiesen wurde. Dabei handelt es sich teilweise um vollamtliche Organisatoren, d.h. Inhaber - seltener Mitarbeiter - von Stabsstellen für Organisation oder Betriebswirtschaft (1). Teilweise gibt es in mittleren Unternehmungen auch Führungskräfte, die sich neben anderen Tätigkeiten besondere Fähigkeiten, Erfahrungen und fachliches Wissen im Bereich der Organisation angeeignet haben.

Als Vorzüge interner Organisationsexperten schälen sich bei Reorganisationen in mittleren Unternehmungen vor allem die fachliche Unterstützung und die zeitliche Entlastung der Geschäftsleitung und betroffenen Führungskräfte als ihre Hauptaufgaben heraus. Die Organisationsexperten übernehmen insbesondere folgende Rollen (2):

- Als "Fachverständige" helfen sie bei der sachkundigen Analyse der Probleme und beim Erarbeiten von auf die Gesamtunternehmung abgestimmten, zukunftsweisenden Konzepten.

- Als "Prozessberater" bieten sie methodische Unterstützung an, einerseits bei der Beurteilung gruppendynamischer Prozesse unter den Beteiligten der Reorganisation, andererseits bei der Problemanalyse und bei der Festlegung der Ziele und Massnahmen der Reorganisation (3).

- Als "Motivatoren" wirken sie durch Information und Gespräche darauf hin, die Betroffenen zu Beteiligten zu machen. Sie versuchen dadurch, zwischen Sachzwängen, Führungszielen und Mitarbeiterbedürfnissen zu vermitteln (4).

---

(1) In der Bundesrepublik Deutschland und in der Schweiz gibt es schon staatlich anerkannte Berufsprüfungen für Organisatoren. Zur Vorbereitung werden v.a. von den Berufsvereinigungen der Organisatoren Lehrgänge angeboten.
(2) Vgl. Staerkle/Dörler/Draeger (Organisatoren) 20 ff.
(3) Vgl. Staerkle (Aufgaben) 514
(4) Vgl. Schwarz (Re-Organisator) 88

Ihre Haupttätigkeiten bestehen im allgemeinen darin, das Vorgehen administrativ zu strukturieren und Aktivitäten zur Problemlösung anzuregen (1).

Zeitlich gesehen liegen ihre Arbeitsschwerpunkte bei der Erstellung des Grobkonzeptes für die Reorganisation und damit bei der Entscheidungsvorbereitung. Auf die Entscheidung wirken sie beratend oder mitentscheidend ein. Bei der Detailbearbeitung treten sie etwas in den Hintergrund zugunsten der betroffenen Führungskräfte (2).

### 3. Assistenten der Geschäftsleitung

Assistenten oder Sekretäre haben die Aufgabe, als persönliche Stabsstellen die Geschäftsleitungen von verschiedenen Arbeiten zu entlasten (3).

Dies gilt auch für Reorganisationen, wo sie in erster Linie bei der Entscheidungsvorbereitung, als Koordinator von Terminen und als Schriftführer tätig sind (4).

Nicht zu vergessen ist ausserdem ihre vielleicht offen gar nicht so wahrnehmbare Beeinflussung der Vorgesetzten.

### 3.313 Betroffene Mitarbeiter und ihre Vertrauenspersonen

Im weitesten Sinne sind in einer mittleren Unternehmung immer alle Mitarbeiter von einer grösseren Reorganisation betroffen - unmittelbar aber nur ein kleiner Teil von ihnen. Nachfolgend wird überlegt, wer die unmittelbar betroffenen Mitarbeiter sind und wie sich ihre Beteiligung auf die Reorganisation auswirken kann.

---

(1) Vgl. Dumont du Voitel/Gabele/Kirsch (Initiatoren) 224
(2) Vgl. Remer (Organisationsprozess) 363 f., Thom/Brölingen (Berufsbild) 45, Staerkle/Dörler/Draeger (Organisatoren) 46 ff.
(3) Vgl. Staerkle (Stabsstellen) 2099
(4) Hinweise von Unternehmungsberatern

Neben den unmittelbar betroffenen Mitarbeitern können auch Vertrauenspersonen - Vertreter oder Fürsprecher der Betroffenen - eine wesentliche Rolle als Mittler spielen. Auch darauf geht der folgende Abschnitt ein, wobei informale Vertrauenspersonen und offizielle Betriebsräte behandelt werden.

Die Beteiligung der betroffenen Mitarbeiter oder ihrer Vertrauenspersonen kann verschiedene Formen und Stärkegrade aufweisen (1):

- informiert werden
- Gehör finden
- Mitsprache
- Mitentscheidung
- Alleinentscheidung in Detailfragen.


1. Unmittelbar betroffene Mitarbeiter

Wer sind die "unmittelbar betroffenen Mitarbeiter"? Ganz grob lassen sie sich als jene Mitarbeiter bestimmen, für die sich durch die Reorganisation möglicherweise Arbeitsabläufe, Arbeitsinhalte oder das Arbeitsumfeld deutlich verändern. Dazu zählen auch solche, deren Verantwortungsbereich neu umschrieben wird oder die einen neuen Verantwortungsbereich übernehmen. Unmittelbar betroffen sind zum Beispiel die Mitarbeiter des Finanz- und Rechnungswesens, wenn die Abrechnung auf EDV-Mehrplatzbetrieb umgestellt und die Aufgabenbereiche unter den Mitarbeitern neu aufgeteilt werden. Hingegen ist die Telefonistin von dieser Reorganisation nicht unmittelbar betroffen, auch wenn sie nun einige Anrufe an andere Personen weitervermitteln muss.

---

(1) Vgl. Bell (Participation) 9 ff.

Was betroffene Mitarbeiter zu einer Reorganisation beisteuern können, bezieht sich im wesentlichen auf ihre eigene Arbeit und ihr Arbeitsumfeld (1). Im Vordergrund stehen <u>drei Arten von Beiträgen</u> (2):

- <u>Detailkenntnisse</u>
Sachlich aufschlussreich für Reorganisationen sind beispielsweise detaillierte Begründungen für bestimmte Arbeiten und Arbeitsabläufe sowie Einzelheiten über Reibungsflächen in der Zusammenarbeit, Engpassituationen und andere Unzulänglichkeiten. Nützlich sind auch korrekte Hinweise auf Stärken und Schwächen von Kollegen und Vorgesetzten. Sie erleichtern aufgaben- und personengerechte organisatorische Lösungen, Stellenbesetzungen und Weiterbildungsmassnahmen. Dies ist in mittleren Unternehmungen mit ihren verhältnismässig wenigen Führungs- und Fachkräften (3) von besonderer Bedeutung.

- <u>Ideen</u>
Aufmerksame Mitarbeiter, die sich ernstgenommen fühlen, entwickeln manche Verbesserungsvorschläge und Ideen zur Lösung von Problemen (4). Entsprechend ihren unmittelbaren Interessen und Detailkenntnissen sollten daher die betroffenen Mitarbeiter bei Reorganisationen vor allem in die Detailgestaltung einbezogen werden (5).

- <u>Arbeitseinsatz</u>
Reorganisationen bringen - wie schon mehrmals betont wurde - eine aussergewöhnliche Arbeitsbelastung mit sich. Mitarbeiter können Teile dieser Mehrarbeit übernehmen, zum Beispiel die Erhebung notwendiger Informationen und die Erstellung von Entscheidungsunterlagen. Sie können auch andere Unternehmungsmitglieder, die stark mit der Reorganisation befasst sind, von einem Teil ihrer üblichen Arbeit entlasten.

---

(1) Vgl. Weber (Strategien) 113 und 278
(2) Vgl. auch die Abschnitte 2.521 und 2.321
(3) Vgl. Abschnitt 1.132
(4) Vgl. Müller-Golchert (Verbesserungsvorschläge) 47
(5) Vgl. Lattmann (Mitarbeiter) 517 f., Schmidt (Selbstbestimmung) 125

Neben den unmittelbaren Beiträgen der betroffenen Mitarbeiter sind zwei mittelbare Auswirkungen zu beachten, die die reorganisationsbezogene Lernbereitschaft und die Lernprozesse der Betroffenen verbessern. Nach den Ergebnissen der Umfrage sind diese Wirkungen mindestens ebenso wichtig (1):

- Motivationswirkungen

    Die Erfahrung, bei der Reorganisation ernst genommen zu werden und mitgestalten zu dürfen, stimmt die betroffenen Mitarbeiter neuerungsfreundlicher (2). Eigene Vorstellungen und Wünsche einzubringen, entspricht dem Grundbedürfnis nach Selbstbestimmung und spornt sie zu persönlichem Einsatz - zu oben dargestellten Beiträgen - an (3). Bei motivierten Mitarbeitern fällt es auch leichter, anfängliche Schwierigkeiten zu überwinden. Ausserdem strahlt Motivation - wie umgekehrt Enttäuschung - auf die allgemeine Leistungsbereitschaft und das Betriebsklima aus.

- Weiterbildungswirkungen

    Die aktive Teilnahme am Reorganisationsprozess umfasst das Erhalten zusätzlicher Informationen und neue Einsichten für die Betroffenen. Damit beinhaltet sie eine teils aufgabenbezogene, teils allgemeine betriebswirtschaftliche Weiterbildung. Des öfteren bilden Schulungen oder der Besuch von auswärtigen Kursen direkt einen Bestandteil der Reorganisation.

Am wichtigsten und häufigsten ist die Beteiligung der einzelnen Mitarbeiter bei der Gestaltung jener Feinheiten der Reorganisation, die sich auf ihren eigenen Arbeitsplatz beziehen (4).

Die Beteiligung betroffener Mitarbeiter mag die Willensbildung verlängern, erleichtert aber im allgemeinen die Verwirklichung und Festigung der Reorganisation. Sie fördert damit voll angenommene und daher wirksame, hochwertige Reorganisationen (5).

---

(1) Vgl. die Abschnitte 2.521, 2.331 und 2.321 sowie z.B. Sievers (OE) 12
(2) Vgl. Wall/Lischeron (Ergebnisse) 103
(3) Vgl. Schmidt (Selbstbestimmung) 125 ff., Lattmann (Mitarbeiter) 506 f.
(4) Vgl. Remer (Organisationsprozess) 368 f., Steiner/Reske (Aufgaben) 39 ff.
(5) Vgl. Kirsch/Esser/Gabele (Reorganisation) 398

Überdies stärken die durch die Beteiligung gewonnene Motivation und Weiterbildung der Mitarbeiter die Leistungsfähigkeit der Unternehmung über die Reorganisation hinaus (1).

Allerdings können die unterschiedlichen Sichtweisen der Beteiligten auch <u>Konflikte</u> aufwerfen, die eine echte Einigung verhindern und in einen mehrdeutigen Kompromiss münden, bei dessen Verwirklichung dann jeder seine Vorstellungen durchzusetzen sucht. Ausserdem weckt die Möglichkeit der Beteiligung verschiedentlich Erwartungen, die enttäuscht werden, und kann so zusätzliche Widerstände bei den Betroffenen verursachen (2).

## 2. Vertrauenspersonen der betroffenen Mitarbeiter

Nicht immer ist es möglich und sinnvoll, dass alle unmittelbar betroffenen Mitarbeiter intensiv am Reorganisationsprozess teilnehmen. Mehrere <u>Gründe</u> können dem entgegenstehen:

- zuviele Mitarbeiter sind unmittelbar betroffen
- zuviele Besprechungen und Sitzungen wären notwendig
- die Reorganisation muss innert kürzester Zeit erfolgen
- betroffene Mitarbeiter können sich zuwenig ausdrücken
- betroffenen Mitarbeitern mangelt es an Selbstvertrauen.

Der Aufwand einer umfassenden Beteiligung mag der Geschäftsleitung oder den betroffenen Mitarbeitern unangemessen hoch scheinen. Lediglich aus Zeitdruck ganz auf die Beteiligung zu verzichten, kann sich später aber als Fehlentscheidung entlarven.

Hier bietet sich die Möglichkeit an, "Vertrauenspersonen" betroffener Mitarbeiter in die Vorbereitung und Verwirklichung der Reorganisation einzubinden. Darunter sind Unternehmungsmitglieder zu verstehen, die unabhängig von ihrer formalen Stellung bei den betroffenen Mitarbeitern, tunlichst aber auch bei den Vorgesetzten Vertrauen geniessen. Ihre Autorität baut auf persönli-

---

(1) Vgl. Schmidt (Selbstbestimmung) 59 f., French/Bell (OE) 127
(2) Vgl. Kirsch/Esser/Gabele (Reorganisation) 399

chen Eigenschaften und Fähigkeiten, einem Wissensvorsprung oder besonderen Beziehungen auf. Als Kontaktperson besitzen sie eine verantwortungsvolle Mittlerrolle (1).

Dabei kann es sich um einzelne betroffene Mitarbeiter als deren Vertreter handeln - beispielsweise Meinungsführer oder Gruppensprecher - oder um Fürsprecher betroffener Mitarbeiter - beispielsweise Freunde, Verwandte, ausgleichende Organisatoren oder Personalleiter (2).

Entscheidend ist erstens, dass die Vertrauensperson die wahren Interessen der von ihr vertretenen betroffenen Mitarbeiter erkundet und bei der Reorganisation deutlich ausdrückt. Zweitens sollte sie die von ihr Vertretenen über den Stand der Verhandlungen auf dem laufenden halten (3). Im Idealfall ist sie Bindeglied zwischen den formell an der Reorganisation Beteiligten und einer informellen Gruppe mit den von ihr vertretenen betroffenen Mitarbeitern, die durch sie mittelbar Beteiligte sind.

3. Betriebsräte

Betriebsräte sind formell gewählte Organe zur allgemeinen Interessenvertretung der Arbeiter und Angestellten in einer Unternehmung. Ihre Wahl erfolgt damit unabhängig von einer allfälligen Reorganisation.

Die Rechte der Betriebskommissionen in der Schweiz entspringen teils gesamtarbeitsvertraglichen Vereinbarungen, teils freiwilligen Zugeständnissen der Unternehmungen (4). In der Bundesrepublik Deutschland und in Oesterreich wurden die Rechte der Betriebsräte gesetzlich geregelt (5); weil aber der gesetzliche Zwang fehlt, gibt es auch hier mittlere Unternehmungen ohne Betriebsrat (6).

---

(1) Vgl. Chmielewicz (Arbeitnehmerinteressen) 193 f.
(2) Vgl. z.B. Schwarz (Humanisierung) 292
(3) Vgl. Friedel-Howe (Partizipationskompetenz) 235
(4) Vgl. Lattmann (Mitarbeiter) 508
(5) Im Betriebsverfassungsgesetz bzw. Arbeitsverfassungsgesetz.
(6) Vgl. Abschnitt 2.41

Bei beabsichtigten Reorganisationen haben Betriebsräte Anspruch auf frühzeitige <u>Information</u> durch die Geschäftsleitung sowie auf das Vorbringen von Vorschlägen und auf <u>Beratungen</u> zur Verhinderung oder Milderung von Nachteilen für die Mitarbeiter. Ausserdem können sie umstrittene Massnahmen verzögern oder - wenn ihnen die im Gesetz vorgesehene Schlichtungsstelle recht gibt - sogar verhindern (1).

Der Hauptbeitrag der Betriebsräte zur Reorganisation besteht in der <u>Wahrnehmung einer Schutzfunktion</u> für die Mitarbeiter. Ihr Vorhandensein bewirkt, dass für die Mitarbeiter nachteilige, wirtschaftlich nicht notwendige Massnahmen oft schon von Anfang an ausgeschlossen werden. Darüberhinaus, für eine eigentliche Mitgestaltung der Reorganisation, interessieren sich die meisten Betriebsräte nur wenig. Sie schöpfen die vom Gesetz vorgesehenen Möglichkeiten nur selten aus (2).

Diese freiwillige <u>Selbstbeschränkung</u> auf den Schutz der Mitarbeiter ist wohl auch sinnvoll. Freilich können einzelne Mitglieder von Betriebsräten als Vertrauenspersonen unmittelbar betroffener Mitarbeiter weitergehend bei der Vorbereitung und Verwirklichung der Reorganisation mitwirken (3).

Im Gegenzug empfehlen erfahrene Unternehmungsberater die frühzeitige und ausreichende <u>Information der Betriebsräte und ihre Einbindung</u> in Arbeitsgruppen. Dieses Vorgehen hilft, Konflikten vorzubeugen und die Betriebsräte vom Sinn der Reorganisation zu überzeugen.

---

(1) Vgl. Wächter (Betriebsrat) 356 f., Weissenberg/Cerny (Arbeitsverfassungsgesetz) 309
(2) Vgl. Weber (Strategien) 280, Remer (Organisationsprozess) 369 sowie Abschnitt 2.41
(3) Vgl. weiter oben.

### 3.314 Unternehmungsberater

Als "Unternehmungsberater" werden hier unternehmungsexterne Berater angesprochen, die <u>freiberuflich</u> oder als Mitglieder von <u>Beratungsfirmen</u> und beratenden Hochschulinstituten tätig sind. Oeffentliche Einrichtungen und Verbände bieten fast ausschliesslich eine Einstiegsberatung und vermitteln den ratsuchenden Unternehmungen im weiteren Hinweise auf geeignete Unternehmungsberater.

Die <u>Rollen, die Unternehmungsberater übernehmen</u> können, sind unterschiedlich in ihrem Gehalt an Anforderung und Anweisung an die beratene Unternehmung. Sie reichen vom fragenden Beobachter über den Mitarbeiter an Problemlösungen bis zum Experten mit Entscheidungs- und Anordnungsbefugnis (1). Für Reorganisationen in mittleren Unternehmungen werden vor allem drei Arten von Unternehmungsberatern gesucht (2).

1. <u>Unternehmungsführungsberater</u>

   Allround-Fachberater die der Geschäftsleitung mit einer ganzheitlichen Beratung zur Seite stehen können, sind vergleichsweise selten zu finden, aber besonders gefragt. Denn die beratungsbedürftige Unternehmung braucht zunächst meistens einen solchen Generalisten, der auf die Schwachstellen der Unternehmung hinweisen kann. Zur Lösung spezieller Probleme können dann Spezialberater herangezogen werden (3). Die anspruchsvolle Tätigkeit des Unternehmungsführungsberaters erfordert unternehmerisches und ganzheitliches Denken, eine gründliche Ausbildung, Erfahrung und eine charakterliche Eignung (4).

---

(1) Vgl. Lippitt/Lippitt (Beratungsprozess) 105 ff., Wohlgemuth (Unternehmensberatung) 345 ff., Schnopp (Nicht-direktive Beratung)
(2) Vgl. z.T. Hill/Fehlbaum/Ulrich (Organisationslehre) 490
(3) Vgl. Zander/Ziehm (Zusammenarbeit) 15, Kailer (Unternehmensberatung) 15 f.
(4) Vgl. auch Staerkle (Aufgaben) 513 f.

2. Spezialberater

Dazu zählen Fachberater für bestimmte Funktionen - beispielsweise EDV, Logistik, Bürokommunikation, Planung und Kontrolle oder Produktionssteuerung - oder für bestimmte Branchen. Von ihnen werden Lösungen für ganz spezifische Organisationsprobleme erwartet. Spezialberater müssen daher fachlich auf dem neuesten Stand der Technik und Wissenschaft und zugleich praxisgerecht sein.

3. Prozessberater

Geschult in Psychologie und Gruppendynamik helfen sie gemäss dem Konzept der "Organisationsentwicklung". Sie tragen dazu bei, dass die Beteiligten an der Reorganisation persönliche Einstellungen und zwischenmenschliche Prozesse besser erkennen, verstehen und beeinflussen können (1). Der Einsatz reiner Prozessberater eignet sich in mittleren Unternehmungen aber nur selten, am ehesten bei der Neugestaltung von Arbeitsabläufen, wie die Umfrage ergab (2). Meistens werden nämlich zugleich Mängel an spezifischem Fachwissen entdeckt.

Moderne Formen der Unternehmungsberatung - zum Beispiel die Durchführung sogenannter "Workshops" - verbinden Fach- und Prozessberatung (3).

Als hauptsächliche Vorteile des Berater-Einsatzes fallen bei Reorganisationen in mittleren Unternehmungen auf (4):

- Erfahrene und anfordungsgerechte Unternehmungsberater bringen zusätzliche fachliche und methodische Kenntnisse in die Unternehmung ein. Je spezialisierter ein Problem ist, desto nützlicher ist ihr Einbezug.

---

(1) Vgl. z.B. Wohlgemuth (Unternehmungsberater) oder (Organisationsentwicklung)
(2) Vgl. Abschnitt 2.623
(3) Vgl. Siegwart (Unternehmensberatung) 503 f., Malik/Fopp (Workshops)
(4) Vgl. die Argumente des Rationalisierungskuratoriums der Deutschen Wirtschaft (RKW) zit. in Zander/Ziehm (Zusammenarbeit) 14, Dumont du Voitel/Gabele/Kirsch (Initiatoren) 231 f., Müller (Organisationsberatung) 48 ff.

- Durch ihre <u>Unabhängigkeit</u> von persönlichen Interessen und Beziehungen innerhalb der Unternehmung und von Sachmittellieferanten bewähren sie sich als <u>neutrale Gesprächspartner</u> (1).

- Mit Unternehmungsberatern kommen <u>neue Anstösse</u> von aussen, die helfen, gegen Betriebsblindheit anzukämpfen.

- Als <u>Erweiterung der Managementkapazität</u> für die Dauer der Reorganisation wirken sie zeitlich-personellen Engpässen entgegen.

- Die Mitwirkung von Unternehmungsberatern schafft ein <u>produktives Spannungsfeld</u>, das die Reorganisation vorantreibt. Dasselbe geschieht durch den <u>Kosten-Nutzen-Druck</u>, den die Beratungshonorare erzeugen.

Unternehmungsberater können bei Reorganisationen also fachliche, vorgehensbezogene und kapazitätserweiternde Unterstützung bieten. Doch es gibt einige bedeutsame <u>Bedingungen für eine nutzbringende Reorganisationsberatung</u>, wie Aussagen von Beratern und Beratenen zeigen:

- Grundvoraussetzung ist das <u>Vertrauen</u> zwischen Beratern und Beratenen, vor allem seitens der Geschäftsleitung, die dafür mitverantwortlich ist, auch die anderen Betroffenen für die Reorganisation zu gewinnen (2).

- Für die Zufriedenheit mit dem Beratungsergebnis ist es notwendig, dass Geschäftsleitung und Berater zu Beginn <u>klare Zielvereinbarungen</u> treffen und sich allgemein über die <u>Rolle des Beraters</u> im Reorganisationsprozess einigen (3).

- Die fachliche wie die Prozessberatung erfordert eine <u>gemeinsame Bestimmung der Reorganisationsaufgabe</u> durch die Hauptbeteiligten (4).

---

(1) Vgl. Gumpert/Boyd (Einsamkeit)
(2) Vgl. Kratzer (Verlauf) 203, Siegwart (Unternehmensberatung) 502 f.
(3) Vgl. Lippitt/Lippitt (Beratungsprozess) 99 ff.
(4) Vgl. Müller (Organisationsberatung) 46 ff., Nauer (Kriterien) 53

- Unbestritten ist heute die Notwendigkeit des frühzeitigen Einbezuges der unmittelbar betroffenen Führungskräfte und Mitarbeiter zur Erleichterung und Verbesserung der Lösung. Das Gegenteil fördert unnötige Gleichgültigkeit, Unsicherheit, Angst und Ablehnung (1).

- Die Beratung muss so einsichtig erfolgen, dass die Organisations- und Managementkenntnisse innerhalb der Unternehmung wachsen. Die Unternehmungsführung darf nicht vom Berater abhängig werden (2).

- Zugleich wird immer deutlicher, dass Unternehmungsberater bereit sein müssen, Mitverantwortung für die Verwirklichung der erarbeiteten Lösungen zu übernehmen. Beratungsaufträge dürfen erst dann als erfüllt gelten, wenn die ersten Erfolgsergebnisse da sind (3).

- Erfolgreiche Fachberater bringen mehr als nur Vorschläge ein:
  -- einen logischen, überprüfbaren Vorgehens- und Terminplan
  -- sich selbst als "Lokomotive" der Reorganisation, die für die zeitgerechte Abwicklung sorgt
  -- die Befähigung zur gemeinsamen Erarbeitung einer Lösung, die sie dann gegenüber Dritten überzeugend vertreten (4).

Der Unternehmungsberater muss also Vorzüge mitbringen, die die in der Unternehmung vorhandenen Fähigkeiten ergänzen. Dies gilt auch für den Einsatz von Unternehmungsberatern neben internen Organisationsexperten (5). Zumeist ist in solchen Fällen die enge Zusammenarbeit beider wünschbar (6). Diese Empfehlung wird durch die Umfrageergebnisse erhärtet, wonach bei 28% der Reorganisationen in mittleren Unternehmungen zugleich interne Stellen für Organisation und Unternehmungsberater beteiligt waren.

---

(1) Vgl. z.B. Siegwart (Unternehmensberatung) 502 f.
(2) Vgl. Wohlgemuth (Unternehmensberater) 354 f., Dumont du Voitel/Gabele/ Kirsch (Initiatoren) 232
(3) Vgl. Wohlgemuth (Unternehmensberater) 354, Nauer (Kriterien) 53
(4) Vgl. Nauer (Kriterien) 53, Grün (Berater-Einsatz) 15
(5) Vgl. Kocher (Externe) 138, Segesser (Organisator) 160
(6) Vgl. Staerkle/Dörler/Draeger (Organisatoren) 44

Der Einsatz problemgemässer, gut geschulter und erfahrener Unternehmungsberater ist eine zukunftsträchtige Investition für die Unternehmungen. Bezeichnenderweise leisten die Unternehmungsberater über drei Viertel ihrer Tätigkeit in Spitzenunternehmungen, die sich immer noch weiter verbessern wollen (1). Das derzeit schnelle Wachstum der Beratungsbranche birgt allerdings die Gefahr in sich, dass auch weniger qualifizierte Personen in diesen Beruf drängen, wenngleich die Berufsverbände dem entgegenzuwirken trachten (2). Deshalb sei ratsuchenden Unternehmungen hier der Rat gegeben, sich ihre Berater gut auszusuchen - anhand von Referenzen, Empfehlungen, unverbindlichen Kontaktgesprächen, aussagekräftigen Angeboten oder kleineren Probeaufträgen.

Abschliessend sei aber deutlich gesagt, dass die beauftragten Unternehmungsberater wohl Mitverantwortung für das Ergebnis der Reorganisation tragen, aber die Hauptverantwortung immer innerhalb der Unternehmung - insbesondere bei der Geschäftsleitung - liegt.

---

(1) Vgl. Resch zit. in o.V. (Unternehmensberatung)
(2) Nach Resch (Fachverbandsvorsteher der Unternehmensberater in Oesterreich) und Nauer (Präsident der Vereinigung der Schweizerischen Unternehmensberater/ASCO)

## 3.32 TRÄGER EINER REORGANISATION UND ANDERE BETEILIGTE

Abgesehen von ihrer Stellung in der Unternehmung unterscheiden sich die Beteiligten vor allem in ihrem Handeln, das ihre Einstellung zur Reorganisation widerspiegelt (Abb. 3-7):

Die wichtigsten Rollen spielen die <u>Träger</u> der Reorganisation, die diese durch ihre Motivation, Sachkenntnis und Durchsetzungskraft vorantreiben. Ihr Vorgehen bestimmt auch mit, wie weit <u>Gegner</u> auftreten, die sich der Reorganisation widersetzen. Zwischen Trägern und Gegnern sowie <u>Randbeteiligten</u> können während der gesamten Reorganisation Umschichtungen stattfinden.

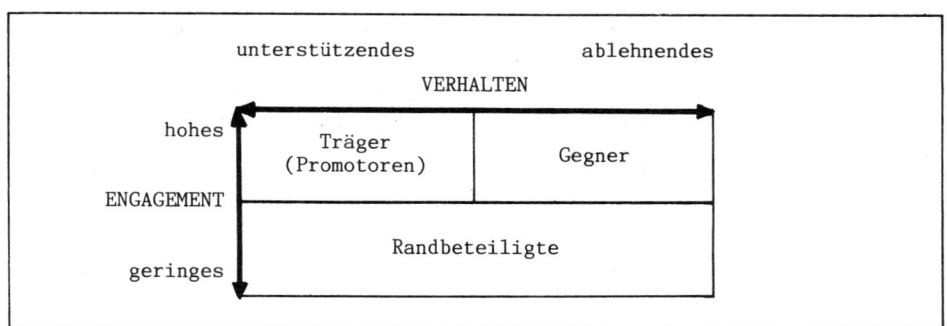

Abb. 3-7: Unterscheidung der Beteiligten nach ihrer Verhaltensrichtung und ihrem Engagement

Im folgenden werden die Träger und Gegner sowie teilweise die Randbeteiligten einer Reorganisation besprochen, und dann werden verschiedene Arten von Trägern behandelt. Abschliessend werden einander einzelne Träger und Trägergespanne gegenübergestellt.

### 3.321 Träger, Gegner und Randbeteiligte einer Reorganisation

Jede Reorganisation braucht "Träger" - Personen, die sich aus eigenem Antrieb für die Reorganisation einsetzen und sie durch ihre Fähigkeiten und ihre Stellung voranbringen (1). Die Träger regen die Reorganisation an, entwerfen das Grobkonzept, fassen

---

(1) Vgl. Witte (Organisation) 15 f., Eckhardt (Gestaltung) 117 ff.

den verbindlichen Entschluss für die Reorganisation und verwirklichen sie. Sie verursachen eine anregende Unruhe, Wellen des Nachdenkens und des Handelns, und schaffen allein schon durch ihre Betriebsamkeit die Voraussetzungen für erneuernde Reorganisationen (1). Sie müssen aber auch in teilweise mühevoller Kleinarbeit sachbezogene Schwierigkeiten und personenbedingte Behinderungen überwinden (2).

Dagegen treten nicht bei jeder Reorganisation "Gegner" auf, die sich ihr bewusst widersetzen, um sie zu verhindern. Gegner sind nicht einfach als lästiges, unabwendbares Übel anzusehen, sondern weisen oft auf ungelöste Probleme hin. Viele Widerstände lassen sich durch eine sachliche Auseinandersetzung zwischen Trägern und Gegnern für die Reorganisation nutzbar machen (3).

Neben Trägern und Gegnern gibt es meistens "Randbeteiligte", die sich nicht sehr betroffen, zu wenig sachkundig oder einflusslos fühlen. Randbeteiligte können - wie weiter unten dargestellt - im Laufe der Reorganisation aber zu Trägern oder Gegnern werden.

Die zwei gegensätzlichen Gruppen der Träger und der Gegner müssen unbedingt näher betrachtet werden, um eine Reorganisation zu verstehen und gestalten zu können. Wesentlich sind die Beweggründe, Voraussetzungen und Formen ihres Handelns. Ausserdem sollten die möglichen Umschichtungen zwischen Trägern, Gegnern und Randbeteiligten Beachtung finden.


1. Beweggründe der Träger und der Gegner

Die Beweggründe der Träger und der Gegner einer Reorganisation besitzen an sich zwei <u>gemeinsame Wurzeln</u> :

- das Denken an die Zukunft der Unternehmung

- das Denken an die persönliche Zukunft.

---

(1) Vgl. Szyperski (Promotoren) 493, Brose/Corsten (Promotoren-Ansatz) 90
(2) Vgl. Abschnitt 2.33
(3) Vgl. z.B. Braune-Krickau (Widerstand)

Doch die Unterschiedlichkeit in der Beurteilung möglicher Entwicklungen und in den eigenen Interessen spaltet die beiden Gruppen.

Bei den Trägern mit ihrem Willen zur Reorganisation - dem als Antriebskraft der Reorganisation bereits ein Abschnitt gewidmet wurde (1) - lassen sich folgende Beweggründe zusammenfassen, die sich oft überlagern:

- unternehmungsbezogene Ziele, die nach ihrem Verständnis die Reorganisation nahelegen oder sogar unbedingt erfordern.

- lösungsbezogene persönliche Interessen an einer Reorganisation, die verdriessliche Störungen und Mängel ausschaltet und reibungslosere Informations- und Arbeitsprozesse sowie ein besseres Betriebsklima bringt.

- persönlicher Ehrgeiz bei der Reorganisation, der die Bedürfnisse nach Mitverwirklichung einer grossen Aufgabe, nach persönlicher und beruflicher Anerkennung wie nach einer Verbesserung der eigenen Stellung einschliessen kann.

Bei den Gegnern, die der Reorganisation bewusst Widerstand entgegensetzen - mit ihm befasste sich ebenfalls ein Abschnitt weiter oben (2) - stehen hingegen im Vordergrund:

- Nachteile für die Unternehmung, die in der Zeit des Umbruchs (3) oder als Folge der Reorganisation erwartet werden

- Angst vor persönlichen Nachteilen für den Betroffenen durch vorübergehende Mehrbelastung oder durch die Ergebnisse der Reorganisation

- persönliche Kränkung wegen der Art, wie die Träger der Reorganisation vorgehen, oder wegen der persönlichen Verbundenheit mit den bestehenden Verhältnissen.

---

(1) Vgl. Abschnitt 3.21
(2) Vgl. Abschnitt 3.232
(3) Vgl. Gabele (Organisationsanpassung) 26

## 2. Voraussetzungen des Wirkens als Träger oder Gegner

Träger wie Gegner einer Reorganisation bauen ihr Wirken auf ihrem eigenen Wissensstand und ihren Einflussmöglichkeiten auf.

Wesentliche <u>Unterschiede</u> liegen <u>in ihren</u> jeweiligen <u>Kenntnissen</u> über die Situation der Unternehmung, über äussere Entwicklungen, Chancen und Gefahren sowie über die Vor- und Nachteile der Reorganisation. Dies liegt daran, dass nicht jeder dasselbe wahrnimmt und für wichtig hält und für sich dieselben Schlüsse zieht (1).

- <u>Träger</u> erblicken aufgrund ihres Wissens und ihrer Beurteilung der gegebenen Situation und möglicher Entwicklungen vor allem Vorteile in der Reorganisation. Sie sehen ausserdem eine Möglichkeit, wie die Reorganisation erfolgen könnte.

- Für <u>Gegner</u> überwiegen hingegen die Informationen und Gesichtspunkte, die gegen die Reorganisation sprechen. Teilweise halten sie zwar das angestrebte Ziel für gut, die Reorganisation aber für undurchführbar oder viel zu aufwendig.

Anders verhält es sich mit der zweiten Voraussetzung des Wirkens. Die <u>Einflussmöglichkeiten von Trägern und Gegnern</u> sind grundsätzlich nicht verschieden. Sie hängen vielmehr von den persönlichen Machtquellen der einzelnen Beteiligten ab (2). Wichtig ist auch die Unterstützung, die sich gewinnen lässt, vor allem in der Geschäftsleitung (3).

## 3. Formen des Verhaltens bei Trägern und Gegnern

Das Verhalten der Träger einer Reorganisation ist darauf ausgerichtet, die bestehende Organisation in Frage zu stellen, die Entwicklung in eine neue Richtung zu lenken und auftretende Widerstände von Gegnern oder anderen Behinderern - beispielsweise zuwenig ausgebildeten Mitarbeitern - zu überwinden.

---

(1) Vgl. Abschnitt 3.222 über die notwendige Sachkenntnis zum Reorganisieren.
(2) Vgl. dazu Abschnitt 3.231
(3) Vgl. die Ziel- und Machtpromotoren im Abschnitt 3.322

Deshalb sollen die Verhaltensformen der <u>Gegner</u> stichwortartig vorangeschickt werden; sie sind weiter vorne ausführlicher dargestellt (1):

- Unverständnis zur Schau stellen
- Widerspruch und Ablehnung
- Senkung der Leistung
- Suche nach Verbündeten und Gruppen
- aggressives Verhalten
- Rückzug und Flucht.

Die möglichen Verhaltensformen der <u>Träger</u> der Reorganisation schliessen hingegen mehrheitlich die Berücksichtigung anderer Beteiligter ein, um deren Unterstützung zu gewinnen. Sie seien ebenfalls in Stichworten aufgezählt, während ihre Vor- und Nachteile weiter unten im Zusammenhang mit dem Vorgehen behandelt werden (2):

- Unterrichtung anderer und Besprechungen mit ihnen
- Suche nach Unterstützern und Mitträgern
- Schulungsmassnahmen für Betroffene
- Einbezug der Betroffenen und Gegner in die Vorbereitung
- Vergünstigungen und Hilfestellungen für die Betroffenen
- Verhandlungen und Übereinkunft mit Gegnern
- Manipulation und Ködern von Beteiligten
- offene und versteckte Zwänge gegen Gegner
- Versetzung und Kündigung von Gegnern und Unfähigen.

Hier zeigt sich, dass die Träger immer darauf angewiesen sind, dass die (anderen) Betroffenen einschliesslich der Geschäftsleitung die Reorganisation tatsächlich annehmen und sich an die Neuerung halten.

---

(1) Vgl. Abschnitt 3.232 Ziff. 2.
(2) Vgl. Abschnitt 3.42 sowie Kotter/Schlesinger (Wandel) 19 ff.

## 4. Umschichtungen zwischen Trägern, Gegnern und Randbeteiligten

Zum <u>Träger oder Gegner</u> einer Reorganisation <u>werden die meisten spontan</u> (1). Die einen erwarten einen Nutzen oder lassen sich von der Aufgabe reizen; die anderen befürchten Nachteile. Vorerst genügen ihnen einige Grundinformationen und -überlegungen. Genauere Abklärungen und die Ausschau nach möglichen Vorgangsweisen und Lösungen bedingen bereits interessierte Träger.

Die spontane Entscheidung bedeutet aber auch, dass im Verlaufe weiterer Ermittlungen, Überlegungen und Diskussionen zur Reorganisation ein persönliches <u>Umdenken möglich</u> ist. Durch <u>sachbezogenes Lernen</u> können ursprüngliche Gegner zu Mitträgern der Reorganisation werden oder ihren Widerstand aufgeben, weil sie keine Angst mehr haben. Umgekehrt kommt es vor, dass ursprüngliche Träger sich zurückziehen oder die Reorganisation zu bekämpfen beginnen, weil sie ihren Vorstellungen nicht entspricht. Randbeteiligte wiederum können plötzlich Chancen oder Gefahren in der Reorganisation entdecken oder von Trägern oder Gegnern mobilisiert werden. Daneben können auch <u>zwischenmenschliche Gründe</u> Beteiligte zum Umschwenken veranlassen. Gegenseitige Verständigung bringt bisher gegensätzliche Beteiligte zusammen, während persönliche Konflikte bislang Verbündete entzweien (2).

Insgesamt geschehen im Laufe der <u>meisten Re organisationen</u> gewisse <u>Umschichtungen</u> zwischen Trägern, Gegnern und Randbeteiligten, vor allem durch die Einbindung neuer Personen in den Prozess, während andere in den Hintergrund treten (3).

Die <u>Träger</u> einer Reorganisation müssen daher laufend <u>versuchen, die vorantreibenden Kräfte zu stärken</u> und die bremsenden zu schwächen (4). Sie müssen sich um eine möglichst breite Unterstützung bemühen sowie ausreichend informieren und schulen.

---

(1) Vgl. Brose/Corsten (Promotoren-Ansatz) 91
(2) Vgl. Kotter/Schlesinger (Wandel) 19 ff., Bedeian (Organizations) 298 ff.
(3) Vgl. Kanter (Change) 20
(4) Vgl. Lewin (Feldtheorie) 292 ff., Staerkle (Organisation) 80 ff.

3.322 <u>Die notwendigen Arten von Trägern (Promotoren)</u>

Die Träger einer Reorganisation wirken auf verschiedene Weise an der Beseitigung von Hindernissen der Reorganisation wie mangelnder Motivation, mangelnder Sachkenntnis und mangelndem Durchsetzungsvermögen (1). Es gibt daher im wesentlichen auch drei Typen von Trägern von Reorganisationen. Diese sogenannten "Promotoren" verkörpern die drei für jede Reorganisation unbedingt notwendigen, weiter oben dargestellten Antriebskräfte (2) als:

- Zielpromotor
- Fachpromotor
- Machtpromotor (3).

Ihre Aufgaben sollen im folgenden kurz besprochen werden. Darüberhinaus werden Hinweise gegeben, wer diese Rollen bei Reorganisationen in mittleren Unternehmungen übernehmen könnte.


1. <u>Der Zielpromotor</u>

Der Zielpromotor ist gewissermassen die Seele, der treibende Geist der Reorganisation. Er ist Vorreiter und Verbreiter des Zieles, die Reorganisation durchzuführen. Die Idee dazu kann von ihm selbst oder von jemand anderem stammen, wesentlich sind sein unbewegsamer <u>Wille</u> zur Reorganisation und sein persönlicher <u>Einsatz</u> (4).

Die grundlegende Aufgabe des Zielpromotors besteht darin, die massgeblichen Personen in der Unternehmung und die Betroffenen <u>vom Sinn der Reorganisation</u> zu <u>überzeug e_ n</u> (5). Er wird ihnen die Reorganisationsidee auseinandersetzen und versuchen, ihnen Notwendigkeit, Vorteile und Nutzen einsichtig und schmackhaft zu

---

(1) Vgl. Grochla (Gestaltung) 54, Boehnisch (Widerstände) 120
(2) Vgl. Abschnitt 3.2
(3) Vgl. Riekhof (Kreative), der "kreative Köpfe", "Mentoren" und "Innovationsmanager" beschreibt.
(4) Vgl. Abschnitt 3.21 und Sandig (Betriebswirtschaftspolitik) 87
(5) Vgl. dazu Dyllick (Sinnvermittlung)

machen, um sie zur Unterstützung zu motivieren (1). Um unnötigen Widerstand zu vermeiden, sollte er von Anfang an den Kreis der möglicherweise Betroffenen eingrenzen und klarstellen. Für den Aufbruch vom Gewohnten muss er - wie die Umfrage zeigt - gegen personenbezogene Hindernisse wie Selbstgenügsamkeit, Betriebsblindheit, Gewohnheit, Risikobedenken und Neuerungsängste ankämpfen (2), sei es bei der Geschäftsleitung oder bei betroffenen Mitarbeitern. Die Ausbreitung der Motivation zur Reorganisation erfordert - neben Ausdauer - eine starke Überzeugungskraft.

Für das Gedeihen der Reorganisation ist auch entscheidend, dass der Zielpromotor wie einer fixen Idee hinsichtlich des Vorgehens oder der zu verwirklichenden Lösung verfallen ist. Er wird seine Idee immer als verbesserungsfähig ansehen und daher gesprächsbereit sein. Sonst würde er nämlich, anstatt die Motivation zur Reorganisation auszubreiten, Ablehnung und Widerstand herausfordern (3).

Wenn vorgängig eine Wahl zwischen mehreren Vorgehensweisen oder Lösungsansätzen möglich war, muss ein Zielpromotor eindeutig und überzeugend für die getroffene Entscheidung eintreten, um andere zum Mitmachen zu bewegen. Unzweideutige Stellungnahmen vermitteln den von ihm Angesprochenen die Sicherheit, richtig zu handeln, wenn sie die Reorganisation unterstützen (4).

Doch welche Personen kommen in mittleren Unternehmungen als Zielpromotor für eine Reorganisation in Frage? Grundsätzlich denkbar sind alle Unternehmungsmitglieder, aussenstehende Eigentümer, Geschäftsfreunde und andere Ratgeber. Hauptsächlich sind es aber die Unternehmer und Geschäftsführer, Führungskräfte, Organisationsexperten oder Unternehmungsberater, die bereits für die Unternehmung tätig sind.

---

(1) Schwarz (Re-Organisator) bzw. (Humanisierung) fordert einen "Sozialpromotor" zur Gestaltung eines Vorgehens, das die Betroffenen einbezieht und verpflichtet, was m.E. eine zu einseitig methodische Sicht ist. Vgl. auch Bedeian (Organizations) 298 ff., Doob (Aspects) 68 f.
(2) Vgl. Abschnitt 2.331, Kanter (Change) 21, Thom (Innovationsmanagement) 364 f.
(3) Vgl. Kieser (Änderungen) 44
(4) Vgl. Kanter (Change) 20

## 2. Der Fachpromotor

Der Fachpromotor steuert zur Reorganisation notwendige Sachkenntnis bei (1). Er beseitigt damit Wissensbarrieren, die die Reorganisation behindern oder sogar zum Scheitern bringen könnten. Ausserdem ist er ständig bemüht, Arbeit im Detail zu leisten und die anderen Beteiligten - insbesondere den Machtpromotor - sachgerecht zu beeinflussen (2).

Nur selten kann sich ein Fachpromotor mit dem Vorschlagen von Lösungen oder Teillösungen begnügen. Bei einem solchen Vorgehen wären der Neuerungsgrad und der Nutzen für die Unternehmung beschränkt. Wie ein EDV-Berater berichtete, werden deshalb beispielsweise bei der Einführung neuer EDV-Anwendungen in mittleren Unternehmungen heute meistens betriebsspezifische Geräte-Zusammenstellungen und Programme oder wenigstens entsprechende Anpassungen von Standardangeboten verlangt.

Meistens steht der Fachpromotor mitten im Lernprozess, der für die Entwicklung und Verwirklichung der Reorganisation wichtig ist. Er bringt Informationen ein, klärt Zusammenhänge auf, stellt entscheidende Fragen und knüpft Beziehungen innerhalb der Unternehmung und nach aussen (3). Sein Wirken ist dann vor allem gemeinsam mit mitlernenden Unternehmungsmitgliedern.

Der Fachpromotor trägt auch dazu bei, dass bei der Reorganisation sachliche Entscheidungen getroffen werden - im grossen wie im Detail. Er wird geeignete Beurteilungskriterien aufzeigen und die sachliche Beurteilung unterstützen.

---

(1) Vgl. Abschnitt 3.22
(2) Vgl. Witte (Organisation) 14 ff. und 55. Diese Studie belegt die Notwendigkeit eines Fachpromotors neben einem Machtpromotor.
(3) Vgl. Witte (Organisation) 40 ff.

Der Fachpromotor kann verschiedene Kenntnisse und Fähigkeiten in die Reorganisation einbringen (1):

- gute Einsicht in die inneren Verhältnisse der Unternehmung, besonders des zu reorganisierenden Bereiches
- gute Branchen- und Marktkenntnisse
- breites oder spezielles Management- und Organisationswissen
- analytische und unvoreingenommene Beurteilung
- Fähigkeiten zur Konzeptentwicklung
- Einsatz für eine der Reorganisationsaufgabe und den Betroffenen gerechte Vorgehens- und Arbeitsweise.

Insbesondere ein angemessenes Vorgehen - es ist weiter unten eingehend behandelt (2) - wird teilweise zu wenig beachtet. Wichtig ist nicht nur der geschickte Umgang mit Betroffenen und möglichen Förderern (3). Ein Fachpromotor kann vor allem solche Vorgehensfehler vermeiden helfen, die:

- bei Betroffenen die Annehmbarkeit der Reorganisation senken
- die Reorganisation unnötig verzögern
- minderwertige Ergebnisse erwarten lassen
- nutzlose Kosten verursachen.

Eine Reorganisation sollte einen möglichst vielseitigen Spezialisten als Fachpromotor haben, der einen breiten und für die Aufgabenstellung bedeutsamen Wissens- und Erfahrungsschatz sowie ein ganzheitliches Denken besitzt. Er ist anpassungsfähig und schöpferisch und verficht keine Patentlösungen oder Patentstrategien (4). Ergänzend können auch spezialisierte Fachpromotoren gebraucht werden, die besondere Kenntnisse oder Fähigkeiten in die Reorganisation einbringen.

Die Rolle eines Fachpromotors können bei Reorganisationen in mittleren Unternehmungen vor allem qualifizierte Führungskräfte, Organisationsexperten oder Unternehmungsberater ausfüllen.

---

(1) Vgl. dazu Abschnitt 3.22 sowie Child (Organization) 204, Staerkle/Dörler/Draeger (Organisatoren) 63 f.
(2) Vgl. Abschnitt 3.4
(3) Vgl. Schwarz (Humanisierung) 292 f.
(4) Vgl. Kanter (Change) 28

3. Der Machtpromotor

Die Sache des Machtpromotors ist die Durchsetzung der Reorganisation bei den Betroffenen – und wenn nötig auch "nach oben" (1). Er treibt den Neuerungsprozess tatkräftig voran, indem er die notwendigen Mittel zur Verfügung stellt und den an der Reorganisation arbeitenden Personen – insbesondere ihren Trägern – gegenüber Gegnern den Rücken deckt (2).

Machtpromotor einer Reorganisation kann daher nur jemand in einer Stellung mit weitreichenden Kompetenzen in der Unternehmung sein, eine Person, deren Wort unangefochten Gewicht besitzt (3). Die Betroffenen neigen nämlich dazu, eine Reorganisation eher anzunehmen, wenn sie von Personen betrieben wird, die sie als hochgestellt und zuständig anerkennen (4).

Damit schält sich deutlich heraus, dass die Rolle des Machtpromotors eine typische Führungsaufgabe ist. Führung bedeutet aber nicht nur Anpassung – beispielsweise die Übernahme der Reorganisationsidee von einem anderen – sondern auch Widerstand gegen Bestrebungen und Entwicklungen, die man nach eigenem Urteil für verhängnisvoll hält (5). Das Auftreten als Machtpromotor setzt daher voraus:

- Übereinstimmung der Reorganisation mit eigenen Vorstellungen
- Zuversicht in den Nutzen der Reorganisation
- Vertrauen in die mitbeteiligten Träger der Reorganisation.

Seine Stellung ermöglicht dem Machtpromotor, eifrige Mitträger der Reorganisation zu belohnen und Behinderer zur Verantwortung zu ziehen. Doch im Idealfall baut er auf Vertrauen, das er bei den Betroffenen besitzt. Dieses beruht in ihrer Überzeugung, dass ihr Chef zwar nicht immer ihren Willen erfüllt, aber immer das Rechte will (6).

---

(1) Vgl. Abschnitt 3.23 sowie die Ergebnisse der Abschnitte 2.522 und 2.623
(2) Vgl. Witte (Organisation 17 und 20, Gabele (Organisationsanpassung) 7 f.
(3) Vgl. Child (Organization) 204, Grochla (Gestaltung) 254
(4) Vgl. Doob (Aspects) 69, Kets de Vries/Miller (Barriers) 16
(5) Vgl. Ulrich (Management) 326
(6) Vgl. Ulrich (Management) 219

An einer tiefgreifenden Reorganisation beteiligen sich auch in
**mittleren Unternehmungen** meist mehrere Führungskräfte (1). Die
eigentlichen Machtpromotoren sind aber regelmässig in den
Geschäftsleitungen anzusiedeln. Auch aussenstehende Eigentümer
oder mittätige Familienmitglieder in entsprechender Stellung
können die Rolle des Machtpromotors nur in Ausnahmefällen
ausreichend erfüllen.


3.323 Einzelträger und Trägergespanne

Für jede erfolgreiche Reorganisation ist es notwendig, dass alle
drei Antriebskräfte - Wille, Sachkenntnis und Durchsetzungsvermögen - ausreichend verkörpert sind. Denkbar sind ein einzelner
Promotor, der all das in sich vereint, oder ein Gespann mehrerer
Promotoren. Qualifizierte und einsatzbereite Promotoren lassen
sich aber nicht zwangsweise "rekrutieren"; umso wichtiger ist es,
solche zu ermuntern und zu fördern (2). Denn letztlich spielt
immer die innere Einstellung eine entscheidende Rolle.


1. Einzelne Promotoren

Ein **einseitiger Ziel-, Fach- oder Machtpromotor** ist für eine
grössere Reorganisation in einer mittleren Unternehmung
unzureichend. Wenn beispielsweise nur ein Machtpromotor
vorhanden ist, führt dies voraussichtlich zwar zu einem
schnellen Entschluss, aber mit geringer Problemlösungsumsicht
und geringem Neuerungsgehalt. Wenn sich einzig ein Fachpromotor
für die Reorganisation einsetzt, wird sie wahrscheinlich lange
dauern und doch nur eine geringere Neuerung bedeuten. Noch
ungünstiger wird das Ergebnis ausfallen, wenn lediglich ein
Zielpromotor tätig wird; es wird nämlich zu gar keiner oder
einer sehr geringfügigen Neuerung kommen (3).

---

(1) Vgl. die Ergebnisse von Gabele (Organisationsanpassung) aus Grossunternehmungen.
(2) Vgl. Witte (Organisation) 57
(3) Vgl. Witte (Organisation) 55, Schwarz (Re-Organisator) 88

In den angeführten Beispielen wurde bereits unterstellt, dass der Macht- oder Fachpromotor zugleich Zielpromotor ist. Doch auch eine vollständige Personalunion ist möglich: ein an der Reorganisation stark interessierter, sachkundig-erfahrener und einflussreicher Gesamtpromotor. Hier besteht die Gefahr, dass zu wenige Kontakte mit anderen Beteiligten und mit Ideen von aussen gesucht werden (1). Bei weniger anspruchsvollen Reorganisationen, beispielsweise bei der Schaffung einer neuen Stabsstelle zur Entlastung der Geschäftsleitung oder bei der Errichtung einer zusätzlichen Verkaufsfiliale mag dies vorläufig - bis zur Bestellung des Stabsmitarbeiters oder Filialleiters - genügen.


2. Das Treiber-Bremser-Gespann

Im Rahmen von Reorganisationen machen sich "Treiber" bemerkbar, die Änderungsideen möglichst schnell verwirklichen wollen, und "Bremser", die reiflich überlegen und vorsichtig handeln wollen.

Die Verschiedenheit beruht nur teilweise auf unterschiedlichen Zielen und einem anderen Informations- und Wissensstand der einzelnen Beteiligten. In erster Linie erwächst sie aus ihrer persönlichen Grundeinstellung zu Neuerungen, die folgenden Grundsätzen gehorchen kann:

- Kein Risiko mit Neuem eingehen und das Bestehende belassen
- Das Bestehende nicht nur bewahren, sondern weiter entwickeln
- Das Bestehende wegen seiner Mängel durch Neues ersetzen.

In diesen Grundeinstellungen drückt sich die persönliche Gewichtung zweier gegenläufiger Bedürfnisse aus, nämlich des Strebens nach Gewinn (nach Besserem) und des Strebens nach Sicherheit (nach Bewährtem) (2). Sie richten sich nach der persönlichen Prägung, nach Erfahrungen und Erziehung des einzelnen.

---

(1) Vgl. Witte (Organisation) 55 f.
(2) Vgl. Sandig (Betriebswirtschaftspolitik) 86 ff., Zaleznik/Moment (Change) 40 f. und i.w.S. Boehnisch (Widerstände) 28 ff.

Reorganisationen haben zunächst unerschrockene <u>Treiber nötig</u>, die neue, erfolgversprechende Ideen wagemutig und engagiert in die Tat umsetzen möchten. Sie werden das Positive, die Chancen ihrer Reorganisationsidee sehen und versuchen, andere davon zu überzeugen. Den Gedanken, dass die Verwirklichung ihrer Reorganisationsidee auch negative Auswirkungen oder Gefahren mit sich bringen könnte, kennen begeisterte Treiber kaum (1).

Deshalb sind als Gegenpol vernünftige <u>Bremser wichtig</u>. Sie wollen mit der Reorganisation keine Risiken eingehen und stellen die vorgeschlagene Idee kritisch in Frage. Teilweise erheben sie auch ganz gezielte und begründete Einwände. Erfahrungsgemäss zwingt das die Treiber, die treffenden Argumente für die Verwirklichung ihrer Reorganisationsidee zu überlegen und Rechenschaft über die tatsächlichen Vor- und Nachteile der Idee abzulegen. Zugleich kommt ein beidseitiger Überlegungsprozess in Gang, wodurch Mängel der ursprünglichen Idee ausgebessert werden.

Als Bremser können auch <u>reine Gegner</u> der Reorganisation auftauchen, die nur eigene Ansichten und Interessen gelten lassen. Ihr Verhalten kann stärkere Bemühungen zur Lösung offener Probleme auslösen. Persönliche Auseinandersetzungen schaden aber der Sache wie den Beteiligten. Dennoch zielen manche Gegner strikte darauf ab, eine vorgesehene Reorganisation zu vereiteln (2).

Sachliche <u>Auseinandersetzungen</u> zwischen verständigungsbereiten Treibern und Bremsern führen bei der Reorganisation meist zu leistungsfähigeren Vorgehensweisen und Lösungen. Die erfreuliche Wirkung der Auseinandersetzungen entsteht durch die Förderung schöpferischen Denkens, gesteigerten Ehrgeiz und die gemeinsame Lösungssuche (3). Auch mittlere Unternehmungen ziehen somit entscheidenden Nutzen aus einem gesprächsfähigen <u>Treiber-Bremser-Gespann</u>, das eine leistungsfähige Reorganisation ausklügelt. Für ein solches Gespann zweier oder mehrerer Beteiligter kommen vor allem Geschäftsführer, Führungskräfte, interne Organisationsexperten und externe Berater in Frage.

---

(1) Vgl. Sandig (Betriebswirtschaftspolitik) 87
(2) Vgl. Brose/Corsten (Promotoren-Ansatz) 91 sowie (Interaktionstabellen) 449
(3) Vgl. Brose/Corsten (Interaktionstabellen) 449, Deutsch (Conflicts) 130 ff.

## 3. Das Promotorengespann

Entscheidende Vorteile ergeben sich auch aus der Aufgabenteilung und zugleich aus der nützlichen Auseinandersetzung von zwei oder mehreren Promotoren, die an einem Strang ziehen. Umfangreiche, auf die Aufbau- und Führungsstruktur oder technologisch ausgerichtete Reorganisation überfordern nämlich einen alleinstehenden Promotor. Ihre Erarbeitung verlangt, dass verschiedene, miteinander verflochtene Teilprobleme schrittweise bewältigt werden. Das Promotorengespann ist nachgewiesenermassen die erfolgreichste Trägerschaft für eine grössere Reorganisation (1).

Seine Vorzüge liegen vor allem in der Ergänzung des nachdrücklich treibenden Machtpromotors durch den schöpferischen und erfahrenen Fachpromotor, der sich für den Gesamtentwurf und wichtige Detailfragen engagiert. Wenn sich beide Seiten überlegend, offen und ehrlich beteiligen, bilden sie zugleich ein gutes Treiber-Bremser-Gespann. Wichtig ist ausserdem, dass ein im Umgang mit Menschen geschickter Promotor möglichst viel Unterstützung für die Reorganisation gewinnt (2).

Zwei Beispiele für mögliche Promotorengespanne seien hier angeführt:

1) Unternehmer (als Ziel- und Machtpromotor) und Unternehmungsberater (als Fachpromotor)

2) Betroffener Abteilungsleiter (als Ziel- und Fachpromotor), geschäftsführender Gesellschafter (als Machtpromotor) und interner Organisationsexperte (als Fachpromotor).

Für ein zugkräftiges Promotorengespann eignen sich bei einer Reorganisation in einer mittleren Unternehmung meistens nur die wenigen Führungspersonen, eventuelle Stabsmitarbeiter und aussenstehende Berater.

---

(1) Vgl. Witte (Organisation) 55 f. und (Kraft) 321 ff. und Riekhof (Kreative)
(2) Vgl. Müller Philipps Sohn (Determinanten) 164, Brose/Corsten (Interaktionstabellen) 448, Pfeffer (Coalitions) 313 f., Schwarz (Humanisierung) 292, Petersen (Reorganisieren)

## 3.33 DIE ZUSAMMENSTELLUNG DER TRÄGER EINER REORGANISATION

Zusammenfassend soll nun dargestellt werden, wer an einer umfangreicheren Reorganisation in einer mittleren Unternehmung mitwirken sollte. Die möglichen Beteiligten wurden oben nach ihrer Stellung in der Unternehmung sowie als Träger, Gegner oder Randbeteiligte der Reorganisation besprochen (1).

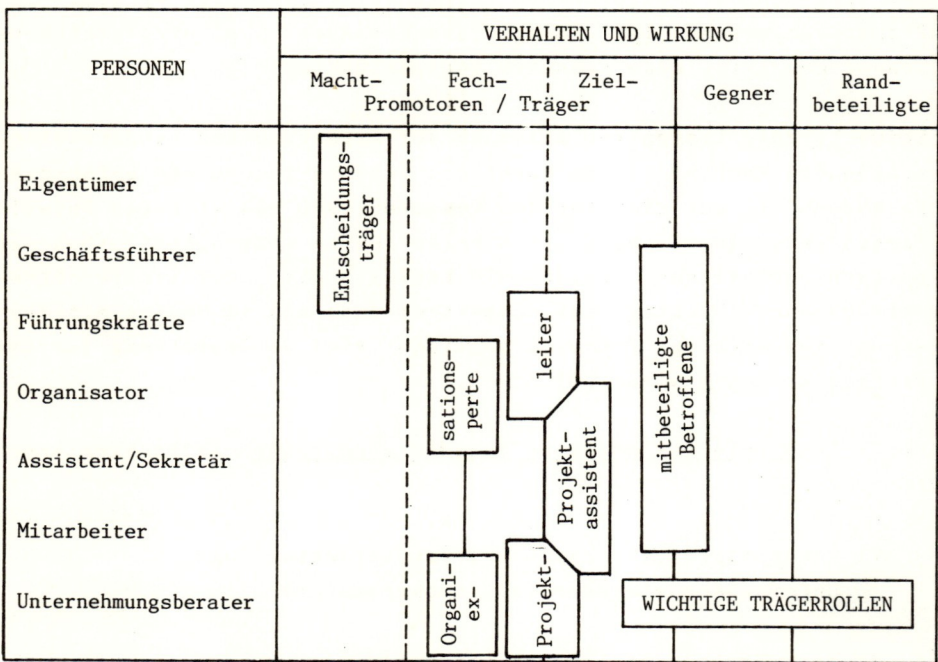

Abb. 3-8: Wichtige Trägerrollen bei Reorganisationen und dafür geeignete Personen in mittleren Unternehmungen

---

(1) Vgl. Abschnitte 3.31 und 3.32

Die dort beschriebenen Überlegungen weisen auf wichtige Rollen hin, die bei jeder Reorganisation durch entsprechende Personen besetzt sein sollten (Abb. 3-8):

- Projektleiter,
  eventuell unterstützt durch einen Projektassistenten
- Entscheidungsträger
- Organisationsexperte
- mitbeteiligte Betroffene.

1. Der Projektleiter - eine Führungskraft, ein interner Organisationsexperte oder ein Unternehmungsberater - hat die Aufgabe, die Reorganisation inhaltlich voranzubringen. Zur Führung der Projektgruppe - und bestehe sie nur aus zwei oder drei Trägern - gehören die Aufgabengliederung und -verteilung, die Pflege des Gruppenzusammenhalts sowie verschiedene Kontakte nach aussen (1). Im einzelnen sind die Planung und Überwachung von Terminen sowie eine wirtschaftliche Abwicklung der Reorganisation hervorzuheben (2). Der Projektleiter wirkt somit vor allem als Zielpromotor (3).

Insbesondere bei einem auswärtigen Projektleiter empfiehlt sich oft ein Projektassistent. Diese Rolle kann am besten der Assistent der Geschäftsleitung, ein interner Organisator oder ein engagierter Projektmitarbeiter übernehmen. Er entlastet den Projektleiter vor allem in administrativen Dingen wie der Terminkoordination oder der Zusammenstellung, Vervielfältigung und Verteilung von Unterlagen (4).

2. Neben dem Projektleiter sollte der zuständige Entscheidungsträger eingebunden sein. Darunter ist meistens der oder ein Geschäftsleiter zu verstehen oder ein Eigentümervertreter, wenn der Druck zur Reorganisation von dieser Seite kommt. Seine Mitwirkung unterstreicht das unternehmerische Interesse

---

(1) Vgl. Staerkle (Projektorganisation) 1743 f. und Abschnitt 3.42, insbesondere 3.423 Ziffer 1.
(2) Vgl. Scheuring (Projekte) 116 ff.
(3) Vgl. Abschnitt 3.322 Ziff. 1.
(4) Hinweise von Unternehmungsberatern

an der Reorganisation. Er ist auch hauptverantwortlich für die grundlegenden Entscheidungen bei der Reorganisation (1). Zu seinen weiteren Aufgaben zählen: die Unternehmungsziele klarzulegen, Grenzen abzustecken, Mitarbeiter und Mittel für die Reorganisation bereitzustellen und fortschreitende Ergebnisse zu fordern. Darüberhinaus kann dieser Machtpromotor (2) dem Projektleiter entscheidende Aussenkontakte erleichtern oder abnehmen.

3. Ein sachkundiger <u>Organisationsexperte</u> für die Reorganisation kann aus der Unternehmung selbst (3) oder von aussen als Unternehmungsberater (4) kommen. Seine Aufgaben liegen besonders in zwei Bereichen: erstens der fachlichen Mitwirkung bei der Erarbeitung leistungsfähiger Organisationslösungen und zweitens der Vorgehensberatung, die neben den sachlichen die menschlichen Gesichtspunkte ausreichend beachtet. Als eifriger und aufgeschlossener Fachpromotor arbeitet er teilweise bis in die Details an der Analyse und Beurteilung der Situation und zukünftiger Möglichkeiten, an der Entwicklung des neuen Konzeptes und an seiner Verwirklichung mit (5).

4. Zu den <u>Betroffenen</u> zählen die zuständigen Führungskräfte und unmittelbar betroffene Mitarbeiter oder deren Vertrauenspersonen (6). Mit ihrem Einbezug können ihre Kenntnisse und Fähigkeiten, ihre persönlichen Interessen, Ideen und Arbeitsleistung genützt und ihre Motivation und Weiterbildung gefördert werden. Vielfach hängt es auch an den Betroffenen, ob die Reorganisation so verwirklicht wird, wie sie beschlossen wurde. Darüberhinaus fällt ihnen oft die Aufgabe zu, Einzelheiten im Sinne der Gesamtzielsetzung zu ergänzen, was diesbezüglich ihr Wissen und ihren Willen erfordert. Der Einbezug der Betroffenen ist nicht eine Frage der Menschenfreundlichkeit, sondern eine Überlegung der Vernunft.

---

(1) Vgl. Abschnitt 3.41
(2) Vgl. Abschnitt 3.322 Ziff. 3.
(3) Vgl. Abschnitt 3.312 Ziff. 2.
(4) Vgl. Abschnitt 3.314
(5) Vgl. Abschnitt 3.322 Ziff. 2.
(6) Vgl. Abschnitte 3.312 Ziff. 1. und 3.313

Je nach Art und Umfang der Reorganisation, der Situation in der Unternehmung, äusseren Umständen sowie den Fähigkeiten, Interessen und der Verfügbarkeit von Unternehmungsmitgliedern ist die vorgeschlagene Zusammenstellung der Träger anzupassen. Mindestens drei Personen - der zuständige Entscheidungsträger, ein fachlich geeigneten Projektverantwortlicher und einer der unmittelbar Betroffenen - sollten die Reorganisation gemeinsam tragen. Ausnahmsweise können der Hauptbetroffene und der Entscheidungsträger oder der Projektverantwortliche zusammenfallen, zum Beispiel bei Veränderungen an der Führungsspitze oder wenn der Projektleiter einen neuen Geschäftsbereich aufbauen soll.

Dass verschiedene Rollen in Personalunion vertreten sind, ist somit bei entsprechenden Verhältnissen denkbar. Nur die Personalunion zwischen Entscheidungsträger und Projektleiter oder Entscheidungsträger und Organisationsexperte muss ausgeschlossen bleiben. Nur so kann die entscheidende Chance eines zugkräftigen Trägergespannes - das wenigstens zwei ernstzunehmende Träger benötigt - genützt werden (1).

Unbedingte Voraussetzung eines auf die Dauer guten Ergebnisses der Reorganisation ist ausserdem eine sehr umfassende, allseitige Kommunikation zwischen den Trägern, wie es Abbildung 3-8 zeigt.

Letztlich ist zu beachten, dass das engagierte Mittragen einer Reorganisation immer eine Sache des persönlichen Willens des einzelnen ist. Doch durch Anreize wie die gestalterische Aufgabe und persönliche berufliche und finanzielle Anerkennung kann mancher für eine tragende Rolle gewonnen werden (2). Die Zusammenstellung der Träger soll auch davon ausgehen, dass bei jeder Reorganisation im Vorgehen wie in der Lösung notwendigerweise menschliche und sachliche Gesichtspunkte eine Einheit bilden (3).

---

(1) Vgl. Abschnitt 3.323
(2) Vgl. Abschnitte 3.323 und 3.321 sowie z.B. Reber (Anreiz-Beitrags-Theorie)
(3) Vgl. dazu March (Footnotes) 572 ff.

## 3.4 DIE ABWICKLUNG VON REORGANISATIONEN

Jede wichtige Reorganisation weist für die betreffende mittlere Unternehmung eindeutige Eigenschaften eines " <u>Projektes</u> " auf (1):

- eine einmalige, verhältnismässig neuartige Aufgabenstellung
- mehrere Fach- und Interessenbereiche berührend
- zeitlich befristet mit einem Anfangs- und Abschlusstermin
- ohne vorgegebenen, bekannten Verlauf
- mit erheblichem Risiko behaftet
- unter Zeitdruck aufgrund des Abschlusstermines und der begrenzten Verfügbarkeit von Projektbeteiligten.

Für die Abwicklung von Reorganisationsprojekten sind vor allem

- ein phasenweises Vorgehen und
- eine projektmässige Zusammenarbeit

entscheidend. Hilfreich sind ausserdem für mittlere Unternehmungen geeignete Organisationstechniken. Diesen Fragen widmet sich der anschliessende Abschnitt.


### 3.41 PHASENWEISES VORGEHEN

Jede Reorganisation entsteht aus vielen einzelnen Schritten, unabhängig davon, ob sie systematisch durchgeführt wird oder nicht. Allein schon, dass die zukünftige Lösung zuerst überlegt und danach eingeführt wird, stellt ein schrittweises Vorgehen dar. Doch für eine zukunftsweisende, grössere Reorganisation genügt eine so oberflächliche, vielleicht sogar unbewusste Gliederung nicht. Ihre Planung und Verwirklichung sollte in

---

(1) Vgl. Pinkenburg (Projektmanagement) 132 ff., Frese (Organisation) 1960 f., Staerkle (Projektorganisation) 1739, Siegwart/Menzl (Projektmanagement) 12

mehrere abgeschlossene "Phasen" unterteilt werden, in denen bestimmte Teilergebnisse entstehen sollen: in einer Phase beispielsweise das organisatorische Grobkonzept, in einer späteren die einführungsbereite Organisationslösung.

Ein phasenweises Vorgehen wird zwar in der Praxis - auch in den untersuchten mittleren Unternehmungen - oft unterlassen (1). Doch in den einschlägigen Lehrbüchern wird es mit gutem Grund für alle wichtigeren Reorganisationen empfohlen (2). Reorganisationserfahrene Führungskräfte und Berater mittlerer Unternehmungen betonen dies ebenfalls (3). Deshalb soll im folgenden das phasenweise Vorgehen näher begründet und beschrieben werden.

### 3.411 Begründung für ein phasenweisen Vorgehen

Für eine phasenweise Reorganisation gibt es einige handfeste Gründe (4):

1. Die Übersicht vom Groben ins Detail

   Damit bei der Reorganisation die Übersicht erhalten bleibt, soll vom Groben ins Detail vorgestossen werden. Phasen sollen sicherstellen, dass

   - die wesentlichen Zusammenhänge erkannt und im Auge behalten werden,
   - Details zur gegebenen Zeit sauber behandelt werden,
   - die notwendigen Schritte in der richtigen Reihenfolge und in zweckmässiger Gründlichkeit vollzogen werden (5).

---

(1) Vgl. auch Witte (Phasen-Theorem) 625 ff. und (Entscheidungsprozesse) 635
(2) Vgl. Grochla (Gestaltung) 44 ff., Becker/Haberfellner/Liebetrau (EDV-Wissen) 213 ff., Krüger (Organisationsplanung) 26 ff., Wittlage (Methoden) 29 ff., Schmidt (Organisation) 56 ff., Kupper (Projektsteuerung) 35 ff., Steinbuch (Organisation) 190 ff., Haberfellner (Organisationsmethodik) 1703 und - beispielhaft - die bei Witte (Phasen-Theorem) 626 f. zitierte amerikanische Literatur.
(3) Vgl. z.B. Petersen (Reorganisieren) 481 ff.
(4) Vgl. Schmidt (Organisation) 36 f., Becker/Haberfellner/Liebetrau (EDV-Wissen) 221, Daenzer (Systems Engineering) 53
(5) Vgl. die Grundüberlegungen der Systemmethodik z.B. bei Beer (Management), Gomez/Malik/Oeller (Systemmethodik), Daenzer (Systems Engineering) 28 ff.

## 2. Eine zutreffende Planung

Abgeschlossene, im einzelnen überschaubare Phasen lassen sich zeit- und kostenmässig besser einschätzen. Dies ermöglicht gesamthaft eine genauere und wahrscheinlich zutreffendere Planung des Zeitbedarfes, der Termine und Kosten. Dadurch lassen sich teilweise schon frühzeitig mehrere verschiedene Vorgehensweisen gegenüberstellen, beispielsweise eine kürzere Projektdauer bei zusätzlichem Einsatz eines Unternehmungsberaters oder eine längere Projektdauer bei ausschliesslicher Eigenarbeit.

Dazu kommt, dass auch bessere Kosten-Nutzen-Vergleiche angestellt werden können.

## 3. Zielgerichtete Führung durch die Geschäftsleituung

Zu einem phasenweisen Vorgehen gehören "Entscheidungsknoten" vor und nach jeder Phase der Reorganisation. Sie bringen folgende Vorteile mit sich (1):

- Die Geschäftsleitung als Auftraggeber setzt vor jeder Phase Ziele: welche Klärungen und Fortschritte sie bis zu welchem Termin erwartet. Danach beurteilt sie das Ergebnis und das vorgeschlagene weitere Vorgehen: sie kann ihnen zustimmen, teilweise zwischen Varianten wählen, Verbesserungen verlangen oder die Reorganisation abbrechen. Damit kann die Geschäftsleitung als Auftraggeber der Reorganisation diese wirksam steuern.

- Projektleiter - unternehmungsinterne oder Berater - und Projektgruppe erhalten einen überschaubaren, termingebundenen Auftrag und übernehmen damit die Verantwortung für die Ausführung und einen gewissen Handlungsspielraum.

---

(1) Vgl. Becker/Haberfellner/Liebetrau (EDV-Wissen) 222 f., Schmidt (Organisation) 37

4. Verminderung des Risikos

Bei einem phasenweisen Vorgehen, bei dem die jeweils nächste Phase wiederum in einzelne Schritte unterteilt ist, lässt sich der Arbeitsfortschritt zeitlich und inhaltlich leichter kontrollieren. Abweichungen werden frühzeitig entdeckt und führen zu einem raschen Handeln. Dadurch wird das Risiko einer Fehlentwicklung, eines langsamen Dahinschleppens oder eines Versandens der Reorganisation verringert (1).

Gegen die Organisationsmethode des phasenweisen Vorgehens bestehen aber auch Vorbehalte. Sie wird teilweise als beengend und als zu aufwendig für mittlere Unternehmungen empfunden.

Die Methode des phasenweisen Vorgehens darf nicht Selbstzweck sein; sie soll das Reorganisieren unterstützen - nicht beherrschen. Beispielsweise sollten Phasenüberlappungen grundsätzlich vermieden werden. Zur Entschärfung von Termin-Engpässen können sie aber ausnahmsweise gerechtfertigt sein, insbesondere wenn für bestimmte Anlagen (Teile) lange Lieferfristen gegeben sind oder wenn die Detailplanung kritischer Projektteile voraus in Angriff genommen wird (2). Das Vorgehen darf auch nicht starr nach einem unveränderlichen Plan erfolgen. Planverbesserungen aufgrund neuerer Einsicht müssen möglich sein. Die vorgegebenen Termine sorgen umgekehrt dafür, dass die Verbesserungswünsche nicht ungerechtfertigte Verzögerungen verursachen (3). Eine phasenweise Reorganisation kann somit zielstrebig und flexibel zugleich erfolgen.

Der Einwand, in mittleren Unternehmungen sei ein phasenweises Vorgehen zu aufwendig, ist nur für einfache Reorganisationen berechtigt. In allen übrigen Fällen übrigen führt ein ungegliedertes Vorgehen auch in mittleren Unternehmungen mit hoher Wahrscheinlichkeit zu weniger sorgfältigen Vorbereitungen, mehr Schwierigkeiten bei der Einführung und weniger guten, vielleicht auch zu kostspieligen Lösungen.

---

(1) Vgl. Kupper (Projektsteuerung) 35 f., Becker/Haberfellner/Liebetrau (EDV-Wissen) 222, Madauss (Projektmanagement) 62 ff.
(2) Vgl. Madauss (Projektmanagement) 71
(3) Vgl. Knopf/Esser/Kirsch (Abbruch) 422 ff., Haberfellner (Organisationsmethodik) 1709, Becker/Haberfellner/Liebetrau (EDV-Wissen) 278 f.

Durchwegs gilt nämlich: Ein phasenweises Vorgehen ist <u>umso notwendiger</u>, je

- umfassender
- neuartiger
- längerdauernd
- mehr Beteiligte einbindend

die Reorganisation sein wird (1).

3.412  Die einzelnen Phasen

Im folgenden wird kein eigenes Phasenmodell für Reorganisationen in mittleren Unternehmungen entwickelt. Dafür gibt es zwei Gründe: Einerseits wurden bereits genügend theoretisch überlegte und praxiserprobte Phasenkonzepte für Reorganisationen veröffentlicht (2). Andererseits sollte allgemein der Versuchung widerstanden werden, ein bestimmtes Phasenmodell als das einzig richtige oder beste anzusehen. Wesentlich ist vielmehr, erstens überhaupt phasenweise vorzugehen und zweitens die Phaseneinteilung den jeweiligen Aufgabenstellungen anzupassen.

Ein einfaches <u>Phasenkonzept</u> soll <u>als Beispiel</u> aufgezeigt werden, wie ein <u>Reorganisationsprozess</u> gestaltet werden könnte (Abb. 3-9). Es wird anschliessend im einzelnen beschrieben.

Im Hinblick auf die Anwendung in mittleren Unternehmungen werden Erläuterungen und kritische Bemerkungen angebracht. Sie sind nützlicher als eine völlige - und bezogen auf die Einzigartigkeit jeder Reorganisation dennoch unzulängliche - Überarbeitung des Phasenkonzeptes.

---

(1) Vgl. Madauss (Projektmanagement) 71
(2) Vgl. insbesondere Daenzer (Systems Engineering) 26 ff., Schmidt (Organisation) 55 ff., Wittlage (Methoden) 28 ff., Becker/Haberfellner/Liebetrau (EDV-Wissen) 213 ff.,Grochla (Gestaltung) 44 ff., Bleicher (Unternehmungsentwicklung) 149 ff., Blum (Betriebsorganisation) 18 ff., Kormann (Führungsorganisation) 197 ff.

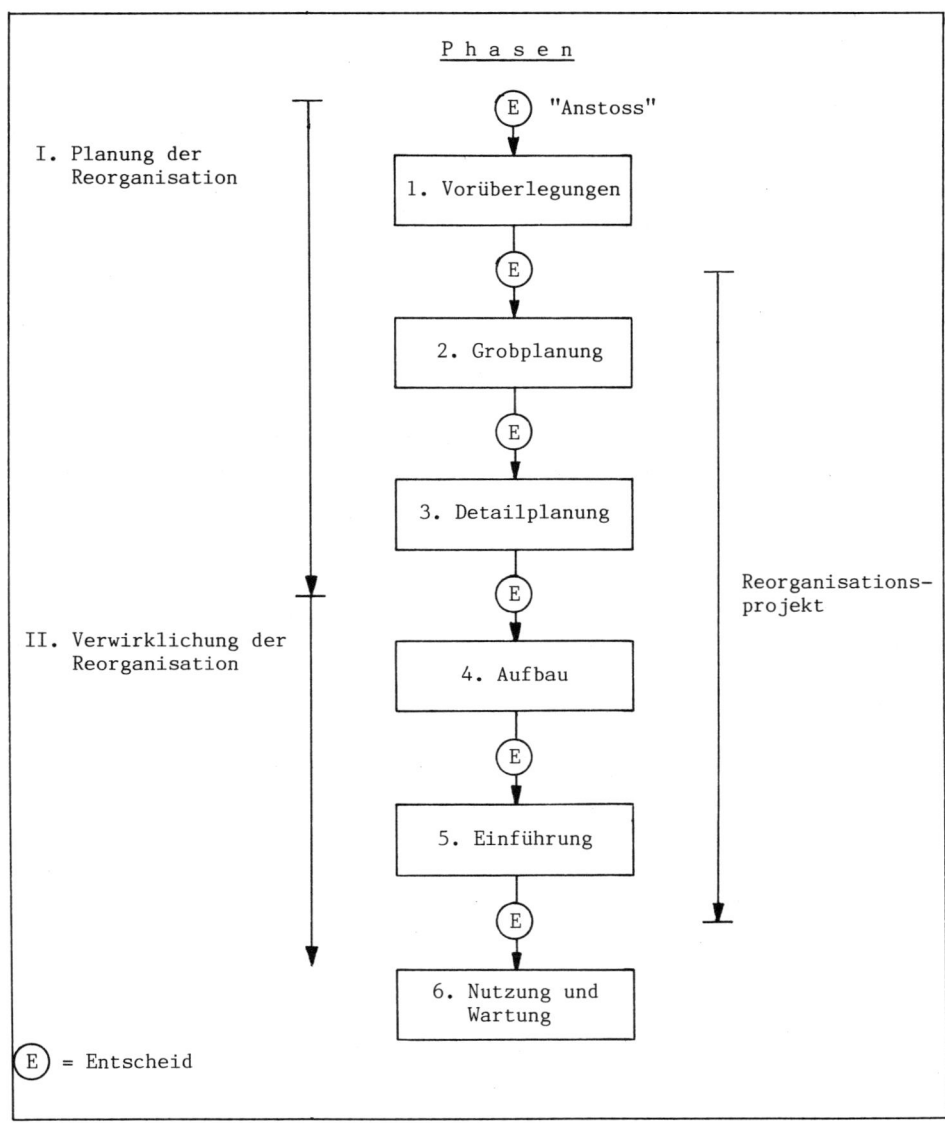

Abb. 3-9: Phasenweises Vorgehen beim Reorganisieren – ein Grundmuster

## 1. Die Planung der Reorganisation

### Der Organisationsplanungszyklus

Die ersten drei Phasen - von den Vorüberlegungen bis zur Detailplanung - umfassen die Organisationsplanung (1). Sie laufen im Grund nach dem gleichen Muster ab. Dieser "Organisationsplanungszyklus" beinhaltet folgende Schritte (Abb. 3-10) (2):

a) Zielklärung und Vorgehensplanung
b) Untersuchung der Ist-Organisation
c) Ermittlung und Analyse möglicher Lösungen
d) Begutachtung derselben und Auswahl des weiter zu verfolgenden Lösungsansatzes.

Grundsätzlich ist jeder Zyklusschritt in jeder Phase der Organisationsplanung notwendig. Doch je nach Reorganisation und Phase sollte auf die einzelnen Schritte unterschiedliches Gewicht gelegt werden. Wenn beispielsweise schon bei den Vorüberlegungen die Ziele detailliert geklärt werden mussten, ist die Zielklärung in der Grob- und Detailplanungsphase weniger aufwendig.

### Phase 1: Vorüberlegungen

Jeder Reorganisationsprozess beginnt mit Vorüberlegungen. Den Anstoss geben Gedanken an drängende betriebliche Probleme, an drohende und mögliche Gefahren für die Unternehmung und an Verbesserungsmöglichkeiten, die mit der Organisation im Zusammenhang gesehen werden. Sie verbinden sich mit einer sachlichen und Willensklärung, ob eine Reorganisation in Betracht gezogen werden soll (3).

---

(1) Vgl. Krüger (Organisationsplanung) 27, Siemens (Organisationsplanung) 76
(2) Vgl. Daenzer (Systems Engineering) 40 ff., Brauchlin (Problemlösung) 44 f. und 63 ff., Krüger (Organisationsplanung) 27 ff., Schmidt (Organisation) 55 ff., Becker/Haberfellner/Liebetrau (EDV-Wissen) 224 ff., Wittlage (Methoden) 30 ff.
(3) Vgl. Abschnitte 3.21 und 3.22, Daenzer (Systems Engineering) 32

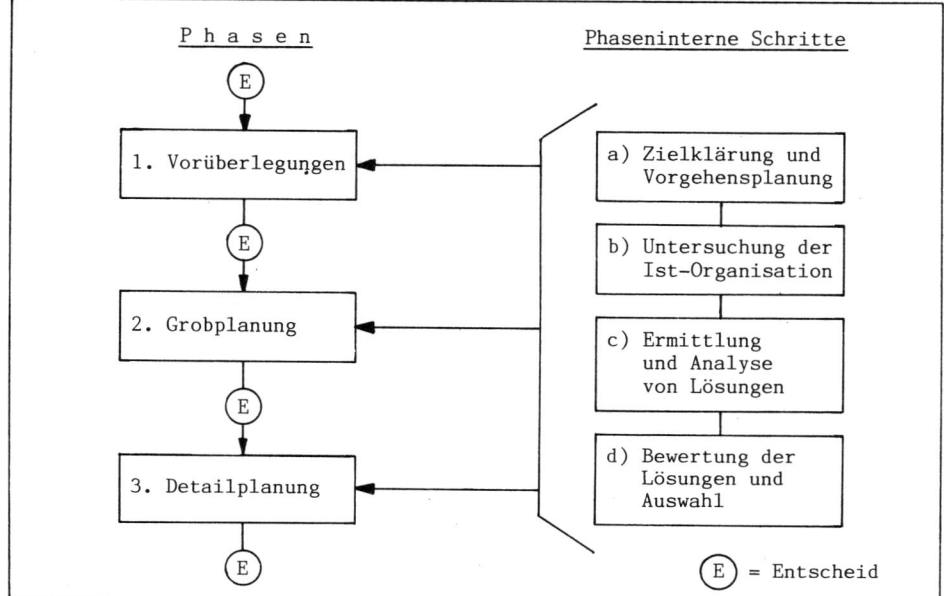

Abb. 3-10: Der Zyklus für jede Organisationsplanungsphase

In einer mittleren Unternehmung wird vor allem die Geschäftsleitung solche Überlegungen anstellen. Teilweise erhält oder sucht sie Unterstützung von initiativen Unternehmungsberatern, die sich Gedanken zur Organisation machen und Berichte oder Empfehlungen ausarbeiten (1).

Die Vorüberlegungen beruhen auf einem noch <u>groben Wissenstand</u> über einzelne Problemsymptome oder auf groben Ideen (2). Manchmal sind sie auch in ein umfassenderes Konzept der Unternehmung eingebettet, beispielsweise in ein "strategisches Unternehmungskonzept" oder in ein "Informatikkonzept" (3).

---

(1) Vgl. Ulrich/Staerkle (Verbesserung) 26
(2) Vgl. Krüger (Organisationsplanung) 27
(3) Hinweise aus der Umfrage und von Unternehmungsberatern

Auf jeden Fall sollten die Vorüberlegungen <u>verschiedene Punkte grob klären</u> (1):

- das <u>Problem</u>:
  Warum wird diese Frage überhaupt aufgegriffen und wie lässt sich das - vielleicht nur zum Teil - organisatorische Problem umreissen?

- die <u>Zielsetzungen</u>:
  Welche Ziele der Geschäftsleitung berühren das aufgeworfene Problem und welche davon sind "unumstössliche" Vorgaben?

- die <u>Lösungsansätze</u>:
  Welches Vorgehen wäre sinnvoll und welche Lösungsideen gibt es, die zu prüfen sind?

- den <u>Kosten-Nutzen-Vergleich</u>:
  Ist es - aufgrund grober Kosten-Nutzen-Schätzungen - sinnvoll, nähere organisatorische Untersuchungen einzuleiten und eventuell eine Reorganisation durchzuführen?

Die federführenden Personen werden in der Regel die <u>Vorüberlegungen schriftlich zusammenfassen</u> - möglichst übersichtlich und knapp. Mitarbeiter oder beigezogene Unternehmungsberater werden zugleich der Geschäftsleitung ihre Schlussfolgerungen und <u>gegebenenfalls</u> einen Vorschlag für ein Reorganisationsprojekt unterbreiten - als innerbetrieblichen <u>Antrag</u> oder als <u>Beratungsangebot</u> (2). Für eine effiziente weitere Organisationsplanung ist die Zusammenfassung der Vorüberlegungen von grossem Wert.

Nach Abschluss der Vorüberlegungen ist <u>von der Geschäftsleitung zu entscheiden</u>, ob eine Reorganisation weiter verfolgt werden soll. Sofern unterschiedliche Vorschläge vorliegen, muss sie auch diesbezüglich eine Entscheidung treffen.

---

(1) Vgl. allgemein Schmidt (Organisation) 56 f., Wittlage (Methoden) 32 f., Daenzer (Systems Engineering) 31 f., Kormann (Führungsorganisation) 198 ff., EDV-bezogen Becker/Haberfellner/Liebetrau (EDV-Wissen) 229 ff., Zehnder (Projektentwicklung) 24 ff.
(2) Die Ausarbeitung von Beratungsangeboten umfasst solche grobe Vorüberlegungen und ist für den Auftraggeber zumeist noch kostenlos. Daher empfiehlt es sich, zwei oder mehr Angebote einzuholen und sie fachlich und kostenmässig zu vergleichen.

Phase 2: Grobplanung

Eigentlich beginnt erst jetzt, mit der Inangriffnahme der Grobplanung, das "Reorganisationsprojekt" und das "Projektmanagement" (1). Dies bedeutet, dass die weiteren reorganisationsbezogenen Tätigkeiten unter einheitlicher Projektleitung, aber arbeitsteilig von mehreren Personen durchgeführt werden.

Zweck der Grobplanung ist es,

- das gesamte Reorganisationsproblem zu gliedern in "handliche" Teilaufgaben, die einzeln bearbeitet werden können (2);

- einen Grobentwurf zu erarbeiten, aufgrund dessen endgültig über die Verwirklichung oder Einstellung der Reorganisation entschieden werden kann (3).


1. Die Gliederung des Problems ist zwangsweise notwendig, da jede wichtige Reorganisation vielschichtig ist: aufgabenbezogen, personell, technisch, finanziell, zeitlich usw. Die gründliche Bearbeitung soll daher Teilaufgabe für Teilaufgabe erfolgen (4).

Schritte der Grobplanung (5):

- die sinnvolle Zerlegung der Reorganisationsaufgabe in Teilprobleme
- die Bestimmung der Schnittstellen zwischen den Teilprobleme
- die Erarbeitung der Grundlinie für die Gesamtlösung
- die Bestimmung der Reihenfolge für die Bearbeitung der Teilprobleme (Arbeits- und Zeitplan).

---

(1) Vgl. z.B. Kupper (Projektsteuerung) 38
(2) Vgl. Wittlage (Methoden) 33 f., Krüger (Organisationsplanung) 28, Schmidt (Organisation) 57
(3) Vgl. Becker/Haberfellner/Liebetrau (EDV-Wissen) 246, Daenzer (Systems Engineering) 33
(4) Vgl. Abschnitt 3.411 Ziffer 1.
(5) Vgl. Wittlage (Methoden) 33, Schmidt (Organisation) 57

Bei der Grobplanung ist besonders darauf zu achten, dass die Planung nicht zu breit und nicht zu schmal ausfällt. Zu breit würde bedeuten, dass auch völlig unrealistische Lösungsansätze genauer bearbeitet werden, und zu schmal, dass Vergleichsmöglichkeiten fehlen (1).

Als Grundsätze bei der Zerlegung der Reorganisationsaufgabe in Teilprobleme sind anzuwenden (2):

- lösbare Teilaufgaben
- keine breite Gliederung der Teilaufgaben, sondern besser eine mehrstufige
- möglichst hohe Übereinstimmung der Teilaufgaben mit Fähigkeiten und Zuständigkeitsbereichen der beteiligten Personen.

2. Im Anschluss an die erste, grundlegende Gliederung und zugleich mit ihrer Verfeinerung wird der Grobentwurf für die Reorganisation erarbeitet. Die notwendigen Schritte des Organisationszyklus lassen sich näher beschreiben (3):

a) Zielklärung und Vorgehensplanung

- Vorgehensplanung und Aufgabenverteilung im Rahmen der Grobplanung
- Zusammenstellung der Muss- und Wunschanforderungen der Geschäftsleitung und der Benutzer (4)

---

(1) Vgl. Zehnder (Projektentwicklung) 53 f.
(2) Vgl. Brauchlin (Problemlösung) 90 f., Daenzer (Systems Engineering) 28
(3) Vgl. Krüger (Organisationsplanung) 27 f., Kupper (Projektsteuerung) 39 f., Kormann (Führungsorganisation) 201 ff., Bleicher (Unternehmungsentwicklung) 169 ff.
(4) Vgl. Zehnder (Projektentwicklung) 36 ff.

b) Untersuchung der Ist-Organisation

- grobe Aufnahme und Untersuchung der Ist-Organisation mit ihnen Leistungsmerkmalen und Schwachstellen (Aufgabenverteilung, Arbeitsabläufe, Informationsverarbeitung und -speicherung, verwendete Sachmittel, insbesondere auch Formulare, usw.) (1)

c) Ermittlung möglicher Lösungen

- projektbezogene Wissenserweiterung (Besuch von Kursen, Kennenlernen von Lösungen anderer Unternehmungen, Literaturstudium usw.) (2)
- Erarbeitung von etwa zwei oder drei unterschiedlichen Lösungsmöglichkeiten für jede Teilaufgabe (ohne in die Einzelheiten zu gehen) (3)

d) Begutachtung und Auswahl des weiter zuverfolgenden Lösungsansatzes (4)

- Begutachtung der möglichen Teillösungen
- Verbindung zu einem gesamthaften Lösungsentwurf (eventuell mit Varianten)
- Kosten-Nutzen-Bewertung des Lösungsentwurfs


Abschliessend soll die Geschäftsleitung entscheiden:

- über Verwirklichung oder Einstellung der Reorganisation oder eine Überarbeitung des Grobentwurfes

- gegebenenfalls über das weitere Vorgehen.

---

(1) Vgl. dazu Ulrich/Staerkle (Verbesserung) 27 ff., Becker/Haberfellner/Liebetrau (EDV-Wissen) 230 ff.
(2) Vgl. Abschnitt 3.22
(3) Vgl. Zehnder (Projektentwicklung) 54, Ulrich/Staerkle (Verbesserung) 34 ff.
(4) Vgl. Becker/Haberfellner/Liebetrau (EDV-Wissen) 247 ff. für EDV-Projekte

Phase 3: Detailplanung

Zweck der Detailplanung ist es,

- in einzelne Teile gegliedert den Detailentwurf für die zukünftige Organisation zu schaffen,
- wobei vom bewilligten Grobentwurf nicht mehr grundlegend abgewichen werden darf (1).

Daran muss sich das Projektmangement anpassen, indem es für jede Teilaufgabe einen Verantwortlichen bestimmt und berücksichtigt, dass bei der Ausarbeitung der Einzelheiten mehr Betroffene und Helfer zu beteiligen sind (2).

Die Bedeutung des Detailentwurfes darf nicht unterschätzt werden (3). Am Detail entscheidet sich vielfach, ob die Organisation etwas taugt und ob sie später tatsächlich eingehalten wird. Dies bezieht sich auf den Inhalt des Entwurfes, teilweise aber auch darauf, wer an der Gestaltung der Details beteiligt wurde.

Erst bei der Beschäftigung mit den Teilproblemen bis in feine Einzelheiten lässt sich erkennen, welche Informationen zusätzlich notwendig sind und beschafft werden müssen (4).

Ein Verzicht auf Beiwerk ist um des Erfolges der Reorganisation und um der Wirtschaftlichkeit willen unerlässlich. Es gilt, vorrangig mit der Lösung der Normalfälle zu beginnen. Ausnahmen und Sonderfälle sollten erst zweitrangig berücksichtigt werden. Teilweise sind dort eigene Entwürfe angebracht. Manchmal ist es besser, Sonderfälle bewusst erst dann zu lösen, wenn sie auftreten (5). Solche Selbstbeschränkung bedeutet eine Konzentration auf das (vorerst) Wesentliche. Sie ist grundsätzlich für

---

(1) Vgl. Becker/Haberfellner/Liebetrau (EDV-Wissen) 256
(2) Vgl. dazu Becker/Haberfellner/Liebetrau (EDV-Wissen) 257
(3) Vgl. Becker/Haberfellner/Liebetrau (EDV-Wissen) 256
(4) Vgl. Krüger (Organisationsplanung) 28, Brauchlin (Problemlösung) 78
(5) Vgl. z.B. Schmidt (Organisation) 58, Zehnder (Projektentwicklung) 34

alle Arten von Reorganisationen ratsam, für die Umschreibung des Aufgabenbereiches einer Stelle beispielsweise ebenso wie für die Gestaltung von Arbeitsabläufen in der Materialwirtschaft oder Produktion (1).

Ebenso wesentlich ist bei der Detailplanung, dass laufend überprüft wird, ob die Mussanforderungen und so weit als möglich auch die Wunschanforderungen eingehalten werden. Ausserdem ist darauf zu achten, dass die Detailentwürfe zu den einzelnen Teilproblemen gesamthaft zusammenpassen (2).

Der Detailentwurf muss letztlich den Aufbau und die Einführung der neuen Organisation unmittelbar anleiten können. Die Pläne müssen daher deutlich werden (3):

- in benutzergerechten Dokumentationen der neuen Organisation (knappe, aussagefähige Anweisungen, Erläuterungen, Formulare)

- bei Computerunterstützung zusätzlich in programmiergerechten Vorgaben.

Auch der Detailentwurf in seiner Gesamtheit bedarf abschliessend der Genehmigung durch die Geschäftsleitung.

Bei weniger aufwendigen, leicht überschaubaren Reorganisationen kann die Planung auch in einer einzigen Phase erfolgen - ohne Unterscheidung von Grob- und Detailplanung (4). Eine solche Vereinfachung der Planung wird in mittleren Unternehmungen des öfteren möglich sein, besonders wenn die Geschäftsleitung selbst unmittelbar am Projekt mitwirkt.

---

(1) Als Beispiel zur EDV-Organisation vgl. Zehnder (Projektentwicklung) 71 ff.
(2) Vgl. Daenzer (Systems Engineering) 34 f., Kupper (Projektsteuerung) 40, Schmidt (Organisation) 58, Wittlage (Methoden) 34
(3) Vgl. Krüger (Organisationsplanung) 28, Becker/Haberfellner/Liebetrau (EDV-Wissen) 256 ff.
(4) Vgl. Krüger (Organisationsplanung) 28, Schmidt (Organisation) 58

## 2. Die Verwirklichung der Reorganisation (Phasen 4 bis 6)

Die Verwirklichung geschieht bei einer Reorganisation wie bei einem neuen Haus, wo auf die Planung der Bau und dann der Bezug folgen - und später die laufende Erhaltung:

Wenn die Detailpläne gutgeheissen sind, kann die Verwirklichung der neuen Organisation begonnen werden: erst ihr Aufbau, dann ihre Einführung und später ihre Nutzung und Wartung (Abb. 3-9).


### Phase 4: Aufbau

Zweck der Aufbauphase ist es, alles für die Einführung der geplanten Organisation vorzubereiten - Sachmittel und Personal. Insbesondere im Hinblick auf EDV-unterstützte Lösungen wird diese Phase teilweise auch "Systembau" genannt (1).

Im einzelnen gehören je nach Reorganisation unterschiedliche Aufgaben zur Aufbauphase, insbesondere die folgenden (2):

- Schaffung von räumlichen und Arbeitsplatzvoraussetzungen
- Anlagen- und Gerätebereitstellung (teilweise auch Anpassungen)
- Bereitstellung von Organisationsanweisungen, Stellenbeschreibungen, Ablaufplänen usw.
- Programmierung
- Stammdatenerfassung
- Formularbereitstellung
- Testbetrieb.

---

(1) Vgl. Wittlage (Methoden) 40 f., Daenzer (Systems Engineering) 36 f., Schmidt (Organisation) 58, Krüger (Organisationsplanung) 28
(2) Vgl. Daenzer (Systems Engineering) 37, Wittlage (Methoden) 41 und insbesondere EDV-bezogen Becker/Haberfellner/Liebetrau (EDV-Wissen) 260 ff., Zehnder (Projektentwicklung) 87 ff.

Der Aufbau einer neuen Organisation beansprucht unterschiedlich viel Zeit. Er kann Monate dauern, beispielsweise bei EDV- Projekten mit aufwendiger Programmierung oder umfangreicher Erstdatenerfassung. In anderen Fällen kann er schnell erledigt sein, beispielsweise bei einfacheren Änderungen in der Aufbau- und Führungsorganisation, wo oft fast nur Büros umgestellt werden müssen - und manchmal nicht einmal dies. Dann entfällt eine eigentliche Aufbauphase.

Bei einer technisch durchdrungenen Aufbauphase sollte abschliessend eine Abnahme stattfinden, wo überprüft wird, ob die neue Organisation den Vorgaben gemäss tauglich ist und für den Betrieb freigegeben werden kann (1).


Phase 5: Einführung

Wenn die neue Organisation soweit vorbereitet ist, kann die Einführung stattfinden: ihre Übernahme in den laufenden Betrieb (2). Sie ist meist verbunden mit einer gewissen Anlaufzeit, die von Unsicherheiten der Betroffenen und kleineren, auszumerzenden Mängeln der Organisation gekennzeichnet ist. Damit beginnt die neu geplante und aufgebaute Organisation Teil der betrieblichen Wirklichkeit - der tatsächlichen Organisation (3) - zu werden.

Zweck der Einführungsphase ist die wirtschaftliche und reibungslose Umstellung auf die neue Organisation (4).

Bisher war die Reorganisation fast ausschliesslich eine Sache der Geschäftsleitung und der Projektbearbeiter. Nun wird sie zur Sache der Anwender. In der Einführungsphase findet die inhaltliche und offizielle Übergabe der vorbereiteten neuen Organisation an die betroffenen Führungskräfte und Mitarbeiter statt. Gleichzeitig sind bisher geltende oder praktizierte Regelungen deut-

---
(1) Vgl. Kupper (Projektsteuerung) 41 f.
(2) Vgl. z. B. Krüger (Organisationsplanung) 28, Wittlage (Methoden) 224
(3) Vgl. die Bedeutung von "Organisation" in Abschnitt 1.22
(4) Vgl. dazu Becker/Haberfellner/Liebetrau (EDV-Wissen) 267

lich ausser Kraft zu setzen, um Unklarheiten zu vermeiden. Damit endet eigentlich das Reorganisationsprojekt, die Aufgabe der Projektbearbeiter, und diese Beendigung sollte auch offiziell ausgesprochen werden. Weitere Leistungen der Projektbeteiligten gehören nicht mehr zum ursprünglichen Projekt (1).

Besondere Aufmerksamkeit ist bei der Einführung den <u>Anwendern</u> zu widmen (2):

- ihrer ausreichenden <u>Information und Anleitung</u>
- der notwendigen <u>Schulung</u> von Schlüsselpersonen
- der <u>Hilfestellung</u> bei Anfangsschwierigkeiten seitens der Projektbearbeiter und der Vorgesetzten
- der rechtzeitigen <u>Neueinstellung</u> von zusätzlich benötigten Mitarbeitern
- und nicht zuletzt der <u>Motivation</u> der Betroffenen.

Die <u>Anwender</u> müssen <u>befähigt und gewillt</u> werden, die neugestaltete Organisation zu verwirklichen. Sonst können ungeachtet der sachlichen Güte der Reorganisation mangelhafte Sachkenntnis oder Widerstand zu Schwierigkeiten, unter Umständen sogar zum Scheitern der Reorganisation führen (3). Spätestens hier erweist sich die Beteiligung von Betroffenen an der Planung und am Aufbau der neuen Organisation allgemein als grosser Vorteil (4).

Mehrere <u>Verfahren der Einführung</u> können in Frage kommen (5). Allerdings sind verschiedene Randbedingungen zu berücksichtigen: die technischen und räumlichen Möglichkeiten, die verfügbaren finanziellen Mittel, zeitliche Erfordernisse und Vorränge, die Einstellung der Betroffenen zur Reorganisation und nicht zuletzt die Risikobereitschaft der Entscheidungsträger.

---

(1) Vgl. Schmidt (Organisation) 59, Zehnder (Projektentwicklung) 119 f.
(2) Vgl. z.B. Schmidt (Organisation) 59, Zehnder (Projektentwicklung) 116 ff., Staerkle (Organisation) 85, Ulrich/Staerkle (Verbesserung) 51
(3) Vgl. Schmidt (Organisation) 59 und Abschnitt 3.232 zum Widerstand bei Reorganisationen.
(4) Vgl. Abschnitte 2.521 und 3.421
(5) Vgl. Wittlage (Methoden) 221 f., Steinbuch (Organisation) 311 f., Blum (Betriebsorganisation) 21 f.

- Schlagartige Einführung

Sie bedeutet, dass zu einem bestimmten Zeitpunkt von der bisherigen Organisation vollständig auf die neue umgestellt wird. Dieses Verfahren ist nur dann sinnvoll, wenn es sich um eine kleinere, überschaubare Reorganisation handelt oder um eine organisatorische Neuerung, die zur bestehenden Organisation nur einen verhältnismässig geringen Bezug aufweist, zum Beispiel die Errichtung einer Filiale. Voraussetzung ist, dass:

- die einzuführende Organisationslösung bis in die Einzelheiten überlegt und ausgetestet ist

- die Betroffenen gut informiert und geschult sind.

- Probeweise und parallele Einführung

Unter der Voraussetzung, dass jederzeit wieder zur alten Organisation zurückgekehrt werden kann, ist eine probeweise Änderung möglich. Misstrauische Betroffene stimmen ihr leichter zu; ausserdem lässt sich eine Organisationslösung so im Alltag prüfen, bevor sie endgültig übernommen wird.

Aufwendiger ist eine parallele Einführung, wo Arbeiten für eine gewisse Zeit doppelt erfolgen, in der bisherigen und in der neuen Form. In der Regel ist mittleren Unternehmungen aufgrund der unverhältnismässig hohen Kosten von diesem Vorgehen abzuraten. Davon ausgenommen sind Fälle, wo ein Risiko ausgeschlossen werden soll. Dazu zählt der vertraglich vereinbarte Probebetrieb zur Prüfung der vollumfänglichen Tauglichkeit technischer Anlagen - beispielsweise in der Produktion, aber auch von EDV-Hard und -software.

Bei Reorganisationen, die mehrere Bereiche der Unternehmung betreffen, kann das neue Organisationskonzept zuerst probeweise oder parallel in einem Bereich eingeführt werden. Bei einem Erfolg lassen sich später die anderen Bereiche umstellen.

- Stufenweise Einführung

Grössere Reorganisationen, die aus mehreren Teilen bestehen wie beispielsweise die Umstellung des Finanz- und Rechnungswesens auf EDV, lassen sich stufenweise einführen: zuerst die Finanzbuchhaltung, dann zum Beispiel die Lieferanten- und Kundenbuchhaltung, dann die Anlagenbuchhaltung und zuletzt die Kostenrechnung. Nach jeder Stufe erfolgt eine Ergebnisüberprüfung, um notwendige Verbesserungen vorzunehmen. Dieses Verfahren ermöglicht mittleren Unternehmungen, mit ihren beschränkten personellen Kapazitäten auszukommen. Nachteilig ist hingegen die längere benötigte Zeitdauer, wodurch die Beteiligten möglicherweise ungeduldig oder unzufrieden werden.

Phase 6: Nutzung und Wartung

Nach Abschluss des Reorganisationsprojektes beginnt die hoffentlich am längsten dauernde Phase: die Nutzung und Pflege der eingeführten Organisation. Erst jetzt zeigt sich die Qualität der Reorganisation.

Zweck der nachfolgenden Betreuung der eingeführten Organisation ist die Sicherung und Erhaltung ihrer Nutzung und Qualität.

Die notwendige Nachsorge um die Qualität der Reorganisation während der Nutzung erstreckt sich auf mehrere Teile:

1. Überwachung der Einhaltung

   Es ist darauf zu achten, ob die neueingeführte Organisation eingehalten wird. Wenn dies nur teilweise oder nicht der Fall ist, ist den Hintergründen nachzuforschen: War vielleicht die Organisationsplanung oder -einführung mangelhaft? Sind alte Gewohnheiten noch nicht überwunden? Sind persönliche Interessen im Spiel? Haben sich zwischenzeitlich die Erfordernisse geändert? (1)

---

(1) Vgl. Wittlage (Methoden) 41, Ulrich/Staerkle (Verbesserung) 51 ff., Becker/Haberfellner/Liebetrau (EDV-Wissen) 271 ff.

## 2. Kontrolle des Reorganisationserfolges

Die Kontrolle des Reorganisationserfolges geht einen Schritt tiefer als die Überwachung, ob die neue Organisation eingehalten wird. Sie sollte etwa ein halbes bis ein Jahr nach Abschluss der Reorganisation durch die Geschäftsleitung und den Projektleiter erfolgen. Dabei wird untersucht, wie weit die bei der Planung festgelegten Ziele der Reorganisation erreicht wurden und mit welchen Mitteln (1). Dazu gehören insbesondere der tatsächliche Zeitrahmen sowie der personelle und finanzielle Aufwand, aber auch Nachteile, die zugunsten der Reorganisation in Kauf genommen wurden. Für manche gute Unternehmungsberater ist es eine selbstverständliche Serviceleistung, zur gegebenen Zeit mit ihren Auftraggebern einen solchen Rückblick zu halten (2).

## 3. Pflege und Wartung

Während der Nutzung einer organisatorischen Lösung treten meistens kleine Mängel oder neue Erfordernisse und Wünsche zutage, die nach Detailänderungen verlangen. Dazu zählt beispielsweise auch die Anforderung nach einer Erweiterung der Lösung und ihres Einsatzbereiches. Grundsätzlich ist zu erwarten: Je besser und ständiger die Organisation überwacht und auf ihre Zweckmässigkeit kontrolliert wird, umso eher erfolgen laufende kleine Anpassungen an die aktuellen Erfordernisse und Erkenntnisse und umso weniger werden grössere, einschneidende Reorganisationen erforderlich (3).

Am deutlichsten fällt die Wartung der EDV-Organisation ins Gewicht. Mittlere Unternehmungen sollten darauf achten, dass sie die notwendigen Änderungen auch nach Jahren durch eigene Leute oder zuverlässige Partner durchführen lassen können. Sonst verkürzt sich die Nutzungsdauer oder verringert sich die

---

(1) Vgl. Schmidt (Organisation) 60, Becker/Haberfellner/Liebetrau (EDV-Wissen) 271 f.
(2) Hinweise mehrerer Unternehmungsberater.
(3) Nach einer Feststellung von R. Staerkle

Qualität der Lösung, wodurch sie wesentlich unwirtschaftlicher oder plötzlich zu einem gefährlichen Engpass für die Unternehmung wird. Die beste Voraussetzung für fachgerechte Anpassungen bringen Betroffene mit, die schon am Reorganisationsprojekt stark beteiligt waren (1).

In der Phase der Nutzung und Pflege wird deutlich, dass Überwachung und weiterführende Planung und Anpassung praktisch nicht getrennt werden können (2). Organisieren ist eine Daueraufgabe, wenngleich tiefergreifende Reorganisationen nur in grösseren zeitlichen Abständen erfolgen.

---

(1) Vgl. Schmidt (Organisation) 60, Krüger (Organisationsplanung) 28 f., Zehnder (Projektentwicklung) 124 ff., Becker/Haberfellner/Liebetrau (EDV-Wissen) 271 ff., Hauschildt (Schaden) 144 ff.
(2) Vgl. Bleicher (Unternehmungsentwicklung) 153

## 3.42 PROJEKTMÄSSIGE ZUSAMMENARBEIT

Reorganisationsprojekte sind umfassende, sachbezogene Aufgabenstellungen. Deshalb spielen das Zusammenwirken der einzelnen Beteiligten und Betroffenen und die Arbeit in Gruppen eine wichtige Rolle.

Der folgende Abschnitt stellt zunächst Grundsätze der "Organisationsentwicklung" zusammen, die für mittlere Unternehmungen bedeutsam sein können. Anschliessend behandelt er die Abwicklung von Reorganisationsprojekten durch Gruppen, insbesondere durch eigens geschaffene Projektgruppen oder die Geschäftsleitung.

### 3.421 Grundsätze der Organisationsentwicklung

Der Begriff "Organisationsentwicklung" (OE) bezeichnet eine noch unkonventionelle Richtung der Organisationslehre. Sie hebt hervor, dass sich eine Organisation nur grundlegend ändern lässt, wenn sich das Verhalten der betroffenen Menschen ändert (1). Getragen wird das OE-Konzept von einem Menschenbild, das die persönlichen Bedürfnisse und Fähigkeiten des einzelnen betont. Entsprechend hat Organisationsentwicklung immer zum Ziel,

- die Leistungsfähigkeit der Unternehmung und

- die Arbeitszufriedenheit der betroffenen Unternehmungsmitglieder

zugleich zu verbessern (2).

"Organisationsentwicklung" ist ein im Wechselspiel zwischen Wissenschaft und Praxis entstandenes Konzept, aber auch ein Stück weit Ideologie. Es bezieht sich ursprünglich vor allem auf

---
(1) Vgl. Grochla (Gestaltung) 88
(2) Vgl. z.B. Becker/Langosch (Produktivität) 14 ff., Böhm (OE) 11

grosse Unternehmungen und Institutionen. Für einen abgerundeten Einblick in die Annahmen und Werthaltungen dieses Konzeptes und in verschiedene Anwendungen der Organisationsentwicklung kann eine reichhaltige Literatur herangezogen werden (1).

Die aus praktischer Sicht wesentlichen Merkmale des OE-Konzeptes zeigt eine Auswertung vieler erfolgreich durchgeführter OE-Projekte (2):

1. Bewusstsein gemeinsamer Probleme

   Die Unternehmungsmitglieder müssen Schwierigkeiten in ihrem Arbeitsbereich als Probleme erkennen, die sie mit anderen in der Unternehmung gemeinsam haben, und sie als Herausforderung erleben, etwas zu tun. Dies ist der Kerngedanke der Organisationsentwicklung, sofern er nicht auf den einzelnen beschränkt bleibt, sondern Gruppen oder die ganze Unternehmung erfasst (3).

2. Aktive Beteiligung der Betroffenen

   Die Betroffenen müssen ermutigt werden, an der Problemlösung aktiv mitzuwirken. Im allgemeinen ist eine Ermutigung und Förderung "von aussen" nötig, z.B. von der Geschäftsleitung, vom Berater oder vom Projektleiter. Die Beteiligung steigert die Einsatzbereitschaft, die Sachkenntnis und die innere Beziehung zur neuen Organisation (4).

---

(1) Vgl. insbesondere Becker/Langosch (Produktivität), French/Bell (OD); ausserdem Hinterhuber/Laske (Unternehmenspolitik), Böhm (OE), Trebesch (OE), Goerke (OE), Rehn (OE), Sievers (OE), Bennis/Benne/Chin (Planning), Glasl/ de la Houssaye (OE), Gebert (OE), Beckhard (OD)
(2) In Anlehnung u.a. an Becker/Langosch (Produktivität) 24 ff.
(3) Vgl. Becker/Langosch (Produktivität) 23 ff.
(4) Vgl. Becker/Langosch (Produktivität) 25 ff., Böhm (OE) 13 f. und 21 f.

3. <u>Arbeit in Gruppen</u>

Arbeitsgruppen wird im Rahmen der OE grosse Beachtung geschenkt, und zwar aus zwei Gründen (1):

- Hochwertige Lösungen vielschichtiger Probleme verlangen ein Mass an enger Zusammenarbeit, wie es sich nur in Gruppen zu zweit oder zu mehreren verwirklichen lässt.

- Arbeitsgruppen besitzen für die einzelnen Mitglieder einer Unternehmung eine hohe soziale Bedeutung; sie können sie beeinflussen und zu ihrer Bedürfnisbefriedigung beitragen.

4. <u>Klärung von Sach- und Kommunikationsproblemen</u>

Sämtliche wesentlichen Probleme - die sachlichen ebenso wie jene im Umgang miteinander - müssen aufgegriffen und bearbeitet werden. Konflikte sind offen zu besprechen und zu klären. Um sich selbst und andere besser zu verstehen, werden den Beteiligten ihre betrieblichen Werthaltungen - z.B. in bezug auf den Wert des einzelnen Menschen, den Sinn der Arbeit, innerbetriebliches Konkurrenzverhalten oder gemeinsame Entscheidungen - bewusst gemacht. So können sie diese Werthaltungen überdenken und gegebenenfalls verbessern (2).

5. <u>Lernen aus Erfahrung</u>

Die starke Auseinandersetzung mit den vorhandenen Problemen führt zu neuen Erfahrungen der Beteiligten, vermittelt ihnen neue Erkenntnisse und Einstellungen und weckt in ihnen schöpferische Fähigkeiten. Anstelle reiner Theorievermittlung wird deshalb mit den Betroffenen ein praktischer Lernprozess eingeleitet, der sie Erfahrungen und Sicherheit im Umgang mit ihren Problemen gewinnen lässt (3).

---

(1) Vgl. French/Bell (OD) 101 ff., Böhm (OE) 21
(2) Vgl. French/Bell (OD) 92 ff., Becker/Langosch (Produktivität) 40 ff.
(3) Vgl. Becker/Langosch (Produktivität) 43 ff., Böhm (OE) 20 f., French/Bell (OD) 98

6. Gemeinsames planmässiges Vorgehen

Das gesamte Vorgehen muss von allen Beteiligten gemeinsam getragen und ständig weitergeführt werden. Der Vorgehensplan und die (Zwischen-)Ziele sind immer wieder gemeinsam zu überdenken. Somit empfiehlt sich ein Vorgehen "Schritt für Schritt" bzw. ein phasenweises Vorgehen (1).

7. Ganzheitliches Denken

OE-Denken muss immer ganzheitlich ausgerichtet sein. Einzelne Unternehmungsmitglieder, Organisation, Unternehmung, Umwelt und der zeitliche Gesichtspunkt müssen ganzheitlich, d.h. im Gesamtzusammenhang und in ihren Wechselwirkungen gesehen werden (2).

Als knappe Übersicht über die Hauptmerkmale der Organisationsentwicklung mag dies genügen.


3.422 Organisationsentwicklung für mittlere Unternehmungen

Hier geht es darum, für mittlere Unternehmungen bedeutsame OE-Grundsätze in das Rahmenkonzept für Reorganisationen einzubringen:

1. Beteiligung der Mitarbeiter an der Lösung der bestehenden Probleme

    Das Anliegen darf nicht lauten "Wie verkaufe ich den Mitarbeitern die Reorganisation, die ich vorhabe?", sondern "Wie beteilige ich die Mitarbeiter an der Lösung der bestehenden Probleme?" (3)

---

(1) Vgl. Becker/Langosch (Produktivität) 47 ff., French/Bell (OD) 99 ff.
(2) Vgl. Becker/Langosch (Produktivität) 50 ff., French/Bell (OD) 95 f., Böhm (OE) 20
(3) Vgl. Kutscherer (Projektmanagement) 97

Das heisst, dass die Mitarbeiter dort mitgestalten können und sollen, wo sie sich besonders auskennen und unmittelbar betroffen sind: im eigenen Arbeitsbereich und dessen Umfeld. Dies ermöglicht einerseits, ihre Detailkenntnisse, Ideen und Arbeit zu nützen und fördert andererseits ihre Motivation und Weiterbildung (1).

2. Gut informierte, selbständige Mitarbeiter

Laufende gute - d.h. zeitige, freizügige, klare und ehrliche - Information der Mitarbeiter

- über die Unternehmung,
- über das Reorganisationsprojekt und
- über Zusammenhänge und Entwicklungen in der für die Unternehmung wichtigen Umwelt

ermöglicht erst ihre Einsicht - und Einsichtigkeit - in betriebliche, unternehmerische und wirtschaftliche Zusammenhänge und Notwendigkeiten. Gefordert und zu fördern sind aber auch die Bereitschaft und Gewöhnung der Mitarbeiter an selbständiges (Mit-)Denken und Handeln (2).

3. Führungsmässig geschulte Führungskräfte

Von den Führungskräften werden zweierlei Befähigungen erwartet: Sachkenntnis in ihrem Aufgabenbereich und Führungseigenschaften. Auf ersteres wird in mittleren Unternehmungen meistens stark geachtet, das zweitere hingegen teilweise klar vernachlässigt. Aber ein ausgezeichneter Techniker, Verkäufer oder Finanzbuchhalter ist noch lange keine gute Führungskraft.

Das heisst, die Führungskräfte benötigen - gerade auch bei einer Reorganisation - grundlegende betriebswirtschaftliche Kenntnisse und noch mehr die Befähigung, Menschen zu führen.

---

(1) Vgl. Abschnitt 3.313 Ziffer 1.
(2) Vgl. Staerkle (Organisation) 81, Hodeige (Beitrag) 142

Zu den wichtigen <u>Führungsfähigkeiten</u> gehören (1):

- Problemlösungsprozesse gut zu gestalten
- die Selbständigkeit und Mitwirkung der Mitarbeiter zu fördern und zu sichern
- genügend Erfahrung, um Gruppendiskussionen vorzubereiten, zu leiten und auszuwerten
- Vorschläge und Ideen aufzufangen, zu sortieren und gegebenenfalls weiter zu verfolgen
- Prioritäten zu setzen und sie zu vertreten
- bei unterschiedlichen sachlichen Anforderungen und Meinungsverschiedenheiten als Vermittler und Koordinator zu wirken

Dies erfordert meistens entsprechende Schulungen.

## 4. Gesprächs- und Konfliktfähigkeit der Beteiligten

Da wir uns die Mitarbeiter nicht ständig neu und ungebunden aussuchen können, werden wir sie zunächst einmal mit ihren Vorzügen, aber auch mit ihren Fehlern und andersartigen Ansichten und Interessen akzeptieren müssen. Nur so beginnt echte Zusammenarbeit (2).

Im Ertragen von Gegensätzen liegt die Kritikfähigkeit. Die Konfliktlösung - das Aufarbeiten von Interessengegensätzen und Meinungsverschiedenheiten - wiederum braucht das offene Gespräch (3).

---

(1) Vgl. dazu Glasl/de la Houssaye (OE) 87, Schertler (OE) 95, Bergström (Erfahrungen) 207
(2) Vgl. Kals (Lage) 72 f., Kranebitter (Entwicklungsinstrument) 145
(3) Vgl. Kranebitter (Entwicklungsinstrument) 150 und Abschnitt 3.423

Zusammenfassend lässt sich die Grunderkenntnis der Organisationsentwicklung, die auch für Reorganisationen in mittleren Unternehmungen gilt, folgendermassen beschreiben:

1. Durch gemeinsame Arbeit an den vorhanden Problemen werden Lernprozesse ausgelöst, die dazu beitragen können, produktive Fähigkeiten der Mitarbeiter zu fördern und zu entfalten, die sonst verkümmern (1). So werden Kräfte verfügbar für Verhaltensänderungen und für die Reorganisation.

2. Dies erfordert gut informierte und selbständige Mitarbeiter, führungsmässig geschulte Führungskräfte und bei allen Beteiligten ausreichend Gesprächs- und Konfliktfähigkeit.

Der fruchtbare Arbeitsgeist der Organisationsentwicklung baut auf glaubwürdigem Verhalten der Geschäftsleitung und Führungskräfte auf. Die Mitarbeiter müssen darauf vertrauen, dass die weitgehend partnerschaftliche Zusammenarbeit ernst gemeint ist. Werden die Erwartungen enttäuscht, so lässt sich der entschwundene Arbeitsgeist schwerlich wieder in die Unternehmung bringen.

### 3.423 Gruppenorientiertes Arbeiten

Gruppenorientiertes Arbeiten ist in mittleren Unternehmungen weder etwas Neues noch etwas Seltenes. Es bestehen Arbeitsgruppen aus den Vorgesetzten und ihren unmittelbar unterstellten Mitarbeitern, z.B. Geschäftsleitung (mit Sekretariat oder Assistenz), Einkauf, Verkauf, Produktion oder Buchhaltung (2). Daneben gibt es Arbeitsgruppen quer über organisatorische Bereichsgrenzen hinweg (3) - Schnittstellen für alltägliche Aufgaben, spontan entstandene Problemlösungsgruppen und offizielle Projektgruppen.

---

(1) Vgl. Becker/Langosch (Produktivität) 12
(2) Vgl. Vroom (Industrial), Likert (Ansätze), Becker/Langosch (Produktivität) 236
(3) Vgl. dazu z.B. Wunderer (Laterale Kooperation) 1295 ff.

Bei Reorganisationen in mittleren Unternehmungen spielen - wie weiter oben festgehalten wurde (1) - vor allem zwei Arten von Arbeitsgruppen eine wichtige Rolle: die - teils erweiterte - Geschäftsleitung und eindeutige Projektgruppen. Die Grenzen zwischen beiden Formen von Arbeitsgruppen verschwimmen jedoch stark; im einen Fall werden bestimmte Führungs- und Fachkräfte bzw. Vertreter der Mitarbeiter zu Besprechungen über die Reorganisation beigezogen, im anderen Fall aus diesen und zumeist mindestens einem Vertreter der Geschäftsleitung eine eigene Projektgruppe gebildet (2). Daneben gibt es häufig im Rahmen spontaner Zusammenarbeit kurzfristige Problemlösungsgruppen (3).

Die wichtigsten besonderen Eigenschaften und Vorteile echter Gruppenarbeit sollen im folgenden dargestellt werden.

## 1. Merkmale erfolgreicher Arbeitsgruppen

Wesentliche Voraussetzungen einer guten Gruppenarbeit sind das gemeinsame Ziel, eine geeignete Zusammensetzung, das Zusammengehörigkeitsgefühl, eine vielseitige Arbeitsweise der Gruppe und nicht zuletzt ein fähiger Projektleiter.

- Das gemeinsame Ziel

    Grundsätzlich entsteht eine Arbeitsgruppe zum Zweck einer aufgabenbezogenen, engen Zusammenarbeit einer kleinen Anzahl von Personen. Deshalb ist allgemein bei Beginn eines Reorganisationsprojektes eine Klärung der Zielsetzung und Aufgabenstellung wichtig. Die Gruppenmitglieder müssen die Ziele der Geschäftsleitung hinsichtlich der Reorganisation voll anerkennen. Denn nur wenn alle in der Gruppe dasselbe Ziel erreichen wollen, ist Gruppenarbeit sinnvoll. Die Zielsetzungen dürfen natürlich neuen Erkenntnissen angepasst werden. Die Mitglieder dürfen auch eigene Interessen verfolgen, solange sie das gemeinsame Ziel nicht in Frage stellen (4).

---

(1) In 78% der untersuchten mittleren Unternehmungen; vgl. Anhang Tab. 15 und Abschnitt 2.511
(2) Vgl. Abschnitt 2.514
(3) Vgl. Anhang Tab. 14
(4) Vgl. Gebert (Gruppengrösse) 1049, Becker/Langosch (Produktivität) 171 und 238, Rosenstiel (Gruppen) 802

- Die Zusammensetzung aus verschiedenen,
  geeigneten Mitgliedern

Eine Arbeitsgruppe setzt sich aus einer kleinen Anzahl von in der Regel zwei, drei bis höchstens zwölf Personen zusammen. Der Vielschichtigkeit der jeweiligen Reorganisationsaufgabe entsprechend muss sie <u>Mitglieder mit verschiedenartigen Sachkenntnissen</u> aus allen betroffenen Bereichen der Unternehmung - ausnahmsweise auch externe Berater - umfassen, um leistungsfähig zu sein. Gleichartige Kenntnisse, Erfahrungen und Interessen zum Reorganisationsproblem könnten sich nicht ergänzen und befruchten; Einzelarbeit wäre dann wirtschaftlicher und sinnvoller. Während eines Reorganisationsprojektes kann sich die Gruppenzusammensetzung durch natürlichen Wechsel wie durch sachbedingten Beizug oder Rückzug von Personen ändern (1).

Die Arbeit in der Gruppe stellt auch einige persönliche Anforderungen <u>an die Mitglieder</u> (2):

-- <u>Gruppenfähigkeit</u> - Kontaktfreudigkeit und Bereitschaft zu offener, vertrauensvoller Zusammenarbeit mit den anderen Gruppenmitgliedern

-- <u>Sachkenntnisse</u> - Beherrschung des eigenen Fachbereiches bzw. besonderes, auf die Reorganisation bezogenes Wissen

-- <u>gute Auffassungsgabe</u> - die Fähigkeiten, Zusammenhänge zu erkennen und dann neue Möglichkeiten zu entwerfen

-- <u>Aufgeschlossenheit und Kreativität</u> - die Fähigkeiten, in Frage zu stellen und Ideen zu entwickeln

---

(1) Vgl. Rosenstiel (Gruppen) 794, Becker/Langosch (Produktivität) 238 ff., Staerkle (Projektorganisation) 1742
(2) Vgl. z.B. Kutscherer (Projektmanagement) 93, Staerkle (Projektorganisation) 1746, Becker/Haberfellner/Liebetrau (EDV-Wissen) 300, Staerkle/Dörler/Draeger (Organisatoren) 63 ff., Volk (Teamgeist) 168

-- <u>Kritikfähigkeit</u> - die Befähigung, Gegensätze zu ertragen, sachlich zu urteilen, aus Beurteilungen des eigenen Verhaltens und eigener Ideen zu lernen sowie eigene Beurteilungen - Anerkennungen wie Bemängelungen - anderen in aufbauender, nützlicher Weise mitzuteilen (1)

-- <u>Lernfähigkeit</u> - die Befähigung und Bereitschaft, bei neuen Erkenntnissen und Erfahrungen eigene Ansichten und Verhaltensweisen zu verbessern.

- Der fähige Projektleiter

Nicht alleine, aber in besonderem Masse bestimmt der Projektleiter den Erfolg der Reorganisation. Er ist eine unbedingt notwendige Bezugsperson für die Arbeitsgruppe.

Der Projektleiter sollte noch <u>weitere Fähigkeiten</u> mitbringen als die übrigen Gruppenmitglieder (2):

-- die Fähigkeit, zu <u>koordinieren</u> und zu <u>planen</u>
-- Fähigkeiten im <u>Umgang mit anderen Menschen</u>, insbesondere zuzuhören, zu motivieren, zu verhandeln und zu überzeugen
-- die Fähigkeit, aufgrund eines breiten - nicht tiefen Wissens <u>die richtigen Fragen</u> an seine Mitarbeiter zu <u>stellen</u>
-- die Fähigkeit, neue <u>Ideen</u> zu entwickeln und aufzugreifen
-- Fähigkeiten, <u>Entscheidungen</u> zustande zu bringen oder selbst zu treffen, Entscheidungen durchzusetzen und Verantwortung zu übernehmen
-- Fähigkeiten, sich selbst zu motivieren, <u>Initiative</u> zu ergreifen und Belastungen auf sich zu nehmen.

---

(1) Vgl. Abschnitt 3.412 Ziffer 4
(2) Vgl. Abschnitt 3.422 Ziffer 3 und Staerkle (Projektorganisation) 1747, Kupper (Projektsteuerung) 54 f., Becker/Haberfellner/Liebetrau (EDV-Wis-) sen) 301, Staerkle/Dörler/Draeger (Organisatoren)

- Eine vielseitige Arbeitsweise

Eine leistungsfähige Arbeitsweise der Gruppe während einer Reorganisation bedingt, dass gemeinsame Besprechungen und Sitzungen mit intensiver Einzelarbeit abwechseln. Oft ist es auch sinnvoll, Kleingruppen zu bilden. Die Gesamt-Projektgruppe übernimmt dann in erster Linie die Festlegung des Vorgehens, die Diskussion und Verabschiedung von Vorschlägen und das Impulsgeben für die Einzel- oder Kleingruppenarbeit. Das Ordnen und kritische Analysieren von Informationen, das Entwickeln von Alternativen, die Erarbeitung von Details, die Dokumentation und ähnliche Aufgaben lassen sich in der Regel wirtschaftlicher in Einzelarbeit vornehmen. Kleine Untergruppen können beispielsweise mit Teilaufgaben wie der vertieften Besprechung von Einzelheiten, mit der Erarbeitung von Vorschlägen u.ä. betraut werden (1).

- Das Zusammengehörigkeitsgefühl

Bei echter Gruppenarbeit erleben sich die Gruppenmitglieder auf zweifache Weise zusammengehörig:

-- bei der Aufgabenbewältigung (Arbeit an der vorgegebenen Reorganisationsaufgabe)

-- im Zwischenmenschlichen (Entwicklung persönlicher Beziehungen unter den Mitgliedern).

Beides erfordert häufige und regelmässige Kontakte der Projektgruppenmitglieder. Wie persönlich oder distanziert sie miteinander umgehen sollen, ist in erster Linie von ihren persönlichen Wünschen abhängig. Für die offene Austragung von Konflikten ist ein persönliches Vertrauensverhältnis nötig; dieses muss aber nicht ins Privatleben der Beteiligten hineinreichen (2).

---

(1) Vgl. Staerkle/Dörler/Draeger (Organisatoren) 38 f., Vroom (Industrial) zit. in Rosenstiel (Gruppen) 802, Siemens (Organisationsplanung) 203
(2) Vgl. Becker/Langosch (Produktivität) 239 f., Rosenstiel (Gruppen) 794 f., Staerkle (Projektorganisation) 1742 ff., Gebert (Gruppengrösse) 1049, Gordon (Managerkonferenz) 133

Bei echter Gruppenarbeit rücken ausserdem die vorhandenen <u>hierarchischen Verhältnisse eher in den Hintergrund</u>. Denn Schweigsamkeit von Projektbeteiligten nach dem Motto "Der Chef oder der Experte wissen es sicher besser!" fruchtet nichts und sollte daher überwunden werden. Doch können sich - insbesondere während der Verwirklichung der Reorganisation - Arbeitssituationen ergeben, die ein strafferes, druckvolleres Führungsverhalten des Projektleiters oder der Geschäftsleitung nahelegen (1).

2. <u>Die Leistungsfähigkeit der Gruppenarbeit</u>

Gruppenarbeit erlaubt einerseits, die Vorteile aus dem Einbezug der Betroffenen und anderer, fähiger Mitarbeiter wahrzunehmen: die Einbringung ihrer Detailkenntnisse, Ideen und Arbeitsleistungen sowie Motivations- und Weiterbildungswirkungen (2). Andererseits bringt die Gruppenarbeit aufgrund der intensiven Gespräche und engen persönlichen Zusammenarbeit der Beteiligten noch zusätzliche Vorteile.

- <u>Chancen aus der Verknüpfung verfügbarer Sachkenntnisse</u> (3):

  -- <u>gegenseitige Information</u> über alles, was mit der Reorganisation in Zusammenhang steht, vor allem über gute Erfahrungen, Schwierigkeiten und Verbesserungsmöglichkeiten

  -- <u>Betrachtung</u> der Probleme <u>von verschiedenen Seiten</u>

  -- <u>nützliche Auseinandersetzungen</u> über Zustände und Idee sowie Idee und Gegenidee, die zu neuen, besseren Vorgehensweisen führen können (4)

  -- <u>gemeinsame Beurteilungen</u> und Einschätzungen der Zukunft, was auch einen Irrtumsausgleich begünstigt.

---

(1) Vgl. dazu Staerkle (Projektorganisation) 1745 f., Becker/Langosch (Produktivität) 188, Müller/Hill (Führung) 143
(2) Vgl. Abschnitt 3.313
(3) Vgl. dazu Müller/Hill (Führung) 141, Becker/Langosch (Produktivität) 72, Kutscherer (Projektmanagement) 103
(4) In Anlehnung an Staerkle (Dialektische Prozesse)

- Chancen gegenseitiger Unterstützung und Anspornung (1):

  -- Die sachlich-inhaltliche Zusammenarbeit und Unterstützung steigert sich bei guter Gruppenarbeit

  -- Die Gruppe kann bei schweren Entscheidungen eine Quelle seelischer Unterstützung und ein Schutz nach aussen sein, die den einzelnen entlastet (bei ungelösten Konflikten tritt allerdings auch das genaue Gegenteil ein).

  -- In erfolgsorientierten Gruppen spornen sich die Mitglieder gegenseitig zu guten Leistungen an.

- Chance der Bewältigung umfangreicher Reorganisationen

  Entscheidend ist aber, dass Arbeitsgruppen umfassende Reorganisationen bewältigen können, an denen ein einzelner vor allem wegen zu schmaler und oberflächlicher Sachkenntnis, geringerer Annahmebereitschaft der Betroffenen und Zeitmangel scheitern würde. In der Regel ist Gruppenarbeit leistungsfähiger als Einzelarbeit. Weniger leistungsfähig wird sie jedoch bei einer Mehrheit ungeeigneter Gruppenmitglieder, bei Prestigedenken und Rivalitäten oder bei starkem Auseinanderklaffen von Einfluss und Sachkenntnis der Mitglieder sein (2).

Zusammenfassend lässt sich feststellen, dass eng zusammenarbeitende Gruppen regelmässig einen Entwicklungsprozess durchmachen, der allerdings nie geradlinig und störungsfrei verläuft, sondern zwischen Erfolgen und Krisen schwankt (3). Eine reife, gut eingespielte Arbeitsgruppe weist letztlich die in Abb. 3-11 dargestellten Eigenschaften auf.

---

(1) Vgl. Müller/Hill (Führung) 142, Becker/Langosch (Produktivität) 21, Kutscherer (Projektmanagement)
(2) Vgl. Abschnitt 2.623 und Rosenstiel (Gruppen) 799 ff., Becker/Langosch (Produktivität) 72, Franke (Gruppen), Rüttinger (Konflikt)
(3) Vgl. Becker/Langosch (Produktivität) 239

| | |
|---|---|
| Atmosphäre: | formlos und entspannt |
| Gespräch: | aufgabenbezogen, (fast) alle Gruppenmitglieder beteiligen sich |
| Aufgabe: | von allen gut verstanden und akzeptiert |
| Verhalten: | alle hören einander zu und haben keine Angst, sich mit ausgefallenen Überlegungen lächerlich zu machen |
| Unstimmigkeiten: | nicht unterdrückt und nicht überspielt; die Gründe werden sorgfältig geprüft |
| Entscheidungen: | so, dass jeder einverstanden ist; Abstimmungsmehrheiten genügen i.d.R. nicht |
| Kritik: | häufig und offen, kaum persönliche Angriffe |
| Gruppenleiter: | herrscht nicht vor, noch wird es von ihm verlangt; die Gruppe handelt selbstbewusst |

Abb. 3-11: Eigenschaften eingespielter Arbeitsgruppen beim Reorganisieren (1)

Wenngleich bei Reorganisationen in mittleren Unternehmungen keine Arbeitsweise die einzig richtige ist (2), so erweist sich doch - insbesondere bei umfangreichen Reorganisationen - die Erarbeitung durch eine Gruppe in der Regel erfolgreicher als Einzelarbeit.

Damit der normale Geschäftsablauf nicht allzu stark beeinträchtigt wird, bietet sich die Bildung einer eigenen Projektgruppe und die Bestimmung eines fähigen, zeitlich entsprechend belastbaren Projektleiters an. Der erstmalige Einsatz der Projektorganisation erfordert freilich den zusätzlichen Aufwand, dass sich die Unternehmung auch darauf einstellen muss (3). Es mag daher in mittleren Unternehmungen oft zweckmässiger sein, dass weniger schwierige Reorganisationen

---

(1) Nach Krech/Crutchfield/Ballachey (Individual), zit. in Becker/Langosch (Produktivität) 240
(2) Vgl. Abschnitte 2.623 und 2.522
(3) Vgl. z.B. Kratzer (Verlauf) 254; Madauss (Nutzung) 11

durch die <u>Geschäftsleitung gemeinsam mit einzelnen</u> Führungskräften, Mitarbeitern oder Beratern geplant und verwirklicht werden. Doch auch dann sollten die beschriebenen Merkmale leistungsfähiger Gruppenarbeit und die Erkenntnisse der Organisationsentwicklung so weit als möglich beachtet werden (1).

---

(1) Abschnitte 3.421 bis 3.423

## 3.43 ORGANISATIONSTECHNIKEN FÜR MITTLERE UNTERNEHMUNGEN

Es gibt eine Reihe hilfsreicher Techniken und Verfahren, die für die erfolgreichere und einfachere Abwicklung von Reorganisationen in mittleren Unternehmungen angewendet werden können:

- zur Überwachung eines Reorganisationsprojektes
- zur Erhebung von Informationen
- zur Darstellung der Aufbau- und Ablauforganisation
- zur Entwicklung von Konzepten
- zur Beurteilung des Ist-Zustandes und neuer Konzepte.

Die folgende Auswahl berücksichtigt verschiedenartige Organisationstechniken, die sich für mittlere Unternehmungen und deren wichtigste Reorganisationen besonders eignen. Die Techniken werden stichwortartig beschrieben. Die Angabe praxisnaher, mit Beispielen versehener Literatur, rundet die Übersicht ab.

### 1. Techniken zur Überwachung eines Reorganisationsprojektes

Die Überwachung eines Organisationsprojektes erfordert klare Zielsetzungen, für die Projektplanung ebenso wie für die Projektkontrolle. Im Vordergrund stehen Termine und Kosten. Für umfangreiche Projekte stehen verschiedene leistungsfähige Softwareprodukte für EDV-Anlagen und für Personalcomputer zur Verfügung (1).

---

(1) Vgl. z.B. Wulffen (Projektmanagementsysteme)

## 1.1 Terminpläne in Form von Balkendiagrammen oder Netzplänen (1)

In graphisch anschaulicher Form und ergänzt durch Erläuterungen dienen sie folgenden Zwecken:

- Darstellung der Zeitdauer und zeitlichen Einplanung der einzelnen Teilaufgaben

- Aufzeigen der terminlich kritischen Teilaufgaben und der Pufferzeiten (besonders deutlich bei Netzplänen)

- Ermittlung der Gesamtdauer und des möglichen Endtermins der Reorganisation (in Abhängigkeit von der Verfügbarkeit der Mitwirkenden und Sachmittel).

## 1.2 Kosten-Grundraster (2)

Zweckmässigerweise werden die Kosten für jeden Abschnitt der Reorganisation kalkuliert und zumindest in die Personalkosten, Sachmittelkosten und Fremdleistungskosten gegliedert zu einem Budget zusammengefasst. Das Gegenstück dazu bildet die laufende Erfassung und Überwachung der Kosten.

## 2. Techniken zur Erhebung von Informationen

Sorgfältige Erhebungen im Rahmen von Reorganisationen dienen zur Gewinnung eines klaren Überblicks über Sachverhalte sowie Sichtweisen und Einstellungen von Beteiligten. Um zuverlässige Grundlagen zu erhalten, müssen meistens verschiedene Informationsquellen und -techniken benützt werden, die Ungereimtheiten und Probleme aufzeigen. Sonst ergeben sich Reorganisationen an der falschen Stelle, übertriebene oder kleinliche "Lösungen".

---

(1) Vgl. Wittlage (Methoden) 153 ff., Schmidt (Organisation) 209 ff., Steinbuch (Organisation) 85 ff., Blum (Betriebsorganisation) 233 ff., Weidner (Organisation) 152 ff., Becker/Haberfellner/Liebetrau (EDV-Wissen) 318 ff., Zimmermann (Netzplantechnik) 1379 ff.
(2) Vgl. Steinbuch (Organisation) 99 ff., Schmidt (Organisation) 45 sowie Abschnitt 3.41

## 2.1 Befragung (1)

Die _mündliche_ Befragung ist bei Reorganisationen in mittleren Unternehmungen die wichtigste Technik zur Informationsgewinnung. Die Interviews erfordern ein planmässiges Vorgehen und eine gründliche Vorbereitung hinsichtlich der benötigten Informationen, der Interviewpartner, der Festlegung der Fragen und der Art der Dokumentation. Ausserdem muss entschieden werden, ob das Interview standardisiert (mit ausformulierten Fragen in feststehender Reihenfolge) oder frei verlaufen soll.

Eine _schriftliche_ Befragung ist angebracht, wenn eine grössere Zahl von Auskunftspersonen gleichartig befragt werden soll. Dies ist bei Reorganisationen mittlerer Unternehmungen aber eher selten der Fall.

## 2.2 Beobachtung (2)

Sie vermittelt unmittelbar und unabhängig von einer persönlichen Auskunftsfähigkeit und -bereitschaft Einsichten in Sachverhalte und Vorgänge und bildet damit auch für Reorganisationen mittlerer Unternehmungen eine wesentliche Informationsquelle. Insbesondere Arbeitsabläufe, Arbeitsumfeld, Sozialverhalten und Auslastungen lassen sich beobachten und damit auf ihre Wirtschaftlichkeit, auf Fehlerquellen, Gefahren und Verbesserungsansätze hin prüfen. Der grösste Nachteil ist der teilweise erhebliche Zeitaufwand, der allerdings davon abhängt, ob die Beobachtung einmalig, stichprobenweise oder über eine gewisse Zeitdauer hinweg erfolgt.

---

(1) Vgl. Wittlage (Methoden) 46 ff., Schmidt (Organisation) 78 ff., Steinbuch (Organisation) 198 ff., Blum (Betriebsorganisation) 27 ff., Weidner (Organisation) 130 ff., Klein (Soll) 30 ff., Grochla (Gestaltung) 361 ff., Schmidt (Erhebung) 661 ff.
(2) Vgl. Schmidt (Organisation) 97 ff., Wittlage (Organisation) 61 ff., Blum Grochla (Grundlagen) 366 ff., Steinbuch (Organisation) 203 ff., Klein (Soll) 19 ff., Schmidt (Erhebung) 666 ff., Weidner (Organisation) 133 f.

## 2.3 Auswertung von Aufzeichnungen (Dokumentenanalyse) (1)

Auch in mittleren Unternehmungen sind zahlreiche Dokumente in Form von Briefen, Berichten, Akten, Arbeitsanweisungen, Aufgabenverteilungen, Statistiken usw. vorhanden. Ihre Auswertung dient vor allem der Vorinformation und dem Festhalten von Tatsachen. Die Technik birgt einige Vorteile in sich, beispielsweise geringen Aufwand, das Vermeiden unnötiger Unruhe und keine Verfälschung durch die laufende Reorganisation. Offen ist allerdings, wie weit der Inhalt der Aufzeichnungen der Wirklichkeit entspricht.

## 2.4 Selbstaufschreibung (2)

Unternehmungsmitglieder können angehalten werden, selbst - einmalig oder für einen gewissen Zeitraum - Aufzeichnungen über gewisse Dinge zu führen, z.B. Tagesaufschreibungen, Tätigkeitsaufschreibungen oder Wunschlisten. Die Aufschreibung kann teilweise in Form von Listen oder Strichlisten geschehen. Vorteilhaft daran sind die bewusste Einbindung von Mitarbeitern und die Verringerung des Zeitaufwandes für die Träger der Reorganisation. Wegen der Möglichkeiten der bewussten Verfälschung ist aber Vorsicht geboten.

## 3. Darstellungstechniken der Aufbau- und Ablauforganisation

Bei Reorganisationen werden Darstellungstechniken für die Ist-Beschreibung, für die Organisationsplanung und für die Soll-Festlegung gebraucht. Im folgenden werden Grundformen zur Darstellung der Aufbau- und der Ablauforganisation aufgezählt, die sich bei Bedarf teilweise auch verbinden lassen (3).

---

(1) Vgl. Wittlage (Methoden) 95 f., Schmidt (Erhebung) 668 f., Schmidt (Organisation) 114 f., Grochla (Grundlagen) 372 f., Steinbuch (Organisation) 207, Blum (Betriebsorganisation) 26 f.
(2) Vgl. Wittlage (Methoden) 66 ff., Schmidt (Erhebung) 667 f., Schmidt (Organisation) 115 ff., Blum (Betriebsorganisation) 42 ff., Grochla (Grundlagen) 370 ff., Steinbuch (Organisation) 205 f., Weidner (Organisation) 134 f.
(3) Vgl. den Überblick bei Joschke (Darstellung) 431 ff.

## 3.1 Organigramm (Organisationsplan) (1)

Es eignet sich dazu, die Gliederung der Unternehmung in Abteilungen, Bereiche und Stellen sowie die Leitungsbeziehungen - die gegenseitige Zuordnung von Vorgesetzten und Mitarbeitern - festzuhalten. Ein Organigramm ist meistens einfach und rasch zu erstellen, übersichtlich und leicht verständlich. Doch die Aufgaben, Verantwortung und Befugnisse werden nur angedeutet.

## 3.2 Funktionendiagramm (2)

Es besteht aus einem zweidimensionalen Raster, wo in der Vorspalte die verschiedenen Aufgaben eines Aufgabenbereiches - der möglicherweise in unterschiedliche Abteilungen hineinreicht - und in der Kopfzeile die beteiligten Stellen aufgelistet werden. So können den einzelnen Stellen "Funktionen" zugeordnet werden, die ihren Anteil zur Erfüllung einer Aufgabe beschreiben. Dabei werden zumindest die Funktionen der Ausführung, Entscheidung, Kontrolle, Planung und Gesamtfunktion unterschieden und durch Symbole dargestellt. Bei Bedarf können feinere Unterscheidungen und Erläuterungen verwendet werden. Der Lerneffekt der gemeinsamen Ausarbeitung ist mindestens so zu schätzen wie der Dokumentationswert. Das Funktionendiagramm ist vor allem bei Reorganisationen der Führungsstruktur und der Absatzorganisation zu empfehlen.

---

(1) Vgl. Schmidt (Organisation) 165 ff., Wittlage (Methoden) 113 ff., Grochla (Grundlagen) 301 ff., Blum (Betriebsorganisation) 87 ff., Steinbuch (Organisation) 177 ff., Hub/Fischer (Techniken) 42 ff., Weidner (Organisation) 144 ff. Blum (Organigramm)

(2) Vgl. Menzl/Nauer (Funktionendiagramm), Ulrich/Staerkle (Verbesserung) 42 ff., Wittlage (Methoden) 123 ff., Hub/Fischer (Techniken) 53 ff., Blum (Betriebsorganisation) 120 ff., Schmidt (Organisation) 176 ff., Steinbuch (Organisation) 183 ff., Grochla (Grundlagen) 310 ff., Weidner (Organisation) 147 f.

## 3.3 Stellenbeschreibung (Pflichtenheft) (1)

Sie beschränkt sich auf die Darstellung einer bestimmten organisatorischen Einheit, z.B. einer Abteilung, einer Stellengruppe oder einer Stelle. Da sie an keine besondere Form gebunden ist, kann sie auf Einzelheiten eingehen. Eine Kurzstellenbeschreibung gibt mindestens die Bezeichnung, die vorgesetzte und die unmittelbar untergeordneten Stellen sowie die wichtigen Aufgaben, Befugnisse und Verantwortlichkeiten der betreffenden organisatorischen Einheit an. Der Vorteil einer so detaillierten, teilweise sogar erläuterten Übersicht sollte vor allem beim Bilden neuer oder Zusammenfassen bestehender Stellen und Abteilungen genutzt werden. Doch ergeben sich aus dem grossen Aufwand für die Einführung und Änderung und möglichen Doppelspurigkeiten auch Nachteile und Gefahren.

## 3.4 Ablaufraster und Ablaufkarte (2)

Sie zeigen einerseits das Nach- und Nebeneinander der einzelnen Tätigkeiten, die zur Erfüllung einer Aufgabe nötig sind, und anderseits, wer diese Tätigkeiten durchführt.

- Rasterdarstellungen sind leicht fassbar und eignen sich besonders für grobe Darstellungen und einfache Abläufe.

- Ablaufkarten unterscheiden detailliert zwischen "Operationen", "Inspektionen" (Kontrolle), "Transporten" und "Stillständen".

Beide Formen können zur Gestaltung wirksamer, wirtschaftlicher und steuerbarer Arbeitsabläufe mit und ohne EDV-Unterstützung in allen Bereichen der Unternehmung beitragen.

---

(1) Vgl. Schwarz (Arbeitsplatzbeschreibungen), Blum (Betriebsorganisation) 146 ff., Wittlage (Methoden) 104 ff., Schmidt (Organisation) 159 ff., Hub/Fischer (Techniken) 62 ff., Steinbuch (Organisation) 180 ff., Grochla (Grundlagen) 328 ff., Weidner (Organisation) 140 ff.
(2) Vgl. Schmidt (Organisation) 204 ff., Blum (Betriebsorganisation) 164 ff., Wittlage (Methoden) 152 ff., Weidner (Organisation) 152 ff.

3.5 Blockdiagramm (1)

Für diese Technik, die mit Symbolbildern arbeitet, wurden einheitliche Normen festgelegt. Sie umfassen mehrere Typen:

- Der Aufgabenfolgeplan zeigt die zeitliche Reihenfolge der einzelnen Aufgaben und mögliche Verzweigungen - unabhängig, ob sie mit oder ohne EDV-Unterstützung erledigt werden.

- Der Programmablaufplan beschreibt die zeitliche Reihenfolge der Operationen und die möglichen Verzweigungen des Programmablaufes in ihrer Abhängigkeit von Bedingungen.

- Der Datenflussplan gibt Auskunft über den Weg der Daten und Informationen und über die verwendeten Ein- und Ausgabegeräte sowie Datenträger.

- Blockdiagramme aller Art helfen dazu, sachlogische Mängel zu vermeiden.

3.6 Struktogramm (2)

Besonders zur Erfassung von Aufgaben, die mit EDV-Unterstützung vollzogen werden sollen, bietet sich diese Technik an. Sie verwendet dreierlei Bausteine zur Darstellung eines Ablaufs: Verarbeitungsschritte, Entscheidungen und Wiederholungen. Mehrfach verwendete gleichartige Ablaufteile werden als Block betrachtet und als "Unterprogramme" eingebaut. Da das Struktogramm ohne Symbole auskommt, gibt es einen leicht lesbaren Überblick über den Gesamtablauf und ist auch leicht - mit Schreibmaschine und Lineal - zu erstellen.

Zur zeitlichen Darstellung von Arbeitsabläufen eignen sich die unter 1.1 aufgeführten Balkendiagramme und Netzpläne.

---

(1) Vgl. Schmidt (Organisation) 200 ff./212 ff., Blum (Betriebsorganisation) 181 ff., Wittlage (Methoden) 155 ff., Steinbuch (Organisation) 280 ff., Becker/Haberfellner/Liebetrau (EDV-Wissen) 332 ff., Grochla (Grundlagen) 321 ff.
(2) Vgl. Steinbuch (Organisation) 282 f., Schmidt (Organisation) 202 ff., Becker/Haberfellner/Liebetrau (EDV-Wissen) 346 ff.

## 4. Techniken zur Entwicklung von Konzepten

Der traditionellen Technik, Lösungen anhand der Mängel und der Zielvorstellungen abzuleiten, stehen verschiedene Kreativitätstechniken gegenüber, von denen hier einfache ausgewählt wurden.

### 4.1 Traditioneller Konzeptentwurf (1)

Es wird versucht, organisatorische Aufgaben durch bereits bekannte Möglichkeiten zu lösen. Dabei wird auf eigene Erfahrungen und persönliche Informationen der Beteiligten, auf entsprechende Veröffentlichungen und auf logische Einsicht zurückgegriffen. Dahinter steht der Grundgedanke, dass gleiche oder ähnliche Probleme bereits gelöst wurden. Allerdings ist genauestens zu prüfen, ob die Problemstellung und die Ursachen vergleichbar und die Lösungen bei der aktuellen Reorganisation verwirklichbar sind. Neue, unkonventionelle, bahnbrechende Lösungen entstehen auf diese Weise kaum.

### 4.2 Brainstorming und Methode 635 (2)

Diese Technik dient dem gemeinsamen Nachdenken und damit der gemeinsamen Ideenfindung mehrerer Beteiligter. Während einer Sitzung von höchstens 30 Minuten werden von ihnen Ideen zum Thema offen vorgebracht oder auf Zetteln notiert. Während der Sitzung sind folgende Regeln einzuhalten: keine Kritik oder Bewertung vorgetragener Gedanken; Quantität geht vor Qualität; möglichst ungewöhnliche Ideen; vorgebrachte Ideen weiterentwickeln; keine Aussprüche, die Phantasie abwürgen (Killerphrasen). Am Ende der Sitzung werden die Ideen systematisch gegliedert und gemeinsam bewertet.

---

(1) Vgl. Wittlage (Methoden) 189 f., Schmidt (Organisation) 276
(2) Vgl. Brauchlin (Problemlösung) 307 ff., Siemens (Organisationsplanung) 288 ff., Weidner (Organisation) 167 ff., Wittlage (Methoden) 190 f., Steinbuch (Organisation) 253 f., Schmidt (Organisation) 277, Grochla (Grundlagen) 393 f.

- 252 -

Die Methode 635 ist eine schriftliche und etwas förmlichere Abart des Brainstorming.


4.3 <u>Morphologie</u> (1)

Diese Technik kann von einem einzelnen wie auch von mehreren Personen genutzt werden. Sie unterstützt die vollständige Erfassung der Reorganisatonsaufgabe und die Ableitung aller möglichen Lösungen. Der springende Punkt ist die Verwendung eines Rasters: in der Vorspalte werden fünf bis zehn voneinander möglichst unabhängige Einflussgrössen der Lösung, die unterschiedlich ausgeprägt sein können, aufgelistet. Für jede Einflussgrösse werden dann vorstellbare Ausprägungen im Raster eingetragen. Durch Kombination der Ausprägungen werden denkbare Lösungen herausgesucht und durch Verbindungslinien im Raster dargestellt.


5. Beurteilungstechniken

Beurteilungstechniken helfen bei der kritischen Würdigung der bestehenden Organisation und der Reorganisationsvorschläge. Sie lassen Schwachstellen erkennen und geben damit Anhaltspunkte für weitere Verbesserungen, aber auch für die Bewertung verschiedener Möglichkeiten. Ausserdem unterstützen sie eine begründete Entscheidung.

---

(1) Vgl. Brauchlin (Problemlösung) 300 ff., Siemens (Organisationsplanung) 302 ff., Schmidt (Organisation) 278 f., Steinbuch (Organisation) 255 f., Wittlage (Methoden) 192 f., Grochla (Grundlagen) 391 f.

5.1 <u>Checkliste</u> (Prüffragenkatalog) (1)

Checklisten sind eine Zusammenstellung von Fragen, die gestellt werden sollen, um keine wesentlichen Gesichtspunkte bei der organisatorischen Beurteilung ausser acht zu lassen. Zu unterscheiden sind allgemeine Fragen, die auf die allgemeine Organisationslehre zurückgreifen und spezielle Fragen, die auf Branchen- und anderen Spezialerfahrungen beruhen. Mittleren Unternehmungen ist zu empfehlen, veröffentlichte oder käufliche Prüffragenlisten zu verwenden und für die eigene Reorganisationsaufgabe mit speziellen Fragen zu ergänzen. Sie können auch Unternehmungsberater einsetzen, die aufgrund ihrer Erfahrungen für bestimmte Reorganisationsarten nützliche Checklisten erarbeitet haben.


5.2 <u>Prüfraster</u> (2)

Dieses Verfahren, eine Weiterführung der Checklistentechnik, dient einer gezielten Mängel-Ursachen-Analyse. Stark vereinfacht lässt sich der Prüfraster folgendermassen darstellen: Die Vorspalte besteht aus einer allgemeinen Mängelsystematik - Probleme der Aufgabenerfüllung, der Wirtschaftlichkeit und unerwünschte Auswirkungen -, denen rechts mögliche Mängelursachen gegenübergestellt werden. Diese sind zu suchen in den eingesetzten Mitteln - Aufgabenträgern, Sachmitteln und Informationen - und in ihrer Verwendung und Zusammenfügung - in der Stellenbildung, in der Aufbau- und Führungsorganisation und in der Ablauforganisation. Der methodische Zwang, jedes einzelne Feld des Prüfrasters zu durchdenken, stellt sicher, das die Suche nicht schon bei der ersten gefundenen Ursache abgebrochen wird. Dies steigert die Wahrscheinlichkeit, alle wesentlichen Mängelursachen zu finden.

---

(1) Vgl. Wittlage (Methoden) 182 ff., Steinbuch (Organisation) 234 f., Grochla (Grundlagen) 339 ff.
(2) Vgl. Schmidt (Organisation) 259 ff., Wittlage (Methoden) 184 ff.

## 5.3 Investitionsrechnung (1)

Sie ist eine wertvolle Entscheidungshilfe, wenn eine Reorganisation hohe Investitionskosten für Sachmittel (z.B. Produktionsanlagen, Büroautomation, Räumlichkeiten), Personal (z.B. Neueinstellungen, Schulungen, Kündigungen) und allgemeinen Umstellungsaufwand (z.B. Zeitaufwand, Produktionsausfall) verursacht. Sie hilft zu entscheiden, ob sich eine Reorganisation überhaupt auszahlt, und wenn mehrere Möglichkeiten zur Reorganisation bestehen, welche davon die geeignetste ist. Berechnen lassen sich der Wert der Reorganisation bzw. der Wert der einzelnen Varianten (Gegenwartswertmethode), ihre Verzinsung (Methode des internen Ertragssatzes) sowie ihre Amortisation (Rückzahlungsmethode).

## 5.4 Punktwertverfahren (Nutzwertanalyse) (2)

Eine organisatorische Lösung muss immer verschiedene Kriterien erfüllen. Das Entscheiden für die eine oder andere organisatorische Lösung bedeutet daher in der Regel ein Abwägen von Vor- und Nachteilen. Um dies zu erleichtern, wird bei der Nutzwertanalyse folgendermassen vorgegangen:

- Ermitteln der verschiedenen wesentlichen Zielkriterien
- Bestimmen der MUSS-Kriterien
- Gewichten der SOLL-Kriterien
- Bewerten der organisatorischen Alternativen
- Errechnen des Nutzwertes jeder Alternative (Summen der gewichteten Bewertungen aller Kriterien).

Die Nutzwerte weisen darauf hin, welche Variante vorzuziehen ist. Durch leichte Veränderung in der Gewichtung der Ziel-

---

(1) Vgl. Kunz (Investitionsrechnung), Stähelin (Investitionsrechnung), Wittlage (Methoden) 210 ff., Schmidt (Organisation) 282 f., Becker/Haberfellner/Liebetrau (EDV-Wissen) 350 ff.
(2) Vgl. Brauchlin (Problemlösung) 217 ff., Schmidt (Organisation) 284 ff., Wittlage (Methoden) 213 ff., Steinbuch (Organisation) 115 ff.

kriterien und der Einzelbewertungen ist aber zu überprüfen, ob sich dadurch Rückwirkungen auf der Reihung der Alternativen ergeben.

Gegenüber einer pauschalen, subjektiven Bewertung bringen die Bewertungstechniken ein bewussteres Eingehen auf die verschiedenen Gesichtspunkte, eine bessere Durchschaubarkeit für alle Beteiligten und eine Hilfe bei gemeinsamen Entscheidungen. Allerdings muss auch hier teilweise mit Annahmen bzw. Schätzungen gearbeitet werden. Bewertungstechniken sind wertvolle Entscheidungshilfsmittel, doch sie ersetzen die persönliche Verantwortung nicht.

Es bestehen also zahlreiche und verschiedenartige Techniken und Verfahren, um Reorganisationen in mittleren Unternehmungen erfolgreicher und einfacher abzuwickeln. Ihre richtige Auswahl und Anwendung gehört zu den wesentlichen Aufgaben der Verantwortlichen für die Reorganisation. Sie müssen die Verhältnisse in der Unternehmung, die Anforderungen der jeweiligen Reorganisationsaufgabe und die Eigenschaften und Verfügbarkeit der Beteiligten aufeinander abstimmen.

## 3.44 ZUSAMMENFASSUNG ÜBER DIE ABWICKLUNG VON REORGANISATIONEN

Es gibt <u>kein Patentrezept</u> für die Abwicklung von Reorganisationen in mittleren Unternehmungen. Kleine, hinsichtlich der Aufgabenstellung und des zeitlichen und finanziellen Aufwandes überschaubare Organisationsänderungen lassen sich verhältnismässig leicht planen und verwirklichen, des öfteren sogar im wesentlichen von einer Person allein. Vorgehen und Arbeitsweise sind freilich so zu gestalten, dass Widerstände vermieden und abgebaut werden.

Bei <u>umfangreichen, komplizierten Reorganisationen</u> können

- ein phasenweises Vorgehen
- eine projektmässige Arbeitsweise
- geeignete Organisationstechniken

eine entscheidende Hilfe - eine Entlastung und Unterstützung beim Finden und Verwirklichen einer guten Lösung - bilden.

Ein <u>phasenweises Vorgehen</u> ermöglicht es, die Übersicht über die Zusammenhänge zu behalten und die Details sauber bearbeiten, schrittweise genauer zu planen, das Reorganisationsprojekt zielgerichtet zu führen und das Risiko zu vermindern. Das vorgeschlagene <u>Phasenkonzept</u> ist als Beispiel zu verstehen, wie eine Reorganisation zweckmässig abgewickelt werden könnte:

1. <u>Planung:</u>  Phase 1: Vorüberlegungen
　　　　　　　　　Phase 2: Grobplanung
　　　　　　　　　Phase 3: Detailplanung

2. <u>Verwirklichung:</u>  Phase 4: Aufbau
　　　　　　　　　　　　(Vorbereitung der Einführung)
　　　　　　　　　　　Phase 5: Einführung
　　　　　　　　　　　Phase 6: Nutzung und Wartung

Zwischen allen Phasen liegen <u>Entscheidungsknoten</u> zur Überwachung von Teilergebnissen und zur Festlegung des weiteren Vorgehens, ausnahmsweise aber auch zum begründeten Abbruch der Reorganisation. Die Entscheidungsknoten ermöglichen der Geschäftsleitung, einem Projektleiter klare Ziele zu setzen und ihm zugleich einen grösseren Handlungsspielraum zu geben.

Die projektmässige Zusammenarbeit empfiehlt sich, weil in der Regel eine Gruppe bei der Erarbeitung einer grösseren Reorganisation leistungsfähiger ist als ein einzelner. Mittlere Unternehmungen sollten deshalb vor allem folgende Chancen der "Organisationsentwicklung" zu nützen versuchen:

- die Mitarbeiter an der Problemlösung beteiligen
- die Mitarbeiter gut informieren und ihr Mitdenken fördern
- die Führungskräfte führungsmässig schulen
- die Gesprächs- und Konfliktfähigkeit fördern.

Erfolgreiche Arbeitsgruppen besitzen ein gemeinsames Ziel, geeignete Mitglieder, einen fähigen Projektleiter und ein Zusammengehörigkeitsgefühl. Sie verbinden die intensive Einzelarbeit ihrer verschiedenartig befähigten Mitglieder mit gemeinsamen Besprechungen von Schwierigkeiten und Lösungsansätzen. Die Gruppenarbeit bei einer Reorganisation kann sich sachlich bereichernd, arbeitsteilend, persönlich mitreissend und seelisch entlastend auswirken.

Zur Abwicklung von Reorganisationen bieten die vorhandene Literatur und ernstzunehmende Unternehmungsberater eine Reihe hilfreicher Organisationstechniken an. Die beschriebenen Techniken stellen eine Auswahl dar. Sie eignen sich in mittleren Unternehmungen für die

- Überwachung eines Reorganisationsprojektes
- Erhebung von Informationen
- Darstellung der Aufbau- und Ablauforganisation
- Entwicklung von Konzepten
- Beurteilung des Ist-Zustandes und neuer Konzepte.

Eine bewusste Gestaltung der Abwicklung in Hinblick auf sachlichlogische, zeitliche und menschliche Gesichtspunkte gewährleistet zwar nicht den sicheren Erfolg einer Reorganisation, wird aber dazu beitragen, dass dieser wahrscheinlich grösser wird.

# 4. ZUSAMMENFASSUNG DER UMFRAGE UND DES RAHMENKONZEPTES

## 4.1 ÜBERSICHT

"Reorganisationen" - wichtige, gezielt durchgeführte organisatorische Änderungen - können die Steigerung oder Erhaltung der Leistungsfähigkeit einer Unternehmung bewirken. In "mittleren" Unternehmungen - eigenständigen Unternehmungen mit 50 bis 500 Beschäftigten - sind freilich bei Reorganisationen andere Inhalte wichtig und andere Vorgehensweisen zweckmässig als in grossen Institutionen. Denn für mittlere Unternehmungen sind personenbezogene, mit der Ausübung der Geschäftsleitung verbundene Eigentumsverhältnisse, wenige Führungsebenen und -personen, ein überschaubarer Betrieb sowie unmittelbare persönliche Kontakte und familiäre Einflussmöglichkeiten typisch.

Um die Thematik "Reorganisationen in mittleren Unternehmungen" gründlich und nutzbringend auszuleuchten, wurden für die vorliegende Arbeit zwei Ansätze gewählt und miteinander verknüpft:

1. Schriftliche Befragung
   An der schriftlichen Umfrage beteiligten sich 140 von rund 200 mittleren Unternehmungen in Vorarlberg. 104 von ihnen berichteten über die Durchführung einer oder mehrerer Reorganisationen mit nachhaltigen Folgen. Die Antworten wurden mit einfachen statistischen Verfahren ausgewertet. Daher sind die Aussagen der Umfrage durch eine sehr hohe Antwortquote und durch überschaubare Auswertungen gut abgestützt und sicher über die untersuchten Unternehmungen hinaus wertvoll.

2. Entwicklung eines Rahmenkonzeptes
   Zur Entwicklung eines allgemeinen Leitfadens für Reorganisationen in mittleren Unternehmungen wurden die Umfrageergebnisse mit Überlegungen aus anderen Quellen vertieft und ergänzt. Das Rahmenkonzept soll zu einer ganzheitlichen Sicht

beitragen und greift daher - gegliedert nach den drei Gesichtspunkten Antriebskräften, Beteiligte und Abwicklung - die wesentlichen allgemeinen Fragen bei Reorganisationen auf.

In Abb. 4-1 sind die Fragestellungen der Umfrage und des Rahmenkonzeptes einander gegenübergestellt. Nachfolgend werden die Umfrage und das Rahmenkonzept gemeinsam zusammengefasst, um ihre Einheit hervorzuheben.

Abb. 4-1: Umfrage und Rahmenkonzept: Gegenüberstellung der Fragestellungen

| Umfrage | Rahmenkonzept |
|---|---|
| 2.2 Reorganisationsinhalte | - |
| 2.3 Hintergründe und Begleitumstände<br>    2.31 Gründe und Anlässe<br>    2.32 Fördernisse<br>    2.33 Hindernisse<br>    2.34 Zeitpunkt | 3.2 Antriebskräfte<br>    3.21 Wille<br>    3.22 Sachkenntnis<br>    3.23 Durchsetzungsvermögen |
| 2.4 Beteiligte<br>    2.41 Arbeitseinsatz und Einfluss<br>    2.42 Die Hauptgestalter der Reorganisationen | 3.3 Beteiligte<br>    3.31 Häufigste Beteiligte<br>    3.32 Träger und andere Beteiligte<br>    3.33 Zusammenstellung der Träger |
| 2.5 Vorgehens- und Arbeitsweisen<br>    2.51 Angewendete Vorgehens- und Arbeitsweisen<br>    2.52 Begründungen des Vorgehens | 3.4 Abwicklung<br>    3.41 Phasenweises Vorgehen<br>    3.42 Projektmässige Arbeitsweise<br>    3.43 Organisationstechniken |
| 2.6 Erfolge | - |

Es zeigte sich einerseits, dass die eher grösseren unter den mittleren Unternehmungen häufiger reorganisierten als die eher kleineren. Andererseits gab es immer wieder Überschneidungen verschiedener Reorganisationsinhalte sowie aufeinander aufbauende Reorganisationen. Im Vordergrund standen folgende Reorganisationsinhalte:

- EDV-Ersteinführungen oder -Ausweitungen (für 36% die wichtigste Reorganisation)
- Veränderungen der Führungsorganisation, vor allem die Verbreiterung oder Straffung der Führungsspitze, die Einführung von Geschäftsbereichen usw. (25%)
- die Rationalisierung wichtiger Arbeitsabläufe in der Produktion und Geschäftsabwicklung (16%)
- die Einführung von Planungs- und Kontrollsystemen (14%)
- grössere Änderungen der Absatzorganisation (12%).

Damit ist klar belegt, dass für mittlere Unternehmungen zum Teil andere Reorganisationen wichtig sind als für grosse.

## 4.2 ANTRIEBSKRÄFTE UND BEGLEITUMSTÄNDE DER REORGANISATIONEN

Erfolgreiche Reorganisationen wollen mit Energie vorangetrieben werden. Sie erfordern als Antriebskräfte einen festen Willen zur Reorganisation, ausreichende Sachkenntnis und ein angemessenes Durchsetzungsvermögen. Sie müssen auftretende Hemmkräfte überwinden, die ihnen spiegelbildlich in Form von Willensschwäche, anderen Zielsetzungen, Wissensmängeln, falschen Vorstellungen und ungenügendem Einfluss gegenüberstehen können. Dies veranschaulichten die Ergebnisse der Umfrage recht deutlich.

1. Wille zur Reorganisation

   Vor allem dann, wenn sich die Lage der Unternehmung verschlechtert oder wenn die Anforderungen steigen, werden Unzulänglichkeiten der bestehenden Organisation wahrgenommen. Überschreiten sie die Toleranzgrenze eines Betroffenen, so wird in ihm der innere Antrieb wach, sich für eine Reorganisation einzusetzen. Des öfteren wird das Ziel auch durch ein entscheidendes Ereignis ausgelöst, beispielsweise einen plötzlichen Engpass. Der Wille zur Reorganisation umfasst auf jeden Fall bestimmte Zielvorstellungen und beschreibt - allerdings manchmal unscharf - die Reorganisationsaufgabe.

In der Regel liessen sich die Reorganisationen auf mehrere Gründe zurückführen, wobei sich folgende als die wesentlichsten erwiesen:

- Unwirtschaftlichkeit und Kostendruck (bei 44% der Reorganisationen genannt)
- Entwicklungen oder Ziele auf dem Absatzmarkt (43%)
- Überlastung der Führung und Verwaltung (27%)
- Informationsmängel (27%)
- Planungs- und Kontrollmängel (18%).

Vielfach wird der Wille zur Reorganisation verstärkt durch situationsbedingte Fördernisse, insbesondere

- äusseren oder inneren Druck (bei 31% der Reorganisationen genannt)
- Anfangs- und frühere Erfolge (12%)
- neue betriebswirtschaftliche oder EDV-Konzepte (9%).

Die Tatsache, dass sehr viele Reorganisationen nicht vorausschauend, sondern kurzfristig und unter Druck erfolgen, gibt freilich zu denken.

Wie wichtig der Wille zur Reorganisation ist, beweisen einerseits die entscheidenden personenbezogenen Hindernisse:

- Ängste und änderungsfeindliche Einstellungen als überhaupt grösstes Hindernis (bei 29% der Reorganisationen genannt)
- eingefahrene Gewohnheiten und Betriebsblindheit (13%)
- zuwenig Unterstützung seitens der Geschäftsleitung (6%),

und andererseits die <u>personenbezogenen Fördernisse</u>:

- <u>Engagement und Unterstützung</u> seitens <u>der Geschäftsleitung</u> und Eigentümer (bei insgesamt 20% genannt)
- <u>Engagement von Mitarbeitern</u>.

Sicherlich ist es oft auf Zaghaftigkeit und Unentschlossenheit - und damit auf Willensmängel - zurückzuführen, dass jede zweite Reorganisation zu einem nachträglich als zu spät erkannten <u>Zeitpunkt</u> in Angriff genommen wurde.

## 2. Sachkenntnis zur Reorganisation

Ohne ausreichende Sachkenntnis lassen sich aber beim besten Willen keine erfolgreichen Reorganisationen durchführen. Die benötigte Sachkenntnis umfasst nämlich Informationen, die zur Lösung der Reorganisationsaufgabe beitragen, und die Fähigkeit, diese Informationen auszuwerten und Zusammenhänge zu erkennen.

Entsprechende Sachkenntnis wird vor allem <u>gebraucht für</u>:

- die Anwendung einer <u>geeigneten Strategie</u> bei der Reorganisation, d.h. einer dem Fall angemessenen Abwicklung unter Einbezug der richtigen Personen und Verwendung geeigneter Organisationstechniken
- die richtige <u>Einschätzung der Situation</u> der Unternehmung und insbesondere des betroffenen Bereiches der Unternehmung
- die <u>Ausrichtung auf die Zukunft</u>, damit entscheidende Entwicklungen inner- und ausserhalb der Unternehmung richtig eingeschätzt und soweit als notwendig und nützlich in der Reorganisation berücksichtigt werden
- die <u>Suche und Bewertung von Alternativen</u>, damit nicht die erstbeste, sondern die nach allen wesentlichen Gesichtspunkten beurteilte und insgesamt als beste bewertete Alternative für die zukünftige Organisation verwirklicht wird.

Wie wichtig die breite, fachlich und erfahrungsmässig tragfähige Sachkenntnis bei Reorganisationen in mittleren Unternehmungen ist, beweist die Umfrage. Sachkenntnis baut auf Einsicht auf. Ihre Erweiterung und Vertiefung muss sowohl durch Weiterbildung - die vor allem einen Einblick in allgemeine Zusammenhänge vermittelt - als auch durch praktische Erfahrung erfolgen - die unternehmungsspezifisches Wissen lehrt.

Das gewählte Vorgehen wurde sehr häufig damit begründet, dass:

- die Erfahrung und Fähigkeiten der eigenen Führungskräfte und Mitarbeiter eingesetzt werden müssen (bei 51% der Reorganisationen genannt)
- ein Unternehmungsberater notwendig war, weil in der Unternehmung Fachwissen und Erfahrung fehlten (22%).

Wichtige Reorganisationen verlangen gut durchdachte Vorgehensweisen und organisatorische Lösungen, damit sich die Zielvorstellungen bestmöglich erreichen lassen. Sie setzen allerdings eine so breite Sachkenntnis voraus, dass eine Einzelperson meistens überfordert ist.

3. Durchsetzungsvermögen zu Reorganisationen

Doch fester Wille und ausreichende Sachkenntnis genügen nicht immer für eine erfolgreiche Reorganisation, weil Personen mit unterschiedlichen sachlichen Vorstellungen und persönlichen Interessen betroffen sind. Um Reorganisationen auch gegen Zögern und Widerstreben verwirklichen zu können, braucht es angemessenes Durchsetzungsvermögen. Die Träger der Reorganisationen müssen insbesondere:

- Motivation und Verständnis für die Reorganisation aufbauen
- Widerstand verhindern und abbauen
- Mitwirkende und Förderer gewinnen.

Dazu braucht es zuerst Einflussvermögen, das vor allem aus Belohnungs- und Bestrafungsmöglichkeiten, Amt und Stellung, Wissens- und Befähigungsvorsprüngen, persönlichen Bindungen sowie begeisternden Ideen und Vorbildern entspringen kann. Ausserdem muss der <u>Einfluss</u> der Träger wirksam geworden sein, am besten durch Überzeugung von ursprünglich Zögernden und Widerstrebenden. Manchmal ist zur Durchsetzung einer Reorganisation leider auch Zwang nötig; die Täuschung möglicher Gegner ist jedoch rundweg abzulehnen, nicht nur aus moralischen Gründen, sondern wegen ihrer Nebenwirkungen.

Auch <u>Widerstand</u> ist eine Art, Einfluss auf eine Reorganisation zu nehmen: sie zu verhindern oder in eine andere Richtung zu lenken. Widerstände gegen Reorganisationen können vor allem <u>begründet</u> sein durch:

- Ängste vor nachteiligen persönlichen Folgen
- Bedenken gegen die Notwendigkeit und Zweckmässigkeit
- die Mehrbelastung während der Planung und Umstellung
- Missbilligung des Vorgehens.

Widerstände von Unternehmungsmitgliedern sind das grösste Hindernis für Reorganisationen in mittleren Unternehmungen. Bei 29% der Reorganisationen wurden in der Umfrage ausdrücklich Ängste und neuerungsfeindliche Einstellungen als Hindernis angeführt. Derartige Widerstände äussern sich in verschiedenen <u>Formen</u> wie zum Beispiel: Mimen von Unverständnis; Widerspruch und Ablehnung; fehlende oder unehrliche Zusammenarbeit; Senkung der Leistung; Suche nach Verbündeten und Gruppen; aggressives Verhalten; Rückzug oder Flucht vor den Tatsachen.


Die <u>Durchsetzung</u> der Reorganisation kann nun auf zwei Wegen erfolgen:

- <u>durch Überzeugung</u> der entscheidenden bzw. hauptbetroffenen Unternehmungsmitglieder, damit diese freiwillig ihre Zustimmung geben

- <u>zwangsweise</u> oder durch Irreführung oder Überrumpelung möglicher Gegner.

Der erste Weg kostet vorerst mehr Zeit, baut aber Vertrauen auf. Der zweite Weg kann sich in der Zukunft mit Schwierigkeiten bei späteren Reorganisationen und negativen Auswirkungen auf Betriebsklima und Leistungsbereitschaft rächen.

Deshalb wurde in der Umfrage das gewählte Vorgehen so häufig - bei 49% der Reorganisationen - damit begründet, dass die Motivation der Mitarbeiter zu erhalten und zu fördern sei. Auch die Notwendigkeit der Annahme der Reorganisation durch die Betroffenen wurde bei 26% betont.

Nicht nur für den Willen zur Reorganisation, sondern auch für das Durchsetzungsvermögen waren äusserer und innerer Druck und frühere oder Anfangserfolge wichtig als sachliche Argumente, denen im allgemeinen verhältnismässig rasch zugestimmt wurde. Wesentlich war aber auch, dass das Engagement und die Unterstützung seitens der Geschäftsleitung oft als entscheidendes Fördernis - oder ihr Fehlen als Hindernis - von Reorganisationen erlebt wurde.

Die Hervorhebung des Willens, der Sachkenntnis und des Durchsetzungsvermögens als Antriebskräfte einer Reorganisation wird durch die Umfrage deutlich gerechtfertigt. Etwas weniger verallgemeinert zeigten sich dort als die prägenden Kräfte von Reorganisationen in mittleren Unternehmungen:

- die Stärke des Willens zur Reorganisation
- die Einstellung zu Neuerungen
- die personellen Kapazitäten (Zeiteinsatz und Wissen)
- der Umfang der Unterstützung durch die Geschäftsleitung.

## 4.3 TRÄGER DER REORGANISATIONEN

Die Beteiligten verkörpern die Antriebskräfte und teilweise auch Hemmkräfte der der Reorganisationen.

Bei jeder Reorganisation sollte geklärt sein:

- Wer ist der <u>Projektleiter</u> ?
- Wer ist der <u>grundlegende Entscheidungsträger</u> ?
- Welche <u>Betroffenen</u> werden hauptsächlich <u>beteiligt</u> ?
- Wer wirkt als <u>Organisationsexperte</u> mit ?

Denn diese Hauptbeteiligten müssen als <u>Träger</u> der Reorganisation sein:

- <u>Zielpromotoren</u>, die vom Willen zur Reorganisation beseelt die massgeblichen und betroffenen Personen überzeugen,

- <u>Fachpromotoren</u>, die die erforderliche Sachkenntnis beisteuern

- <u>Machtpromotoren</u>, die aufgrund ihrer starken Stellung die Reorganisation durchsetzen können.

Überschneidungen dieser Funktionen sind möglich. Doch im Regelfall sind mindestens zwei Träger - ein <u>Trägergespann</u> - zweifellos von Vorteil. Sachliche Auseinandersetzungen zwischen verständigungsbereiten, unterschiedlich denkenden Trägern führen nämlich auch bei Reorganisationen in mittleren Unternehmungen meist zu besseren Ergebnissen.

Die Auswahl an <u>Personen, die in mittleren Unternehmungen an Reorganisationen mitwirken</u> können, ist von vornehrein beschränkt. Die typische Eigenart der mittleren Unternehmungen kommt daher bei den <u>Hauptgestaltern</u> der Reorganisationen deutlich zum Ausdruck. Als solche lassen sich unter Berücksichtigung des Arbeitseinsatzes und Einflusses der Reihe nach aufzählen:

## 1. Unternehmer und Geschäftsführer

In mittleren Unternehmungen tragen sie für jede grössere Reorganisation die Hauptverantwortung. Ihre Aufgaben sind insbedere:

- die Ziele der Reorganisation rechtzeitig klarlegen
- die Abwicklung persönlich und mit den notwendigen Mitteln zu unterstützen
- die grundlegenden Entscheidungen treffen
- die Zusammenarbeit mit den Beteiligten und Betroffenen zu pflegen
- die Einigkeit der Geschäftsleitung und den Rückhalt der Eigentümer sicherstellen.

In der Rolle des Machtpromotors lassen sich die Unternehmer und Geschäftsführer kaum ersetzen. Vielfach wirken sie aber gerade in mittleren Unternehmungen auch als überzeugte Zielpromotoren. Aus dieser Sicht ist es erfreulich, dass der Einfluss der Geschäftsleitung auf die Reorganisation in den allermeisten (80%) der untersuchten Fälle als sehr hoch bis hoch bezeichnet wurde. Dieser Einfluss muss freilich ein wirksames Wollen und Mittragen der Reorganisation bedeuten; dies ist eine wichtige Erfolgsvoraussetzung. Die Verantwortung der Unternehmer und Geschäftsführer schliesst ausserdem ein, dass sie bei grundsätzlichen Fragen Weitblick zeigen und längerfristig vorausschauend denken.

Den Geschäftsleitungen wurde jedoch auch ein hoher Arbeitseinsatz bescheinigt. Dieser ist einerseits verständlich und manchmal unbedingt notwendig, weil die Unternehmer in mittleren Unternehmungen meistens die besten Kenner ihres Betriebes und ausgezeichnete Branchenfachleute sind. Anderseits lauern darin Gefahren, besonders jene zeitlicher Engpässe, die zum vorzeitigen Ende der Reorganisation führen können, und jene einer voreingenommenen Betrachtungsweise. Zudem ist es sehr teuer, wenn sich die Geschäftsleitung in Nebensächlichkeiten verliert.

## 2. Betroffene Führungskräfte

Ihre <u>Hauptaufgaben</u> liegen vor allem:

- in der Problemerkennung und Anregung der Reorganisation
- in der Bearbeitung von wichtigen Einzelheiten
- bei der Verwirklichung der Reorganisation besonders in der Information, Führung und Kontrolle der Mitarbeiter.

Somit sind sie vor allem für die Rollen des Ziel- und Fachpromotors geeignet. Die wichtige Stellung, die ihnen bei Reorganisationen zukommen muss, erklärt sich einerseits aus ihrer <u>Mittlerrolle</u> zwischen der Geschäftsleitung und den Mitarbeitern und anderseits aus ihrer Verantwortung für ihren Bereich, die auch die <u>wichtigen Einzelheiten</u> einschliesst. Deshalb ist es ein gutes Zeichen, dass die betroffenen Führungskräfte bei den untersuchten Reorganisationen den <u>höchsten Arbeitseinsatz</u> leisteten und einen sehr wesentlichen, <u>hohen Einfluss</u> besassen, der auch den Reorganisationserfolg massgeblich förderte. Falls sie aber in alten Gewohnheiten gefangen sind und - bei mangelnder Weiterbildung - eine zu geringe Kenntnis neuer Möglichkeiten besitzen, können sie den Erfolg ebensosehr beeinträchtigen.


## 3. Interne Organisatoren

Bereits in zahlreichen mittleren Unternehmungen gibt es vollamtliche oder zumindest nebenamtliche Organisationsexperten. Ihre wichtigsten <u>Aufgaben</u> bei Reorganisationen sind die fachliche Unterstützung und zeitliche Entlastung der Geschäftsleitung und der betroffenen Führungskräfte.

Sie sind vornehmlich als Fach- und Zielpromotoren tätig, nämlich als:

- <u>Fachverständige</u>
- <u>Prozessberater</u>
- <u>Motivatoren</u>.

Die in den mittleren Unternehmungen vorhandenen Organisationsstellen weisen daher bei Reorganisationen zu Recht einen Arbeitseinsatz und einen Einfluss aus, die fast ebenso hoch sind wie die der betroffenen Führungskräfte. Ihre Bedeutung ist bei besonders umfangreichen Aufgabenstellungen wie grundlegenden Änderungen der Aufbau- und Führungsorganisation und grösseren EDV-Projekten am höchsten.

## 4. Unternehmungsberater

Nicht jede mittlere Unternehmung kann sich eigene Organisatoren leisten. Doch alle besitzen die Möglichkeit, freiberufliche Unternehmungsberater oder Beratungsfirmen einzusetzen. Diese müssen Vorzüge mitbringen, die die in der Unternehmung vorhandenen Fähigkeiten ergänzen, so zum Beispiel:

- fachliche und methodische Kenntnisse
- eine neutrale Gesprächspartnerschaft
- neue Anstösse und Ideen
- eine vorübergehend erweiterte Managementkapazität
- eine produktive Arbeitsweise.

Unternehmungsberater sind daher im allgemeinen als Fachpromotoren tätig und nur ausnahmsweise als Zielpromotoren.

Bedauerlicherweise muss festgestellt werden, dass der Einsatz gut geschulter, erfahrener Unternehmungsberater in mittleren Unternehmungen bisher noch zuwenig als zukunftsträchtige Investition erkannt wurde. Denn es wurde ihnen durchschnittlich ein begrenzt hoher Einfluss und ein mittlerer bis hoher Arbeitseinsatz zugeschrieben. Doch im Ergebnis wirken sich ein hoher Arbeitseinsatz und ein hoher Einfluss von Unternehmungsberatern im allgemeinen sehr positiv auf Reorganisationen aus. Die Angst vor dem finanziellen Aufwand sollte daher einer sachlichen Kosten-Nutzen-Analyse Platz machen. Freilich stellt die Auswahl geeigneter Berater oft eine schwierige Aufgabe dar.

Eine <u>erfolgreiche Unternehmungsberatung</u> setzt allerdings besonders gegenseitiges Vertrauen, eine gemeinsame Umschreibung der Reorganisationsaufgabe und die Zusammenarbeit mit den betroffenen Führungskräften und Mitarbeitern voraus. Sie muss so erfolgen, dass in der Unternehmung die organisatorischen und betriebswirtschaftlichen Kenntnisse sowie die Führungsfähigkeiten wachsen.

## 5. Betroffene Mitarbeiter

Was betroffene Mitarbeiter zu einer Reorganisation beitragen können, bezieht sich im wesentlichen auf ihre Arbeit und ihr Arbeitsumfeld:

- <u>Detailkenntnisse</u>, die oft verhältnismässig breit sind
- <u>Ideen</u>, besonders Verbesserungsvorschläge und Detaillösungen
- <u>Arbeitseinsatz</u> bei der Reorganisation oder zur Entlastung von Hauptträgern der Reorganisation.

Beachtlich sind ausserdem die <u>Motivations- und Weiterbildungswirkungen</u>, die von einer geschickten Beteiligung der Betroffenen ausgehen.

Somit können betroffene Mitarbeiter durchaus zu <u>tatkräftigen Mitgestaltern</u> der Reorganisation werden, nämlich als ergänzende Fach- und Zielpromotoren.

Nach den Umfrageergebnissen erbringen die betroffenen Mitarbeiter bei Reorganisationen einen <u>mittleren bis hohen Arbeitseinsatz</u>. Diese Tatsache ist grundsätzlich erfreulich. Doch die Frage ist, ob die Mitarbeiter die Möglichkeit erhalten, Eigeninitiative zu beweisen und Vorschläge zu unterbreiten, die genügend ernst genommen werden. Der <u>Einfluss</u> der betroffenen Mitarbeiter auf die Reorganisation ist <u>unterdurchschnittlich</u>, was gesamthaft verständlich ist. Bei den Feinheiten der Reorganisation, die sich vor allem auf ihren eigenen Arbeitsplatz beziehen, sollten die betroffenen Mitarbeiter im Rahmen finanzieller Grenzen einen Gestaltungsspielraum erhalten.

Die bestimmenden Träger von Reorganisationen in mittleren Unternehmungen sind somit zweckmässigerweise die Geschäftsleitungen und betroffenen Führungskräfte, während unternehmungseigene Organisatoren und Unternehmungsberater unterstützende und mitbestimmende Träger und betroffene Mitarbeiter wertvolle unterstützende Mitträger sein können. Wesentlich für den Erfolg ist ihre Bereitschaft und Fähigkeit zur Zusammenarbeit. Reorganisationen sind für gut ausgebildete, einsatzbereite Nachwuchskräfte eine ausgezeichnete Chance, die Unternehmung gründlich kennenzulernen, ihr erworbenes Wissen anzuwenden und sich teilweise auch führungsmässig zu bewähren.

## 4.4 ABWICKLUNG DER REORGANISATIONEN

Die Abwicklung von Reorganisationen sollte im allgemeinen projektmässig geschehen. Von entscheidender Bedeutung sind dabei einerseits das zeitlich-sachliche Vorgehen und anderseits die personenbezogene Arbeitsweise. Verschiedene Organisationstechniken können ausserdem die Abwicklung wesentlich unterstützen.

1. Das zeitlich-sachliche Vorgehen in Phasen

   Die zeitliche Abwicklung der Reorganisationen konnte mit einer schriftlichen Befragung nicht aussagekräftig untersucht werden. Deshalb wurde auf Aussagen erfahrener Unternehmungsberater und Führungskräfte sowie auf praxiserprobte Literatur zurückgegriffen.

   Für umfangreiche Reorganisationen in mittleren Unternehmungen ist allgemein ein phasenweises Vorgehen zu fordern. Wesentlich daran sind erstens die Aufteilung der Reorganisation in mehrere Phasen - ihre Anzahl ist nebensächlich - und zweitens die "Entscheidungsknoten" zwischen den Phasen, das heisst, dass jeweils eine offizielle Entscheidung über die erarbeiteten Ergebnisse und das weitere Vorgehen getroffen wird.

Zumindest die <u>Planung</u> und die <u>Verwirklichung</u> sollten bei jeder Reorganisation klar unterschieden werden. Für umfangreichere Reorganisationen empfiehlt sich jedoch eine feinere <u>Phaseneinteilung</u> beispielsweise nach dem folgenden Grundmuster:

1. <u>Planung</u>:
   - Phase 1: <u>Vorüberlegungen</u> ausgehend von Problemen
   - Phase 2: <u>Grobplanung</u> mit Problemgliederung/Grobkonzept
   - Phase 3: <u>Detailplanung</u>

2. <u>Verwirklichung</u>:
   - Phase 4: <u>Aufbau</u> der geplanten Organisation, Vorbereitung der Einführung
   - Phase 5: <u>Einführung</u> der neuen Organisation
   - Phase 6: <u>Nutzung und Wartung</u> mit Erfolgskontrolle und kleinen Verbesserungen

Mehrere Planungsphasen bedeuten eine laufende Verfeinerung der Planung. Deshalb liegt es auf der Hand, dass jede dieser Phasen dieselben Schritte beinhaltet, sodass von einem <u>"Zyklus der Organisationsplanung"</u> gesprochen wird:

- Ziel- und Vorgehensklärung
- Ist-Analyse
- Entwurf von Lösungskonzepten
- Bewertung und Auswahl.

Die eindeutigen <u>Vorteile</u> eines phasenweisen Vorgehens liegen:

- im übersichtlichen Vorgehen <u>vom Groben ins Detail</u>
- in der <u>zutreffenderen Planung</u> (grobe Planung für das Gesamte, genaue Planung für die nächste Phase)
- in der <u>zielgerichteten Führung</u> durch überschaubare Aufträge und darauf abgestimmte Freiräume für den Projektleiter
- in der <u>Verminderung des Risikos</u> durch etappenweise Kursbestimmungen.

Das phasenweise Vorgehen muss <u>zielstrebig, aber nicht unflexibel</u> eingehalten werden, um zu Erfolgen zu führen.

## 2. Die projektmässige personenbezogene Arbeitsweise

Im Verlaufe der Reorganisationen werden meistens mehrere Arbeitsweisen neben- und nacheinander eingesetzt. Die Umfrage beschränkte sich allerdings auf fünf typische Arbeitsweisen. Weitaus am verbreitetsten und auch am wichtigsten bei den untersuchten Reorganisationen war offenbar die Erarbeitung durch die - erweiterte - Geschäftsleitung (wichtig in 63% der mittleren Unternehmungen) sowie die auf "ad hoc"-Kontakten aufbauende, spontane Zusammenarbeit zwischen Führungskräften, betroffenen Mitarbeitern und Spezialisten (59%). Projektgruppen wurden zwar seltener eingesetzt, wo es sie gab, wurden sie aber fast immer als wichtig beurteilt (46%). Der Erarbeitung externer oder interner Beratervorschläge wurde ein geringeres Gewicht beigemessen (37%), obwohl sie weiter verbreitet waren. Gruppendynamisch betreute Arbeitsteams hatten die mit Abstand geringste Bedeutung (9%).

Allgemein gilt es, bei der Vorgehens- und Arbeitsweise mehrere Gesichtspunkte zu beachten. Je nach Reorganisationsinhalt stehen jedoch verschiedene Erfordernisse im Mittelpunkt. Als wichtige Gesichtspunkte bei der Arbeitsweise wurden angegeben:

- Chancen aus dem Einsatz von Mitarbeitern (71% der Unternehmungen)
- Zeitdruck/Notwendigkeit einer raschen Reorganisation (40%)
- Bewahren von Ruhe (39%)
- Entlastung der Geschäftsleitung (30%)
- Fachwissen und Unparteilichkeit externer Berater (30%)
- finanzielle Aspekte (27%)
- zeitliche Belastung der bestgeeigneten Führungs- und Fachkräfte (20%).

Als die gesamthaft zweckmässigsten und erfolgreichsten Vorgehens- und Arbeitsweisen bei Reorganisationen in mittleren Unternehmungen wurden erstens die Arbeit in Projektgruppen und zweitens die Bearbeitung innerhalb der - erweiterten - Geschäftsleitung beurteilt. Berater oder Stäbe Vorschläge erarbeiten zu lassen, kann bei Fragen der Neugliederung, der

Absatzorganisation und der EDV-Einführung besonders sinnvoll sein; am erfolgreichsten ist ihre Mitwirkung aber in enger Zusammenarbeit mit Projektgruppen und Geschäftsleitungen. Eine Reorganisation nur auf spontane Zusammenarbeit aufzubauen, ist wenig zielführend.

<u>Gruppenarbeit</u> spielt somit bei Reorganisationen eine grosse Rolle - sie wurde in 78% der Unternehmungen genannt. Aufgrund der überschaubaren Verhältnisse der mittleren Unternehmungen ist ein fliessender Übergang zwischen den verschiedenen Formen festzustellen: Einmal werden zu <u>Sitzungen der Geschäftsleitung</u> projektbezogen bestimmte Führungs- und Fachkräfte, betroffene Mitarbeiter bzw. Unternehmungsberater beigezogen; ein andermal wird aus diesen und ein oder zwei Vertretern der Geschäftsleitung eine eigene <u>Projektgruppe</u> gebildet. Daneben kommen häufig noch spontane, kurzlebige <u>Problemlösungsgruppen</u> vor.

Massgebliche <u>Voraussetzungen einer erfolgreichen Gruppenarbeit</u> sind das gemeinsame Ziel, eine geeignete Zusammensetzung, das Zusammengehörigkeitsgefühl und eine vielseitige Arbeitsweise der Gruppe sowie ein fähiger Projektleiter.

Alle <u>Gruppenmitglieder</u> sollten mitbringen:

- Gesprächs- und Zusammenarbeitsfähigkeit
- besondere Sachkenntnisse
- eine gute Auffassungsgabe
- Aufgeschlossenheit
- Kritikfähigkeit
- Lernfähigkeit.

Vom <u>Projektleiter</u> sind darüberhinaus Fähigkeiten in folgenden Bereichen gefordert:

- Planung und Koordination
- Umgang mit Menschen
- Stellen der richtigen Fragen
- Aufgreifen und Entwickeln neuer Ideen
- Zustandebringen von Entscheidungen.

Im Konzept der "Organisationsentwicklung" wird die Zusammenarbeit mit den betroffenen Mitarbeitern besonders hervorgehoben. Für Reorganisationen in mittleren Unternehmungen sollten daraus folgende Erkenntnisse übernommen werden:

- Bei der gemeinsamen Bearbeitung vorhandener Probleme in Gruppen werden Lernprozesse ausgelöst, die produktive Fähigkeiten der beteiligten Mitarbeiter zur Entfaltung bringen können.

- Die Voraussetzungen dafür sind gut informierte und selbständige Mitarbeiter, führungsmässig geschulte Führungskräfte und ausreichende Gesprächs- und Konfliktfähigkeit.

3. Organisationstechniken

Zur leichteren und erfolgreicheren Abwicklung von Reorganisationen in mittleren Unternehmungen gibt es eine Reihe geeigneter Techniken und Verfahren, einige sind allerdings speziell auf die Bedürfnisse abzustimmen. Auf einige wesentliche Techniken wurde in der vorliegenden Arbeit hingewiesen. Sie nützen bei folgenden Teilaufgaben der Reorganisation:

- Überwachung von Reorganisationsprojekten:
    -- Terminpläne (Balkendiagramme, Netzpläne)
    -- Kosten-Grundraster

- Erhebung von Informationen:
    -- Befragung
    -- Beobachtung
    -- Auswertung von Aufzeichnungen (Dokumentenanalyse)
    -- Selbstaufschreibung

- Darstellung der Aufbau- und Ablauforganisation:
    -- Organigramm (Organisationsplan)
    -- Funktionendiagramm
    -- Stellenbeschreibung (Pflichtenheft)
    -- Ablaufraster und Ablaufkarte

    -- Blockdiagramm
    -- Struktogramm

  - <u>Entwicklung von Konzepten</u>:
    -- traditioneller Konzeptentwurf
    -- Brainstorming und Methode 635
    -- Morphologie

  - <u>Beurteilung von Ist-Zuständen und Konzepten</u>:
    -- Checkliste (Prüffragenkatalog)
    -- Prüfraster
    -- Investitionsrechnung
    -- Punktwertverfahren (Nutzwertanalyse).

Die ideale Vorgehensweise für jede Reorganisation in mittleren Unternehmungen gibt es nicht. Je nach Reorganisationsinhalt, verfügbaren und geeigneten Trägern innerhalb der Unternehmung, Zeitdruck und anderen Rahmenbedingungen sind unterschiedliche Vorgehens- und Arbeitsweisen angebracht. Grundsätzlich aber gilt für umfangreiche Reorganisationen, dass eine phasenweise Abwicklung verbunden mit einer projektmässigen Zusammenarbeit gewählt werden sollte. Diese sollte möglichst in Arbeitsgruppen unter Einbezug der Geschäftsleitung, der betroffenen Führungskräfte, betroffener Mitarbeiter und gegebenenfalls von Unternehmungsberatern stattfinden. Als Hilfsmittel lassen sich ausserdem verschiedene Organisationstechniken nützen.

## 4.5 SCHLUSSBEMERKUNGEN

Fast alle der in der Umfrage erfassten Reorganisationen führten zu <u>positiven Ergebnissen</u>. Beinahe 50% der Befragten sprachen sogar von einem sehr positiven Erfolg. Diese Erfolge sind aber nicht selbstverständlich und die Zahlen zu schönfärberisch. Denn die abgebrochenen und im Sande verlaufenen Reorganisationen wurden nicht erfasst. Ausserdem lässt sich annehmen, dass die

Unternehmungen ihre "wichtigsten" Reorganisationen auch mit besonderem Nachdruck und Einsatz betrieben.

Reorganisationen sind recht "individuelle" Angelegenheiten der einzelnen Unternehmungen. Dies zeigt sich an den unterschiedlichen Zielsetzungen und Inhalten, an den Trägern, an den zu berücksichtigenden Rahmenbedingungen und inneren Verhältnissen sowie am deutlichsten an den unterschiedlichen Vorgehens- und Arbeitsweisen in jedem einzelnen Fall.

Dennoch scheinen einige Dinge in mittleren Unternehmungen typisch zu sein:

- Im Vordergrund stehen Reorganisationsinhalte, die oft für grössere Unternehmungen zweitrangige Projekte, für kleine hingegen noch gar keine aktuellen Probleme darstellen.

- Bei allen Reorganisationen ist es entscheidend, dass sie von den Unternehmern, Geschäftsführern und betroffenen leitenden Angestellten eindeutig gewollt und klar mitgetragen werden.

- Auffallend viele Reorganisationen kommen leider erst unter starkem innerem oder äusserem Druck und zu spät zustande.

- Den betroffenen Mitarbeitern kommt zwar keine bestimmende Rolle zu, ihr Einbezug in den Reorganisationsprozess ist aber recht häufig und fruchtbar, da so Fähigkeiten und die Bereitschaft zur Unterstützung der Reorganisation in ihnen gefördert werden.

- Gegenüber Unternehmungsberatern besteht ein zwiespältiges Verhältnis - sie werden nicht allzu häufig eingesetzt, dann aber in der Regel als wertvolle Helfer betrachtet.

- Umfangreichere Reorganisationen verlangen eine angemessene Steuerung, die durch ein projektmässiges Vorgehen am besten gewährleistet ist. Dieses umfasst insbesondere eine phasenweise Abwicklung, einen verantwortlichen und zeitlich ausreichend verfügbaren Projektleiter sowie die Erarbeitung in einer Arbeitsgruppe.

- Die meisten Reorganisationen werden in <u>Arbeitsgruppen</u> geplant und verwirklicht - in eigenen Projektgruppen oder in der erweiterten Geschäftsleitung -, weil dadurch die notwendigen Kräfte und zeitlichen Kapazitäten sehr produktiv vereint werden können.

- Die eingesetzten <u>Projektgruppen</u> erwiesen sich als besonders erfolgreich, doch gesamthaft ist eine <u>weniger straffe Zusammenarbeit</u> zwischen Führungspersonen, Betroffenen und Unternehmungsberatern am verbreitetsten.

Reorganisationen dürfen trotz aller möglichen Engpässe <u>nicht als Nebensache</u> behandelt werden, die hinter den alltäglichen Aufgaben und Problemen im Geschäft zurücktreten müssen. Eine gute Reorganisation beginnt und endet auch nicht bei der Zielbestimmung und bei der Entscheidung für eine bestimmte Lösung. Gleichermassen wesentlich sind die inhaltlichen Ergebnisse und die Art und Weise der Abwicklung. Deshalb ist es das Hauptanliegen dieser Arbeit gewesen, eine möglichst vielseitige und <u>ganzheitliche Sichtweise</u> der Reorganisationen in mittleren Unternehmungen aufzuzeigen.

ANHANG: FRAGEBOGEN UND AUSWERTUNGSTABELLEN

Fragebogen und Begleitbriefe    280

Tab. 1: Haupteigentümer und Rechtsform der antwortenden mittleren
        Unternehmungen    286
Tab. 2: Durchgeführte Reorganisationen nach Unternehmungsgrösse    286
Tab. 3: Durchgeführte Reorganisationen nach Branchen    287
Tab. 4: Wichtigste Reorganisationen nach Unternehmungsgrösse    288
Tab. 5: Wichtigste Reorganisationen nach Branchen    289
Tab. 6: Gründe und Anlässe für die wichtigsten Reorganisationen nach
        Reorganisationsinhalten    290
Tab. 7: Fördernisse für Reorganisationen nach Reorganisationsinhalten    291
Tab. 8: Hindernisse für Reorganisationen nach Reorganisationsinhalten    292
Tab. 9: Beurteilung des Zeitpunktes der Reorganisation    293
Tab. 10: Arbeitseinsatz und Einfluss verschiedener Personengruppen bei
         Reorganisationen    294
Tab. 11: Bedeutung verschiedener Personengruppen bei Reorganisationen
         nach Unternehmungsgrösse    295
Tab. 12: Bedeutung verschiedener Personengruppen bei Reorganisationen
         nach Wirtschaftszweigen    296
Tab. 13: Bedeutung verschiedener Personengruppen bei Reorganisationen
         nach Reorganisationsinhalten    297
Tab. 14: Die Bedeutung verschiedener Arbeitsweisen beim Reorganisieren    298
Tab. 15: Alleinige und kombinierte Anwendung der einzelnen Arbeitsweisen    298
Tab. 16: Arbeitsweisen beim Reorganisieren nach Branchen    299
Tab. 17: Arbeitsweisen beim Reorganisieren nach Reorganisationsinhalten    299
Tab. 18: Arbeitsweisen beim Reorganisieren nach Unternehmungsgrösse    300
Tab. 19: Arbeitseinsatz und Einfluss der einzelnen Personengruppen je
         nach Arbeitsweise    300
Tab. 20: Gründe für das gewählte Vorgehen nach Unternehmungsgrösse    301
Tab. 21: Gründe für das gewählte Vorgehen nach Reorganisationsinhalten    302
Tab. 22: Beweggründe für die jeweils gewählte Arbeitsweise    303
Tab. 23: Erfolge der Reorganisationen nach Branchen    304
Tab. 24: Besonders erfolgreiche Reorganisationen in Abhängigkeit von
         Inhalt und Arbeitsweise    305
Tab. 25: Erfolg der Reorganisationen in Abhängigkeit vom Arbeitseinsatz
         und Einfluss der wichtigsten Personengruppen    306
Tab. 26: Zusammenhang zwischen Erfolg und Zeitpunkt der Reorganisation    307
Tab. 27: Kriterien für die Beurteilung des Reorganisationserfolges    307

**Institut für Betriebswirtschaft** | an der Hochschule St.Gallen
für Wirtschafts- und Sozialwissenschaften

CH - 9000 St.Gallen   Dufourstrasse 48   Telefon 071 - 23 35 72

Bearbeiter: Karl Dörler (Bregenz)

Bitte kreuzen Sie jene Antworten an, die Ihrer Meinung am besten entsprechen, und senden Sie den beantworteten Fragebogen
BIS 6. NOVEMBER 1984 ZURÜCK.
Ein frankiertes Rückcouvert liegt bei.

## UMFRAGE ÜBER REORGANISATIONEN IN MITTLEREN UNTERNEHMUNGEN

1. Name und Stellung des Ausfüllenden: _____
   _____

2. Gab es in den letzten fünf Jahren in Ihrer Unternehmung REORGANISATIONEN MIT NACHHALTIGEN FOLGEN, und welcher ART waren sie?
   - ① Verbreitern der Führungsspitze (Aufgliedern in kaufmännische / technische Leitung; in Funktionsbereiche wie Absatz, Produktion, Verwaltung usw.)
   - ② Straffen der Führungsspitze (weniger Personen)
   - ③ Einführen von Geschäftsbereichen, Sparten oder Profit Centers
   - ④ Schaffen neuer Abteilungen, Eröffnung/Erwerb von Filialen, Zweigbetrieben usw.
   - ⑤ Schaffen wichtiger Zentralstellen (z.B. für Finanzen, Personal, Marketing, Revision, Planung, Einkauf, EDV, usw.), und zwar: _____
   - ⑥ Auflösen von Abteilungen oder Zentralstellen
   - ⑦ grössere Änderung der Absatzorganisation
   - ⑧ Neugestalten wichtiger Arbeitsabläufe im Betrieb, und zwar: _____
   - ⑨ Neugestalten wichtiger Arbeitsabläufe in der Verwaltung: _____
   - ⑩ erstmaliges Anschaffen einer EDV-Anlage
   - ⑪ bedeutendes Ausweiten des EDV-Einsatzes
   - ⑫ Einführen eines neuen Planungs- und Kontrollsystems
   - ⑬ Aufgeben von Unternehmungsteilen, und zwar: _____
   - ○ andere grössere Reorganisation, und zwar: _____
   - ○ bei uns gab es keine grössere Reorganisation → Bitte weiter zu Frage 12.

3. Was war die WICHTIGSTE REORGANISATION: _____

ALLE WEITEREN FRAGEN BEZIEHEN SICH AUF DIESE WICHTIGSTE REORGANISATION !

4. Was waren die URSACHEN für diese Reorganisation?
   - Hauptursache: _____
   - weitere Ursachen: _____
     _____

5. WAS FOERDERTE die Reorganisation und TRIEB sie VORAN ?

_____
_____
_____

6. WAS BEHINDERTE und BREMSTE die Reorganisation?

_____
_____
_____

7. Wie hoch waren 1) der ARBEITSEINSATZ und 2) der EINFLUSS folgender PERSONEN-(GRUPPEN) bei der Reorganisation?

Bitte antworten Sie für jede der angeführten Personen(gruppen).

| | GAB'S BEI UNS NICHT | ARBEITSEINSATZ sehr hoch ⟵⟶ unbedeutend | EINFLUSS sehr hoch ⟵⟶ unbedeutend |
|---|---|---|---|
| - Geschäftsleitung | | ①-②-③-④-⑤ | ①-②-③-④-⑤ |
| - betroffene Führungskräfte (Abt.-leiter usw.) | ① | ①-②-③-④-⑤ | ①-②-③-④-⑤ |
| - Stab d.Geschäftsleitung (Assistent,Sekretär) | ① | ①-②-③-④-⑤ | ①-②-③-④-⑤ |
| - Stelle f.Organisation,Betriebwirtschaft o.ä. | ① | ①-②-③-④-⑤ | ①-②-③-④-⑤ |
| - Betriebsrat | ① | ①-②-③-④-⑤ | ①-②-③-④-⑤ |
| - betroffene Mitarbeiter | | ①-②-③-④-⑤ | ①-②-③-④-⑤ |
| - freiberuflicher Berater, Beratungsfirma | ① | ①-②-③-④-⑤ | ①-②-③-④-⑤ |
| - andere Beteiligte: _____ | ① | ①-②-③-④-⑤ | ①-②-③-④-⑤ |

8. Wie wichtig waren die folgenden ARBEITSWEISEN bei der Reorganisation?
Bitte antworten Sie für jede der aufgezählten Arbeitsweisen.

sehr wichtig ⟵⟶ nicht angewendet

- Projektgruppe(n) aus Spezialisten und Unternehmensmitgliedern verschiedener Bereiche und Ebenen mit bestimmtem Projektleiter ①-②-③-④-⑤
- Erarbeiten von Reorganisationsvorschlägen durch Berater, Stab usw. ①-②-③-④-⑤
- Erarbeiten d.Reorganisation durch (ev.erweiterte) Geschäftsleitung ①-②-③-④-⑤
- Team(s) begleitet von gruppendynamisch geschulten Betreuern ①-②-③-④-⑤
- spontane Zusammenarbeit Spezialisten - Führungskräfte - Betroffene ①-②-③-④-⑤

Bemerkungen: _____
_____

9. Wie beurteilen Sie heute den ZEITPUNKT DER REORGANISATION ?
① viel zu spät ② eher zu spät ③ gerade richtig ④ eher zu früh ⑤ viel zu früh
⑥ lässt sich nicht beurteilen

Begründung: _____

10. Was waren die allerwesentlichsten GRÜNDE FÜR DAS BESCHRIEBENE VORGEHEN beim Reorganisieren?

   ① Vermeidung langer Diskussionen
   ② Verhinderung unnötiger Unruhe unter den Mitarbeitern
   ③ Notwendigkeit von Fachwissen und Erfahrung, die in der Unternehmung fehlten
   ④ Unparteilichkeit eines externen Beraters
   ⑤ Entlastung der Geschäftsleitung
   ⑥ zeitliche Belastung unserer besten Leute mit dem Tagesgeschäft
   ⑦ rasche Durchführung, Zeit drängte
   ⑧ Einbezug der Erfahrung und Fähigkeiten der Mitarbeiter
   ⑨ Motivation der Mitarbeiter
   ⑩ Aktivieren des unternehmerischen Denkens der Mitarbeiter
   ⑪ Rücksichtnahme auf bestimmte Personen
   ⑫ Erfordernis der Annahme der Reorganisation durch die Betroffenen
   ⑬ finanzielle Aspekte
   ○ andere Gründe, und zwar: _____

11. Wie beurteilen Sie den ERFOLG DER REORGANISATION?
   ① sehr positiv   ② positiv   ③ unentschieden   ④ negativ   ⑤ sehr negativ

   Begründung: _____

## ALLGEMEINE ANGABEN:

12. Welche RECHTSFORM hat Ihre Unternehmung?
   ① Einzelfirma   ② OHG oder KG   ③ Ges.m.b.H. (ev. & Co. KG)   ④ Aktienges.
   ⑤ Genossenschaft   ⑥ andere, und zwar: _____

13. Wieviele BESCHÄFTIGTE hat Ihre Unternehmung ungefähr?  _____ Beschäftigte

   Bei mehreren Betrieben/Filialen/Tochtergesellschaften Gesamtbeschäftigtenzahl angeben. Teilbeschäftigte zählen entsprechend ihrer Arbeitszeit, Lehrlinge halb.

14. Wer ist HAUPTEIGENTÜMER an Ihrer Unternehmung?
   ① eine Einzelperson              ② verwandte oder verschwägerte Personen
   ③ nichtverwandte Personen        ④ andere Unternehmung (Stammhaus, Holding usw.)
   ⑤ andere(r), und zwar: _____

15. Wer ist GESCHÄFTSFÜHRER Ihrer Unternehmung? (Mehrere Antworten möglich!)
   ① der Alleininhaber oder Mehrheitsgesellschafter
   ② andere(r) Gesellschafter
   ③ angestellte(r) Geschäftsführer
   ④ andere(r): _____

   ANZAHL Geschäftsführer:   ① eine Person   ② zwei Personen   ③ mehrere Personen

Herzlichen Dank für Ihre Beteiligung an der Umfrage!

FÜR DETAILLIERTERE ANTWORTEN UND BEMERKUNGEN

**Institut für Betriebswirtschaft** | an der Hochschule St.Gallen
für Wirtschafts- und Sozialwissenschaften

CH - 9000 St.Gallen    Dufourstrasse 48    Telefon 071 - 23 35 72

Bearbeiter: Karl Dörler (Bregenz)

Umfrage über Reorganisationen - speziell für mittlere Unternehmungen

Sehr geehrte Damen und Herren

Wenn Unternehmungen reorganisieren, d.h. wenn sie den inneren Aufbau, die Aufgabenverteilung oder wichtige Arbeitsabläufe wesentlich verändern, so wollen sie ihre Marktstellung, Ertragslage oder Arbeitsbedingungen verbessern.

Über den Erfolg, das praktische Vorgehen und die Anlässe von Reorganisationen gibt es erst wissenschaftliche Untersuchungen für Grossunternehmungen. Die "mittleren" Unternehmungen mit etwa 50 bis 500 Mitarbeitern sind jedoch viel zahlreicher, und sie weisen typische Eigenarten auf. Deshalb möchte ich das "Reorganisieren in mittleren Unternehmungen" wissenschaftlich durchleuchten und ein Rahmenkonzept erarbeiten, das ihre spezifischen Möglichkeiten und Probleme beim Reorganisieren beachtet.

Um einen grundlegenden Überblick über Reorganisationen in mittleren Unternehmungen zu gewinnen, wende ich mich an führende Persönlichkeiten aus mittleren Unternehmungen in Vorarlberg. Die Namen habe ich aufgrund persönlicher Empfehlungen, zahlreicher Zeitungsberichte und Hinweise der Vorarlberger Handelskammer gesammelt.

Ich bitte Sie um die Beantwortung einiger Fragen - auch wenn Sie in den letzten Jahren nicht reorganisiert haben. Ihre Antworten werden absolut vertraulich behandelt und ohne Ihre ausdrückliche Zustimmung an niemanden weitergegeben. Ich werde sie computerunterstützt auswerten, und die Veröffentlichungen werden keine Rückschlüsse auf eine bestimmte Auskunftsperson zulassen.

Wenn Sie mitmachen, erhalten Sie bis 15. März 1985 eine Zusammenfassung der wesentlichen Ergebnisse der Umfrage. Die abgeschlossene Arbeit mit dem Konzept für das Reorganisieren in mittleren Unternehmungen wird Ende 1985 in Buchform erscheinen.

Gerne erteilen Ihnen Frl. Brunner oder ich weitere Auskünfte (Tel. aus Vorarlberg: 05531-233572).

Ich hoffe zuversichtlich, mit diesem Vorhaben auch Ihrem Interesse entgegenzukommen und danke Ihnen im voraus für Ihre Beteiligung.

St. Gallen und Bregenz, im Oktober 1984          Mit freundlichen Grüssen

Karl Dörler

Hochschule St.Gallen

für Wirtschafts- und Sozialwissenschaften

St. Gallen, im Oktober 1984

Sehr geehrte Damen und Herren

Obwohl die mittleren Unternehmungen wirtschaftlich und gesellschaftlich eine bedeutsame Rolle spielen, widmet sich die Betriebswirtschaftslehre bisher vorrangig grossen Unternehmungen.

Es ist deshalb verdienstvoll, dass Herr Dörler, Assistent für Betriebswirtschaftslehre an unserer Hochschule, einen aktuellen Problembereich speziell für mittlere Unternehmungen aufarbeiten möchte:

Ursachen, praktisches Vorgehen und Erfolg bei Reorganisationen.

Weil wir vom praktischen Nutzen dieser wissenschaftlichen Untersuchung für viele mittlere Unternehmungen überzeugt sind, bitten wir Sie:

        Machen Sie mit bei dieser Umfrage!

Die Untersuchung wird auch von der Vorarlberger Industriellenvereinigung unterstützt.

        Mit freundlichen Grüssen

Prof. Dr. R. Staerkle  
Direktor des Instituts  
für Betriebswirtschaft  
an der Hochschule St. Gallen

Prof. Dr. H. J. Pleitner  
Direktor des Instituts  
für gewerbliche Wirtschaft  
an der Hochschule St. Gallen

Tab. 1: Haupteigentümer und Rechtsform der antwortenden mittl. Unternehmungen

| RECHTSFORM** | HAUPTEIGENTÜMER | | | | | | | | GESAMT | |
|---|---|---|---|---|---|---|---|---|---|---|
| | Einzel-person | | Familie(n) | | Nicht-verwandte | | and.Eigen-tumsverh.* | | | |
| Einzelfirma | 15 | 36% | 1 | 2% | | | | | 16 | 11% |
| reine Personengesellschaft | 4 | 10% | 29 | 40% | | | | | 33 | 24% |
| Kapitalgesellschaft i.w.S. | 22 | 54% | 42 | 58% | 9 | 69% | 8 | 57% | 81 | 58% |
| Genossenschaft, Sparkasse, Verein, öff.-r. Kreditunt. | | | | | 4 | 31% | 6 | 43% | 10 | 7% |
| Gesamt | 41 | 100% | 72 | 100% | 13 | 100% | 14 | 100% | 140 | 100% |

\* verschiedene Unternehmungen / Körperschaften, keine Eigentümer (Sparkassen)
\*\* reine Personengesellschaft: Offene Handelsgesellschaft, Kommanditgesellschaft
   Kapitalgesellschaft i.w.S.: Gesellschaft m.b.H., Aktiengesellschaft,
                               Gesellschaft m.b.H. & Co. KG

Tab. 2: Durchgeführte Reorganisationen,          (Mehrfachantworten möglich)
        nach Unternehmungsgrösse gegliedert

| REORGANISATIONS-INHALTE | UNTERNEHMUNGSGROESSEN | | | | | | | | | | |
|---|---|---|---|---|---|---|---|---|---|---|---|
| | Grenzber. | | Mittlere Unternehmungen mit ... Beschäftigten | | | | | | | | |
| | 35-49 B. | | 50-69 | | 70-99 | | 100-199 | | 200-500 | | gesamt |
| breitere Führung | 6 | 32% | 7 | 23% | 15 | 37% | 13 | 35% | 6 | 19% | 41 | 29% |
| straffere Führung | 1 | 5% | 4 | 13% | 6 | 15% | 4 | 11% | 8 | 25% | 22 | 16% |
| Profit Centers | | | 7 | 23% | 8 | 20% | 7 | 19% | 12 | 38% | 34 | 24% |
| neue Abt., Filialen | 6 | 32% | 10 | 33% | 12 | 29% | 11 | 30% | 15 | 47% | 48 | 34% |
| neue Zentralstellen | 7 | 37% | 3 | 10% | 9 | 22% | 10 | 27% | 7 | 22% | 29 | 21% |
| Auflösen v.Abteil'gen | | | 4 | 13% | 4 | 10% | 4 | 11% | 4 | 13% | 16 | 11% |
| Absatzorganisation | 2 | 11% | 4 | 13% | 10 | 24% | 8 | 22% | 8 | 25% | 30 | 21% |
| betr. Arbeitsabläufe | 7 | 37% | 7 | 23% | 8 | 20% | 17 | 46% | 14 | 44% | 46 | 33% |
| admin. Arbeitsabläufe | 3 | 16% | 4 | 13% | 7 | 17% | 13 | 35% | 9 | 28% | 33 | 24% |
| erste eigene EDV | 6 | 32% | 10 | 33% | 7 | 17% | 9 | 24% | 8 | 25% | 34 | 24% |
| Ausweitung der EDV | 6 | 32% | 6 | 20% | 14 | 34% | 18 | 49% | 19 | 59% | 57 | 41% |
| Plan-/Kontrollsysteme | | | 5 | 17% | 11 | 27% | 10 | 27% | 12 | 38% | 38 | 27% |
| Aufgeben v.Unt'teilen | 2 | 11% | | | 1 | 2% | 4 | 11% | 3 | 9% | 8 | 6% |
| and. grössere Reorg. | 1 | 5% | 1 | 3% | 3 | 7% | 5 | 14% | 5 | 16% | 14 | 10% |
| keine grössere Reorg. | 8 | 42% | 12 | 40% | 13 | 32% | 7 | 19% | 4 | 13% | 36 | 26% |
| Gesamt | 19 | 100% | 30 | 100% | 41 | 100% | 37 | 100% | 32 | 100% | 140 | 100% |

Tab. 3: Durchgeführte Reorganisationen, nach Branchen gegliedert  (Mehrfachantworten möglich)

| REORGANISATIONS-INHALTE | INDUSTRIE | | | | | | BAUWESEN | DIENSTLEISTUNGEN | | | GESAMT | |
|---|---|---|---|---|---|---|---|---|---|---|---|---|
| | Nahrung+ Getränke | Textil + Bekleidg | Sticke-reien | Chemie + Kunstst. | Metall + Maschin. | übrige Gewerbe | Hoch- + Tiefbau | Handel | Banken + Versich. | übrige Dienstl. | | |
| breitere Führung | 3  38% | 4  16% | 1   7% | 5  63% | 7  37% | 2  22% | 3  19% | 7  33% | 5  63% | 4  33% | 41 | 29% |
| straffere Führung | 1  13% | 6  24% | 2  14% | 1  13% | 2  11% | 1  11% | 1   6% | 5  24% | 1  13% | 2  17% | 22 | 16% |
| Profit Centers | 2  25% | 2   8% | 1   7% | 3  38% | 8  42% | 1  11% | 3  19% | 8  38% | 3  38% | 3  25% | 34 | 24% |
| neue Abt., Filialen | 4  50% | 6  24% | 3  21% |  | 8  42% | 1  11% | 3  19% | 11 52% | 7  88% | 5  42% | 48 | 34% |
| neue Zentralstellen | 4  50% | 4  16% |  | 5  63% | 6  32% | 1  11% | 2  13% | 3  14% | 2  25% | 2  17% | 29 | 21% |
| Auflösen v.Abteil'gen |  | 6  24% |  | 1  13% | 2  11% | 1  11% | 1   6% | 2  10% | 1  13% | 2  17% | 16 | 11% |
| Absatzorganisation | 1  13% | 9  36% |  | 3  38% | 5  26% | 2  22% | 1   6% | 3  14% | 3  38% | 3  25% | 30 | 21% |
| betr. Arbeitsabläufe | 3  38% | 11 44% | 2  14% | 3  38% | 6  32% | 2  22% |  | 9  43% | 6  75% | 4  33% | 46 | 33% |
| admin. Arbeitsabläufe | 4  50% | 7  28% | 3  21% | 2  25% | 3  16% | 1  11% | 1   6% | 7  33% | 2  25% | 3  25% | 33 | 24% |
| erste eigene EDV | 2  25% | 9  36% | 2  14% |  | 4  21% |  | 6  38% | 6  29% |  | 5  42% | 34 | 24% |
| Ausweitung der EDV | 4  50% | 11 44% | 4  29% | 5  63% | 7  37% | 2  22% | 3  19% | 10 48% | 6  75% | 5  42% | 57 | 41% |
| Kontrollsysteme | 3  38% | 5  20% |  | 3  38% | 4  21% | 3  33% | 3  19% | 9  43% | 3  38% | 5  42% | 38 | 27% |
| Aufgeben v.Unt'teilen |  | 3  12% |  |  | 3  16% |  | 1   6% | 1   5% |  |  |  8 |  6% |
| and. grössere Reorg. |  |  | 1   7% | 3  38% | 2  11% | 1  11% |  | 3  14% | 2  25% | 3  25% | 14 | 10% |
| keine grössere Reorg. | 3  38% | 6  24% | 5  36% |  | 3  16% | 5  56% | 8  50% | 3  14% |  | 3  25% | 36 | 26% |
| Gesamt | 8 100% | 25 100% | 14 100% | 8 100% | 19 100% | 9 100% | 16 100% | 21 100% | 8 100% | 12 100% | 140 | 100% |

Tab. 4: Wichtigste Reorganisationen, nach Unternehmungsgrösse gegliedert

(Mehrfachantworten möglich)

| REORGANISATIONS-INHALTE | UNTERNEHMUNGSGROESSEN ||||||
|---|---|---|---|---|---|---|
| | Grenzber. 35-49 B. | Mittlere Unternehmungen mit ... Beschäftigten |||||
| | | 50-69 | 70-99 | 100-199 | 200-500 | gesamt |
| breitere Führung   |       | 2 11% | 4 14% |       | 1  4% |  7  7% |
| Profit Centers     |       | 3 17% | 3 11% | 3 10% | 3 11% | 12 12% |
| Aufbaustruktur     | 1  9% |       | 1  4% | 3 10% | 5 18% |  9  9% |
| Absatzorganisation |       | 1  6% | 3 11% | 4 13% | 4 14% | 12 12% |
| neue Abteilungen   | 1  9% | 1  6% | 3 11% | 3 10% |       |  7  7% |
| Auflösg./Zusammenleg. | 1  9% | 1  6% | 2  7% | 3 10% | 2  7% |  8  8% |
| Arbeitsabläufe     | 4 36% | 3 17% | 5 18% | 5 17% | 4 14% | 17 16% |
| Kontrollsysteme    | 1  9% | 2 11% | 4 14% | 4 13% | 5 18% | 15 14% |
| erste eigene EDV   | 1  9% | 6 33% | 3 11% | 5 17% | 4 14% | 18 17% |
| Ausweitung der EDV | 2 18% | 1  6% | 9 32% | 3 10% | 6 21% | 19 18% |
| übr. Reorganisationen | 2 18% |    |       | 1  3% | 2  7% |  3  3% |
| Gesamt | 11 100% | 18 100% | 28 100% | 30 100% | 28 100% | 104 100% |

Tab. 5: Wichtigste Reorganisationen, nach Branchen gegliedert (Mehrfachantworten möglich)

| REORGANISATIONS-INHALTE | INDUSTRIE | | | | | | BAUWESEN | DIENSTLEISTUNGEN | | | GESAMT | |
|---|---|---|---|---|---|---|---|---|---|---|---|---|
| | Nahrung+ Getränke | Textil + Bekleidg | Sticke-reien | Chemie + Kunstst. | Metall + Maschin. | übrige Gewerbe | Hoch- + Tiefbau | Handel | Banken + Versich. | übrige Dienstl. | | |
| breitere Führung | 1 20% | | | 1 13% | 2 13% | 1 25% | | 1 6% | | 2 22% | 7 | 7% |
| Profit Centers | | 1 5% | 1 11% | 2 25% | 2 13% | | 1 13% | 2 11% | 1 13% | 2 22% | 12 | 12% |
| Aufbaustruktur | | | | | 3 19% | | 1 13% | 2 11% | 2 25% | | 9 | 9% |
| Absatzorganisation | | 6 32% | | 2 25% | 2 13% | | | 2 11% | | | 12 | 12% |
| neue Abteilungen | | 2 11% | 2 22% | 1 13% | 1 6% | | 1 13% | | 1 13% | 1 11% | 7 | 7% |
| Auflösg./Zusammenleg. | | 2 11% | | 1 13% | 1 6% | | 1 13% | 3 17% | | | 8 | 8% |
| Arbeitsabläufe | 1 20% | 4 21% | 2 22% | | 1 6% | 2 50% | 1 13% | 2 11% | 3 38% | | 17 | 16% |
| Kontrollsysteme | 1 20% | 2 11% | | 2 25% | 2 13% | 1 25% | 2 25% | 3 17% | | 2 22% | 15 | 14% |
| erste eigene EDV | 1 20% | 5 26% | 1 11% | | 2 13% | | 3 38% | 3 17% | | 3 33% | 18 | 17% |
| Ausweitung der EDV | | 1 5% | 3 33% | 2 25% | 2 13% | 1 25% | 1 13% | 5 28% | 3 38% | 1 11% | 19 | 18% |
| übr. Reorganisationen | | 1 5% | | 1 13% | 1 6% | | | | | | 3 | 3% |
| Gesamt | 5 100% | 19 100% | 9 100% | 8 100% | 16 100% | 4 100% | 8 100% | 18 100% | 8 100% | 9 100% | 104 | 100% |

Tab. 6: Gründe und Anlässe für die wichtigsten Reorganisationen, nach Reorganisationsinhalten gegliedert
(Mehrfachantworten möglich)

| GRÜNDE/ANLÄSSE | breitere Führung | | Profit Centers | | Aufbau-struktur | | Absatz-organis. | | neue Ab-teilung | | Auflösg, Zus'legg | | Arbeits-abläufe | | Kontroll-systeme | | erste eig. EDV | | Ausweitg der EDV | | GESAMT einschl. übr.Inh. | |
|---|---|---|---|---|---|---|---|---|---|---|---|---|---|---|---|---|---|---|---|---|---|---|
| **GRÜNDE:** | | | | | | | | | | | | | | | | | | | | | | |
| unration. Produktion | | | 2 | 17% | | | 2 | 17% | | | 3 | 38% | 8 | 47% | | | 3 | 17% | 3 | 16% | 17 | 16% |
| unration. Büroorgan. | | | | | | | 2 | 17% | | | 3 | 38% | 1 | 6% | 2 | 13% | 7 | 39% | 6 | 32% | 16 | 15% |
| hohe betriebl. Kosten | 1 | 14% | 1 | 8% | 1 | 11% | 1 | 8% | 1 | 14% | 3 | 38% | 5 | 29% | 3 | 20% | 1 | 6% | 1 | 5% | 17 | 16% |
| teure Personalkosten | | | | | | | | | | | 1 | 13% | 2 | 12% | 2 | 13% | 1 | 6% | 1 | 5% | 7 | 7% |
| marktbezogene Ziele | | | 4 | 33% | 3 | 33% | 6 | 50% | 5 | 71% | 2 | 25% | 9 | 53% | 2 | 13% | 1 | 6% | 5 | 26% | 29 | 28% |
| Absatzprobleme | | | 2 | 17% | | | 5 | 42% | 1 | 14% | 2 | 25% | 2 | 12% | 2 | 13% | 1 | 6% | 2 | 11% | 15 | 14% |
| Umsatzsteigerung | 1 | 14% | | | 1 | 11% | 1 | 8% | | | 1 | 13% | 2 | 12% | | | 2 | 11% | 2 | 11% | 10 | 10% |
| Überlastung d.Führung | 6 | 86% | 6 | 50% | 4 | 44% | 1 | 8% | 2 | 29% | | | 1 | 6% | 2 | 13% | 2 | 11% | 6 | 32% | 20 | 19% |
| Koordinationsmängel | | | 1 | 8% | 3 | 33% | | | | | | | 1 | 6% | 2 | 13% | | | 2 | 11% | 9 | 9% |
| unzulängl.Information | 1 | 14% | 2 | 17% | 1 | 11% | 1 | 8% | 1 | 14% | 2 | 25% | 3 | 18% | 6 | 40% | 10 | 56% | 10 | 53% | 28 | 27% |
| ungenügende Kontrolle | 1 | 14% | 1 | 8% | | | 2 | 17% | 1 | 14% | | | 2 | 12% | 9 | 60% | 6 | 33% | 5 | 26% | 19 | 18% |
| sonstige Gründe | 2 | 29% | 4 | 33% | 2 | 22% | | | | | 1 | 13% | 2 | 12% | | | | | 3 | 16% | 12 | 12% |
| **ANLÄSSE:** | | | | | | | | | | | | | | | | | | | | | | |
| personeller Wechsel | 3 | 43% | 1 | 8% | 4 | 44% | 1 | 8% | | | 2 | 25% | 1 | 6% | 2 | 13% | 1 | 6% | 1 | 5% | 11 | 11% |
| Neubau / Erweiterung | 1 | 14% | 1 | 8% | 1 | 11% | | | | | 1 | 13% | | | | | 1 | 6% | 1 | 5% | 6 | 6% |
| Kontrollergebnisse | | | 1 | 8% | | | | | | | 2 | 25% | | | 1 | 7% | | | | | 3 | 3% |
| gesetzl. Regelungen | | | | | 2 | 22% | | | | | | | 1 | 6% | | | | | | | 2 | 2% |
| sonstige Anlässe | 1 | 14% | 1 | 8% | | | | | 1 | 14% | | | | | | | | | 1 | 5% | 2 | 2% |
| Gesamt | 7 | 100% | 12 | 100% | 9 | 100% | 12 | 100% | 7 | 100% | 8 | 100% | 17 | 100% | 15 | 100% | 18 | 100% | 19 | 100% | 104 | 100% |

Tab. 7: Fördernisse für Reorganisationen, nach Reorganisationsinhalten gegliedert    (Mehrfachantworten möglich)

| FOERDERNISSE | breitere Führung | | Profit Centers | | Aufbaustruktur | | Absatzorganis. | | neue Abteilung | | Auflösg, Zus'legg | | Arbeitsabläufe | | Kontrollsysteme | | erste eig. EDV | | Ausweitg der EDV | | GESAMT einschl. übr.Inh. | |
|---|---|---|---|---|---|---|---|---|---|---|---|---|---|---|---|---|---|---|---|---|---|---|
| PERSONENBEZOGENE FOERDERNISSE: | | | | | | | | | | | | | | | | | | | | | | |
| Einsatz/Unterstützung | 2 | 29% | 6 | 50% | 2 | 22% | 2 | 17% | 2 | 29% | 2 | 25% | 1 | 6% | 8 | 53% | 2 | 11% | 4 | 21% | 23 | 22% |
| - Geschäftsführer/Eig | 2 | 29% | 4 | 33% | 1 | 11% | 1 | 8% | 2 | 29% | 1 | 13% | 1 | 6% | 5 | 33% | 2 | 11% | 2 | 11% | 15 | 14% |
| - Mitarbeiter | | | 2 | 17% | 1 | 11% | 1 | 8% | 1 | 14% | 1 | 13% | | | 4 | 27% | | | 3 | 16% | 10 | 10% |
| externer Berater | 1 | 14% | 2 | 17% | 1 | 11% | | | | | | | 2 | 12% | 1 | 7% | 1 | 6% | 3 | 16% | 9 | 9% |
| sonst. pers. Fördern. | 2 | 29% | 1 | 8% | | | | | 1 | 14% | 2 | 25% | | | 2 | 13% | | | 2 | 11% | 4 | 4% |
| SITUATIONSBEDINGTE FOERDERNISSE: | | | | | | | | | | | | | | | | | | | | | | |
| Druck und Engpässe | 3 | 43% | 3 | 25% | 3 | 33% | 5 | 42% | 3 | 43% | 1 | 13% | 8 | 47% | 4 | 27% | 3 | 17% | 8 | 42% | 36 | 35% |
| - äuss./innerer Druck | 3 | 43% | 3 | 25% | 3 | 33% | 5 | 42% | 2 | 29% | 1 | 13% | 6 | 35% | 4 | 27% | 3 | 17% | 7 | 37% | 32 | 31% |
| - Engpässe/Abl'probl. | | | | | | | | | 1 | 14% | | | 2 | 12% | | | | | 1 | 5% | 4 | 4% |
| frühe(re) Erfolge | | | | | | | 2 | 17% | 3 | 43% | 1 | 13% | 3 | 18% | 2 | 13% | 3 | 17% | 2 | 11% | 12 | 12% |
| neue Möglichkeiten | | | | | | | | | | | | | 1 | 6% | | | 4 | 22% | 4 | 21% | 9 | 9% |
| sonst. situat. Förd. | | | 2 | 17% | | | 1 | 8% | | | | | 3 | 18% | 2 | 13% | 1 | 6% | 2 | 11% | 9 | 9% |
| keine Angaben | 1 | 14% | 1 | 8% | 4 | 44% | 2 | 17% | | | 3 | 38% | 1 | 6% | 1 | 7% | 5 | 28% | 1 | 5% | 19 | 18% |
| Gesamt | 7 | 100% | 12 | 100% | 9 | 100% | 12 | 100% | 7 | 100% | 8 | 100% | 17 | 100% | 15 | 100% | 18 | 100% | 19 | 100% | 104 | 100% |

Tab. 8: Hindernisse für Reorganisationen, nach Reorganisationsinhalten geliedert    (Mehrfachantworten möglich)

| HINDERNISSE | breitere Führung | | Profit Centers | | Aufbau-struktur | | Absatz-organis. | | neue Ab-teilung | | Auflösg. Zus'legg | | Arbeits-abläufe | | Kontroll-systeme | | erste eig. EDV | | Ausweitg der EDV | | GESAMT einschl. übr.Inh. | |
|---|---|---|---|---|---|---|---|---|---|---|---|---|---|---|---|---|---|---|---|---|---|---|
| KEINE HINDERNISSE | 1 | 14% | 6 | 50% | 2 | 22% | 6 | 50% | 2 | 29% | 1 | 13% | 6 | 35% | 7 | 47% | 9 | 50% | 7 | 37% | 40 | 38% |
| **PERSONENBEDINGTE HINDERNISSE:** | | | | | | | | | | | | | | | | | | | | | | |
| Ängste, Einstellungen | 5 | 71% | 5 | 42% | 5 | 56% | 2 | 17% | | | 4 | 50% | 5 | 29% | 3 | 20% | 2 | 11% | 8 | 42% | 30 | 29% |
| Gewohnheit | 3 | 43% | 3 | 25% | | | 3 | 25% | | | 1 | 13% | | | 1 | 7% | 1 | 6% | 1 | 5% | 13 | 13% |
| zuwenig Einsatz d. GL | | | | | 2 | 22% | | | | | 1 | 13% | | | | | 1 | 6% | 2 | 11% | 6 | 6% |
| fehlende Fachkenntnis | | | | | | | | | 1 | 14% | | | 1 | 6% | 1 | 7% | | | 2 | 11% | 5 | 5% |
| sonst. pers. Hindern. | | | | | | | | | | | 1 | 13% | | | | | 1 | 6% | 2 | 11% | 2 | 2% |
| **SITUATIONSBEDINGTE HINDERNISSE:** | | | | | | | | | | | | | | | | | | | | | | |
| zeitl.-pers. Engpässe | 1 | 14% | 3 | 25% | 1 | 11% | 3 | 25% | 3 | 43% | | | 1 | 6% | 4 | 27% | 3 | 17% | 2 | 11% | 15 | 14% |
| Kosten, Finanzierung | 1 | 14% | | | | | | | 1 | 14% | 1 | 13% | 3 | 18% | | | 1 | 6% | 3 | 16% | 9 | 9% |
| EDV-spezif. Probleme | | | | | | | 2 | 17% | | | | | 1 | 6% | | | 2 | 11% | 4 | 21% | 6 | 6% |
| vorhand. Organisation | | | | | | | | | 1 | 14% | 1 | 13% | | | | | 1 | 6% | 2 | 11% | 5 | 5% |
| ungewiss. Absatzmarkt | | | | | 1 | 11% | | | 1 | 14% | | | 1 | 6% | | | 1 | 6% | | | 4 | 4% |
| räumliche Schwierigk. | | | 1 | 8% | 1 | 11% | | | 1 | 14% | | | 1 | 6% | | | 1 | 6% | | | 4 | 4% |
| sonst. situat. Hind. | | | | | | | | | | | | | 2 | 12% | 1 | 7% | 2 | 11% | | | 4 | 4% |
| Gesamt | 7 | 100% | 12 | 100% | 9 | 100% | 12 | 100% | 7 | 100% | 8 | 100% | 17 | 100% | 15 | 100% | 18 | 100% | 19 | 100% | 104 | 100% |

Tab. 9: Beurteilung des Zeitpunktes der Reorganisation

a) nach Reorganisationsinhalten gegliedert

| ZEITPUNKT | breitere Führung | | Profit Centers | | Aufbaustruktur | | Absatzorganis. | | neue Abteilung | | Auflösg, Zus'legg | | Arbeitsabläufe | | Kontroll-systeme | | erste eig. EDV | | Ausweitg der EDV | | GESAMT einschl. übr.Inh. | |
|---|---|---|---|---|---|---|---|---|---|---|---|---|---|---|---|---|---|---|---|---|---|---|
| zu spät | 4 | 67% | 6 | 55% | 4 | 44% | 6 | 50% | 4 | 57% | 6 | 100% | 5 | 31% | 8 | 57% | 7 | 39% | 6 | 32% | 46 | 48% |
| gerade rechtzeitig | 2 | 33% | 5 | 45% | 5 | 56% | 6 | 50% | 2 | 29% | | | 10 | 63% | 6 | 43% | 9 | 50% | 13 | 68% | 47 | 49% |
| zu früh | | | | | | | | | | | | | | | | | 1 | 6% | | | 1 | 1% |
| nicht beurteilbar | | | | | | | | | 1 | 14% | | | 1 | 6% | | | 1 | 6% | | | 2 | 2% |
| Gesamt | 6 | 100% | 11 | 100% | 9 | 100% | 12 | 100% | 7 | 100% | 6 | 100% | 16 | 100% | 14 | 100% | 18 | 100% | 19 | 100% | 96 | 100% |

b) nach Branchen gegliedert

| | INDUSTRIE | | | | | | | | | | | BAUWESEN | | DIENSTLEISTUNGEN | | | | | | GESAMT | |
|---|---|---|---|---|---|---|---|---|---|---|---|---|---|---|---|---|---|---|---|---|---|
| ZEITPUNKT | Nahrung+ Getränke | | Textil + Bekleidg | | Stickereien | | Chemie + Kunstst. | | Metall + Maschin. | | übrige Gewerbe | | Hoch- + Tiefbau | | Handel | | Banken + Versich. | | übrige Dienstl. | | | |
| zu spät | | | 9 | 50% | 3 | 33% | 7 | 88% | 6 | 43% | | | 5 | 71% | 8 | 47% | 2 | 29% | 6 | 67% | 46 | 48% |
| gerade rechtzeitig | 4 | 100% | 8 | 44% | 6 | 67% | 1 | 13% | 8 | 57% | 3 | 100% | 1 | 14% | 9 | 53% | 5 | 71% | 2 | 22% | 47 | 49% |
| zu früh | | | | | | | | | | | | | | | | | | | 1 | 11% | 1 | 1% |
| nicht beurteilbar | | | 1 | 6% | | | | | | | | | 1 | 14% | | | | | | | 2 | 2% |
| Gesamt | 4 | 100% | 18 | 100% | 9 | 100% | 8 | 100% | 14 | 100% | 3 | 100% | 7 | 100% | 17 | 100% | 7 | 100% | 9 | 100% | 96 | 100% |

Tab. 10: Arbeitseinsatz und Einfluss verschiedener Personengruppen bei Reorganisationen

| VORHANDEN (..% von 104 mittleren Unternehmungen) | | Geschäft-leitung | betr.Fü'-kräfte | Stab der G'leitg. | Organis.-stelle | Betriebs-rat | betroff. Mitarb. | kommerz. Berater | sonstige Beteil. |
|---|---|---|---|---|---|---|---|---|---|
| | | 104 100% | 96 92% | 50 48% | 44 42% | 46 44% | 96 92% | 51 49% | 12 12% |
| a) ARBEITSEINSATZ | 1 = sehr hoch | 35 34% | 44 46% | 10 20% | 16 36% | 1 2% | 23 24% | 19 37% | 2 17% |
| | 2 = hoch | 23 22% | 27 28% | 9 18% | 13 30% | | 20 21% | 10 20% | 4 33% |
| | 3 = mittel | 21 20% | 15 16% | 18 36% | 9 20% | 2 4% | 29 30% | 7 14% | 3 25% |
| | 4 = niedrig | 10 10% | 9 9% | 6 12% | 5 11% | 7 15% | 7 7% | 10 20% | |
| | 5 = unbedeutend | 5 5% | 1 1% | 7 14% | 1 2% | 36 78% | 9 9% | 5 10% | 2 17% |
| | ohne Angaben | 10 10% | | | | | 8 8% | | 1 8% |
| | gesamt | 104 100% | 96 100% | 50 100% | 44 100% | 46 100% | 96 100% | 51 100% | 12 100% |
| | Mittelwert | 2.22 | 1.92 | 2.82 | 2.14 | 4.67 | 2.53 | 2.45 | 2.64 |
| b) EINFLUSS | 1 = sehr hoch | 68 65% | 37 39% | 6 12% | 15 34% | | 8 8% | 19 37% | 2 17% |
| | 2 = hoch | 15 14% | 24 25% | 5 10% | 10 23% | 2 4% | 14 15% | 10 20% | 6 50% |
| | 3 = mittel | 8 8% | 26 27% | 14 28% | 10 23% | 5 11% | 30 31% | 11 22% | 1 8% |
| | 4 = niedrig | 1 1% | 1 1% | 5 10% | 3 7% | 10 22% | 14 15% | 3 6% | 3 25% |
| | 5 = unbedeutend | | 1 1% | 14 28% | 2 5% | 28 61% | 14 15% | 4 8% | |
| | ohne Angaben | 12 12% | 7 7% | 6 12% | 4 9% | 1 2% | 16 17% | 4 8% | |
| | gesamt | 104 100% | 96 100% | 50 100% | 44 100% | 46 100% | 96 100% | 51 100% | 12 100% |
| | Mittelwert | 1.38 | 1.93 | 3.36 | 2.18 | 4.42 | 3.15 | 2.21 | 2.42 |

Tab. 11: Bedeutung verschiedener Personengruppen bei Reorganisationen, nach Unternehmungsgrösse gegliedert

| PERSONENGRUPPEN | | UNTERNEHMUNGSGROESSEN | | | | | |
|---|---|---|---|---|---|---|---|
| | | Grenzber. | Mittlere Unternehmungen mit...Beschäftigten | | | | |
| | | 35-49 | 50-69 | 70-99 | 100-199 | 200-500 | gesamt |
| Geschäftsleitung | V | 100% | 100% | 100% | 100% | 100% | 100% |
| | A | 91% | 56% | 68% | 43% | 57% | 56% |
| | E | 82% | 78% | 86% | 70% | 86% | 80% |
| betroffene | V | 100% | 89% | 89% | 93% | 96% | 92% |
| Führungskräfte | A | 73% | 83% | 68% | 80% | 46% | 68% |
| | E | 27% | 72% | 50% | 57% | 61% | 59% |
| Stab der | V | 18% | 56% | 43% | 53% | 43% | 48% |
| Geschäftsleitung | A | 9% | 28% | 14% | 20% | 14% | 18% |
| | E | 9% | 11% | 11% | 10% | 11% | 11% |
| Stelle für | V | 18% | 22% | 36% | 47% | 57% | 42% |
| Organisation oder | A | 9% | 17% | 29% | 30% | 32% | 28% |
| Betriebswirtschaft | E | 9% | 17% | 29% | 30% | 18% | 24% |
| Betriebsrat | V | 0% | 17% | 36% | 47% | 68% | 44% |
| | A | 0% | 6% | 0% | 0% | 0% | 1% |
| | E | 0% | 0% | 7% | 0% | 0% | 2% |
| betroffene | V | 91% | 89% | 96% | 87% | 96% | 92% |
| Mitarbeiter | A | 18% | 44% | 54% | 37% | 32% | 41% |
| | E | 18% | 11% | 18% | 23% | 29% | 21% |
| freiberufliche | V | 18% | 50% | 39% | 60% | 46% | 49% |
| Berater oder | A | 9% | 22% | 25% | 23% | 39% | 28% |
| Beratungsfirma | E | 9% | 17% | 18% | 33% | 39% | 28% |
| Summe Unternehmungen | | 11 100% | 18 100% | 28 100% | 30 100% | 28 100% | 104 100% |

Legende: V = Vorhandensein, A = hoher Arbeitseinsatz, E = hoher Einfluss der Personengruppe in ..% der jeweiligen Unternehmungen

Tab. 12: Bedeutung verschiedener Personengruppen bei Reorganisationen, nach Wirtschaftszweigen gegliedert

| PERSONENGRUPPEN | | WIRTSCHAFTSZWEIGE * | | | | | GESAMT |
|---|---|---|---|---|---|---|---|
| | | Industrie | Bauwesen | Handel | Banken, Versich. | übrige Dienstl. | |
| Geschäftsleitung | V | 100% | 100% | 100% | 100% | 100% | 100% |
| | A | 61% | 38% | 67% | 38% | 33% | 56% |
| | E | 79% | 63% | 83% | 100% | 78% | 80% |
| betroffene Führungskräfte | V | 93% | 63% | 94% | 100% | 100% | 92% |
| | A | 66% | 50% | 72% | 63% | 100% | 68% |
| | E | 62% | 38% | 78% | 38% | 33% | 59% |
| Stab der Geschäftsleitung | V | 51% | 13% | 50% | 50% | 56% | 48% |
| | A | 15% | 13% | 17% | 38% | 33% | 18% |
| | E | 8% | 13% | 11% | 25% | 11% | 11% |
| Stelle für Organisation oder Betriebswirtschaft | V | 43% | 25% | 28% | 100% | 33% | 42% |
| | A | 23% | 13% | 17% | 100% | 33% | 28% |
| | E | 20% | 13% | 17% | 75% | 33% | 24% |
| Betriebsrat | V | 46% | 25% | 33% | 100% | 22% | 44% |
| | A | 2% | 0% | 0% | 0% | 0% | 1% |
| | E | 0% | 0% | 6% | 13% | 0% | 2% |
| betroffene Mitarbeiter | V | 92% | 100% | 100% | 100% | 67% | 92% |
| | A | 39% | 63% | 39% | 38% | 44% | 41% |
| | E | 15% | 38% | 22% | 38% | 33% | 21% |
| freiberufliche Berater oder Beratungsfirma | V | 54% | 25% | 61% | 38% | 22% | 49% |
| | A | 31% | 13% | 39% | 25% | 0% | 28% |
| | E | 30% | 13% | 39% | 25% | 11% | 28% |
| Summe Unternehmungen | | 61=100% | 8=100% | 18=100% | 8=100% | 9=100% | 104=100% |

Legende: V = Vorhandensein, A = hoher Arbeitseinsatz, E = hoher Einfluss der Personengruppe in ..% der jeweiligen Unternehmungen

\* Um die Tabelle übersichtlicher zu gestalten, wurden die Industriebranchen zusammengefasst, da sich kaum bemerkenswerte Unterschiede zeigten.

Tab. 13: Bedeutung verschiedener Personengruppen bei Reorganisationen, nach Reorganisationsinhalten gegliedert

| PERSONENGRUPPEN | | breitere Führung | Profit Centers | Aufbau-struktur | Absatz-organis. | neue Ab-teilung | Auflös, Zus'legg | Arbeits-abläufe | Kontroll-systeme | erste eig. EDV | Ausweitg der EDV | GESAMT einschl. üb.Inh. |
|---|---|---|---|---|---|---|---|---|---|---|---|---|
| Geschäftsleitung | V | 100% | 100% | 100% | 100% | 100% | 100% | 100% | 100% | 100% | 100% | 100% |
| | A | 86% | 83% | 67% | 67% | 57% | 38% | 65% | 53% | 28% | 42 | 56% |
| | E | 71% | 92% | 89% | 83% | 71% | 63% | 94% | 80% | 67% | 79% | 80% |
| betroffene Führungskräfte | V | 100% | 100% | 100% | 92% | 71% | 88% | 94% | 100% | 89% | 95% | 92% |
| | A | 43% | 58% | 56% | 58% | 71% | 75% | 94% | 80% | 78% | 53% | 68% |
| | E | 57% | 42% | 44% | 58% | 29% | 50% | 71% | 80% | 61% | 42% | 59% |
| Stab der Geschäftsleitung | V | 43% | 33% | 56% | 67% | 29% | 50% | 59% | 47% | 44% | 53% | 48% |
| | A | 29% | 17% | 22% | 25% | 0% | 25% | 18% | 13% | 11% | 26% | 18% |
| | E | 29% | 0% | 11% | 17% | 0% | 38% | 12% | 7% | 6% | 16% | 11% |
| Stelle für Organisation oder Betriebswirtschaft | V | 57% | 33% | 67% | 50% | 29% | 50% | 41% | 27% | 33% | 53% | 42% |
| | A | 57% | 25% | 56% | 17% | 14% | 38% | 24% | 20% | 22% | 47% | 28% |
| | E | 43% | 25% | 44% | 0% | 14% | 25% | 24% | 13% | 22% | 37% | 24% |
| Betriebsrat | V | 71% | 42% | 78% | 25% | 14% | 63% | 47% | 40% | 28% | 53% | 44% |
| | A | 14% | 0% | 0% | 0% | 0% | 0% | 0% | 0% | 0% | 0% | 1% |
| | E | 14% | 0% | 11% | 0% | 0% | 0% | 6% | 0% | 0% | 0% | 2% |
| betroffene Mitarbeiter | V | 86% | 75% | 100% | 92% | 57% | 100% | 100% | 93% | 100% | 100% | 92% |
| | A | 43% | 42% | 22% | 25% | 29% | 25% | 71% | 27% | 50% | 37% | 41% |
| | E | 29% | 25% | 22% | 17% | 0% | 0% | 35% | 33% | 22% | 21% | 21% |
| freiberufliche Berater oder Beratungsfirma | V | 57% | 33% | 56% | 50% | 29% | 63% | 41% | 47% | 56% | 53% | 49% |
| | A | 43% | 25% | 44% | 50% | 14% | 13% | 12% | 20% | 28% | 53% | 28% |
| | E | 29% | 25% | 44% | 33% | 0% | 38% | 24% | 13% | 39% | 26% | 28% |
| Summe Unternehmungen | | 7 100% | 12 100% | 9 100% | 12 100% | 7 100% | 8 100% | 17 100% | 15 100% | 18 100% | 19 100% | 104 100% |

Legende: V = Vorhandensein, A = hoher Arbeitseinsatz, E = hoher Einfluss der Personengruppe bei ..% der jeweiligen Reorganisationen

Tab. 14: Die Bedeutung verschiedener Arbeitsweisen beim Reorganisieren

| BEDEUTUNG | ARBEITSWEISEN ||||| 
|---|---|---|---|---|---|
| | Erarbeiten in der Geschäftsltg. | Vorschläge von Stäben u. Beratern | Projektgruppen | gruppendyn. betreute Teams | spontane Zusammenarbeit |
| angewendet, davon: | 75   72% | 59   57% | 55   53% | 20   19% | 81   78% |
| 1 = sehr wichtig | 36   35% | 23   22% | 33   32% | 4   4% | 27   26% |
| 2 = wichtig | 27   26% | 14   13% | 13   13% | 5   5% | 32   31% |
| 3 = mittelwichtig | 11   11% | 16   15% | 8   8% | 7   7% | 14   13% |
| 4 = eher unwichtig | 1   1% | 6   6% | 1   1% | 4   4% | 8   8% |
| Mittelwert | 1.69 | 2.08 | 1.58 | 2.55 | 2.04 |
| nicht angewendet | 25   24% | 41   39% | 45   43% | 80   77% | 19   18% |
| ohne Angaben | 4   4% | 4   4% | 4   4% | 4   4% | 4   4% |
| gesamt | 104   100% | 104   100% | 104   100% | 104   100% | 104   100% |

Tab. 15: Alleinige und kombinierte Anwendung der einzelnen Arbeitsweisen beim Reorganisieren

| ART DER WICHTIGNENNUNGEN | ARBEITSWEISEN ||||| 
|---|---|---|---|---|---|
| | Erarbeiten in der Geschäftsltg. | Vorschläge von Stäben u. Beratern | Projektgruppen | gruppendyn. betreute Teams | spontane Zusammenarbeit |
| alleine wichtig genannt | 12   19% | 1   3% | 2   4% | – | 9   15% |
| kombiniert wichtig – und zwar mit: | 51   81% | 36   97% | 44   96% | 9   100% | 50   85% |
| Geschäftsleitung | – | 22   59% | 28   61% | 5   56% | 35   59% |
| Stäben/Beratern | 22   35% | – | 21   46% | 4   44% | 18   31% |
| Projektgruppen | 28   44% | 21   57% | – | 5   56% | 28   47% |
| Teams | 5   8% | 4   11% | 5   11% | – | 6   10 |
| spont. Zusammenarb. | 35   56% | 18   49% | 28   61% | 6   67% | – |
| (sehr) wichtig | 63   100% | 32   100% | 46   100% | 9   100% | 59   100% |

Tab. 16: Arbeitsweisen beim Reorganisieren, nach Branchen gegliedert

| ARBEITSWEISEN | INDUSTRIE ||||| BAUWESEN | DIENSTLEISTUNGEN ||| GESAMT |
|---|---|---|---|---|---|---|---|---|---|---|
| | Nahrung+ Getränke | Textil + Bekleidg | Sticke- reien | Chemie + Kunstst. | Metall + Maschin. | übrige Gewerbe | Hoch- + Tiefbau | Handel | Banken + Versich. | übrige Dienstl. | |
| Geschäftsleitung | 2  40% | 9  47% | 4  44% | 3  38% | 9  56% | 3  75% | 2  25% | 16  89% | 6  75% | 9  100% | 63  61% |
| Berater und Stäbe | | 11  58% | 1  11% | 2  25% | 4  25% | 2  50% | 2  25% | 8  44% | 3  38% | 4  44% | 37  36% |
| Projektgruppen | 3  60% | 10  53% | 2  22% | 4  50% | 6  38% | 1  25% | 3  38% | 9  50% | 5  63% | 3  33% | 46  44% |
| grp'dyn. betr. Teams | | 1  5% | 1  11% | 1  13% | 3  19% | 1  25% | | 2  11% | | | 9  9% |
| spont. Zusammenarbeit | 4  80% | 8  42% | 6  67% | 8  100% | 7  44% | 4  100% | 4  50% | 10  56% | 4  50% | 4  44% | 59  57% |
| Summe Unternehmungen | 5  100% | 19  100% | 9  100% | 8  100% | 16  100% | 4  100% | 8  100% | 18  100% | 8  100% | 9  100% | 104  100% |

Legende: Die Arbeitsweise war in ..% der jeweiligen Unternehmen sehr wichtig oder wichtig

Tab. 17: Arbeitsweisen beim Reorganisieren, nach Reorganisationsinhalten gegliedert

| ARBEITSWEISEN | REORGANISATIONSINHALTE |||||||| GESAMT ||
|---|---|---|---|---|---|---|---|---|---|---|
| | breitere Führung | Profit Centers | Aufbau- struktur | Absatz- organis. | neue Ab- teilung | Auflösg, Zus'legg | Arbeits- abläufe | Kontroll -systeme | erste eig. EDV | Ausweitg der EDV | einschl. übr.Inh. |
| Geschäftsleitung | 6  86% | 8  67% | 7  78% | 6  50% | 4  57% | 4  50% | 10  59% | 11  73% | 6  33% | 12  63% | 63  61% |
| Berater und Stäbe | 3  43% | 5  42% | 5  56% | 4  33% | 1  14% | 3  38% | 4  24% | 4  27% | 10  56% | 7  37% | 37  36% |
| Projektgruppen | 2  29% | 4  33% | 4  44% | 4  33% | 3  43% | 3  38% | 12  71% | 8  53% | 9  50% | 9  47% | 46  44% |
| grp'dyn. betr. Teams | 2  29% | 1  8% | 4  44% | 0  0% | 0  0% | 0  0% | 3  18% | 1  7% | 1  6% | 2  11% | 9  9% |
| spont. Zusammenarbeit | 6  86% | 7  58% | 4  44% | 6  50% | 3  43% | 3  38% | 13  76% | 10  67% | 8  44% | 12  63% | 59  57% |
| Summe Unternehmungen | 7  100% | 12  100% | 9  100% | 12  100% | 7  100% | 8  100% | 17  100% | 15  100% | 18  100% | 19  100% | 104  100% |

Legende: Die Arbeitsweise war in ..% der jeweiligen Unternehmen sehr wichtig oder wichtig

Tab. 18: Arbeitsweisen beim Reorganisieren, nach Unternehmungsgrösse gegliedert

| ARBEITSWEISEN | UNTERNEHMUNGSGROESSEN ||||||
|---|---|---|---|---|---|---|
| | Grenzber. | Mittlere Unternehmungen mit...Beschäftigten |||| |
| | 35-49 | 50-69 | 70-99 | 100-199 | 200-500 | gesamt |
| Geschäftsleitung | 9  82% | 13  72% | 17  61% | 14  47% | 19  68% | 63  61% |
| Berater und Stäbe | 3  27% | 5  28% | 7  25% | 9  30% | 16  57% | 37  36% |
| Projektgruppen | 2  18% | 8  44% | 11  39% | 13  43% | 14  50% | 46  44% |
| grp'dyn. betr. Teams | 1  9% |  | 3  11% | 6  20% |  | 9  9% |
| spont. Zusammenarbeit | 7  64% | 11  61% | 16  57% | 20  67% | 12  43% | 59  57% |
| Summe Unternehmungen | 11  100% | 18  100% | 28  100% | 30  100% | 28  100% | 104  100% |

Legende: Die Arbeitsweise war in ..% der jeweiligen Unternehmungen sehr wichtig oder wichtig

Tab. 19: Arbeitseinsatz und Einfluss der einzelnen Personengruppen je nach Arbeitsweise

| HOHER ARBEITSEINSATZ=A<br>HOHER EINFLUSS =E | | Erarb.in<br>d.G'ltg. | Berater<br>u. Stäbe | Projekt-<br>gruppen | gr'dyn.<br>bt.Teams | spontane<br>Z'arbeit | GESAMT |
|---|---|---|---|---|---|---|---|
| Geschäftsleitung | A | 40  63% | 23  62% | 28  61% | 6  67% | 35  59% | 58  56% |
| | E | 54  86% | 29  78% | 37  80% | 6  67% | 50  85% | 83  80% |
| betroffene | A | 45  71% | 27  73% | 38  83% | 6  67% | 42  71% | 71  68% |
| Führungskräfte | E | 40  63% | 22  59% | 30  65% | 5  56% | 36  61% | 61  59% |
| Stab der | A | 15  24% | 10  27% | 8  17% | 1  11% | 11  19% | 19  18% |
| Geschäftsleitung | E | 6  10% | 8  22% | 7  15% | 1  11% | 7  12% | 11  11% |
| Stelle für Organi- | A | 18  29% | 13  35% | 18  39% | 4  44% | 19  32% | 29  28% |
| sation/Betriebsw. | E | 14  22% | 10  27% | 16  35% | 4  44% | 18  31% | 25  24% |
| Betriebsrat | A | 1  2% | 1  3% | 0  0% | 0  0% | 1  2% | 1  1% |
| | E | 2  3% | 2  5% | 2  4% | 1  11% | 2  3% | 2  2% |
| betroffene | A | 22  35% | 16  43% | 24  52% | 4  44% | 30  51% | 43  41% |
| Mitarbeiter | E | 14  22% | 9  24% | 10  22% | 2  22% | 14  24% | 22  21% |
| kommerzielle | A | 18  29% | 22  59% | 18  39% | 5  56% | 16  27% | 29  28% |
| Berater | E | 19  30% | 20  54% | 19  41% | 3  33% | 16  27% | 29  28% |
| sonstige Beteiligte | A | 6  10% | 4  11% | 3  7% | 1  11% | 5  8% | 6  6% |
| | E | 7  11% | 6  16% | 3  7% | 1  11% | 6  10% | 8  8% |
| Gesamt | | 63  100% | 37  100% | 46  100% | 9  100% | 59  100% | 104  100% |

Legende: Häufigkeit eines hohen Arbeitseinsatzes bzw. Einfluss der jeweiligen Personengruppe abhängig davon, welche Arbeitsweise beim Reorganisieren wichtig war

Tab. 20: Gründe für das gewählte Vorgehen, nach Unternehmungsgrösse gegliedert
(Mehrfachantworten möglich)

| GRÜNDE | UNTERNEHMUNGSGROESSEN ||||||
|---|---|---|---|---|---|---|
| | Grenzber. | Mittlere Unternehmungen mit...Beschäftigten |||||
| | 35-45 B. | 50-69 | 70-99 | 100-199 | 200-500 | gesamt |
| keine Diskussionen | 2  18% | 3  17% | 6  21% | 6  20% | 7  25% | 22  21% |
| keine unnötige Unruhe | 4  36% | 5  28% | 6  21% | 6  20% | 7  25% | 24  23% |
| fehlende Fachkenntnis | 2  18% | 6  33% | 2  7% | 8  27% | 7  25% | 23  22% |
| Unparteilichkeit | 1  9% | 2  11% | 2  7% | 7  23% | 7  25% | 18  17% |
| Entlastg. d. G'leitg. | 3  27% | 6  33% | 7  25% | 10  33% | 8  29% | 31  30% |
| Belastg.Führungspers. | 4  36% | 9  50% | 7  25% | 1  3% | 4  14% | 21  20% |
| Zeitdruck | 9  82% | 8  44% | 11  39% | 12  40% | 11  39% | 42  40% |
| Fähigkeiten d.Mitarb. | 3  27% | 9  50% | 13  46% | 13  43% | 18  64% | 53  51% |
| Motivation d. Mitarb. | 5  45% | 7  39% | 14  50% | 13  43% | 17  61% | 51  49% |
| unternehmer. Denken | 4  36% | 8  44% | 10  36% | 11  37% | 11  39% | 40  38% |
| Rücksicht auf Personen | 1  9% | 3  17% | 1  4% | 2  7% | 4  14% | 10  10% |
| Annahme durch Betroff. | 2  18% | 1  6% | 6  21% | 9  30% | 11  39% | 27  26% |
| finanzielle Aspekte | 4  36% | 8  44% | 7  25% | 7  23% | 6  21% | 28  27% |
| andere Gründe | | | 7  25% | 1  3% | 1  4% | 9  9% |
| Gesamt | 11  100% | 18  100% | 28  100% | 30  100% | 28  100% | 104  100% |

Tab. 21: Gründe für das gewählte Vorgehen, nach Reorganisationsinhalten gegliedert (Mehrfachantworten möglich)

| GRÜNDE | breitere Führung | | Profit Centers | | Aufbaustruktur | | Absatzorganis. | | neue Abteilung | | Auflösg, Zus'legg | | Arbeitsabläufe | | Kontrollsysteme | | erste eig. EDV | | Ausweitg der EDV | | GESAMT einschl. übr.Inh. | |
|---|---|---|---|---|---|---|---|---|---|---|---|---|---|---|---|---|---|---|---|---|---|---|
| keine Diskussionen | 4 | 57% | 2 | 17% | 3 | 33% | 2 | 17% | 3 | 43% | 1 | 13% | 5 | 29% | 5 | 33% | 4 | 22% | 3 | 16% | 22 | 21% |
| keine unnötige Unruhe | 2 | 29% | 2 | 17% | 4 | 44% | 2 | 17% | 3 | 43% | 1 | 13% | 5 | 29% | 3 | 20% | 6 | 33% | 4 | 21% | 24 | 23% |
| fehlende Fachkenntnis | 1 | 14% | 2 | 17% | 2 | 22% | 2 | 17% | | | 2 | 25% | 3 | 18% | 2 | 13% | 10 | 56% | 3 | 16% | 23 | 22% |
| Unparteilichkeit | 6 | 86% | 1 | 8% | 4 | 44% | 3 | 25% | | | 2 | 25% | 1 | 6% | 2 | 13% | 6 | 33% | 3 | 16% | 18 | 17% |
| Entlastg. d. G'leitg. | 3 | 43% | 3 | 25% | 5 | 56% | 7 | 58% | 1 | 14% | | | 4 | 24% | 3 | 20% | 5 | 28% | 6 | 32% | 31 | 30% |
| Belastg.Führungspers. | 3 | 43% | 2 | 17% | 2 | 22% | 2 | 17% | 1 | 14% | 1 | 13% | 3 | 18% | 2 | 13% | 7 | 39% | 5 | 26% | 21 | 20% |
| Zeitdruck | 5 | 71% | 3 | 25% | 3 | 33% | 4 | 33% | 4 | 57% | 3 | 38% | 9 | 53% | 4 | 27% | 7 | 39% | 8 | 42% | 42 | 40% |
| Fähigkeiten d.Mitarb. | 3 | 43% | 5 | 42% | 6 | 67% | 7 | 58% | 2 | 29% | 5 | 63% | 10 | 59% | 10 | 67% | 8 | 44% | 12 | 63% | 53 | 51% |
| Motivation d. Mitarb. | 6 | 86% | 7 | 58% | 5 | 56% | 5 | 42% | 2 | 29% | 4 | 50% | 10 | 59% | 9 | 60% | 10 | 56% | 10 | 53% | 51 | 49% |
| unternehmer. Denken | 3 | 43% | 7 | 58% | 5 | 56% | 4 | 33% | 2 | 29% | 2 | 25% | 9 | 53% | 9 | 60% | 3 | 17% | 7 | 37% | 40 | 38% |
| Rücksicht auf Personen | | | 2 | 17% | 3 | 33% | | | | | 1 | 13% | 2 | 12% | 2 | 13% | | | | | 10 | 10% |
| Annahme durch Betroff. | 3 | 43% | 3 | 25% | 3 | 33% | 3 | 25% | | | 1 | 13% | 4 | 24% | 4 | 27% | 5 | 28% | 7 | 37% | 27 | 26% |
| finanzielle Aspekte | | | 4 | 33% | 1 | 11% | 2 | 17% | 2 | 29% | 3 | 38% | 7 | 41% | 3 | 20% | 2 | 11% | 7 | 37% | 28 | 27% |
| andere Gründe | 1 | 14% | 1 | 8% | 2 | 22% | | | 1 | 14% | | | 2 | 12% | 3 | 20% | | | 3 | 16% | 9 | 9% |
| Gesamt | 7 | 100% | 12 | 100% | 9 | 100% | 12 | 100% | 7 | 100% | 8 | 100% | 17 | 100% | 15 | 100% | 18 | 100% | 19 | 100% | 104 | 100% |

Tab. 22: Beweggründe für die jeweils gewählte Arbeitsweise

(Mehrfachantworten möglich)

| GRÜNDE | GEWÄHLTE ARBEITSWEISEN | | | | | | | | | | GESAMT | |
|---|---|---|---|---|---|---|---|---|---|---|---|---|
| | Erarb.in d.G'ltg. | | Berater u. Stäbe | | Projekt- gruppen | | gr'dyn. bt.Teams | | spontane Z'arbeit | | | |
| keine Diskussionen | 13 | 21% | 8 | 22% | 11 | 24% | 1 | 11% | 13 | 22% | 22 | 21% |
| keine unnötige Unruhe | 16 | 25% | 13 | 35% | 11 | 24% | 5 | 56% | 12 | 20% | 24 | 23% |
| fehlende Fachkenntnis | 14 | 22% | 13 | 35% | 14 | 30% | 3 | 33% | 12 | 20% | 23 | 22% |
| Unparteilichkeit | 10 | 16% | 13 | 35% | 10 | 22% | 3 | 33% | 10 | 17% | 18 | 17% |
| Entlastg. d. G'leitg. | 19 | 30% | 14 | 38% | 16 | 35% | 5 | 56% | 20 | 34% | 31 | 30% |
| Belastg.Führungspers. | 15 | 24% | 10 | 27% | 10 | 22% | 1 | 11% | 16 | 27% | 21 | 20% |
| Zeitdruck | 28 | 44% | 12 | 32% | 17 | 37% | 2 | 22% | 25 | 42% | 42 | 40% |
| Fähigkeiten d.Mitarb. | 34 | 54% | 20 | 54% | 27 | 59% | 4 | 44% | 36 | 61% | 53 | 51% |
| Motivation d. Mitarb. | 31 | 49% | 20 | 54% | 28 | 61% | 7 | 78% | 34 | 58% | 51 | 49% |
| unternehmer. Denken | 30 | 48% | 16 | 43% | 20 | 43% | 5 | 56% | 26 | 44% | 40 | 38% |
| Rücksicht auf Personen | 9 | 14% | 2 | 5% | 3 | 7% | 1 | 11% | 6 | 10% | 10 | 10% |
| Annahme durch Betroff. | 15 | 24% | 13 | 35% | 12 | 26% | 3 | 33% | 14 | 24% | 27 | 26% |
| finanzielle Aspekte | 17 | 27% | 9 | 24% | 15 | 33% | | | 21 | 36% | 28 | 27% |
| andere Gründe | 9 | 14% | 2 | 5% | 4 | 9% | 2 | 22% | 5 | 8% | 9 | 9% |
| Gesamt | 63 | 100% | 37 | 100% | 46 | 100% | 9 | 100% | 59 | 100% | 104 | 100% |

Legende: Die Arbeitsweise war in ..% der jeweiligen Unternehmungen sehr wichtig oder wichtig

Tab. 23: Erfolge der Reorganisationen, nach Branchen gegliedert

| ERFOLG | INDUSTRIE ||||| BAUWESEN | DIENSTLEISTUNGEN ||| GESAMT |
| --- | --- | --- | --- | --- | --- | --- | --- | --- | --- | --- |
| | Nahrung+ Getränke | Textil + Bekleidg | Stickereien | Chemie + Kunstst. | Metall + Maschin. | übrige Gewerbe | Hoch- + Tiefbau | Handel | Banken + Versich. | übrige Dienstl. | |
| sehr positiv | 3 75% | 8 44% | 4 50% | 2 29% | 7 54% | 3 75% | 1 14% | 12 71% | 5 63% | 5 56% | 50 53% 48% |
| positiv | 1 25% | 8 44% | 3 38% | 4 57% | 5 38% | 1 25% | 6 86% | 5 29% | 3 38% | 4 44% | 40 42% 38% |
| unentschieden | 0 | 1 6% | 1 13% | 1 14% | 1 8% | 0 | 0 | 0 | 0 | 0 | 4 4% 4% |
| negativ | 0 | 1 6% | 0 | 0 | 0 | 0 | 0 | 0 | 0 | 0 | 1 1% 1% |
| sehr negativ | 0 | 0 | 0 | 0 | 0 | 0 | 0 | 0 | 0 | 0 | 0 |
| beurteilt | 4 100% | 18 100% | 8 100% | 7 100% | 13 100% | 4 100% | 7 100% | 17 100% | 8 100% | 9 100% | 95 100% 91% |
| nicht beurteilbar | 0 | 1 | 1 | 1 | 2 | 0 | 0 | 1 | 0 | 0 | 6 6% |
| ohne Angabe | 1 | 0 | 0 | 0 | 1 | 0 | 1 | 0 | 0 | 0 | 3 3% |
| insgesamt | 5 | 19 | 9 | 8 | 16 | 4 | 8 | 18 | 8 | 9 | 104 100% |

Tab. 24: Besonders erfolgreiche Reorganisationen in Abhängigkeit von Inhalt und Arbeitsweise

| ARBEITSWEISEN | REORGANISATIONSINHALTE ||||||||| GESAMT ||
|---|---|---|---|---|---|---|---|---|---|---|
| | breitere Führung | Profit Centers | Aufbau-struktur | Absatz-organis. | neue Ab-teilung | Auflösg, Zus'legg | Arbeits-abläufe | Kontroll-systeme | erste eig. EDV | Ausweitg der EDV | einschl. übr.Inh. |
| Geschäftsleitung | 20% | 63% | 50% | 83% | 25% | 50% | 67% | 64% | 50% | 73% | 35 57% |
| Berater und Stäbe | 0% | 60% | 75% | 75% | 0% | 100% | 50% | 25% | 56% | 50% | 20 57% |
| Projektgruppen | 0% | 50% | 33% | 100% | 33% | 100% | 55% | 50% | 67% | 63% | 27 61% |
| grp'dyn. betr. Teams | 0% | 0% | 33% | | | | 67% | 0% | 0% | 0% | 3 38% |
| spont. Zusammenarbeit | 17% | 57% | 50% | 67% | 33% | 67% | 67% | 44% | 25% | 58% | 29 51% |
| sehr erfolgr. Reorg. | 1 17% | 7 58% | 4 50% | 8 67% | 2 29% | 4 57% | 8 50% | 8 57% | 7 41% | 10 59% | 50 53% |
| Summe beurt. Reorg. | 6 100% | 12 100% | 8 100% | 12 100% | 7 100% | 7 100% | 16 100% | 14 100% | 17 100% | 17 100% | 95 100% |

Legende: In ..% der Reorganisationen war die Bedeutung der entsprechenden Arbeitsweise wichtig und der Erfolg sehr positiv

Tab. 25 a): Erfolg der Reorganisation in Abhängigkeit vom Arbeitseinsatz der wichtigsten Personengruppen

| ERFOLG | HOHER ARBEITSEINSATZ ||||||||||||| GESAMT ||
|---|---|---|---|---|---|---|---|---|---|---|---|---|---|---|
| | Geschäft -leitung || betr.Fü' -kräfte || Stab der G'leitg. || Organis. -stelle || betroff. Mitarb. || kommerz. Berater || ||
| sehr positiv | 31 | 55% | 22 | 39% | 10 | 53% | 14 | 50% | 16 | 39% | 15 | 56% | 50 | 53% |
| positiv | 22 | 39% | 30 | 53% | 7 | 37% | 11 | 39% | 22 | 54% | 11 | 41% | 40 | 42% |
| unentschieden | 2 | 4% | 4 | 7% | 1 | 5% | 2 | 7% | 2 | 5% | 1 | 4% | 4 | 4% |
| negativ | 1 | 2% | 1 | 2% | 1 | 5% | 1 | 4% | 1 | 2% | 0 | | 1 | 1% |
| sehr negativ | 0 | | 0 | | 0 | | 0 | | 0 | | 0 | | 0 | |
| beurteilt | 56 | 100% | 57 | 100% | 19 | 100% | 28 | 100% | 41 | 100% | 27 | 100% | 95 | 100% |
| nicht beurt'bar | 2 | | 4 | | 0 | | 1 | | 2 | | 2 | | 6 | |

Tab. 25 b): Erfolg der Reorganisation in Abhängigkeit vom Einfluss der wichtigsten Personengruppen

| ERFOLG | HOHER EINFLUSS ||||||||||||| GESAMT ||
|---|---|---|---|---|---|---|---|---|---|---|---|---|---|---|
| | Geschäft -leitung || betr.Fü' -kräfte || Stab der G'leitg. || Organis. -stelle || betroff. Mitarb. || kommerz. Berater || ||
| sehr positiv | 44 | 56% | 32 | 56% | 6 | 55% | 13 | 54% | 9 | 43% | 18 | 64% | 50 | 53% |
| positiv | 31 | 39% | 23 | 40% | 4 | 36% | 9 | 38% | 11 | 52% | 8 | 29% | 40 | 42% |
| unentschieden | 3 | 4% | 1 | 2% | 0 | | 1 | 4% | 0 | | 1 | 4% | 4 | 4% |
| negativ | 1 | 1% | 1 | 2% | 1 | 9% | 1 | 4% | 1 | 5% | 1 | 4% | 1 | 1% |
| sehr negativ | 0 | | 0 | | 0 | | 0 | | 0 | | 0 | | 0 | |
| beurteilt | 79 | 100% | 57 | 100% | 11 | 100% | 24 | 100% | 21 | 100% | 28 | 100% | 95 | 100% |
| nicht beurt'bar | 4 | | 4 | | 0 | | 1 | | 1 | | 1 | | 6 | |

Tab. 26: Zusammenhang zwischen Erfolg und Zeitpunkt der Reorganisation

| ERFOLG | ZEITPUNKT DER REORGANISATION ||||||| GESAMT |
|---|---|---|---|---|---|---|---|
|  | viel zu spät | eher zu spät | gerade richtig | eher zu früh | viel zu früh | nicht beurteilbar | |
| sehr positiv | 1  50% | 13  33% | 34  74% | 0 | 0 | 15  56% | 50  53% |
| positiv | 1  50% | 23  58% | 11  24% | 1  100% | 0 | 11  41% | 40  42% |
| unentschieden | 0 | 3  8% | 1  2% | 0 | 0 | 1  4% | 4  4% |
| negativ | 0 | 1  3% | 0 | 0 | 0 | 0 | 1  1% |
| sehr negativ | 0 | 0 | 0 | 0 | 0 | 0 | 0 |
| beurteilt | 2  100% | 40  100% | 46  100% | 1  100% | 0 | 27  100% | 95  100% |
| nicht beurt'bar | 0 | 4 | 1 | 0 | 0 | 2 | 6 |

Tab. 27: Kriterien für die Beurteilung des Reorganisationserfolges
(Mehrfachantworten möglich)

| | | |
|---|---|---|
| Inhaltliche Ziele oder Ergebnisse: | | |
|    - bessere Betriebsergebnisse | 16 | 48% |
|    - Verbesserung der Wettbewerbsposition | 11 | 33% |
|    - Steigerung der Arbeitsmotivation | 8 | 24% |
|    - andere: | 3 | 9% |
|      -- Personaleinsparung | | |
|      -- geringere Lagerhaltung | | |
|      -- grössere Sicherheit | | |
|      -- alle Beteiligten sind von der Richtigkeit der Massnahmen überzeugt | | |
| Erreichung der gesetzten Ziele | 11 | 33% |
|      (nicht näher erläutert) | | |
| Beurteilung ist noch zu früh | 4 | 12% |
| Antworten insgesamt | 33 | 100% |
| keine Angaben | 71 | |
| insgesamt | 104 | |

## LITERATURVERZEICHNIS

Aiginger, K., Tichy, G. (Kleine): Die Grösse der Kleinen: Die überraschenden Erfolge kleiner und mittlerer Unternehmungen in den achtziger Jahren, Wien 1985

Ansoff, H.I. (Weak Signals): Managing Surprise and Discontinuity - Strategic Responses to Weak Signals, in: Zeitschrift für betriebswirtschaftliche Forschung (1976), S. 129 - 152

Argyris, Ch. (Learning): How Learning and Reasoning Processes Affect Organizational Change, in: Goodman, P.S. u.a. (Hg.): Change in Organizations, San Francisco u.a. 1982, S. 47 - 86

Argyris, Ch., Schön, D.A. (Organizational Learning): Organizational Learning: A Theory of Action Perspective, Reading MA u.a. 1978

Atteslander, P. (Sozialforschung): Methoden der empirischen Sozialforschung, Berlin - New York 1975

Barry, B. (Smaller Enterprise): Human and Organizational Problems Affecting Growth in the Smaller Enterprise, in: Management International Review (1980) 1, S. 39 - 49

Bechtle, Ch. (Führungsnachfolge): Die Sicherung der Führungsnachfolge in der Familienunternehmung, Diss. St. Gallen 1983

Becker, H., Langosch, I. (Produktivität): Produktivität und Menschlichkeit: Organisationsentwicklung und ihre Anwendung in der Praxis, 2. Aufl. Stuttgart 1986

Becker, M., Haberfellner, R., Liebetrau, G. (EDV-Wissen): EDV-Wissen für Anwender: Ein Handbuch für die Praxis, 6. Aufl. Zürich - München 1986

Beckhard, R. (OD): Organization Development: Strategies and Models, Reading MA 1967, dt: Organisationsentwicklung: Strategien und Modelle, Bad Homburg 1972

Bedeian, A.G. (Organizations): Organizations: Theory and Analysis, Hinsdale IL 1980

Beer, M. (Change): Organization Change and Development, Santa Monica CA 1980

Beer, S. (Management): Kybernetik und Management, Frankfurt/M. 1962

Bell, D.W. (Participation): Industrial Participation, London 1979

Bennis, W.G., Benne, K.D., Chin, R. (Hg.) (Planning): The Planning of Change, 2. Aufl. New York 1969, dt: Änderung des Sozialverhaltens, Stuttgart 1975

Bergström, T. (Erfahrungen): Erfahrungen mit selbststeuernden Gruppen bei Almex, Stockholm, in: Hinterhuber, H.H., Laske, S. (Hg.): Zukunftsorientierte Unternehmenspolitik, Freiburg i.B. 1984, S. 204 - 209

Bleicher, K. (Formen): Organisation: Formen und Modelle, Wiesbaden 1981

Bleicher, K. (Unternehmungsentwicklung): Unternehmungsentwicklung und organisatorische Gestaltung, Stuttgart - New York 1979

Bleicher, K. (Zeitkonzeptionen): Zeitkonzeptionen der Entwicklung und Gestaltung von Unternehmungen, Diskussionsbeitrag Nr. 11 des Instituts für Betriebswirtschaft an der Hochschule St. Gallen, St. Gallen 1985

Blum, E. (Betriebsorganisation): Betriebsorganisation: Methoden und Techniken, Wiesbaden 1982

Blum, E. (Organigramm): Möglichkeiten und Grenzen des Organigramms, in: Zeitschrift für Organisation (1980) 1, S. 42 - 51 (1. Teil) und 2, S. 84 - 91 (2. Teil)

Bock-Rosenthal, E. (Leitende): Leitende Angestellte und Unternehmer: Kooperation oder kollektive Auseinandersetzung: Organisation und Konfliktbereitschaft, diss. München 1974

Böhm, J. (OE): Einführung in die Organisationsentwicklung: Instrumente, Strategien, Erfolgsbedingungen, Heidelberg 1981

Boehnisch, W. (Widerstände): Personale Widerstände bei der Durchsetzung von Innovationen, Stuttgart 1979

Brauchlin, E. (Erhebung): Zielsetzung und Durchführung der Erhebung, in: ders. (Hg.): Konzepte und Methoden der Unternehmungsführung, Bern - Stuttgart 1981, S. 11 - 17

Brauchlin, E. (Familienfremde): Familienfremde Top Manager in Familienunternehmungen, Internationales Gewerbearchiv (1982) 3, S. 157 - 167

Brauchlin, E. (Fremdmanager): Fremdmanager in Familienunternehmen, in: Harvard Manager (1983) 3, S. 64 - 69

Brauchlin, E. (Problemlösung): Problemlösungs- und Entscheidungsmethodik: Eine Einführung, Bern - Stuttgart 1978

Brauchlin, E., Schips, B., Stier, W., Studer, H.-P. (Kompendium): Statistische Methoden: Ihr sachgerechter Einsatz in der empirischen Wirtschafts- und Sozialforschung: Ein Kompendium, St. Gallen 1983

Braune-Krickau, M. (Widerstand): Widerstand gegen Veränderungen kann man nutzbar machen, Seminarunterlagen des Gottlieb Duttweiler Instituts, Zürich 1984

Brooks, E. (Change): Organizational Change: The Managerial Dilemma, London - Basingstoke 1980

Brose, P., Corsten, H. (Interaktionstabellen): Interaktionstabellen - ein Ansatz zur Erhöhung der Anwendbarkeit des Promotorenmodells, in: Zeitschrift für Organisation (1981) 8, S. 447 - 452

Brose, P., Corsten, H. (Promotoren-Ansatz): Anwendungsorientierte Weiterentwicklung des Promotoren-Ansatzes, in: Die Unternehmung (1981) 2, S. 89 - 104

Bühner, R. (Organisationsgestaltung): Organisationsgestaltung von Informationssystemen, Diss. Augsburg 1973

Bundesministerium für Wirtschaft (Hg.) (Unternehmensgrössen): Unternehmensgrössenstatistik 1981/82: Daten und Fakten, Bonn o.J.

Busse von Colbe, W. (Betriebsgrösse): Betriebsgrösse und Unternehmungsgrösse, in: Grochla, E., Wittmann, W. (Hg.): Handwörterbuch der Betriebswirtschaft, 4. Aufl., Stuttgart 1974, Sp. 566 - 579

Calish, I.G., Gamache, R.D. (Resistance): How to overcome organizational resistance to change, in: Management Review (1981) 10, S. 21 - 50

Campbell, D.T. (Epistemology): Evolutionary Epistemology, in: Schilpp, P.A. (Hg.): The Philosophy of Karl Popper, LaSalle IL 1974, S. 413 - 463

Chandler, A.D. (Strategy): Strategy and Structure - Chapters in the History of the Industrial Enterprise, Cambridge MA - London 1962

Child, J. (Organization): Organization: A Guide to Problems and Practice, London u.a. 1977

Child, J., Kieser, A. (Development): Development of organizations over time, in: Nystrom, P.C., Starbuck, W.H. (Hg.): Handbook of Organizational Design, Oxford usw. 1981, Bd. I, S. 28 - 64

Chmielewicz, K. (Arbeitnehmerinteressen): Arbeitnehmerinteressen und Kapitalismuskritik in der Betriebswirtschaftslehre, Reinbek 1975

Coch, L., French, J.R.P. (Resistance): Overcoming Resistance to Change, in: Cartwright, D., Zander, A. (Hg.): Group Dynamics S. 319 - 341

Daenzer, W.F. (Hg.) (Systems Engineering): Systems Engineering, 5. Aufl., Zürich 1986/87

Deckert, R., Dlugi, D., Fuhrmann, J., Tegethoff, Ch. (Mittelbetriebe): Das Management in Klein- und Mittelbetrieben, Köln 1979

Deutsch, M. (Conflicts): Conflicts: Productive and Destructive, in: Zaltman, G., Kotler, Ph., Kaufman, I. (Hg.): Creating Social Change, New York u.a. 1972, S. 122 - 143

Dichtl, E., Raffée, H., Wellenreuther, H.: (Mittelstandspolitik): Mittelstandspolitik, in: WiSt (1981) 11, S. 533 - 539

Dörler, K. (Erste Ergebnisse): Reorganisationen in mittleren Unternehmungen: Erste Ergebnisse einer Umfrage in Vorarlberg, Diskussionsbeitrag des Instituts für Betriebswirtschaft an der Hochschule St. Gallen Nr. 10, St. Gallen 1985

Dörler, K. (Kleinbetriebe): Müssen Kleinbetriebe wie Grossunternehmungen geführt werden? Eine Stellungnahme, in: Internationales Gewerbearchiv (1984) 3, S. 194 - 199

Dörler, K. (Macht): Macht in Unternehmungen: Entstehung, Rollen und Voraussetzungen für befruchtende Wirkungen, in: Zeitschrift Führung und Organisation (1985) 1, S. 52 - 56

Dörler, K. (Organisation): Zum Begriff der Organisation, in: Die Unternehmung (1983) 2, S. 152 - 165

Dörler, K. (Organisationsverständnis): Anregungen zum Überdenken des Organisationsverständnisses, in: Verwaltungspraxis (1983) 10, S. 5 - 8

Doob, L.W. (Aspects): Psychological Aspects of Planned Developmental Change, in: Zaltman, G., Kotler, Ph., Kaufman, I. (Hg.): Creating Social Change, New York u.a. 1972, S. 67 - 74

Drennig, M., Heinzinger, W., Schüssel, W. (Leitende Angestellte): Der Leitende Angestellte, Studienreihe der Politischen Akademie, Bd. 10, Wien 1980

Dülfer, E. (Auswirkungen): Die Auswirkungen der Internationalisierung auf Führung und Organisationsstruktur mittelständischer Unternehmen, in: Betriebswirtschaftliche Forschung und Praxis (1985) 6, S. 493 - 514

Dumont du Voitel, R. (Aktoren): Aktoren in der Initiierung von organisationalem Wandel, Diss. Mannheim 1976

Dumont du Voitel, R., Gabele G., Kirsch, W. (Initiatoren): Initiatoren von Reorganisationsprozessen: Ein Empirischer Vergleich der Einführung von Geschäftsbereichsorganisationen, Planungssystemen und Informationssystemen, in: Kirsch, W. u. a.: empirische Explorationen zu Reorganisationsprozessen, München 1978, S. 169 - 266

Dyllick, T. (Sinnvermittlung): Management als Sinnvermittlung, in: gdi-impuls (1983) 3, S. 3 - 12

Eckhardt, A. (Gestaltung): Strategie der organisatorischen Gestaltung, Bern 1979

Eidgenössisches Statistisches Amt (Hg.): (Betriebszählung 1985): Betriebszählung 1985: Unternehmungen und Beschäftigte in der Schweiz nach Wirtschaftsarten und Beschäftigtengrössenklassen, vor der Veröffentlichung an den Verfasser weitergegebene Unterlagen, Bern, 12.9.1986

Eidgenössisches Statistisches Amt (Hg.) (Industriestatistik 1968): Industriestatistik vom September 1968, in: Die Volkswirtschaft (1969) 12, S. 600 - 613

von Eiff, W. (Perspektiven): Perspektiven einer Theorie und Politik der Reorganisation von Unternehmungen, Diss. Tübingen 1977, S. 224 - 228

Franke, H. (Gruppen): Das Lösen von Problemen in Gruppen, München 1975

French, J.R.P., Raven, B. (Bases): The bases of social power, in: Cartwright, D., Zander, A. (Hg.): Group Dynamics, Research and Theory, 2. Aufl., New York - Evanston - London 1960, S. 607 - 623

French, W.L., Bell, C.H. (OD): Organization Development, Englewood Cliffs NJ 1978, deutsch: Organisationsentwicklung, Bern und Stuttgart 1977

Frese, E. (Organisation): Grundlagen der Organisation, Die Organisationsstruktur der Unternehmung, 2. Aufl., Wiesbaden 1984

Friedel-Howe, H. (Partizipationskompetenz): Partizipationskompetenz - Problematik des Konzeptes und einer Vermittlung im Weiterbildungsansatz, in: Die Unternehmung (1985) 3, S. 231 - 245

Gabele, E. (Auslöser): Auslöser und Aktoren von Reorganisationsprozessen, in: Die Unternehmung (1981) 3, S. 156 - 173

Gabele, E. (Organisationsanpassung): Organisationsanpassung im Widerstreit der Interessen, Bamberger Betriebswirtschaftliche Beiträge Nr. 23/1983

Gantzel, K.-J. (Wesen): Wesen und Begriff der mittelständischen Unternehmung, Köln - Opladen 1962

Gebert, D. (Gruppengrösse): Gruppengrösse und Führung, in: Kieser, A., Reber, G., Wunderer, R. (Hg.): Handwörterbuch der Führung, Stuttgart 1987, Sp. 1048 - 1056

Gebert, D. (OE): Organisationsentwicklung: Probleme des geplanten organisatorischen Wandels, Stuttgart 1974

Gerl, K. (Anpassungswiderstände): Analyse, Erfassung und Handhabung von Anpassungswiderständen beim organisatorischen Wandel, Diss. München 1975

Ghiselli, E. (Talent): Managerial Talent, New York 1963

Glasl, F. (Entwicklungsgesetzmässigkeiten): Entwicklungsgesetzmässigkeiten von Organisationen, Manuskript Nr. 215.745 des Instituts für Organisationsentwicklung (NPI), Zeist/Holland o.J.

Glasl, F., de la Houssaye, L. (OE): Organisationsentwicklung, Bern 1975

Goerke, W. (OE): Organisationsentwicklung als ganzheitliche Innovationsstrategie, Berlin - New York 1980

Gomez, P. (Frühwarnung): Frühwarnung in der Unternehmung, Bern 1983

Gomez, P., Malik, F., Oeller, K.-H. (Systemmethodik): Systemmethodik: Grundlagen einer Methodik zur Erforschung und Gestaltung komplexer sozialtechnischer Systeme, 2 Bände, Bern - Stuttgart 1975 (Band I, S. 1 - 590, Band II S. 591 - 1091)

Goodman, P. S. and Associates (Change): Change in Organizations, San Francisco u.a. 1982

Gordon, Th. (Managerkonferenz): Managerkonferenz, Reinbek bei Hamburg 1982

Grochla, E. (Gestaltung): Grundlagen der organisatorischen Gestaltung, Stuttgart 1982

Grochla, E. (Perspektivenerweiterung): Perspektivenerweiterung bei der organisatorischen Gestaltung, in: Zeitschrift für betriebswirtschaftliche Forschung (1984) 2, S. 114 - 123

Grochla, E., Puhlmann, M., Vahle, M. (Entlastung): Die Entlastung mittelständischer Unternehmer durch organisatorische Massnahmen, in: Zeitschrift für betriebswirtschaftliche Forschung (1984) 5, S. 395 - 411

Grün, O. (Berater-Einsatz): Die Gestaltung des Berater-Einsatzes durch den Mandanten, in: Zeitschrift Führung und Organisation (1984) 1, S. 13 - 20

Gumpert, D.E., Boyd, D.P. (Einsamkeit): Die Einsamkeit des kleinen Unternehmers, in: Harvard Manager (1985) 2, S. 89 - 94

Gutenberg, E. (Grundlagen): Grundlagen der Betriebswirtschaftslehre, Bd. 1: Die Produktion, 8./9. Aufl., Berlin u.a. 1963

Gutersohn, A. (Entwicklungen): Die jüngeren Entwicklungen im schweizerischen Gewerbe im Spiegel der Eidgenössischen Betriebs- (Arbeitsstätten-) zählungen von 1965 und 1975, Berlin - München - St. Gallen 1980

Gutersohn, A. (Gewerbebetriebe): Wandlungen in der Struktur der Gewerbebetriebe, in: Ulrich, H., Ganz-Keppeler, V. (Hg.): Strukturwandlungen der Unternehmung, Bern - Stuttgart 1969, S. 123 - 138

Gutersohn, A. (Weg): Die gewerblichen Betriebe auf dem Weg in die Zukunft, in: Schweizerische Volksbank (Hg.): Klein- und Mittelbetriebe - Motoren unserer Wirtschaft, Bern 1984, S. 99 - 121

Haberfellner, R. (Organisationsmethodik): Organisationsmethodik, in: Grochla, E. (Hg.): Handwörterbuch der Organisation, 2. Aufl., Stuttgart 1980, Sp. 1701 - 1710

Hahn, D., Krystek, U. (Frühwarnsysteme): Frühwarnsysteme als Instrument der Krisenerkennung, in: Staehle, H.W., Stoll, E. (Hg.): Betriebswirtschaftslehre und ökonomische Krise, Kontroverse Beiträge zur betriebswirtschaftlichen Krisenbewältigung, Wiesbaden 1984

Hauschildt, J. (Schaden): Aus Schaden klug, in: Manager Magazin (1983) 10, S. 142 - 152

Hauschildt, J. (Zielsysteme): Zielsysteme, in: Grochla, E. (Hg.): Handwörterbuch der Organisation, 2. Aufl., Stuttgart 1980, Sp. 2419 - 2430

von Hayek, F.A. (Freiburger Studien): Freiburger Studien, Tübingen 1969

Heinen, E. (Zielsystem): Das Zielsystem der Unternehmung, Wiesbaden 1966, 3. Aufl. 1976, S. 239 ff.

Hill, W., Fehlbaum, R., Ulrich, P. (Organisationslehre): Organisationslehre, 2 Bände, 3. Aufl., Bern - Stuttgart 1981

Hinterhuber, H.H. (Unternehmungsführung): Strategische Unternehmungsführung, 3. Aufl., Berlin - New York 1983

Hinterhuber, H.H., Laske, S. (Hg.) (Unternehmenspolitik): Zukunftsorientierte Unternehmenspolitik, Freiburg i.B. 1984

Hobi, A. (Reorganisation): Konzept und Massnahmen zur Reorganisation einer Stadtverwaltung, Diss. St. Gallen 1977

Hodeige, F. (Beitrag): Der Beitrag des Unternehmers zur Personal- und Organisationsentwicklung - Das Rombach-Modell, in: Hinterhuber, H.H., Laske, S. (Hg.): Zukunftsorientierte Unternehmenspolitik, Freiburg i.B. 1984, S. 132 - 143

Hofer, P., Wolff, H. (Unternehmensgrössen): Analyse und Prognose der Unternehmensgrössenstruktur: Untersuchung der Prognos AG im Auftrag des Bundesministers für Wirtschaft (Bonn), Basel 1979

Hofmann, E. (Betriebsorganisation): Betriebsorganisation und Personalführung, o.O., o.J.

Holm, K. (Frage): Die Frage, in: Holm, K. (Hg.): Die Befragung 1, München 1975, S. 32 - 91

Hruschka, E. (Wettbewerbschancen): Wettbewerbschancen für Klein- und Mittelbetriebe, Stuttgart 1976

Hub, H., Fischer, W. (Techniken): Techniken der Aufbauorganisation, Stuttgart 1977

Hutter, E., Thürbach, R.-P. (Organisation): Zur Organisation in mittelständischen Betrieben, Informationen zur Mittelstandsforschung, Heft 6, Köln 1976

Industrie- und Handelskammer/IHK zu Koblenz (Mittelstand): Mittelstand 81: Die Zukunft hat schon begonnen, Wie Klein- und Mittelbetriebe für die schwierigen 80'er Jahre gerüstet sind: Eine empirische Untersuchung, Koblenz 1981

Irle, M. (Macht): Macht und Entscheidungen in Organisationen: Studie gegen das Stab-Linien-Prinzip, Frankfurt 1971

de Jong, H.W. (Kleine): Kleine und grosse Unternehmen, in: Internationales Gewerbearchiv (1979) 1, S. 25 - 38

Joschke, H. (Darstellung): Darstellungstechniken, in: Grochla, E. (Hg.): Handwörterbuch der Organisation, 2. Aufl., Stuttgart 1980, Sp. 431 - 462

Kailer, N. (Unternehmensberatung): Einsatz von Fach- und Prozessberatern in der Unternehmensberatung, in: Mitteilungen des Instituts für Bildungsforschung der Wirtschaft, Wien, November 1985, S. 13 - 16

Kailer, N., Ballnik, P., Biehal-Heimburger, E., Hauser, H.-G. (Bildungsarbeit): Bildungsarbeit im Klein- und Mittelbetrieb, Forschungsbericht Nr. 39, hrsg. vom Institut für Bildungsforschung der Wirtschaft, Wien 1985

Kals, H. (Lage): Versetz' dich mal in seine Lage, Freiburg i.B. 1985

Kanter, R.M. (Change): Change masters and the intricate architecture of corporate culture change, in: Management Review (1983) 10, S. 18 - 28

Kaplitza, G. (Stichprobe): Die Stichprobe, in: Holm, K. (Hg.): Die Befragung 1, München 1975, S. 136 - 186

Kappler, E. (Systementwicklung): Systementwicklung: Lernprozesse in betriebswirtschaftlichen Organisationen, Wiesbaden 1972

Kets de Vries, M.F.R., Miller, D. (Barriers): Barriers to Adaption: Personal, Cultural and Organizational Perspectives, Fontainebleau (INSEAD) 1985

Kieser, A. (Änderungen): Änderungen der formalen Organisationsstruktur in Organisationsentwicklungsprozessen, in: Frese, E., Schmitz P., Szyperski, N. (Hg.): Organisation, Planung, Informationssysteme, Stuttgart 1981

Kieser, A., Kubicek, H. (Organisation): Organisation, Berlin - New York 1977

Kirsch, W., Börsig, C.A.H. (Reorganisationsprozesse): Reorganisationsprozesse, in: Grochla, E. (Hg.): Handwörterbuch der Organisation, 2. Aufl., Stuttgart 1980, Sp. 2027 - 2043

Kirsch, W., Börsig, C., Dumont du Voitel, R., Esser, W.- M., Gabele, E., Knopf, R., Mayer, G. (Explorationen): Empirische Explorationen zu Reorganisationsprozessen, München 1978

Kirsch, W., Esser, W.-M., Gabele, E. (Reorganisation): Reorganisation, München 1978

Klages, H., (Grenzen): Grenzen der Organisierbarkeit von Verwaltungsorganisationen, in: Die Verwaltung (1977) 1, S. 31 - 49

Klages, H., Schmidt, R.W. (Methodik): Methodik der Organisationsänderung: Ein kurzgefasster Überblick, Baden - Baden 1978

Klaile, B. (Managementberatung): Managementberatung in mittelständischen Unternehmen, Berlin 1984

Klein, G. (Soll): Betriebliche Organisation vom Ist zum Soll, Zürich 1981

Knopf, R., Esser, W.- M., Kirsch, W. (Abbruch): Der Abbruch von Reorganisationsprozessen, in: Kirsch, W., Börsig, C., Dumont du Voitel, R., Esser, W.- M., Gabele, E., Knopf, R., Mayer, G., Empirische Explorationen zu Reorganisationsprozessen, München 1978, S. 393 - 485

Kocher, K. (Externe): Der Einsatz Externer in Organisationsprojekten, in: Ulrich, H., Probst, G.J.B. (Hg.): Unternehmungsorganisation, Bern - Stuttgart 1985, S. 137 - 145

Koreimann, D.S. (Informationssysteme): Unternehmungssteuerung durch Management-Informationssysteme, in: Macharzina, K., von Rosenstiel, L. (Hg.): Führungswandel in Unternehmung und Verwaltung, Wiesbaden 1974

Kormann, H. (Führungsorganisation): Planung effizienter Führungsorganisationen, Baden-Baden u.a. 1977

Kotter, J.P., Schlesinger, L.A. (Wandel): Strategien für den Wandel, in: Harvard Manager (1983) 4, S. 16 - 23; engl: Choosing strategies for change, in: Harvard Business Review (1979) 2, S. 106 - 114

Kranebitter, F. (Entwicklungsinstrument): Die freiwillige Betriebsvereinbarung als Steuerungs- und Entwicklungsinstrument, in: Hinterhuber, H.H., Laske, S. (Hg.): Zukunftsorientierte Unternehmenspolitk, Freiburg i.B. 1984, S. 144 - 151

Kratzer, V. (Verlauf): Empirisch-komparative Analyse des Verlaufs von Reorganisationsprozessen, Diss. München 1980

Krengel, R. (Leistungsfähigkeit): Möglichkeiten und Grenzen der Analyse der Leistungsfähigkeit von kleinen und mittleren Unternehmungen im Vergleich zu Grossunternehmen in der Bundesrepublik, in: Oppenländer, K.H. (Hg.): Die gesamtwirtschaftliche Funktion kleiner und mittlerer Unternehmen, München 1976, S. 81 - 97

Kretch, D., Crutchfield, R.S., Ballachey, E.L. (Individual): Individual in Society, New York 1962

Kreyszig, E. (Statistisch): Statistische Methoden und ihre Anwendung, 6. Aufl., Göttingen 1977

Kromrey, H. (Sozialforschung): Empirische Sozialforschung, Opladen 1980

Krüger, W. (Organisation): Organisation der Unternehmung, Stuttgart u.a. 1984

Krüger, W. (Organisationsplanung): Grundlagen der Organisationsplanung, Giessen 1983

Kunz, B.R. (Gestaltung): Die Gestaltung betriebswirtschaftlicher Datenverarbeitungsprozesse, in: Output (1982) 1, S. 25 - 28

Kunz, B.R. (Investitionsrechnung): Grundriss der Investitionsrechnung, Bern - Stuttgart 1984

Küpper, H.- U. (Ablauforganisation): Ablauforganisation, Stuttgart - New York 1981

Kupper, H. (Projektsteuerung): Zur Kunst der Projektsteuerung: Qualifikation und Aufgaben eines Projektleiters bei DV-Anwendungsentwicklungen, 4. Aufl., München - Wien 1986

Kupsch, P. (Unternehmungsziele): Unternehmungsziele, Stuttgart - New York 1979

Kutscherer, A. (Projektmanagement): Ist Projektmanagement und Organisationsentwicklung auch für mittlere Unternehmungen wirtschaftlich und effizient?, in: Battelle-Institut e.V.: Management von Entwicklungsprojekten, Bericht über die Tagung vom 26./27. März 1981, Frankfurt 1981, S. 91 - 117


Langen, W. (Grundlagen): Grundlagen, Ansatzstellen und Massnahmen der unternehmensgrössenbezogenen Wirtschaftspolitik in der Bundesrepublik Deutschland, Diss. Bonn 1977

Langen, W., Naujoks, W. (Insolvenzen): Strukturanalyse von Insolvenzen in der Bundesrepublik Deutschland, Göttingen 1977

Lattmann, Ch. (Mitarbeiter): Die verhaltenswissenschaftlichen Grundlagen der Führung des Mitarbeiters, Bern - Stuttgart 1982

Lattmann, Ch. (Neuerung): Die psycho-sozialen Grundlagen und Auswirkungen der Neuerung in der Unternehmung, in: Ulrich, H., Ganz-Keppler, V. (Hg.): Strukturwandlungen der Unternehmung, Bern 1969, S. 217 - 243

Lawrence, P.R., Lorsch, J.W. (Organization): Organization and Environment, Homewood IL 1969

Lewin, K. (Feldtheorie): Feldtheorie in den Sozialwissenschaften, Bern 1963

Likert, R. (Ansätze): Neue Ansätze der Unternehmungsführung, Bern - Stuttgart 1972

Lindelaub, H. (Hg.) (Organisator): Berufsbild des Organisators, 2. Aufl., Giessen 1974

Lippitt, R., Lippitt, G. (Beratungsprozess): Der Beratungsprozess in der Praxis, in: Sievers, B. (Hg.): Organisationsentwicklung als Problem, Stuttgart 1977

Livian, Y.F. (Réorganisation): Comment mener une réorganisation? La conduite du changement dans l'entreprise, Paris 1978

Löwe, C. (Familienunternehmung): Die Familienunternehmung - Zukunftsicherung durch Führung, Diss. St. Gallen 1979

Luhmann, N. (Knappheit): Die Knappheit der Zeit und die Dringlichkeit des Befristeten, in: Die Verwaltung (1968) 1, S. 3 - 30

Luhmann, N. (Macht): Klassische Theorie der Macht, in: Zeitschrift für Politik (1969) 2, S. 149 - 170

Luhmann, N. (Systeme): Soziale Systeme - Grundriss einer allgemeinen Theorie, 2. Aufl., Frankfurt am Main 1985

Madauss, B.J. (Nutzung): Nutzung des Projektmanagements aus der Raumfahrt für die Entwicklung technischer Serienprodukte, in: Battelle-Institut e.V.: Management von Entwicklungsprojekten, Bericht über die Tagung vom 26./27. März 1981, Frankfurt 1981, S. 5 - 18

Madauss, B.J. (Projektmanagement): Projektmanagement, Stuttgart 1984

Malik, F. (Konzept): Das St. Galler Konzept der integrierten Management- und Unternehmungsentwicklung, in: Brauchlin, E. (Hg.): Konzepte und Methoden der Unternehmungsführung, Bern - Stuttgart 1981, S. 237 - 257

Malik, F. (Spannungsfeld): Organisationsentwicklung im Spannungsfeld von Klein- und Gross-Systemen, in: Hinterhuber H.H., Laske, S. (Hg.): Zukunftsorientierte Unternehmenspolitik, Freiburg i.B. 1984, S. 67 - 88

Malik, F., Fopp, L. (Workshops): Workshops für die Einführung einer Unternehmungspolitik im Mittelbetrieb?, in: Management-Zeitschrift io (1980) 11, S. 500 - 503

Malik, F., Probst, G. (Evolutionäres Management): Evolutionäres Management, in: Die Unternehmung (1981) 2, S. 121 - 140

March, J.G. (Footnotes): Footnotes to Organizational Change, in: Administrative Science Quarterly (1981) 12, S. 563 - 577

March, J., Simon, H. (Organisation): Organisation und Individuum, Wiesbaden 1976

McClelland, D.C., Atkinson, J.W., Clark, R.A., Lowell, E.L. (Achievement): The Achievement Motive, New York 1959

McKinsey (Winning): The Winning Performance of the Midsized Growth Companies, hrsg. von der American Business Conference Inc., New York 1983

Menzl, A., Nauer, E. (Funktionendiagramm): Das Funktionendiagramm - ein flexibles Organisations- und Führungsmittel, 2. Aufl., Bern 1974

Meyer, M.W. (Change): Change in Public Bureaucracies, Cambridge/MA 1979

Mittelsten Scheid, J. (Familienunternehmen): Gedanken zum Familienunternehmen, Stuttgart 1985

Müller, W. (Organisationsberatung): Funktionen der Organisationsberatung, in: Die Unternehmung (1981) 1, S. 41 - 50

Müller, W.R., Hill, W. (Führung): Die situative Führung, in: Grunwald, W., Lilge, H.-G. (Hg.): Partizipative Führung: Betriebswirtschaftliche und sozialpsychologische Aspekte, Bern - Stuttgart 1980, S. 129 - 161

Müller-Golchert, W. (Verbesserungsvorschläge): Verbesserungsvorschläge richtig anregen und nutzen: Mit Ideen der Mitarbeiter die Zukunft bewältigen, in: Zeitschrift Führung und Organisation (1986) 1, S. 47 - 48

Müller Philipps Sohn, H. (Determinanten): Determinanten der Innovationsfähigkeit, Diss. Stuttgart 1976


Nauer, E. (Kriterien): Teelöffel oder Bagger: Kriterien für eine erfolgreiche Zusammenarbeit mit dem Unternehmensberater, in: Schweizerische Handelszeitung (1984) 16, S. 53 (19. April)

Nebas, W. (Wege): Neue Wege kaufmännischer Nachwuchsbildung, München 1959

Oesterreichisches Statistisches Zentralamt (Hg.) (Bereichszählungen 1976): Statistik der gewerblichen Wirtschaft: Hauptergebnisse der nichtlandwirtschaftlichen Bereichszählungen 1976, Bd. II, Wien 1979

Oesterreichisches Statistisches Zentralamt (Hg.) (Bereichszählung 1983): Statistik der gewerblichen Wirtschaft: Hauptergebnisse der Nichtlandwirtschaftlichen Bereichszählung 1983, 2. Teil, Beiträge zur österreichischen Statistik Heft 790/2, Wien 1986

Oesterreichisches Statistisches Zentralamt (Hg.) (Handbuch 1982): Statistisches Handbuch für die Republik Oesterreich, Wien, 1982

Petersen, D. (Reorganisieren): Reorganisieren im Einvernehmen mit den Mitarbeitern, in: Managementzeitschrift io (1984) 11, S. 480 - 483 bzw. Harvard manager (1985) 1, S. 82 - 87

Pfeffer, J. (Coalitions): Coalitions, in: Allen, R.W., Porter, L.W. (Hg.): Organizational Influence Processes, Glenview IL u.a. 1983, S. 312 - 320

Pfeffer, J. (Demography): Organizational Demography: Implications for Management, in: California Management Review (1985) 1, S. 67 - 81

Pfohl, H.-C. (Hg.) (Kleinbetriebe): Betriebswirtschaftslehre der Mittel- und Kleinbetriebe, Berlin 1982

Pinkenburg, H.F.W. (Projektmanagement): Projektmanagement als Führungskonzeption in Prozessen tiefgreifenden organisatorischen Wandels, München 1980

Pleitner, H.-J. (Anliegen): Arbeitszufriedenheit als betriebswirtschaftliches Anliegen, in: Die Unternehmung (1981) 3, S. 141 - 155

Pleitner, H.-J. (Arbeitszufriedenheit): Die Arbeitszufriedenheit von Unternehmern und Mitarbeitern in gewerblichen Betrieben, Berlin - München - St. Gallen 1981

Pleitner, H.-J. (Auslandsbeteiligung): Auslandsbeteiligung kleiner Betriebe - Optionen und Restriktionen, in: Pleitner, H.-J., Sertl, W. (Hg.): Führung kleiner und mittlerer Unternehmen: Strategische Ausrichtung auf sich wandelnde Erfolgsfaktoren, München 1985, S. 145 - 162

Pleitner, H.-J. (Unternehmer): Der gewerbliche Unternehmer zwischen Tradition und Moderne, in: Schweizerische Volksbank (Hg.): Klein- und Mittelbetriebe - Motoren unserer Wirtschaft, Bern 1984, S. 11 - 23

Popper, K.R. (Autobiography): Karl Popper: Intellectual Autobiography, in: Schilpp, P. (Hg.): The Philosophy of Karl Popper, LaSalle IL 1974, S. 3 - 181

Pramböck, E. (Unternehmermentalität): Unternehmermentalität und Unternehmerverhalten im Klein- und Mittelbetrieb, Diss. Wien 1965

Probst, G.J.B. (Organisator): Der Organisator im slebstorganisierenden System: Aufgaben, Stellung und Fähigkeiten, in: Zeitschrift Führung und Organisation (1986) 6, S. 395 - 399

Probst, G.J.B. (Selbst-Organisation): Selbst-Organisation, Habilitationsschrift, Hochschule St. Gallen 1986

Prognos AG (Entwicklungsperspektiven): Entwicklungsperspektiven der Vorarlberger Wirtschaft bei sich verändernden Rahmenbedingungen: Eine wirtschaftspolitische Untersuchung im Auftrag der Vorarlberger Landesregierung, Bregenz o.J. (1985)

Pümpin, C. (SEP): Management strategischer Erfolgspositionen, Bern - Stuttgart 1982

Pümpin, C., Weber, M. (Unternehmungsführung): Erfolgreiche Unternehmungsführung: Die Stärken ausnützen, in: Schweizerische Volksbank (Hg.): Unternehmung 2000: Führungsaufgaben in Klein- und Mittelbetrieben: Volksbank Management-Tagung 1985, Bern 1985, S. 56 - 63

Reber, G. (Anreiz-Beitrags-Theorie): Implikationen der Anreiz-Beitrags-Theorie - Gibt es nur Verhalten in Organisationen oder auch ein Verhalten von Organisationen?, in: Zeitschrift für Betriebswirtschaft (1976), S. 357 - 368

Rehn, G. (OE): Modelle der Organisationsentwicklung, Bern - Stuttgart 1979

Remer, A. (Organisationsprozess): Zur Organisation des Organisationsprozesses - Ergebnisse einer Untersuchung in Wirtschaft und Verwaltung, in: Betriebswirtschaftliche Forschung und Praxis (1985) 4, S. 353 - 373

Riekhof, H.C. (Kreative): Kreative Köpfe, Mentoren und Innovationsmanager, in: Harvard Manager (1986) 2, S. 11 - 14

Rohner, J. (Reorganisation): Reorganisation industrieller Unternehmungen, Bern 1976

Rosenstiel, L. von (Gruppen): Gruppen und Gruppenbeziehungen, in: Grochla, E. (Hg.): Handwörterbuch der Organisation, 2. Aufl., Stuttgart 1980, Sp. 793 - 804

Rüttinger, B. (Konflikt): Konflikt und Konfliktlösen, München 1977


Sandig, C. (Betriebswirtschaftspolitik): Betriebswirtschaftspolitik, 2. Aufl. von: Die Führung des Betriebes - Betriebswirtschaftspolitik, Stuttgart 1966

Sauermann, H., Selten, R. (Anspruchsanpassung): Anspruchsanpassungstheorie der Unternehmung, in: Zeitschrift für die gesamte Staatswissenschaft (1962): S. 577 - 597

Schabelreiter, I. (Abgrenzung): Abgrenzung von Management-Ebenen, Diss. WU Wien 1979

Schenk-Danzinger, L. (Entwicklungspsychologie): Entwicklungspsychologie, 13. Aufl., Wien 1979

Schertler, W. (OE): Organisationsentwicklung und Unternehmungsführung - Zur instrumentellen Problematik von Organisationsentwicklungsprozessen, in: Hinterhuber, H.H, Laske, S. (Hg.): Zukunftsorientierte Unternehmungspolitik, Freiburg i.B. 1984, S. 89 - 111

Scheuch, M. (Geschichte): Geschichte der Arbeiterschaft Vorarlbergs bis 1918, Wien 1961

Scheuring, H. (Projekte): Auch mittlere und kleinere Projekte brauchen Führung, in: Management-Zeitschrift io (1986) 3, S. 116 - 121

Scheuss, R.-W. (Anpassung): Strategische Anpassung der Unternehmung: Ein kulturorientierter Beitrag zum Management der Unternehmungsentwicklung, Diss. St. Gallen, Zürich 1985

Schlecht, O. (Rang): Der wirtschaftspolitische Rang kleiner und mittlerer Unternehmen, in: Oppenländer, K.H. (Hg.): Die gesamtwirtschaftliche Funktion kleiner und mittlerer Unternehmen, München 1976, S. 17 - 30

Schleussner, C.A. (Mittelbetrieb): Der Mittelbetrieb, Bonn 1954

Schmidt, E.A. (Mittelständisch): Organisation des mittelständischen Betriebes, Wiesbaden 1970

Schmidt, G. (Erhebung): Erhebungstechniken, in: Grochla, E. (Hg.): Handwörterbuch der Organisation, 2. Aufl., Stuttgart 1980, Sp. 660 - 672

Schmidt, G. (Organisation): Organisation - Methode und Technik, 4. Aufl., Giessen 1981

Schmidt, R. (Selbstbestimmung): Selbstbestimmung in der mittleren Unternehmung, Frankfurt/M. u.a. 1980

Schmoll, A. (Finanzierung): Finanzierung in gewerblichen Unternehmen, in: Kemmetmüller, W., Sertl, W. (Hg.): Klein- und Mittelbetriebe: Chancen, Probleme, Lösungen, Wien 1981, S. 231 - 250

Schneider, H.-J. (Kapitalbeteiligung): Kapitalbeteiligung im mittelständischen Unternehmen, Diss. Nürnberg 1973

Schneider, H.-J. (Machtbeziehungen): Sozialpsychologie der Machtbeziehungen, Stuttgart 1978

Schnopp, M.-L. (Nicht-direktive Beratung): Die Anwendung der Grundsätze der nicht-direktiven Beratung von Carl R. Rogers auf die mitarbeiterbezogene Dimension des Führungsverhaltens in der Unternehmung, Diss. St. Gallen 1980

Schwarz, H. (Arbeitsplatzbeschreibungen): Arbeitsplatzbeschreibungen, 7. Aufl., Freiburg i.B. 1979

Schwarz, P. (Humanisierung): Humanisierung der Organisationsarbeit, in: Verwaltungspraxis (1984) 10, S. 292 - 295

Schwarz, P. (Re-Organisator): Re-Organisator - Plädoyer für eine neue Berufsbezeichnung, in: Verwaltungspraxis (1984) 4, S. 85 - 88

Segesser, W. (Organisator): Ausbildung und Berufsbild des Organisators, in: Ulrich, H., Probst, G.J.B. (Hg.): Unternehmungsorganisation, Bern - Stuttgart 1985, S. 146 - 162

Segler, T. (Situativ): Situative Organisationstheorie - Zur Fortentwicklung von Konzept und Methode, in: Kieser, A. (Hg.): Organisationstheoretische Ansätze, München 1981, S. 227 - 272

Sieber, E.H. (Führungsprobleme): Führungsprobleme mittlerer Betriebe, in: Linhardt, H. (Hg.): Betriebsgrösse und Unternehmungskonzentration, Berlin 1959, S. 73 - 89

Siegwart, H. (Unternehmensberatung): Unternehmensführung - Unternehmensberatung, in: Zeitschrift Führung und Organisation (1984) 8, S. 501 - 505

Siegwart, H., Menzl, A. (Projektmanagement): Projektmanagement - Aufbau eines Projektmanagements in der Forschung und Entwicklung, Ein Erfahrungsbericht, Bern 1970

Siemens AG (Hg.) (Organsationsplanung): Organisationsplanung, 5. Aufl. 1981

Sievers, B. (Hg.) (OE): Organisationsentwicklung als Problem, Stuttgart 1977

Sievers, E.C. (Krisenanfälligkeit): Die Analyse der Krisenanfälligkeit mittelständischer Betriebe und die Bedeutung der betriebswirtschaftlichen Beratung als Mittel zu Prävention, dargestellt am Beispiel mittelständischer Kraftfahrzeug-Betriebe, Diss. Köln 1982

Staehelin, E. (Investitionsrechnung): Investitionsrechnung, Diessenhofen 1982

Staehle, W.H. (Ansätze): Deutschsprachige situative Ansätze in der Managementlehre, in: Kieser, A. (Hg.): Organisationstheoretische Ansätze, München 1981, S. 215 - 226

Staehle, W.H. (Organisation): Organisation und Führung soziotechnischer Systeme, Stuttgart 1973

Staerkle, R. (Aufgaben): Aufgaben und Rollen des Organisators im Wandel, in: Zeitschrift Führung und Organisation (1984) 8, S. 511 - 515

Staerkle, R. (Dialektische Prozesse): Entwicklungen in Organisationstheorie und Organisationspraxis als dialektische Prozesse, Unveröffentlichtes Manuskript eines Vortrages, St. Gallen 1980

Staerkle, R. (Konzepte): Konzepte der Unternehmungs- und Führungsorganisation, in: Brauchlin, E. (Hg.): Konzepte und Methoden der Unternehmensführung, Bern - Stuttgart 1981, S. 159 - 182

Staerkle, R. (Organisation): Organisation, Skriptum, Hochschule St. Gallen 1985

Staerkle, R. (Projektorganisation): Projektorganisation und Führung, in: Kieser, A., Reber, G., Wunderer, R. (Hg.): Handwörterbuch der Führung, Stuttgart 1987, Sp. 1739 - 1747

Staerkle, R. (Stabsstellen): Stabsstellen, in: Grochla, E. (Hg.): Handwörterbuch der Organisation, 2. Aufl., Stuttgart 1980, Sp. 2097 - 2107

Staerkle, R. (Wechselwirkungen): Wechselwirkungen zwischen Organisationskultur und Organisationsstruktur, in: Probst, G.J.B., Siegwart, H. (Hg.): Integriertes Management, Bern - Stuttgart 1985, S. 529 - 554

Staerkle, R., Dörler, K., Draeger, U. (Organisatoren): Aufgaben und Rollen der Organisatoren im Management, Bern - Stuttgart 1985

Statistisches Bundesamt (Hg.) (Jahrbuch 1982): Statistisches Jahrbuch für die Bundesrepublik Deutschland, Stuttgart - Mainz, Jahrgang 1982

Steinbuch, P.A. (Organisation): Organisation, 5. Aufl., Ludwigshafen 1985

Steiner, J. (Führungsstruktur): Die personelle Führungsstruktur in mittelständischen Betrieben, Göttingen 1980

Steiner, J., Reske, W. (Aufgaben): Aufgaben und Bedeutung von Führungspersonen in mittelständischen Betrieben: Ergebnisse einer empirischen Analyse, Göttingen 1978

Strotzka, H. (Macht): Macht: Ein psychoanalytischer Essay, Wien - Hamburg 1985

Strutz, H. (Wandel): Wandel industriebetrieblicher Organisationsformen, Stuttgart 1976

Szyperski, N. (Promotoren): Innovative Unternehmungsgründer als Promotoren der marktlichen Entwicklung, in: Zeitschrift für betriebswirtschaftliche Forschung (1979), S. 489 - 499

Szyperski, N., Grochla, E. u.a. (Bürosysteme): Bürosysteme in der Entwicklung, Studien zur Typologie und Gestaltung von Büroarbeitsplätzen, Braunschweig 1982


Tenckhoff, P. (Leitende): Leitende Angestellte: Methodische Abgrenzung im Führungsbereich, Stuttgart 1983

Thom, N. (Innovationsmanagement): Grundlagen des betrieblichen Innovationsmanagements, 2. Aufl., Königstein 1980

Thom, N., Brölingen, B. (Berufsbild): Berufsbild des Organisators, Stuttgart 1982

Thürbach, R.-P., Hutter, E. (Bearb.)(Organisation): Zum Stand der Organisation in mittelständischen Betrieben: eine empirische Analyse, 2. Aufl., Göttingen 1976

Trebesch, K. (Hg.) (OE): Organisationsentwicklung in Europa, Bd. 1A: Konzeptionen, Bern - Stuttgart 1980

Ulrich, H. (Management): Management, Bern - Stuttgart 1984

Ulrich, H. (Managementlehre): Skizze eines allgemeinen Bezugsrahmens für die Managementlehre, in: Ulrich, H., Malik, F., Probst, G.J.B., Semmel, M., Dyllick, T., Dachler, P., Walter-Busch, E.: Grundlegung einer allgemeinen Theorie der Gestaltung, Lenkung und Entwicklung zweckorientierter sozialer Systeme, Diskussionsbeitrag Nr. 4 des Instituts für Betriebswirtschaft an der Hochschule St. Gallen, St. Gallen 1984, S. 0 - 30

Ulrich, H. (Management-Philosophie): Management-Philosophie für die Zukunft: Zusammenfassende Überlegungen, in: ders. (Hg.): Management-Philosophie für die Zukunft, Bern - Stuttgart 1981, S. 123 - 128

Ulrich, H. (Plädoyer): Plädoyer für ganzheitliches Denken, Aulavorträge Nr. 32, Hochschule St. Gallen 1985

Ulrich, H. (Unternehmung): Die Unternehmung als produktives soziales System, 2. Aufl., Bern - Stuttgart 1970

Ulrich, H. (Unternehmungspolitik): Unternehmungspolitik, Bern - Stuttgart 1978

Ulrich, H., Staerkle, R. (Verbesserung): Verbesserung der Organisationsstruktur von Unternehmungen, 3. Aufl., Bern 1969


Van Geldern, M. (Spartenorganisation): Spartenorganisation in Mittelbetrieben: Ein Konzept zur Effizienzsteigerung, Berlin 1979

Vester, F. (Denken): Denken, Lernen, Vergessen, 8. Aufl., München 1982

Volk, H. (Teamgeist): Produktionsfaktor Teamgeist: Wehe, wenn es heute daran hapert!, in: Zeitschrift Führung und Organisation (1986) 3, S. 168

Vranitzky, F. (Erfinderisch): Kleine sind erfinderisch, in: Die Furche (3. August 1983), S. 15

Vroom, V.H. (Industrial): Industrial Social Psychology, in: Lindzey, G., Aronson, E. (Hg.): The Handbook of Social Psychology, Bd. 5, Reading 1969, S. 196 - 268

Vroom, V.H. (Motivation): Motivation in Management, New York 1965


Wächter, H. (Betriebsrat): Betriebsrat und Organisation, in: Grochla, E. (Hg.): Handwörterbuch der Organisation, 2. Aufl., Stuttgart 1980, Sp. 353 - 361

Wall, T.D., Lischeron, J.A. (Ergebnisse): Ergebnisse der empirischen Partizipationsforschung im Überblick, in: Grunwald, W., Lilge, H.-G. (Hg.): Partizipative Führung: Betriebswirtschaftliche und sozialpsychologische Aspekte, Bern - Stuttgart 1980, S. 99 - 126

Walter, M.P. (Gewerbe-Genossenschaften): Gewerbe-Genossenschaften: Ein aktueller Bericht über den Stand der gewerblichen Genossenschaften in Oesterreich, in: Kemmetmüller, W., Sertl, W. (Hg.): Klein- und Mittelbetriebe: Chancen, Probleme, Lösungen, Wien 1981, S. 351 - 370

Weber, W. (Strategien): Strategien zur Verbesserung des Managements in kleinen und mittleren Unternehmungen, Diss. TU Berlin, München 1981

Weidner, W. (Organisation): Organisation in der Unternehmung, Bonn 1977

Weinert, A. (Mensch): Mensch und Organisation, in: Zeitschrift Führung und Organisation (1985) 4, S. 233 - 239, und 8, S. 473 - 478

Weissenberg, G., Cerny, J. (Arbeitsverfassungsgesetz): Arbeitsverfassungsgesetz, mit Erläuterungen, Wien 1974

Weltz, F.O. (Organisationsumstellung): Organisationsumstellung, in: Degelmann, A. (Hg.): Organisationsleiter-Handbuch, München 1968, S. 1385 - 1418

Wirtschafts- und Sozialausschuss der Europäischen Gemeinschaften (Mittelbetriebe): Die Klein- und Mittelbetriebe im Kontext der Gemeinschaft - Stellungnahme, Brüssel 1978

Witte, E. (Entscheidungsprozesse): Entscheidungsprozesse, in: Grochla, E. (Hg.): Handwörterbuch der Organisation, 2. Aufl., Stuttgart 1980, Sp. 633 - 641

Witte, E. (Kraft): Kraft und Gegenkraft im Entscheidungsprozess, in: Zeitschrift für Betriebswirtschaft (1976), S. 319 - 326

Witte, E. (Organisation): Organisation für Innovationsentscheidungen, Göttingen 1973

Witte, E. (Phasen): Phasen-Theorem und Organisation komplexer Entscheidungsverläufe, in: Zeitschrift für betriebswirtschaftliche Forschung (1968), S. 625 - 647

Witte, E., Kallmann, A., Sachs, G. (Führungskräfte): Führungskräfte der Wirtschaft, Stuttgart 1981

Wittlage, H. (Methoden): Methoden und Techniken praktischer Organisationsarbeit, Herne - Berlin 1980

Wohlgemuth, A.C. (Organisationsentwicklung): Berater für Organisationsentwicklung: externe, interne oder kombinierte Integration, in: Zeitschrift Führung und Organisation (1985) 2, S. 81 - 89

Wohlgemuth, A.C. (Unternehmensberater): Unternehmensberater unter der Lupe: Neues Rollenverständnis im Beratungskonzept der Organisationsentwicklung, in: Die Unternehmung (1983) 4, S. 342 - 356

Woitrin, M., Stampa, L. (Untersuchung): Untersuchung über die Lage der industriellen Klein- und Mittelbetriebe in den EWG-Ländern, Brüssel 1966

Wulffen, H. (Projektmanagementsysteme): Projektmanagementsysteme in der Praxis, in: Computerwoche (1986), 6 Teile: 14. November - 19. Dezember

Wunderer, R. (Führung): Führung - wohin führst Du?, in: Die Unternehmung (1985) 4, S. 337 - 350

Wunderer, R. (Laterale Kooperation): Laterale Kooperation als Führungsaufgabe, in: Kieser, A., Reber, G., Wunderer, R. (Hg.): Handwörterbuch der Führung, Stuttgart 1987, Sp. 1295 - 1311


Zaleznik, A., Moment, D. (Change): Change, in: Zaltman, G., Kotler, P., Kaufman, I. (Hg.): Creating Social Change, New York u.a. 1972, S. 40 - 50

Zander, E., Ziehm, O. (Zusammenarbeit): Zusammenarbeit mit Beratern in Klein- und Mittelbetrieben, 2. Aufl., Freiburg i.B. 1983

Zehnder, C.A. (Projektentwicklung): Informatik-Projektentwicklung, Zürich 1986

Zimmermann, H.-J. (Netzplantechnik): Netzplantechnik, in: Grochla, E. (Hg.): Handwörterbuch der Organisation, 2. Aufl., Stuttgart 1980, Sp. 1379 - 1388


o.V. (Small Business): The State of Small Business: A Report of the President, Transmitted to the Congress March 1983, Washington D.C. 1983

o.V. (Unternehmensberatung): Unternehmensberatung: Mehr Nachfrage auch in Oesterreich, in: Vorarlbergs Wirtschaft aktuell (1986) 26, S. 12 (26. Juni)